船舶碰撞与搁浅的力学和统计分析

Probability *and* **Mechanics** *of*
Ship Collision and Grounding

[英] 张生明

[丹] 培莱彬·特恩卓普·彼德森   著

[英] 理查德·比亚维森西奥

吕明冬　刘海琦

张尚悦　苑志江　译

蒋晓刚　郑智林

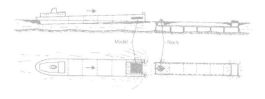

U0367358

上海交通大学 出版社
SHANGHAI JIAO TONG UNIVERSITY PRESS

图书在版编目(CIP)数据

船舶碰撞与搁浅的力学和统计分析/（英）张生明，
（丹）培莱彬·特恩卓普·彼德森
（Preben Terndrup Pedersen），（英）理查德·比亚维森
西奥（Richard Villavicencio）著；吕明冬等译. --
上海：上海交通大学出版社，2024.7
书名原文：Probability and Mechanics of Ship
Collision and Grounding
ISBN 978 - 7 - 313 - 29590 - 3

Ⅰ.①船… Ⅱ.①张… ②培… ③理… ④吕… Ⅲ.
①船舶碰撞—动力学分析②搁浅—动力学分析 Ⅳ.
①U676.8

中国国家版本馆 CIP 数据核字（2023）第 205340 号

The translation has been undertaken by Shanghai Jiao Tong University Press at its sole
responsibility. Practitioners and researchers must always rely on their own experience and
knowledge in evaluating and using any information, methods, compounds or experiments described
herein. Because of rapid advances in the medical sciences, in particular, independent verification of
diagnoses and drug dosages should be made. To the fullest extent of the law, no responsibility is
assumed by Elsevier, authors, editors or contributors in relation to the translation or for any injury
and/or damage to persons or property as a matter of products liability, negligence or otherwise, or
from any use or operation of any methods, products, instructions, or ideas contained in the
material herein.

This edition of Probability and Mechanics of Ship Collision and Grounding by Shengming Zhang,
Preben Terndrup Pedersen, Richard Villavicenciois published by arrangement with ELSEVIER
INC. of Suite 800, 230 Park Avenue, NEW YORK，NY 10169，USA

船舶碰撞与搁浅的力学和统计分析@ Elsevier BV and **Shanghai Jiao Tong University Press.**
上海市版权局著作权合同登记号：09 - 2022 - 034

船舶碰撞与搁浅的力学和统计分析
CHUANBO PENGZHUANG YU GEQIAN DE LIXUE HE TONGJI FENXI

著　者：[英] 张生明　　　　　　　　　译　者：吕明冬 等
　　　　[丹] 培莱彬·特恩卓普·彼德森
　　　　[英] 理查德·比亚维森西奥

出版发行：上海交通大学出版社　　　　　　地　址：上海市番禺路 951 号
邮政编码：200030　　　　　　　　　　　　电　话：021 - 64071208
印　制：苏州市古得堡数码印刷有限公司　　经　销：全国新华书店
开　本：710 mm×1000 mm　1/16　　　　　印　张：23.25
字　数：393 千字
版　次：2024 年 7 月第 1 版　　　　　　　 印　次：2024 年 7 月第 1 次印刷
书　号：ISBN 978 - 7 - 313 - 29590 - 3
定　价：98.00 元

版权所有　侵权必究
告读者：如发现本书有印装质量问题请与印刷厂质量科联系
联系电话：0512 - 65896959

前　言

　　船舶碰撞和搁浅事故一直威胁着船运和近海结构物的安全。这些事故会造成人员伤亡和严重的环境破坏。因而海事界不得不投入更多努力来降低船舶碰撞和搁浅事故的概率和减轻危害。

　　为了制订能够有效减少与船舶碰撞和搁浅事件相关风险规则和方法，首先，需要在特定的海上交通条件下评估船舶碰撞和搁浅的概率。其次，在船舶碰撞或搁浅发生时，需要一个能够估算涉事船体损伤所释放能量的方法。知道损伤所要吸收的能量之后，最后一步就是估算撞击船和被撞船或被撞击的近海设施所受的损伤。

　　本书提出了评估船舶碰撞和搁浅事件的数学模型，包括确定船舶碰撞概率、碰撞能量损失、碰撞力和结构损伤程度的方法。分析过程分为三个主要部分：碰撞概率、外部动力学和内部力学。本书还发展了有关吸收能量和材料破坏体积的解析法。所有这些解析方法都得到了试验结果和数值模拟结果的广泛验证，为它们用于全船碰撞评估提供了信心。其中一章是专门用于模拟船舶碰撞造成的结构损伤的有限元分析技术。

　　第 1 章中的船舶碰撞和搁浅概率模型基于将问题划分为不同的船舶碰撞和搁浅情景，并随后应用数学模型量化来自人为和技术错误的风险。与人为失误有关的事故的数学模型主要基于计算在仪表导航情况下的可能碰撞船舶,以及使用致因系数来模拟船上海员的行动。所提出的模型用于确定船-船碰撞、搁浅事件、船舶与航道上的桥梁碰撞,以及船舶与海上固定和浮动设施(包括海上风机停泊处)碰撞的概率。

第2章关于外部动力学,发展了任意船-船碰撞、船舶与海洋平台碰撞、船舶与刚性壁碰撞、船舶搁浅碰撞中碰撞能量损失和碰撞冲量的解析方法。该方法可用于任何类型的船舶,不受尺寸、撞击速度、撞击位置或撞击角度的限制,擦边碰撞也包括在内。通过破坏船舶结构而耗散的能量损失以闭合表达式给出。因此,碰撞能量的计算简单、快速,可用于模拟大量案例的船舶碰撞概率分析。解析方法与已公开的数值模拟结果和试验结果的比较表明吻合良好。

第3章关于内部力学,对船舶碰撞和搁浅分析的材料特性进行了回顾和讨论。上界定理用于船舶碰撞损伤估计,并应用于一系列基本结构单元的分析。分析包括在各种荷载作用下的外壳板的大塑性变形模式,肋板框架的折叠和压溃,肋板交叉点的凹陷和压溃,以及 L、T 和 X 单元的破碎。本章也介绍了船-桥碰撞损伤分析、船-船碰撞损伤和船-近岸平台碰撞损伤解析方法。此外,本章还介绍了船舶搁浅事件中船体板撕裂的理论模型。这些基本解析方法得到了现有试验数据和数值解的验证。

第4章推导了碰撞和搁浅过程中吸收的能量和破坏的材料体积之间的闭合表达式。该方法克服了 Minorsky 方法的一个主要缺陷,因为它考虑了结构布置、材料性质和损伤模式。大量的试验结果和数值模拟验证了该方法的有效性,并通过对全船碰撞和搁浅事故的分析,说明了该方法的步骤。

第5章总结了用于船舶碰撞分析的有限元分析技术,重点介绍了非线性材料特性,特别是可用于评估实船碰撞场景的材料失效准则,以及目前有限元方法的一些局限性。

本书的目的是介绍分析和评估船舶碰撞和搁浅事件的理论和工具。为了便于工业应用和进一步的学术研究,在每一章中都包含了说明性的计算实例。

感谢出版商、公司和个人,他们授予了本书可以重新使用或复制一些图片的许可。在附图标题中,它们都是通过在相应的参考文献之后表示"复制自(参看)"或"基于"来确认的。特别感谢提供原版图片和相关支持的个人。

感谢出版商/主编,剑桥大学出版社、爱思唯尔出版社、IOS 出版社、斯普林格、Taylor & Francis Group、美国国家科学院、造船工程师和轮机工程师学会(SNAME)、挪威标准部和国际标准化组织,以及英国劳氏船级社、Ramboll Group A/S 公司、Fehmarn Link 公司和 GateHouse Maritime A/S。

感谢以下人士:Jørgen Amdahl 教授、Sören Ehlers 教授、Norman Jones 教授、Tim Kent 先生、Bin Liu 教授、Kun Liu 教授、Marie Lützen 岑博士、Ingo Martens 博士、Jörg Peschmann 博士、Jeom Paik 教授、Jonas Ringsberg 教授、Carlos Guedes Soares 教授、吴有生教授、Yasuhiro Yamada 博士和 Ling Zhu 教授。

Shengming Zhang

劳氏船级社,英国

Preben Terndrup Pedersen

丹麦科技大学,丹麦

Richard Villavicencio

劳氏船级社,英国

目　录

第 1 章
船舶碰撞搁浅的统计分析

1.1　引言

　　每年都会发生船舶与船舶、近海设施、桥梁的碰撞，以及船舶搁浅而导致的人员伤亡、经济损失、环境破坏等事件。因此对于船舶所有人和第三方来说，必须通过改良设计与营运等手段，使船舶与近海设施面临的撞击与搁浅风险等级降到可以忽略不计的水平。但是又不能无限制增加建造和营运的成本来达到要求的风险等级，因此在船舶与海洋结构物设计阶段的一个主要性能指标是要确保严重事故与服务中断概率足够低，可以让所有的股东、公众、负责公共安全的机构能够接受。所以，需要做风险等级评估来证明风险等级。

　　风险评估首先估算危害发生的概率，其次估算危害发生造成的后果。

　　碰撞和搁浅事故的发生概率可根据历史数据、专家意见和预测计算进行估计。历史数据可以反映出一些交通繁忙的航区的真实数字。历史数据很难用于预测未来：一是这些数据与船舶建造结构有关，然而过去的船舶结构与当下的船舶结构有很大的区别；二是这些数据无法考虑新的操作规则与新的助航设备。专家意见很有价值并且能够避免使用高度复杂的数学模型，对于定量预测，却又不够准确。出于这些原因，开发和应用合理的数学模型来预测危害发生的频率是很重要的，也有益于选择最有效的风险控制方案。

　　降低危害事故发生的概率通常是减小风险性价比最好的方法。

　　本书的重点是船舶碰撞和搁浅危害评估，第 1 章专门介绍计算船舶和特定航线上发生碰撞和搁浅事故概率的数学工具。

1.1.1 风险分析

从形式上,具体活动的风险可定义为危害、发生概率和所有相关后果的函数:

$$风险 = f(危害,概率,后果) \qquad (1.1)$$

虽然与船舶碰撞和搁浅事件相关的风险主要是人员伤亡、环境破坏和经济损失,但风险分析也是有用的规划工具,为海上污染应急服务的发展奠定基础。

由于需要把生命、环境、经济这些后果统一到相同尺度来衡量,如何建立风险评估的函数关系式(即式(1.1))成为一个挑战。

为了解决这一问题,常常会引入一个通行的尺度,指导制定评估标准,更好做出决策,降低风险。通常,选择货币作为衡量相关后果的尺度。因此,风险定义可以采用以下形式:

$$\text{Risk} = \text{SUM}(P_i(H_i;C_i) \cdot U(C_i)) \qquad (1.2)$$

其中,SUM 是所有后果的总和;C_i 与危害 H_i 相关;P_i 是第 i 种后果的概率。函数 U 是效用因子函数,它以某种常见的度量来表示结果,通常是以货币价值表示。将不同类型的后果转化为某种常见的尺度,不仅取决于危险后果的类型,而且还应当取决于它对谁造成的后果。效用函数 U 对于直接获益人(即从成功营运中获得的收益方)和其他人而言必须是不同的。例如,第三方(如公众)可能只承担风险而没有获取收益。本章介绍了估算船舶碰撞和搁浅事故概率 P_i 的方法,2.5 节介绍了分析后果 C_i 的工具。

1.1.2 风险可接受准则

为了合理降低危害(如船舶碰撞和搁浅事件)发生的风险,有必要建立风险可接受准则。如果没有公认的可接受准则,就不可能在安全风险降低方面和股东的成本之间找到平衡。通常,必须为三种主要风险制订风险可接受准则:

(1) 死亡事故。

(2) 环境污染。

(3) 财产损失或财务风险。

在海运事故中发生死亡的可接受准则通常基于两个原则：

（1）个人死亡风险应与其他职业大致相同。

（2）多起死亡事故的频率，即社会死亡风险，不得超过不可接受的水平，此外，应采用合理可行的最低限度（as low as reasonably practicable, ALARP）的风险管理。图 1.1 说明 ALARP 标准的原理。

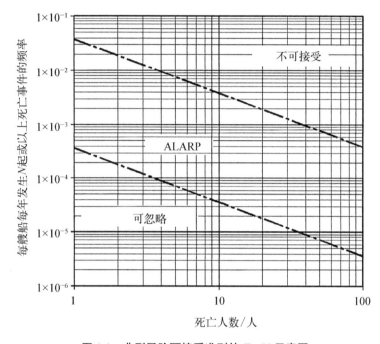

图 1.1　典型风险可接受准则的 F - N 示意图

之所以引入 ALARP 标准，是因为相比多起造成少数人死亡的事故，社会通常更关注一起造成多人死亡的事故。

如果估计的风险在图 1.1 的"不可接受"的区域内，则不允许采取该活动。对于不在"可忽略"区域内的风险，应采用一般 ALARP 风险管理。也就是说，原则上，对于所有不可忽略的风险，需要识别和分析风险降低措施，并评估其社会价值。在 ARARP 区域的风险，可以应用经济标准来考虑安全措施或风险控制策略的有效性，见式（1.2）。

同样，权威机构也使用 ALARP 标准来减少油船的意外漏油。在此，防止漏油事故的成本必须基于石油成本、清理成本、环境损害等估算。航运和搁浅事故成本通常由漏油造成的清理成本决定。

国际海事组织(International Maritime Organization，IMO)、国际船级社协会(International Association of Classification Societies，IACS)，以及政府机构通常会逐一考察这些类型的风险。也就是说，到目前为止，在考虑新规则时，ALARP标准已分别适用于死亡事故和环境影响，不过还缺乏对严重事故相关经济总成本的考虑。

每年都有相当大比例的船舶发生严重且代价高昂的事故，这些经济损失将对式(1.2)等表达式的结果产生显著影响。这表明，采用风险缓解措施的收益往往大于成本。其中一个例子就是对航行安全措施进行改进，这些措施同时影响所有三种风险的类别。

在理想的情况下，减少风险措施的额外成本，以建造成本加上营运成本的现值的来估算，再对ALARP区域的风险影响进行评估。决定采取减少风险措施的条件可能是：

$$C < X + I + E + D$$

其中，C是为降低风险，采取相关措施所花费的成本；X是与事故有关的直接成本；I是所有"个人"用户风险成本的累计变化；E是"环境"影响成本的量化变化；D是由于"服务中断"造成的经济损失导致的成本变化。此处所有成本都转换成现值成本。

1.1.3　规章制度

船舶碰撞风险由不同的管理标准来解决，包括监管标准、船级社规范或指南、行业标准(如美国石油协会(American Petroleum Institute，API)和国际标准化组织(International Organization for Standardization，ISO))以及企业标准。

为了确保严重的船舶事故和服务中断的发生率低到所有利益相关方都能接受，并提高安全性，国际海事组织海事安全委员会(2013年)建立了正式安全评估(formal safety assessment，FSA)，用于主动评估不同危害所造成的风险。国际海事组织所采用的方法是尽可能找到由船舶碰撞和搁浅造成的各种危险场景，并且评估这些危险严重程度的方法，以便计算风险。FSA必须与一些风险可接受准则一起应用。

FSA方法也同样适用于评估船舶与近海装备，船舶与横跨航道的桥梁碰撞风险。为了评估海上结构物与船舶碰撞风险，该方法见图1.2。

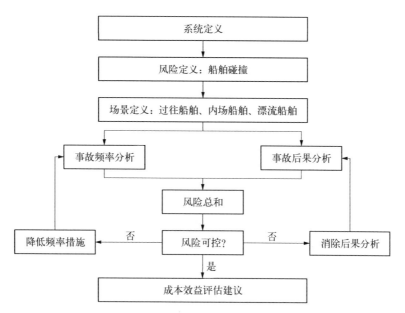

图 1.2　船舶与海洋平台碰撞事故的 FSA 流程图

1.2　船-船碰撞概率

据报道,约 80% 的碰撞和搁浅事故是由一些人为错误或可疑判断造成的,约 20% 是由于技术故障造成的。不幸的是,人为错误机制还不是很清楚。

在日本,藤井(Fujii)及其同事(1971 年、1974 年、1998 年)以及 Kaneko 和 Hara(2007 年)对船舶碰撞和搁浅事件的风险模型进行了开创性的研究。作为这项工作以及后续工作的成果,Pedersen(1995 年)根据对船舶航迹分布的观察和对人为和技术故障概率的估计,建立了一个船舶碰撞和搁浅模型。这种船-船碰撞模型是基于航线、船舶数量、船舶轨迹分布、船舶大小分布和航速的分布信息。Pedersen(2010 年)和 Li 等人(2012 年)对船舶碰撞概率模型进行了综述。

风险模型背后的主要原则是确定可能发生的船舶事故数量 N_a,即仪器导航和没有避让操纵的情况下的碰撞数量。可能发生事故的 N_a 数原则上确定为

$$N_a = N_{ships} \cdot P_{geometrical} \tag{1.3}$$

其中,N_{ships} 为给定时间间隔内航线上的船舶数量;$P_{geometrical}$ 为该航线上的船舶碰撞或搁浅的几何概率。然后将可能的碰撞候选数 N_a 乘以致因概率 P_c,以确定所考虑的时间间隔内船舶碰撞的实际数量 F_{col}:

$$F_{col} = P_c \cdot N_a \qquad (1.4)$$

致因概率 P_c 是可能导致碰撞的船舶数量的倒数。这个比率也常被称为异常船舶率。

这个致因概率 P_c 可以通过从不同区域收集的事故数据估算出来，然后转换到评定区。另一种是通过分析导致人类不作为或外部故障的原因，然后建立起一个故障树分析法或使用贝叶斯网络分析法来计算 $F_{col} = P_c \cdot N_a$ 的方法。

1.2.1　船舶交通分布

航行线路上的交通强度是估计船舶事故发生频率的关键信息，见Silveira 等人（2013）的研究。航行船舶越多，预计发生的事故就越多。

在一个给定的地理区域内，航行船舶的年航行次数、每条航线上的交通量、船舶类型和尺度的分布信息是估计船舶碰撞频率时的基本参数。对于船舶事故的后果估计，船舶的尺度和类型也是重要的因素。大型油船碰撞事故发生漏油，会造成严重的环境破坏；涉及大型客轮的碰撞，如果客轮随后倾覆或下沉，则会造成多人死亡。

基于对自动识别系统（automatical dentification system，AIS）数据的分析，可以对现有的船舶流量进行详细的分析。AIS 是一种可以在船舶之间、船舶和陆基站之间交换数据的系统。根据国际海事组织的一项决定，所有总吨位在 300 及以上从事国际航行的船舶，总吨位超过 500 未从事国际航行的货船，以及不论大小所有的客船都必须安装 AIS。海军舰艇没有义务发射AIS 信号。

AIS 数据可由一个接收机免费接收（见图 1.3）。配备 AIS 的船舶将不断传输有关航向和位置的信息。这些信息通常通过无线电传输给其他配备AIS 系统的船舶和陆基 AIS 站。AIS 接收器通常在 $20 \sim 25$ n mile[①] 的最大范围内接收来自船舶、基站或辅助导航设备的信息。如果需要在地面 AIS接收机或接收机网络范围之外的船舶数据，则需要配备卫星 AIS。

AIS 数据中的每个信息部分都被分类为动态数据或静态数据。静态数据是由海员手动生成的，而动态数据则是自动生成的。

将船舶数据库导入已注册的 AIS 数据中，以识别特定的船舶类型和特定的物理属性。这些组合数据可以包括船舶尺度、排水量、总吨位、载重吨位、船舶类型、航速、船龄，以及诸如球鼻艏和冰区加强等级等构造细节。

---

① 　1 n mile＝1.852 km。

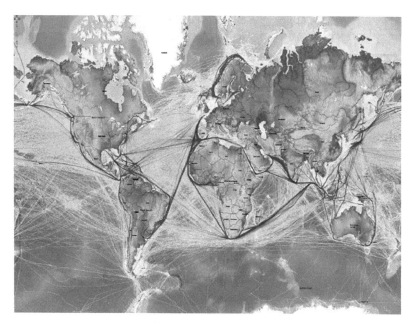

图 1.3　基于卫星接收机 AIS 轨迹数据的全球船舶交通模式(经 Gatehouse Sea 许可复制)

通过对 AIS 数据的分析,可以确定总吨位为 300 及以上的船舶的年航行次数,并分配到所考虑的地理区域内的若干主要航线上,见图 1.4。

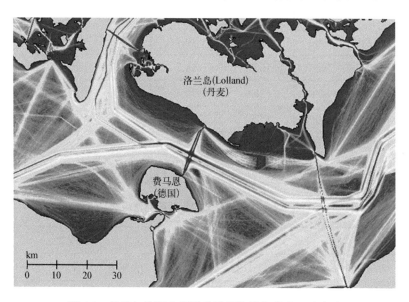

图 1.4　丹麦与德国之间的费马恩海峡船舶交通流密度
(由 Rambøll 复制,并经 Ferman A/S 许可复制)

　　根据雷达数据,可以估算总吨位低于 300 的船舶和海军舰艇在特定地理区域内的流量。总吨位 300 以下的交通区段中的船舶包含小型商船、作业船、小型拖船、渔船和游船。这一区段的大多数船舶不使用主要航道,往往更好地模拟为在整个区域内密度恒定的交通流。

　　当需要进行详细的风险分析时,可以将船舶流量进行分组。示例如下:散货船、化学品船、集装箱船、天然气船、油船、客轮、滚装船、其他船舶。

　　每种船型都包含大量船级。每个船级均由以下属性定义:船长、型宽、型深。

　　同时,在装载和压载工况下,还需要考虑:航速、吃水、排水量、甲板高度、球鼻艏高度。

　　为了概述特定地理区域内的船舶碰撞风险,可以将这些船型合并为一个组,其中包含有限数量的船舶尺度等级,见表 1.1。表 1.2 给出了在两条航线内观察到的船舶交通流的一个例子。

表 1.1　简化后的船舶属性数据集的示例

等级	总 吨 位	平均长度 /m	平均宽度 /m	平均吃水 /m	平均速度 /(m/s)
1	0~500	35.0	8.9	3.2	3.8
2	500~1 000	56.1	10.4	3.7	4.5
3	1 000~2 000	77.5	11.9	4.3	5.0
4	2 000~3 000	90.8	13.7	5.2	5.5
5	3 000~5 000	104.9	16.1	6.0	6.0
6	5 000~10 000	127.6	19.4	7.6	7.0
7	10 000~20 000	162.4	23.9	9.5	7.5
8	20 000~50 000	199.4	30.6	12.0	7.5
9	50 000~200 000	255.7	42.9	14.6	8.0

表 1.2　两条航线上的年船舶交通流量　　　　　　　　艘 /年

等　级	航线 1		航线 2	
	北方	南方	东方	西方
1	897	786	1 388	1 221
2	567	530	704	745

等　级	航线 1		航线 2	
	北方	南方	东方	西方
3	639	628	688	698
4	745	823	780	836
5	338	307	361	327
6	229	271	269	269
7	357	360	352	351
8	45	20	35	10
9	20	50	10	20
总计	3 830	3 775	4 586	4 479

　　船舶横跨各航道的分布对于估算船舶碰撞概率是重要的。例如,在估算航向相反的船舶在航线上的碰撞概率时,需要计算在同一航线上反向航行的船舶流量的平均距离和横向分布,参见表 1.3 和图 1.5。

表 1.3　两条航线上观察到的船舶航行空间分布参数

线路	航向	标准差 /m	统一部分 /%	统一宽度 /m	平均间距 /m
1	向北	290	3	2 400	200
1	向南	310	2	2 425	200
2	向东	315	2	2 100	190
2	向西	160	2	2 220	190

　　这些横向的船舶交通流分布也可以基于 AIS 数据的分析。将观察到的船舶的横向分布拟合成解析表达式通常是方便的。如果横向分布采用均匀分布和正态分布的组合,则船舶位置分布 $f(z)$ 被确定为

$$f(z) = aU(z; a, b) + (1-a)N(z; \mu, b) \tag{1.5}$$

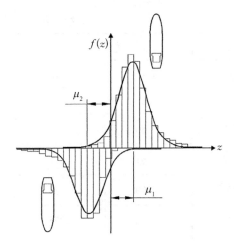

**图 1.5　船舶交通流量横向分布：
直方图及拟合高斯分布**

其中，α 是服从均匀分布的船舶的比率；$U(z；a，b)$ 是下界为 a、上界为 b、自变量为 z 的均匀分布；$N(z；\mu，b)$ 均值为 μ，标准差为 σ，自变量为 z 的正态分布。

正态分布表示与理想路线的一般偏差，而均匀分布表示船舶处于控制之下，但由于严重的航行错误或故意走捷径而偏离理想航线。船舶相对于理想航线的标准差 σ 可以取决于船舶的大小和航道的宽度。如果航道由浮标和灯光很好地界定，则标准差将比公海中的航道小。平均值 μ 模拟了在同一航道中，航标朝向相反方向所引起的偏心度。

利用正态分布、高斯分布、对数正态分布、Gumbel 分布、韦布尔分布，而不是曲线拟合船舶交通分布。

1.2.2　可能发生碰撞的船舶

计算可能发生碰撞的船舶数量 N_a（见式(1.3)），首先在图 1.6 中考虑了两条交叉的航道。在这里，假设船舶交通流量是已知的，并根据船舶类型、载重吨位或船长、装载或压载等工况分为许多不同的船舶等级。

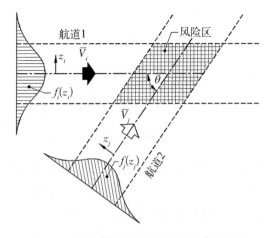

图 1.6　含有船舶碰撞风险区域的交叉航道

1.2.2.1　交叉航道的碰撞

下文将给出基于 Pedersen(1995 年)的计算模型,计算两艘船舶如果没有进行规避操纵,在图 1.6 的重叠阴影区域内相撞的可能事件的数量 N_a。交叉路线被定义为只有单向交通。如果交叉路线中存在双向交通,则必须将该路线包括两次,每个方向一次。采用这一策略是为了允许在两个方向上进行不同的流量分布。

从几何分析中可以看出,在 2 号航道航段 dz_j 上,在 dt 时间内 j 级船在航向上与 i 级船在航向碰撞的数量为

$$\frac{Q_j^{(2)}}{V_j^{(2)}} f_j^{(2)}(z_j) D_{ij} V_{ij} dz_j dt \tag{1.6}$$

其中,$Q_j^{(2)} = Q_j^{(2)}(t)$ 为交通流量,即 2 号航道 j 级船舶在单位时间流量船长在 140~160 m 处于装载工况的散货船,另见表 1.1,$V_j^{(2)}$ 为 j 级船航速。该船舶流量在 2 号航道中的横向分布记为 $f_j^{(2)}(z_j)$。 如果横向船舶交通分布近似于高斯分布,则

$$f_j^{(2)}(z_j) = \frac{1}{\sigma_j^{(2)} \sqrt{2\pi}} \exp\left(\frac{-(z_j - u_j^{(2)})^2}{2(\sigma_j^{(2)})^2}\right) \tag{1.7}$$

其中,z_j 为距离 2 号航道中心线的距离;$u_j^{(2)}$ 为空间分布的平均值;$\sigma_j^{(2)}$ 为标准差。D_{ij} 为图 1.7 中定义的几何碰撞直径。

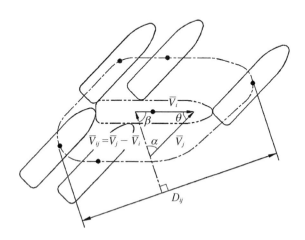

图 1.7　几何碰撞直径 D_{ij} 的定义

假设船舶的水线面积可以用矩形来近似,则描绘的几何图形见图 1.8。

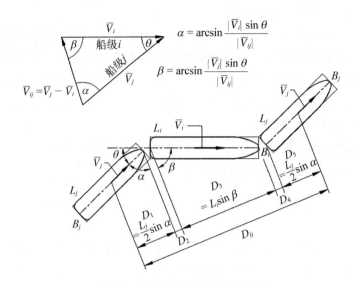

图 1.8　几何碰撞直径 D_{ij} 的计算

$$D_{ij} = \frac{L_i^{(1)} V_j^{(2)} + L_j^{(2)} V_i^{(1)}}{V_{ij}} \sin\theta + B_j^{(2)} \left(1 - \left(\sin\theta \frac{V_i^{(1)}}{V_{ij}}\right)^2\right)^{1/2} +$$

$$B_i^{(1)} \left(1 - \left(\sin\theta \frac{V_j^{(2)}}{V_{ij}}\right)^2\right)^{1/2} \tag{1.8}$$

其中,相对速度 V_{ij} 被确定为

$$V_{ij} = \sqrt{(V_i^{(1)})^2 + (V_j^{(2)})^2 - 2V_i^{(1)} V_j^{(2)} \cos\theta} \tag{1.9}$$

其中,B_i 是船 i 的船宽;L_i 是船 i 的船长。

式(1.6)表示 1 号航道中的一艘船。乘以 1 号航道特定航段中在单位时间中 i 级船 $Q_i^{(1)}$ 的流量:

$$\frac{Q_i^{(1)}}{V_i^{(1)}} f_i^{(1)}(z_i) dz_i \tag{1.10}$$

接下来是对 i 级和 j 级船的求和,并对考虑的风险区域 $\Omega(z_i, z_j)$ 和考虑的时间段 Δt 进行积分,给出可能发生的船舶碰撞次数:

$$N_a = \sum_i \sum_j \int_0^{\Delta t} \int_{\Omega(z_i z_j)} \frac{Q_i^{(1)} Q_j^{(2)}}{V_i^{(1)} V_j^{(1)}} f_i^{(1)}(z_i) f_j^{(2)}(z_j) V_{ij} D_{ij} \, dA \, dt \tag{1.11}$$

然后,通过乘以致因因子 P_c (见式(1.4))确定预期的船舶碰撞次数,即

$$F_{\text{ship-ship}} = P_{\text{c}} \cdot N_{\text{a}} \tag{1.12}$$

其中,致因因子 P_{c} 的估算方法如 1.2.3 节所述。

考虑到每年的预期碰撞次数 $F_{\text{ship-ship}}$,即船舶发生碰撞的概率可以根据假设碰撞事件到达为泊松过程中的点:

$$F[\text{collision}] = 1.0 - \exp[-F_{\text{ship-ship}}] \approx F_{\text{ship-ship}} \quad F_{\text{ship-ship}} \to 0 \tag{1.13}$$

这里假设碰撞频率的速率是定常速率。

在考虑的事故区域扩展到无穷大的特殊情况下,交叉角 $\theta \neq 0$ 且流量强度为常数,则式(1.11)可以进行解析评估。在这种情况下,Δt 时间段内可能发生的船舶碰撞次数与空间分布 $f(z)$ 无关:

$$N_{\text{a}} = \sum_i \sum_j \frac{Q_i^{(1)} Q_j^{(2)}}{V_i^{(1)} V_j^{(1)}} D_{ij} V_{ij} \frac{\Delta t}{\sin \theta} \tag{1.14}$$

当两个航道相互垂直时,即 $\theta = \pi/2$,式(1.14)可变形为

$$\begin{aligned} N_{\text{a}}^{\text{cross}} = \sum_i \sum_j \frac{Q_i^{(1)} Q_j^{(2)}}{V_i^{(1)} V_j^{(2)}} \big(L_i^{(1)} V_j^{(2)} + L_j^{(2)} V_i^{(1)} + \\ B_j^{(2)} V_j^{(2)} + B_i^{(1)} V_i^{(1)} \big) \Delta t \end{aligned} \tag{1.15}$$

为了确定一个特定的船舶被撞击的频率,可以假定 1 号航道中船舶 i 是撞击船,2 号航道中的船舶 j 是被撞击船。从 1 号航道的船舶 i 上看,2 号航道的船舶 j 将沿式(1.9)$\overline{V}_{ij} = \overline{V}_i^{(1)} - \overline{V}_j^{(2)}$ 的方向以速度 $V_{ij} = |\overline{V}_{ij}|$ 大小航行,参见图 1.9。船舶 i 的表观撞击半径 $D_i^{(1)}$,可以确定为

$$\begin{aligned} D_i^{(1)} = \frac{L_j^{(2)} V_i^{(1)} \sin \theta}{V_{ij}} + \frac{1}{2} B_j^{(2)} \left(1 - \left(\sin \theta \, \frac{V_i^{(1)}}{V_{ij}}\right)^2\right)^{1/2} + \\ \frac{1}{2} B_i^{(2)} \left(1 - \left(\sin \theta \, \frac{V_j^{(2)}}{V_{ij}}\right)^2\right)^{1/2} \end{aligned} \tag{1.16}$$

同样,对于 2 号航道中的船舶 j 就是 1 号航道中的撞击船 i 的情况,表观碰撞直径为

$$\begin{aligned} D_j^{(2)} = \frac{L_i^{(1)} V_j^{(2)} \sin \theta}{V_{ij}} + \frac{1}{2} B_i^{(1)} \left(1 - \left(\sin \theta \, \frac{V_j^{(2)}}{V_{ij}}\right)^2\right)^{1/2} + \\ \frac{1}{2} B_j^{(2)} \left(1 - \left(\sin \theta \, \frac{V_i^{(1)}}{V_{ij}}\right)^2\right)^{1/2} \end{aligned} \tag{1.17}$$

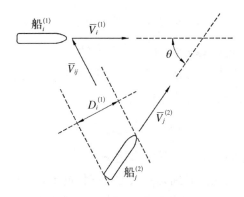

图 1.9　被撞击船 1 和撞击船 2 的
表观直径 $D_i^{(1)}$ 示意图

如预期的那样,可以看到总碰撞直径 D_{ij} 是两个表观碰撞直径的和,即

$$D_{ij} = D_i^{(1)} + D_j^{(2)}$$

1 号航道中的船 i 是 2 号航道中撞击船 j 的概率计算如下:

$$P[v_i \to v_i \mid \text{collision}] = \frac{D_i^{(1)}}{D_{ij}} \qquad (1.18)$$

从这些表达式可以看出,在高速船和普通船舶碰撞的案例中,高速船成为撞击船的可能性是显著增加的。

1.2.2.2　对遇和追越碰撞

除了在交叉航道发生船舶碰撞外,还可以考虑两艘船同向航行的追越情况以及反向航行时的对遇情况,见图 1.10。在平行航道中对遇和追越,以及与漂浮物体接触的碰撞模型属于特殊案例,式(1.11)和式(1.12)描述了其发生过程。

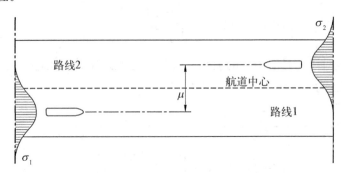

图 1.10　平均距离 μ 和横向交通分布 σ 的定义

对于长度为 L_w 的平行航道，分隔间隔为 μ，且其中 $\theta = 180°$，式 (1.11) 给出在时间间隔 Δt 期间可能的船舶碰撞次数为

$$N_a = L_w \sum_i \sum_j \frac{Q_i^{(1)} Q_j^{(2)}}{V_i^{(1)} V_j^{(1)}} (V_i^{(1)} + V_j^{(2)}) \int_{-\infty}^{\infty} \int_{z_j = z_i - B_{ij}}^{-z_i + B_{ij}} f_i(z_i) f_j(z_j) \mathrm{d}z_i \mathrm{d}z_j \Delta t$$

或者

$$N_a = L_w \sum_i \sum_j \frac{Q_i^{(1)} Q_j^{(2)}}{V_i^{(1)} V_j^{(1)}} (V_i^{(1)} + V_j^{(2)}) \int_{-\infty}^{\infty} f_i(z_i) (F_j(-z_i + B_{ij}) - F_j(-z_i - B_{ij})) \mathrm{d}z_i \Delta t$$

其中，$B_{ij} = (B_i^{(1)} + B_j^{(2)})/2$ 为平均船宽。

标准正态分布的积分（见式 (1.7)）给出了累积分布函数（cumulative distribution function，CDF）。

$$F(z) = \Phi\left(\frac{z - \mu}{\sigma}\right) \left(\frac{1}{2}\left(1 + \left(\mathrm{erf}\left(\frac{z - \mu}{\sigma\sqrt{2}}\right)\right)\right)\right) \tag{1.19}$$

当 $f_i(z)$ 和 $f_j(z)$ 均处于正态分布时，其均值为 μ_i、μ_j 和标准差 σ_i、σ_j，则这个方程可以表示为

$$N_a = L_w \sum_i \sum_j \frac{Q_i^{(1)} Q_j^{(2)}}{V_i^{(1)} V_j^{(1)}} (V_i^{(1)} + V_j^{(2)}) \left(\Phi\left\{\frac{B_{ij} - \mu}{\sigma_{ij}}\right\} - \Phi\left\{\frac{B_{ij} - \mu}{\sigma_{ij}}\right\}\right) \Delta t \tag{1.20}$$

此处，$\mu = \mu_i^{(1)} + \mu_i^{(2)}$ 是两条航道之间的平均距离，$\sigma_{ij} = \sqrt{(\sigma_i^{(1)})^2 + (\sigma_i^{(2)})^2}$ 是联合分布的标准差。如果高斯分布函数 $f_i(z)$ 在相遇船宽度上的变化可以忽略，则式 (1.11) 的结果就是

$$N_a = \frac{1}{\sqrt{2\pi}} L_w \sum_i \sum_j \frac{Q_i^{(1)} Q_j^{(2)}}{V_i^{(1)} V_j^{(1)}} (V_i^{(1)} + V_j^{(2)}) (B_i^{(1)} + B_j^{(2)}) \times \frac{1}{\sqrt{(\sigma_i^{(1)})^2 + (\sigma_j^{(2)})^2}} \times \exp\left(\frac{-\mu^2}{2((\sigma_i^{(1)})^2 + (\sigma_j^{(2)})^2)}\right) \Delta t \tag{1.21}$$

1.2.2.3 航线拐角处的碰撞

另一种在航道上的碰撞发生在两条直线航道相交的拐角处，见图 1.11。

处在这个交汇区域的船舶如果没有在拐角处改变航向,就可能发生碰撞。不改变航向当然与人为错误有关,这可能会在一段时间后得到纠正。

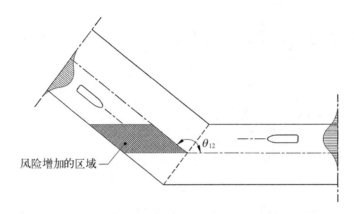

图 1.11　两条直线航道交叉处对向航行船舶之间的碰撞

也就是说,遗漏概率 P_0 是错过的航路点之后的航行距离 d 和相邻位置检查点之间的距离 a 的函数。遗漏概率 P_0 可以被视为

$$P_0 = P_t + (1 - P_t) \cdot P_d^{(d-a)/a} \tag{1.22}$$

其中, P_t 和 P_d 的值取决于许多因素,如是否有船舶交通系统(vessel traffic service,VTS)或船上有一名领航员。位置检查点之间的距离 a,取决于导航条件。通常,距离 a 是船的长度的 6~8 倍。距离 a 与检查频率 δ 和船的航速 V 有关,即

$$a = V\delta$$

在公海中,可能每半小时检查一次位置,而在更困难的航行区域,可能是每 60 s 检查一次,甚至更频繁。

藤井(Fujii)和水木(Mizuki)(1998 年)提出了一个参数较少的计算在某个特定转向点遗漏概率的替代表达式:

$$P_0 = e^{-d/a} \tag{1.23}$$

代入式(1.22)和式(1.23)的概率存在很大的不确定性,因此得到的结果也相应很难确定。

1.2.3　致因因子 P_c 的估算

致因因子 P_c 是导致事故的可能碰撞船舶 N_a 的倒数,见式(1.4)。也就

是说,致因概率代表了己方船舶不采取行动的条件分布。不采取行动的原因取决于那些对避碰有影响的技术、环境和人为因素。P_c 的数值不是一个统一的值,而是随着不同的地理位置而变化。致因概率 P_c 可以根据在不同地点收集的现有事故数据进行估计,然后转换到评定区域。

此类转换中的参数如下:

(1) 环境因素(能见度、暗度、风、水流、海况和冰层)。

(2) 船舶和船员特征(船型、尺度、航速、船舶标准、机械故障率、雷达状态、电子海图显示和信息系统(electronic chart display and information system,ECDIS)、船员标准、登船的引航员等)。

(3) 航行条件(VTS 和航线标记)。

对于普通船舶运输,系数 P_c 为 $0.5 \times 10^{-4} \sim 3.0 \times 10^{-4}$。表 1.4 显示了藤井和林(1998 年)基于在日本观察结果提出的致因概率。这些值是在低能见度(1.0 km 或更小)频率小于 3.0% 的情况下进行估计的。观测表明,致因概率与能见度成反比。如果能见度在不超过 1.0 km 的频率为 3.0%~10%,则致因概率的值应该乘以 2,以此类推。

表 1.4　藤井和林(1998 年)在日本观测到的致因概率

致　　因	$\log P_c$	$+/-$	P_c
对　　遇	-4.31	0.35	4.90×10^{-5}
追　　越	-3.96	0.36	1.10×10^{-4}
交叉相遇	-3.89	0.34	1.29×10^{-4}
搁　　浅	-3.80	0.26	1.59×10^{-4}
物　　体	-3.73	0.36	1.86×10^{-4}

VTS 通常建在高度复杂的航行区域,在这些区域中,对船舶的准确监测或引导是很重要的。通常,VTS 建在横跨航线的桥梁或交通繁忙的区域。VTS 的主要作用是通过来自 VTS 中心的联系和建议以及对沿线船舶分布信息的通报来增强引航员对该海域情况的熟悉程度。Lehn-Schiøler 等人(2013 年)基于对丹麦大贝尔特海峡(Great Belt)VTS 的研究发现,由于 VTS 的存在可能会使船-桥碰撞的致因概率降低 2~3 倍。同样,搭载一名

引航员的影响也通常是通过将因果因素减少到 $1/3\sim1/2$ 来模拟的。考虑到 VTS 和引航员同时存在能够降低 P_c 的原因是引航员安全意识的提升带来的,则两者的综合效应将小于这两个减少因素的乘积。

确定致因概率 P_c 的另一种方法是分析导致人的不作为或外部故障的原因,并建立故障树分析法来估计原因。

目前,估计致因概率较全面的工具是基于贝叶斯网络的方法。通过这种方法,就可将实际的航行影响、环境条件和因素,如船桥布置和人员配备考虑在内,参见 Friis-Hansen 和 Pedersen(1998 年)的研究。

为了说明这种分析中所包含的参数,图 1.12 以示意图的形式显示了一个计算模型的起点。速度为 V_2 的船正在与速度为 V_1 的船发生碰撞。在给定的天气条件下,可以估计出,通过视觉或雷达什么时候可以看到另一艘船。根据船舶的速度,可以计算可用于检测到其他船舶的时间,从而可以采取规避行动。这个检测时间因操纵和计划变更所需的时间而缩短。

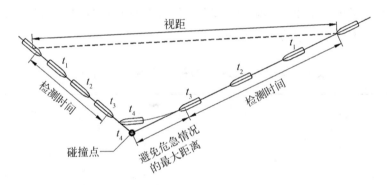

图 1.12　概率时空模型作为贝叶斯网络推导因果概率的基础

能见度是一个随机量,在可用时间内发现接近船舶的概率取决于许多因素,如人员配备、船桥布局和 AIS。这些随机元素的相互依赖关系使得因果概率的建模适合于贝叶斯网络。

贝叶斯网络是一个有节点和有向弧的网络。这些节点代表随机变量和决策。随机变量的弧表示概率依赖性,而决策的弧表示在决策时可用的信息。例如,网络中的一个节点可以表示天气,而另一个节点可以表示可见性。从天气到能见度的弧表示能见度有条件依赖于天气,见图 1.13。

借助于基于数学的分析工具,如故障树或基于贝叶斯模型网络的方法,可以分析风险控制选择的影响,如安装新的导航系统、船舶交通系统、搭载引航员、船桥配备两个引航员和增强的船舶操纵性等。

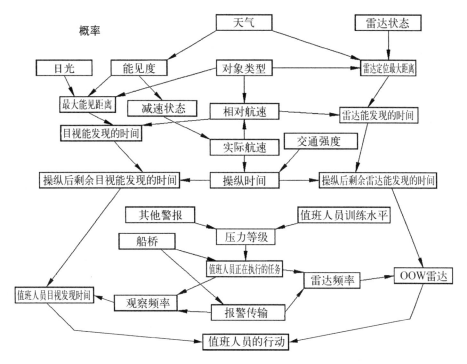

图 1.13　处于碰撞航向时引航员应对措施的贝叶斯网络示意图

图 1.13 所示的贝叶斯网络取自 Friis-Hansen 和 Pedersen(1998 年)对传统值更和现代值更方式的对比风险评估进行了建模。将建模结果与观察结果进行比较,得到了很好的一致性。后来,这个模型就拓展到船舶碰撞情况。例如,参见 Lützen 和 FriisHansen(2003 年)、Hänninen 和 Kujala(2012 年)以及 Sotiralis 等人(2016 年)的研究。

应该注意的是,上述的因果概率不能直接与其他几何模型一起用于估计碰撞船舶数量 N_a,并且表 1.4 中的值在与其他致因概率进行比较时,也不应忽视产生这些数值的几何模型。

致因概率 P_c 的值通常使用 1.2.1 节中描述的数学模型对所考虑区域中登记的事故数据进行校准来调整。

1.2.4　规避操纵效应

使用式(1.3)和式(1.4)对船-船碰撞的概率进行估算之后,还需要进一步的数据来估计碰撞速度,碰撞角度和碰撞位置的分布,以便推导出碰撞能量分布。这些碰撞变量取决于所涉及的引航员在事件发生前的最后几分钟内所采取的规避方法。然而直到目前为止还没有人提出确定这些量值的数学模型,所以这些碰撞变量必须基于经验统计数据来确定。

　　基于与船舶碰撞损伤有关的记录数据,Lützen(2001 年)发现,在船舶碰撞的情况下,被撞击船在撞击瞬间的速度概率密度函数可以近似为一个最大概率密度值三角形分布,撞击船的速度可以建模为介于零和营运航速之间的均匀分布。可以假定被撞击船舶两侧的撞击点是沿着船体均匀分布的。对于一个给定的航线,碰撞角可以近似为一个三角形分布,其最有可能的值等于两条路线之间的交叉角,见图 1.14。

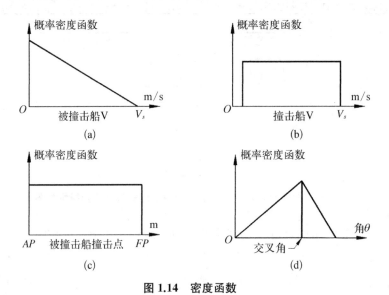

图 1.14　密度函数

　　(a) 被撞击船撞击速度的密度函数;(b) 撞击船撞击速度的密度函数;(c) 被撞击船撞击点的纵向位置的密度函数;(d) 撞击夹角的密度函数

1.2.5　计算实例

示例 1.1:交叉相遇船舶碰撞。

　　以一个简化的风险模型应用为例,可以考虑一般年份海峡航运,该海峡有南北向国际船舶航运和东西渡船航运。南北方向的国际船舶航运约有20 000 条航程,东西方向的渡船约有 50 000 个航次。

　　当交差相遇船舶平均长度为 130 m,宽度为 16 m,平均航速为 6 m/s 时,求发生碰撞的回归期。观察结果显示,17 年来发生了 3 起事故。

　　示例 1.1 的解决方法:

按照式(1.15),有

$$
N_a^{cross} = \sum_i \sum_j \frac{Q_i^{(1)} Q_j^{(2)}}{V_i^{(1)} V_j^{(2)}} (L_i^{(1)} V_j^{(2)} + L_j^{(2)} V_i^{(1)} + \\
B_j^{(2)} V_j^{(2)} + B_i^{(1)} V_i^{(1)}) \Delta t
$$

每年可能碰撞的船舶数量 N_a 数估计为

$$
N_a^{cross} = \frac{50\,000 \times 20\,000}{6 \times 6 \times (365 \times 24 \times 60 \times 60)^2} (130 \times 6 \times 2 + 16 \times 6 \times 2) \times \\
(365 \times 24 \times 60 \times 60) \times 1 = 1\,534
$$

根据表 1.4,过往船舶流量得出的致因概率为 $P_c = 1.29 \times 10^{-4}$。 然而,在这个例子中,渡船的船桥上一直保持着有两个经验丰富的海员的状态,具有减少致因概率 P_c 的效果,类似于搭载了一名引航员。也就是说,致因概率 P_c 预计可以降低至 $1/3 \sim 1/2$,折减系数的平均值可记为 0.4。

由于只有渡船改善了航行条件,因此使用一个综合系数来确定普通商船与渡船碰撞的致因概率是合理的。这样的组合可能是

$$
P_{c,\,combined} = 0.63 P_c
$$

根据这一假设,在这个航运交叉口估计的每年船撞事故数量确定为

$$
P_{ship-ship} = 0.63 P_c N_a^{cross} = 0.63 \times 1.29 \times 10^{-4} \times 1\,543 = 0.13
$$

也就是说,普通商船与渡船相撞的回归周期计为 8 年。这一结果与 17 年来观察到的三次碰撞的结果一致。

示例 1.2:直行航道中的对遇碰撞。

考虑图 1.10 所示的 10 km 长的直航段,向每个方向航行的船舶总数为 10 000 次,平均长度为 100 m,平均宽度为 15 m,平均航速为 6 m/s。两条航迹分布的标准偏差 σ 估算为 150 m,两条航道之间的平均距离 μ 为 100 m。计算每年两边船舶之间发生的对遇碰撞数量。

示例 1.2 的解决方法:

可能碰撞船舶的数量可以从式(1.21)中估计出来。

$$
N_a = \frac{1}{\sqrt{2\pi}} L_w \sum_i \sum_j \frac{Q_i^{(1)} Q_j^{(2)}}{V_i^{(1)} V_j^{(1)}} (V_i^{(1)} + V_j^{(2)}) \times \\
(B_i^{(1)} + B_j^{(2)}) \frac{1}{\sqrt{(\sigma_i^{(1)})^2 + (\sigma_j^{(2)})^2}} \times
$$

$$\exp\left(\frac{-\mu^2}{2((\sigma_i^{(1)})^2+(\sigma_j^{(2)})^2)}\right)\Delta t$$

代入数值，得

$$N_a^{\text{head-on}}=\frac{1}{\sqrt{2\pi}}\times10\times10^3\times\frac{10\,000^2}{(6\times(365\times24\times60\times60))^2}\times$$

$$(2\times6)\times(2\times15)\times\frac{1}{150}\times\exp\left(-\frac{100^2}{4\times150^2}\right)\times$$

$$(365\times24\times60\times60)\times1=534$$

使用表 1.4 提出的对遇船舶致因概率的值，$P_c=4.9\times10^{-5}$，估计每年对遇船舶碰撞的次数为

$$F_{\text{ship-ship}}=N_a^{\text{head-on}}P_c=534\times4.9\times10^{-5}=0.026$$

这个值对应的回归周期为 38 年。

示例 1.3：追越船舶碰撞。

见图 1.10，在长度为 10 km 直行航道中的一条航线中，分别行驶着 i 和 j 两级不同的船舶。这两级船舶每年的航行密度都高达 1 万艘，i 级船的平均船长 L_i 为 180 m，船宽 35 m，平均航速为 7 m/s。j 级船的平均船长为 240 m，船宽为 35 m，平均航速为 13 m/s。船舶航线分布的标准偏差 σ 约为 190 m，航线的平均位置距离中心线 200 m。计算每年追越造成船-船碰撞的预期频率。

示例 1.3 的解决方法：

与示例 1.2 中所示的对遇碰撞计算方法的唯一区别是两种速度的符号。因此，式(1.21)应用时，代入数值，这样每年追越船舶的碰撞数量就可确定为

$$N_a^{\text{Overtaking}}=\frac{1}{2\sqrt{\pi}}\times10\times10^3\times\frac{10\,000^2}{7\times13\times(365\times24\times60\times60)}\times$$

$$(13-7)\times(25+35)\times\frac{1}{190}\times\exp\left(-\frac{0^2}{4\times190^2}\right)\times$$

$$(365\times24\times60\times60)\times1=186$$

通过应用表 1.4 中给出的致因概率的建议值 1.10×10^{-4}，每年估计的追越船舶碰撞数为

$$F_{\text{ship-ship}}^{\text{Overtaking}}=P_cN_a^{\text{Overtaking}}=1.10\times10^{-4}\times186=0.020$$

也就是说,回归周期大约为 50 年。

1.3 船舶与近海结构物发生碰撞的概率

近海结构物指固定或浮动的海上石油勘探、生产平台和海上风机,它们涉及多种风险。船舶和平台之间的碰撞或撞击(定义为猛烈地撞击固定物体,如静止的近海装备或桥梁结构)被认为主要的风险之一。一个近海结构物可能会被过往的船舶、漂流的船舶,以及如补给船、油船等正在进行近海装载作业的内场船舶,和其他靠近结构物的工程作业船撞上。

世界各国的统计数据表明,每个海洋石油平台每年的碰撞风险概率约为 1×10^{-3},参见国际石油和天然气生产商协会(2010 年)数据。这个概率在很大程度上取决于这些结构物的位置。来自北海的统计数据显示,那里的事故率高出了一个数量级。

与内场船舶的碰撞是常见的碰撞类型,而这些碰撞不应对平台结构的完整性造成大的影响。大多数法规(例如,挪威石油工业技术标准(Norsk sokkels konkuranseposisjon,NORSOK)N-004(2004 年))规定,就结构设计而言,要求碰撞补给船的质量不得小于 5 000 t,极限状态(ultimate limit state,ULS)设计航速不小于 0.5 m/s,意外极限状态(accidental limit states,ALS)设计校核航速不小于 2 m/s。补给船的尺度正不断增长,一些补给船的排水量高达 7 500 t。因此,与一个速度相当快的大型补给船的意外碰撞可能会导致紧急情况,并对经济和环境方面造成重大影响。

近海油船在装载工况下,将有大约 100 000 t 的排水量,因此在这种情况下,即使在冲击速度很小,碰撞能量也可以相当大。

比较严重的石油设施碰撞事故是由一条以服务航速航行的过往船舶造成的。为了最大限度地降低过往船舶的碰撞风险,设立了从近海设施的任何部分延伸 500 m 的安全区。为了保护在设施上或在设施附近工作的人员以及设施本身的安全,500 m 区域内的装备监控和管理至关重要。

近海设施并不都与石油有关。在船舶航运相当繁忙的地区附近已经建成或在建大量近海风机。此外,风力发电机需要维护船舶定期维护。

近海设施的船舶撞击分析不仅需要在设计阶段进行。在整个欧洲,必须定期为海上石油设施准备一份安全文档。例如,每 5 年一次,以证明该设施符合安全和法律要求。这一安全文档的一部分是对碰撞风险的定量评估。在下文中,将提供一个基于数学的工具,用于评估碰撞概率,见图 1.2。

1.3.1　船舶碰撞概率的定量评估

目前,来自备用船、补给船、作业船和近海油船等内场船舶的撞击频率一直是基于历史数据给出的。为了减少与内场船舶碰撞的频率,各方都做出了大量努力,而且在意外碰撞方面的丰富经验带来了许多降低风险的营运措施。在实践中,防止船舶碰撞近海设施的设计流程的制订也是出于减轻碰撞影响的考虑。各种规则和条例力求建立能够确保近海设施有足够耐撞性,从而使与内场船舶撞击相关的风险降到可以接受的程度,见 Moan 等人(2017 年)的研究。

由于近海设施和/或船舶损坏而释放的能量可能非常大,因此,与过往船舶和大型漂流船舶相撞应该属于极小概率事件。

要对近海设施与过往船舶相撞的风险进行定量风险分析,收集基本背景信息,如设施的几何形状和位置;对当前和未来船舶交通特征、流量的估计;以及风、流和结冰情况。

有关当前特征船舶交通的信息包括关于航线的信息、这些航线上的交通情况以及船舶交通参数。船舶交通的航线被定义为预测路线点之间的中心线。一条航线通常有两条航路,供相向通行的船舶使用,即路线中心线的两边各有一条航路;见图 1.10。船舶与近海设施相撞的频率取决于航线的地理位置、横跨航道的交通分布以及设施的位置。每条航线上的交通流对于估计过往船舶发生碰撞的频率是重要的。船舶交通流和这种交通流的空间分布可以通过强制 AIS 和雷达观测获得,见 1.2.1 节。

事后,必须对观测到的船舶航运数据进行修正,以保证考虑到设施使用期间船舶航运的发展。由 AIS 数据确定的船舶交通的空间分布通常可以用一个正态分布或对数正态分布配上一个小的均匀分布部分的组合进行逼近计算,参见式(1.5)和图 1.5。

与碰撞风险评估相关的一个问题是,新的近海设施的存在对交通模式和航道的位置有影响。对于开放水域的近海石油设施,Hassel 等人(2017 年)研究了船舶交通分布的变化。他们的观察表明,一般来说,船舶会改变航向远离这些设施,以达到 1~3 n mile 的通过距离。然而,仍有少数船舶将非常接近设施周围的警戒区,而这个数量又非常重要。

1.3.2　船舶碰撞事件的概率

了解到所研究的航道区域内船舶的组成和这些船舶的空间分布之后,

下一步是估计船舶碰撞的概率。大多数船舶撞击近海设施概率的数学模型都是基于对仪表导航情况下可能发生碰撞船舶数量的计算,之后再使用致因因子来模拟船上导航员的行动,见 1.2 节。

也就是说,碰撞频率 F_{col} 估算为可能碰撞船舶 N_a 的数量和致因因子 P_c(式(1.4))的乘积:

$$F_{col} = P_c \cdot N_a$$

在仪表导航的情况下,估算碰撞数量 N_a 的模型可以是先把船舶碰撞问题分为许多不同的现象,然后应用数学模型来量化每个类别的风险,参见 Pedersen(2014 年)。

1) 第一类

这一类包括以正常速度沿着正常直线航线行驶的船舶,航迹分布也正常,见图 1.15。

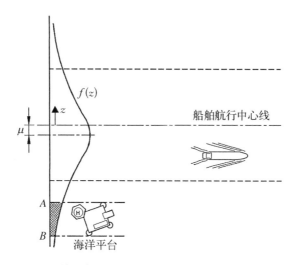

图 1.15　第一类可能发生碰撞的船舶(Pedersen, 1995 年)

对于这个类别,期望数 $N_{cat,1}$,单位时间 Δt 内的仪表导航碰撞可以由以下表达式确定:

$$N_{cat,1} = \frac{1}{\Delta t} \sum_{\substack{Ship \\ class}}^{n} \int_{z=A}^{B} \int_{t=0}^{\Delta t} Q_i f(z) \mathrm{d}t \, \mathrm{d}z \tag{1.24}$$

其中,$Q_i = Q_i(t)$ 是每单位时间内 i 级船舶的交通密度函数;$f(z)$ 是空间分布(见式(1.5)),而 $z=A$ 和 $z=B$ 则是近海设施边界的横向坐标加和减去船的一半宽度。

2) 第二类

这类船舶包括未能在设施附近的转向点上对航向做出适当改变的船舶。见图 1.16,其中船舶可能不转向,只要该方法增加了船舶未能对改变航线方向采取行动的概率,可以使用类似于第一类的方法来确定船舶在航道弯道附近碰撞的额外概率。例如,船舶在一个转折点上没有改变航向的概率 P_0 可以用 1.2.2 节的式(1.22)或式(1.23)进行建模:

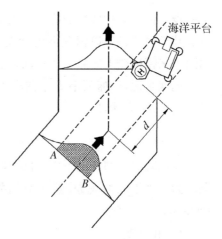

图 1.16　可能发生碰撞的第二类船舶

$$P_0 = P_t + (1 - P_t)P_d^{(d-a)/a}$$

或

$$P_0 = e^{-d/a}$$

其中,P_t 是导航员保持在错误的航向上并且完全忽略必要转向的概率;P_d 是没有检查船舶位置的概率;d 是错误的航行距离;a 是导航员每次检查船舶位置之前的平均航行长度,如果不使用航行距离 d 作为更新路线概率的话,另一种可能性是使用检测错误航线所需的时间。

对于这个类别,每单位时间 Δt 内预计的仪表导航撞击次数 $N_{cat,2}$ 可以通过以下表达式确定:

$$N_{cat,2} = \frac{1}{\Delta t} \sum_{\substack{\text{Ship} \\ \text{class}}}^{n} \int_{z=A}^{B} \int_{t=0}^{\Delta t} Q_i f(z) \, dt \, dz \tag{1.25}$$

3) 第三类

这类船舶包括由于系泊或锚定失败而漂流的船舶,以及漂流作业的船舶,如内场船舶和渔船,以及因失去动力或失去控制而漂流的船舶。对于漂流经过的船舶或有失控的船舶,通常是假定船舶在失去动力时处于理想的航行路线上。

推进力的完全丧失可能由电源故障和发电机跳闸引起。如果失去推进力,船将失速,最终也失去转向能力,随着风和流漂流。漂流船的舷侧通常垂直于风向，而速度和漂流方向则由风速和流控制。对于典型的商船，Rasmussen 等人（2012 年）估算失去推进力的概率为

$$P_{\text{Loss of propulsion}} = 1.5 \times 10^{-4} \text{ 故障/h/ 船}$$

假设平均速度为 12 kn 时，这对应于一个故障率

$$P_{\text{Loss of propulsion}} = 1.5 \times 10^{-4} / (12 \times 1\,852)$$
$$= 6.7 \times 10^{-9} \text{ 故障/m}$$

舵控的技术故障通常会将舵轮锁定在当前的位置或将方向舵转到其某个极限位置。操纵失效可能会导致动力碰撞事故。在船体转弯时，速度会有所下降，并且可以通过轮机的全速倒车或紧急停车来进一步减速。Rasmussen 等人（2012 年）估算为

$$P_{\text{Rudder failure}} = 6.5 \times 10^{-5} / \text{ 船/h}$$

在局部停电时，舵轮可能仍受控制，但是全船停电则会导致舵轮失效和操纵失灵。也就是说，舵轮失效和停电并不一定是独立的事件。如果估计 10% 的停电事件会引发操纵失灵，则技术故障概率的计算方法如下：

$$P_{\text{Loss of propulsion}} = 1.5 \times 10^{-4} - 1.5 \times 10^{-5} = 2.25 \times 10^{-4}$$
$$P_{\text{Rudder failure}} = 6.3 \times 10^{-5} - 1.5 \times 10^{-5} = 4.8 \times 10^{-5} \qquad (1.26)$$
$$P_{\text{Loss of propulsion and rudder failure}} = 1.5 \times 10^{-5}$$

固然不同备用电力和备用系统之间会存在一些差异而改变这些概率，但是这些故障率是所有类型船舶的观测值。由于缺乏数据，尽管高强度操纵期间的概率一定更高，还是假定概率是一个永恒常数。

当检测到推进系统或控制系统出现故障时，船员将开始维修。在大多数情况下，他们能够在一定的时间范围内恢复动力，并避免碰撞或搁浅等意外事件。根据 Rasmussen 等人（2012 年）的观点，排除故障的概率是由作为时间函数的累积分布给出的。舵轮失效时，这个自修复 $P_{\text{repair}}(t)$ 的分布函数可以估算出来，而在发生停电时，可以用 $k = 0.5$（形状）和 $\lambda = 0.605$（尺度）的 Weibull 函数进行估算：

$$P_{\text{repair}}(t) = 1 - e^{-(t/\lambda)k} \quad t > 0$$

失去动力后的某一时间 t 时船舶仍在漂移的概率 $P_{drift}(t)$ 由维修时间分布的互补分布函数算出：

$$P_{drift}(t) = 1 - P_{repair}(t) = e^{-(t/\lambda)k} \tag{1.27}$$

图 1.17 显示的是作为一个时间的函数的 $P_{drift}(t)$。

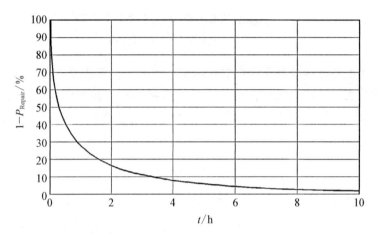

图 1.17 基于 Weibull 函数的失动或失控的概率 $P_{drift}(t)$ 值

距离可能发生的碰撞的时间 t_{col} 可表示为

$$t_{col} = d_{col}/V_{drift}$$

其中，V_{drift} 是漂移速度，$d_{col}(x)$ 是从某段航程到近海设施的距离。漂移速度通常为 $1.0 \sim 3.0\ m/s$。领航员可以根据水深决定抛锚，以避免船舶漂移而撞上这些设施。这可能会减少发生漂移碰撞的可能性。

如果在 Poisson 过程中计入停电和失控的点，则某段航程长度 L_w 中发生技术错误的概率计算如下：

$$P_{Technical\ error}(L_w) = 1 - \exp\left(-P_f \frac{L_w}{V}\right) \tag{1.28}$$

其中，式(1.26)给出表示每个时间单位内技术故障的概率 P_f，V 是营运船舶的速度。

由于漂移而与近海设施发生的碰撞次数取决于风、流的方向和速度。例如，由漂移引起的碰撞可以估算为

$$F_{\text{drift}}(t) = N_{\text{ship}} \int_{\theta=0}^{360} P_{\text{wind, cur}}(\theta) \sum_{\text{segment}} P_{\text{Technical error}}(L_{\text{w}}) \times$$

$$\int_{z=0}^{L_{\text{w}}} \int_{V_{\text{drift}}} P_{\text{drift}}(t_{\text{col}} \mid X) f(v_{\text{drift}}) \mathrm{d}v_{\text{drift}} \mathrm{d}z \mathrm{d}\theta \tag{1.29}$$

其中，$P_{\text{wind, cur}}$ 表示发生漂移方向 θ 的概率；$f(v_{\text{drift}})$ 给出漂移速度；X 定义了给出碰撞时间的参数。

三种情况下，必须分别计算过往船舶与近海设施的船舶碰撞总数，加上以下因素计算总数：

$$F_{\text{col, offshore}} = P_{\text{c}} N_{\text{cat, 1}} + P_{\text{c}} N_{\text{cat, 1}} + F_{\text{drift}} + F_{\text{rudder}} \tag{1.30}$$

1.3.3　计算实例

示例 1.4：过往船舶与近海设施的碰撞。

航道和近海设施见图 1.18：航道在距近海设施 $d=2\,500$ m 处有一个拐角。如果没有这个拐角，则航道中心将通过该近海设施海的中心。经过这个拐角，航道中心位于距近海设施中心 $H=380$ m 处。近海设施垂直于两个航行方向的规划，宽度为 $D=70$ m。船舶在这个区域的横向分布处于一个正态的或高斯分布，平均值为 $\mu=0$ m，标准差为 $\sigma=230$ m。

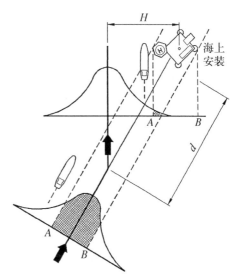

图 1.18　航道和近海设施

（1）确定表 1.1 中一艘长度 $L=200$ m 和宽度 $B=30$ m 的 8 级船舶撞击近岸设施的第一类概率。为计算方便，假定该船已经成功地改变了航向。

（2）现在假设表 1.1 中 8 级的同一船处在进入拐角前的一个位置，然后确定这艘船撞击近海设施的第 2 类概率。

示例 1.4 的解决方法：

问题（1）

使用式（1.24）确定几何概率 $P_{\text{geometrical}}$，该船将被放置在 $z_1 = H-$

$(B/2+D/2)=330\,\mathrm{m}$ 和 $z_2=H+(B/2+D/2)=430\,\mathrm{m}$ 之间。其横向以高斯布呈现,见式(1.7):

$$f_j(z_j)=\frac{1}{\sigma_j\sqrt{2\pi}}\exp\left(\frac{-(z_j-\mu_j)^2}{2\,(\sigma_j)^2}\right)$$

对这个标准正态分布进行积分,CDF 为

$$F(z)=\Phi\left(\frac{z-\mu}{\sigma}\right)\left(=\frac{1}{2}\left(1+\left(\mathrm{erf}\left(\frac{z-\mu}{\sigma\sqrt{2}}\right)\right)\right)\right)$$

其中,正态分布 $\Phi(x)$ 是标准教科书中列出的概率。

$$z=330\,\mathrm{m}\ \text{时},F(z<330)=\Phi\left(\frac{330}{230}\right)=0.925$$

$$z=430\,\mathrm{m}\ \text{时},F(z<430)=\Phi\left(\frac{430}{230}\right)=0.969$$

几何概率 $P_{\mathrm{geometrical}}(330<z<430)=0.969-0.925=0.044$。

为了确定碰撞的次数,几何概率必须乘以致因因子,见式(1.4)。表 1.4 表示 $P_c=1.86\times10^{-4}$。使用式(1.4)和式(1.13),可以确定第一类碰撞概率为

$$F[\mathrm{collision\ 1}]=1.0-\exp(-F_{\mathrm{ship\text{-}ship}})$$

或者

$$F[\mathrm{collision\ 1}]=1.0-\exp(-0.044\times1.86\times10^{-4})$$

即一艘 8 级船舶的第一类碰撞概率估算为

$$F[\mathrm{collision\ 1}]=8.18\times10^{-6}$$

问题(2)

要确定第二类碰撞的概率,首先要计算该船舶的转向概率。由于缺乏进一步的数据,可以应用式(1.23)。

$$P_0=\mathrm{e}^{-d/a_i}$$

假设船舶在每航行其船长 8 倍的距离后检查一次其位置,则其即进入撞击近海设施的错误航向的概率为

$$P_0 = e^{-(2\,500/8 \times 200)} = 0.21$$

当近海设施处于在错误航道中间（$z = 0$）时，错误航向的几何概率可以通过代入坐标的正态分布函数算出：

$$z_1 = -(B/2 + D/2) = -50 \text{ m}$$

$$z_2 = (B/2 + D/2) = 50 \text{ m}$$

$z = 50$ m 时，$F(z < 50) = \Phi(50/230) = 0.586$

因 $\Phi(-u) = 1 - \Phi(u)$，所以 $z = -50$ m 时，$F(z < -50) = 0.414$

几何概率 $P_{\text{geometrical}}(-50 < z < 50) = 0.586 - 0.414 = 0.172$。要从式（1.25）和式（1.4）中确定与设施之间第二类碰撞的次数，不改变航向的概率 P_0 必须乘以几何概率 $P_{\text{geometrical}}$ 和致因因子 P_c。对于第二类碰撞，致因因子的求得方式与第一类一样。

然后从式（1.13）中获得该船舶碰撞的概率为

$$F[\text{collision 2}] = 1.0 - \exp(-0.21 \times 0.172 \times 1.86 \times 10^{-4})$$

$$F[\text{collision 2}] = 6.72 \times 10^{-6}$$

每年一艘 8 级船舶因人为错误而发生的年碰撞的概率是第一类和第二类碰撞概率之和：

$$F[\text{collision 1+2}] = 8.18 \times 10^{-6} + 6.72 \times 10^{-6} = 1.49 \times 10^{-5}$$

计算该概率时，还必须添加由于机械和/或控制故障等技术错误而导致的碰撞概率。

1.4　船舶与桥梁发生碰撞的概率

世界各地都在修建大量横跨内河航道和海峡的桥梁，由于船舶交通流很大，导致了好几种这些桥梁相关的危险，其中包括船舶对桥梁结构的碰撞，船舶与船舶相撞或在桥梁附近搁浅的可能性增加，以及航运事故造成的环境破坏（见图 1.19）。

历史上发生过大量由于船舶撞击桥墩或甲板室撞击桥梁导致桥梁倒塌和乘客死亡的事故。此外，船舶与桥梁的碰撞往往会长时间阻断桥上的交通，而这种干扰可能会对社会造成严重的经济损失。

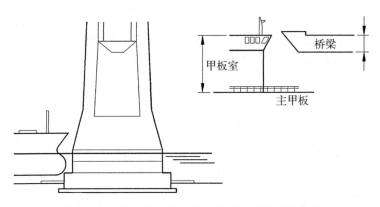

图 1.19 船首对桥塔的碰撞和甲板室对桥梁的碰撞

在主航道上架桥会增加新的航行障碍,因而影响船舶交通模式,如桥墩、浮桥和水上高度有限的低跨度桥体等。对于通行的船舶,航行条件会更加困难,专用航道和桥孔中的船舶交通越密集,发生船撞和船舶搁浅事故的可能性就越高;见 1.2 节和 1.5 节。因此,桥梁的一个重要设计标准是,其通航跨度要足够大,以至于只有由于航行错误和过往船舶的技术故障,才会发生船舶与桥梁结构部件的碰撞,而不是因为桥梁本身对航行造成了额外的航行困难(Pedersen,1998 年、2002 年)。

考虑到这些危险,在桥梁设计阶段,以及营运期每间隔一段时间,都应定期考虑和量化与桥梁-船舶碰撞有关的营运风险,具体类型如下:

(1) 因船舶撞击造成的结构破坏,进而导致桥梁使用者的伤亡。

(2) 因船舶撞击造成桥梁破坏和承载量减少,进而干扰营运。

(3) 由于导航复杂性增加导致的与通行船舶碰撞事故相关的第三方风险,例如,船舶与桥或其他船舶相撞或搁浅造成的船体和船上人身伤害,以及船舶碰撞或由于导航复杂性增加而搁浅。

(4) 由于撞桥船舶发生泄漏而对环境产生的影响。

主要桥梁的验收标准和一般风险管理方法通常是基于 1.1.2 节中描述的 ALARP 标准。这意味着只要降低风险措施的成本与效果相称,就应选择降低风险。此外,桥梁使用者所面临的风险不应超过不得不接受的水平,也就是周边其他地方的安全标准。另一个安全目标应该是,由于意外荷载而导致桥梁交通长期中断的可能性应低于规定的限制。为了估算这些运营风险,本节将介绍构成概率方法要素的分析工具。

桥梁碰撞建模标准由国际桥梁与结构工程协会(International

Association for Bridge and Structural Engineering，IABSE）（1993 年）（与丹麦大贝尔特桥梁相关），美国国家公路运输官员协会（American Association of State Highway and Transportation Officials，AASHTO）（2009 年）（服务于美国河流公路桥梁开发工作）发布，并参照欧标（2006 年）。

1.4.1 基本信息和导航研究

对有被撞风险的新建桥梁进行连续的定量风险分析，收集基本的背景信息，如海床水深、桥梁几何形状、桥梁线型等；未来的船舶交通特征和流量，以及船舶流量的空间分布。

可以根据以下几点来预估未来船舶的交通流：

（1）AIS 对该地区的交通记录（见 1.2.1 节）。

（2）对现有船舶类型、尺寸分布和速度的记载（见 1.2.1 节）。

（3）就未来计划与该地区利益相关者举行的听证会。

（4）了解未来全球航运趋势的概况。

为降低船-桥碰撞风险，通常需要改善桥梁附近的航道布局，使航道的方向接近垂直于桥线的角度，并把航道拐角的位置布置在桥梁前面，这样即使船舶不改变航向，也会降低其与桥梁碰撞的概率。

在国际航道中，航行权要求航行不受桥梁建造的干扰。为了估算通航跨度必要的水平距离，桥梁附近航行的船舶就需要知晓可能与桥梁相撞的危险情况的数量。

1.4.2 危险相遇情况

在桥梁附近发生船舶碰撞事故的频率受到在桥附近必须采取规避行动的船舶数量的影响。规避行动通常发生在两艘或两艘以上的大型船舶在一个狭窄航道中相遇的情况下。本节首先要介绍一个用经验估算最低安全域的模型，在这个安全域使导航员在通过其他船舶或桥塔时感到舒适。基于安全域的概念，提出一个计算在双向航线上一定长度间隔 L_w 上发生危险相遇情况的方法。

为了达到安全的航行条件，领航员会试图使自己的船舶与其他船舶、障碍物保持一定的距离。欧洲和日本的海洋研究人员已经对该安全区域或船舶安全域进行了研究，参见 Szlapczynski（2017 年）的研究。船舶域理论可用于估计在不太靠近固定物体或其他船舶的情况下以恒定速度通过航道的船舶的比例。

对于在没有障碍物的情况下以营运速度进行的自由航行,Fujii 和 Mizuki(1998 年)通过观察将平均船舶域确定为具有如下特征的椭圆:

$$\beta L = 8.0L$$
$$\alpha L = 3.2L \tag{1.31}$$

其中,L 为船长。

在狭窄的航道或船舶必须减速航行并且没有追越或正面遭遇的港口,船舶域减小为

$$\beta L = 6.0L$$
$$\alpha L = 1.6L \tag{1.32}$$

在单向通航的情况下,经验域理论认为最小的桥孔跨度等于通过该桥的一艘典型的大型船舶安全域的宽度,即该船长度 L 的 3.2 倍或 1.6 倍。船长超过这个设计尺寸的船舶将感觉航行受限,因为它们的船舶安全域的椭圆将比航道更宽,见图 1.20。

对于不分航的双向通航,图 1.21 显示了与危险相遇情况相关的情况。在这种情况下,船舶域不应接触桥塔或对向行驶的船舶,而航行跨度应包括一个横向分离区 L_a。从图 1.21 可以看出,当桥梁附近出现两艘或更多船时,所需的宽度为

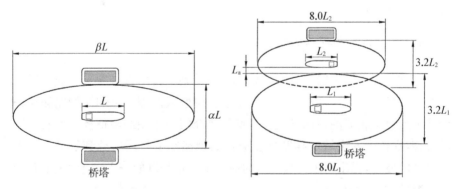

图 1.20　船舶让清其他船舶和障碍物的船舶域示意图

图 1.21　无分航的、自由航行条件下的危险相遇情况

$$W_N = \alpha L_1 + \sum_{i=2}^{N} \left(\frac{\alpha}{2} L_i + \frac{1}{2} B_i \right) + L_a \tag{1.33}$$

其中,$N \geqslant 2$,是航道内以一定间距通过的船舶数量;L_1 是最长的船的长

度,而 L_i 和 B_i 是较小船舶的长度和宽度。

对于分航的航道,船舶不得离开自己的航行区域,因此,同一区域不允许多艘船舶航行。该情况见图1.22。Larsen(1993年)提出了一个横向分离区 L_a 的建议,即该桥的自由航行宽度应为

$$W_2 = (\alpha + 0.5)(L_1 + L_2) \tag{1.34}$$

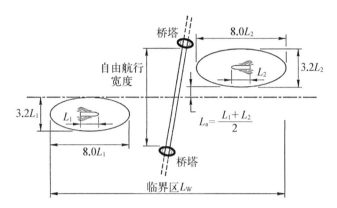

图1.22 分道自由航行情况下两船对遇的危险相遇情况

建造一个所有情况下都能满足式(1.31)～式(1.34)表示的宽度标准的桥孔成本可能过高。因此,这些标准应考虑到最大的船舶在桥梁附近相遇的概率而有所提高。这将允许桥孔跨度与每年危险相遇情况的年发生概率相关。

在自由航行条件下,船舶安全域的经验公式(式(1.31)),已经得到 AIS 轨迹研究的验证。Hansen 等人(2013年)利用丹麦水域的船-船相遇和船-桥塔距离的观测数据,在特殊强度图中可视化了所考虑区域内所有船舶之间的距离 D,见图1.23。考虑到船舶上全球定位系统(global positioning system,GPS)信号的实际位置,登记的数据被移到船舶的中心。所有的距离 D 都是从每艘船到所有其他船的测量数据,然后用当前船的长度进行标准化。通过这种方法,他们的分析包括所有尺寸的船舶。图1.23 显示了横向船-船距离,在穿过丹麦大贝尔特海峡中统一的横向船距,海峡深水航线 T 中的船-船距离,以及船中心线和桥塔之间的距离。这些观测数据为式(1.31)给出的船域尺度提供了可信度。

船域模型还被用于设计液化天然气船(liquefied natural gas,LNG)安全航行的安全区,以及在必须维护船舶安全的情况下估计限制航道的通过能力,见 Liu 等人(2016年)的研究。

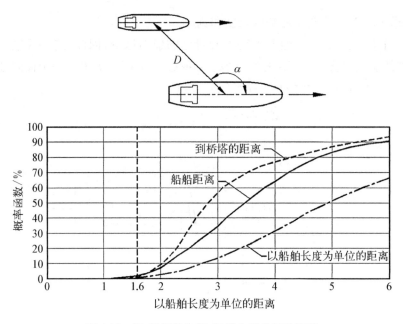

图 1.23　船-船相遇和船-桥塔之间的标准距离

当船舶交通密度在时间上是恒定的,与一年或一天中的时刻无关时,遇到紧急会遇情况的船舶比例可以通过对经过该航段的船舶的模拟或通过解析分析来计算。对于只有一个供船舶双向通行的桥孔的桥梁,危险或近距离相遇的次数可以通过使用安全域式(1.33)、式(1.34),以及对涉及两艘或更多大型船舶在驾驶台附近会遇的频率的计算来确定。

图 1.24 显示了一条东西航道,其中西行的交通量由每个时间单位的 Q_W 运动组成,速度为 V_W。同样,东行的交通量也用 Q_E 和 V_E 来描述。

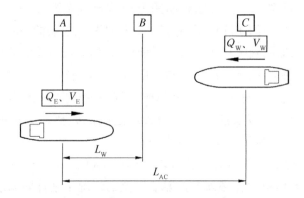

图 1.24　两船相遇频率模型中的基本参数

为了确定地点 A 和地点 B 之间的距离 L_W 上的相遇次数,首先要确定东行船舶航行距离 L_W 所需的时间:

$$T_{AB} = \frac{L_W}{V_E}$$

如果该东行船舶与西行船舶相遇,则西行船舶在经过 A 点时必须位于 A 点和 C 点之间。

当东行船舶通过 A 点时,西行船舶必须位于 A 点和 C 点之间,其中

$$L_{AC} = L_W + T_{AB} \cdot V_W$$

或者

$$L_{AC} = L_W \left(1 + \frac{V_W}{V_E} \right)$$

西行船舶之间的平均距离为

$$l_W = \frac{V_W}{Q_W}$$

在距离 L_{AC} 上西行的船的平均数量 $N_{W\,AC}$ 等于与一艘东行船舶相遇的数量

$$N_{W\,AC} = \frac{L_{AC}}{l_W} = \frac{Q_W}{V_W} \left(1 + \frac{V_W}{V_E} \right) L_W \tag{1.35}$$

因此,在一个时间单位内的相遇次数 α_{EW} 的计算方法为

$$\alpha_{EW} = N_{W\,AC} Q_E$$
$$\alpha_{EW} = L_W Q_W Q_E \left(\frac{1}{V_W} + \frac{1}{V_E} \right) \tag{1.36}$$

其中,α_{EW} 是每单位时间的相遇的平均次数;L_W 是所考虑的距离;Q_W 和 Q_E 是每单位时间的西行和东行船舶运动;V_W 和 V_E 是平均速度。

式(1.36)是该区域内同时间内两艘或多艘同向船舶的近似值。当该区域有超过一艘船舶同时在同一方向航行时,式(1.36)将会高估预期的相遇次数。

假设相遇船舶以共同速度 V 行驶,每年相遇的频率由以下式给出:

$$E[N_{annual}] = 2L_W Q_W Q_E / (365 \times 24 \times 60 \times 60 \times V) \tag{1.37}$$

其中，Q_W 和 Q_E 表示每年两个相反方向上的运动次数。归一化的乘积，等于一年中的秒数，用于将持续的时间转换为年。

L_W 是航道中靠近桥梁的危险相遇区的长度，见图 1.22。这个长度可以根据具体尺度船舶的规避能力来确定。由于船舶的停船距离是船舶长度 L 的 10 倍，回转半径是船舶长度的 4～5 倍，所以长度 L_W 被估计为

$$L_W = 16 \max(L_1, L_2) \tag{1.38}$$

对于分道航行的情况，相遇的边界估计为一个矩形，其等长度 L_W 用式 (1.38) 算出，宽度 W_2 用式 (1.33) 或式 (1.34) 算出。

考虑一个简单的例子：对于最大的船长在 200 m 左右的船舶双向通行，即根据式 (1.38) 可估计其 $L_W = 3\,200$ m，如果每年在每个方向有 12\,000 艘船，速度同为 8.0 m/s，每小时在考虑的相遇区的次数预计为

$$E[N_{hour}] = 2 \times 3\,200 \times 12\,000 \times 12\,000 / (365 \times 24 \times$$
$$60 \times 60 \times 8 \times 365 \times 24) = 0.42$$

假设每个方向上的船舶交通量可以用相互独立的泊松过程来描述，那么同时发生的情况，即两个反向船舶在时间间隔 t 内的相遇，也可以用泊松过程来近似处理：

$$E[n_m] = \alpha_{EW} t$$
$$\mathrm{Var}[n_m] = \sigma^2_{N_m} = \alpha_{EW} t$$

由于对所考虑的区域 ($L_W \cdot W_2$) 内的船舶事件的准确描述需要对船舶交通量的数量、速度和尺寸分布进行统计，因此必须采用数值模拟方法来确定每个单位时间的危险相遇情况的预期数量。有了这样的数字方法，就有可能确定船舶域被入侵的相遇情况的频率，作为桥梁孔的函数。

Frandsen 等人 (1991 年) 展示了将危险相遇情况的数量作为桥孔跨度的函数的例子，见图 1.25。在这种情况下，可以看到，如果桥孔跨度被选择为 1\,200 m，大约每天将会发生一次危险相遇。1\,600 m 的跨度将导致每年大约 17 次危险相遇，1\,800 m 的导航跨度将完全避免危险相遇情况。

对于一个 2 n mile 长的、繁忙的单向航线，Fehmarn Belt 中 Jensen 等人 (2013 年) 提出了一个类似的、计算船舶域不被入侵情况下自由航行船舶百分比的计算方法，并以此作为航线宽度的函数。

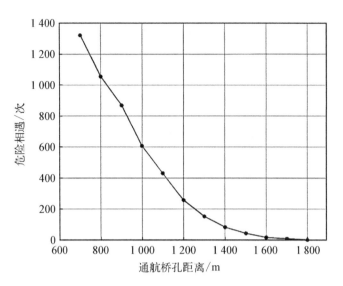

图 1.25　年度危险相遇情形次数

在给定通航跨度宽度的情况下，对近距离相遇频率的估计在某种程度上是不确定的。导航员是否觉得自己离大桥或另一艘船过近取决于许多因素，如天气条件，船舶的操纵性，以及导航员的训练水平。因此，这些理论上的计算结果通常由专业海员或导航员使用基于计算机的模拟船在恶劣天气下的模拟操纵得以完善。那些通过分析发现桥梁跨度在自由条件下过于狭窄的情况尤其应该通过在恶劣天气下的实时模拟来研究，见 Sand 和 Peterson(1998 年)的研究。

1.4.3　船-桥碰撞概率分析

在本节中，将简要描述船舶撞击桥墩或桥梁概率的计算方法。与以前一样，该模型也是基于将船桥碰撞问题划分为若干不同的现象，并随后应用数学模型来量化每个类别的风险。应讨论人为因素和技术错误造成的事故。

如 1.2 节所讨论的，人为错误的数学模型主要基于在仪表导航情况下的碰撞候选数量的计算，N_a 见式(1.3)，并随后使用因果系数来模拟船舶上的导航员的行动，见式(1.4)。致因系数 P_c 取决于若干原因，如所考虑区域的能见度的年度分布、导航员的存在以及该区域 VTS 的存在。使用了 $P_c = 0.35 \times 10^{-4} - 3.2 \times 10^{-4}$ 范围内的致因系数，请参见 1.2.3 节。

至于 1.3 节中提出的船舶与近海结构物碰撞的分析方法,碰撞频率估计或后果的概率测量可以基于对四个事故类别的评估:

$$F_{total} = F_{cat,1} + F_{cat,2} + F_{cat,3} + F_{cat,4} \tag{1.39}$$

同样,这些类别的特征如下:

第一类包括船舶以正常速度沿普通直线航线行驶有关的人为错误,见图 1.26,其中空间分布可模拟为高斯分布或对数正态分布,见式(1.5)。

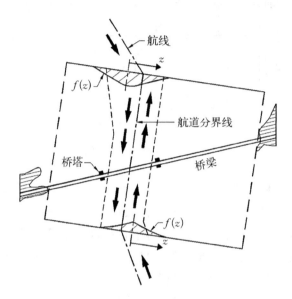

图 1.26　第一类：因人为错误导致的
船舶与桥梁碰撞的情况

横向分布中的参数可以从 AIS 观测中估计出来。这些观测结果可以与已发表的分布参数经验公式相比较。Karlson 等人(1998 年)建议将标准差视为航道的 40%,Gluver 和 Olsen(1998 年)建议采用等于船舶长度的标准差,其他建议在 Larsen(1993 年)一书中给出。

利用这些经验的横向分布,在距离桥孔一定距离的地方几乎不会有任何船舶交通。因此,为了考虑不寻常的事件并获得进场跨度的一定耐撞性,通常假设 1.0%～2.0% 的船舶交通流量均匀分布在航道上,参见式(1.5)。这将处理非常罕见的、可能会因严重的人为错误而发生在主要航道以外的碰撞事故。

总而言之,在文献中几乎找不到关于特定区域船舶交通横向分布的指导,因此,如果可能的话,应该进行 AIS 观测。

给定特定航线上的船舶交通的几何分布 $f_i(z)$，可以通过塔架或桥墩在垂直该航线的直线上的投影来识别可能与塔架或桥墩相撞的位置，参见图 1.27。

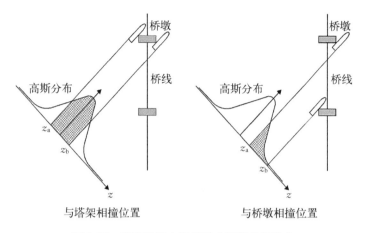

与塔架相撞位置　　　　　　　　　　与桥墩相撞位置

图 1.27　特定航线上的船舶交通的几何分布

确定甲板室与桥梁碰撞的可能船舶的方法与碰撞塔架和桥墩的过程相似，不同之处在于，在可能与甲板室碰撞的船舶中剔除了水上高度不超过所考虑的桁梁构件位置的垂直净空的船舶类别。对于点 A 和点 B 之间的桥段，在时间间隔 Δt 期间的严重碰撞的预期数量 $F_{cat,1}$ 的计算可以基于以下表达式：

$$F_{cat,1} = \frac{1}{\Delta t} \sum_{\substack{\text{Ship} \\ \text{class } i}}^{n} \int_{z=z_a}^{z_b} \int_0^{\Delta t} P_{c,i} Q_i(t) f(z) R_i \, dt \, dz \tag{1.40}$$

其中，i 是 1.2.1 节中讨论的船舶种类；Δt 是时间；z 是横穿航运路线的坐标轴；z_a 和 z_b 表示积分上下限，见图 1.27；$P_{c,i}$ 是致因系数，也就是如果船处于碰撞航向时发生碰撞的概率，请参见 1.2.3 节；$Q_i(t)$ 是每单位时间属第 i 类的船舶数量；$f(z)$ 是船舶的横向分布。

在分析船舶碰撞对驾驶台的影响时，R_i 是一个可以表示严重程度的因子。这一因素通常被称为海因里希因子（Heinrich，1959 年）。

海因里希因子取决于船舶碰撞压溃力，即船型、船舶大小、撞击瞬间的航速、桥梁结构的强度以及其他一些参数。这一因素将在 1.4.4 节中更为详细地讨论。当 R_i 的值为 1 时，则 $F_{cat,1}$ 将仅反映第一类碰撞的船舶碰撞频率。

为了减少发生第一类事故的可能性，有必要安排航道和桥梁布局，以便在经过的船舶上有足够的余量来处理小失误，并确保不会因为航行跨度不足而经常侵犯船域。

第二类船舶包括在大桥附近的转折点没有适当改变航向的船舶,参见图 1.28。在这种情况下,该船将继续沿旧航线航行,直到导航员纠正航向,或者船舶搁浅,或者该船抵达桥线位置并可能与桥梁相撞。

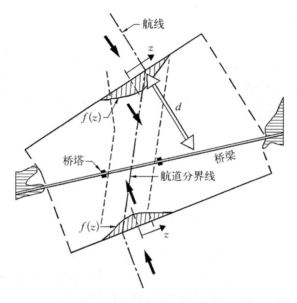

图 1.28   第二类: 因未能改变航向而导致船桥碰撞的船舶

第二类事件可以通过将忘记更改航向的概率纳入式(1.40)进行建模。

$$F_{\text{cat, 2}} = \frac{1}{\Delta t} \sum_{\substack{\text{Ship} \\ \text{class } i}}^{n} \iint\limits_{A \ 0}^{B \ \Delta t} P_0 P_{\text{c}, i} Q_i(t) f(z) R_i \, \mathrm{d}t \, \mathrm{d}z \qquad (1.41)$$

其中,P_0 为没有更改航向的概率,见式(1.22)或式(1.23)。

第二类危险意味着有必要仔细考虑桥梁附近的航线的布局,以尽量减少疏忽转弯的船舶与桥梁相撞的概率。

第三类包括由于锚泊或锚泊故障导致船舶漂流,渔船等工作中的漂流船舶,丧失推进力导致船舶漂流,破冰船靠桥漂流,舵机故障等技术故障而不遵循海图推荐的普通航线的船舶。

对于因发动机故障而发生漂移的船舶,可以假设失去推进时的船舶位于理想化的航行航线上。漂流船的移动方向取决于风和海流的方向。通常,漂流船的纵轴会垂直于其移动方向,见图 1.29。

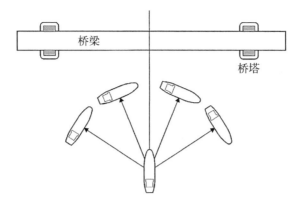

图 1.29　失去推进力船舶在风和流作用下漂流

　　基于假定的丧失推进力和丧失净空的概率,船舶可以进入直径等于船舶长度 2~3 倍的圆形路径,见图 1.30。

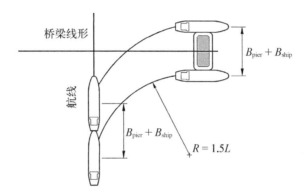

图 1.30　船舶因舵机故障与桥墩碰撞

　　第四类包括由于其他船舶的存在而在桥梁附近进行规避操纵而与桥梁相撞的船舶,见图 1.31。根据 1.4.2 节所述的船舶领域理论,可以估计关键相遇次数。

　　如果桥梁的跨度足够宽,有很好的规避机动余地,如果桥梁附近的关键相遇次数很少,则这种风险贡献通常相对较小。

　　这里提出的估计船舶撞击概率的方法取决于一些经验和不确定因素,如船舶的横向分布 $f_i(z)$ 和致因系数 P_c。 为此,需要通过该模型预测的碰撞和搁浅次数与该地区一段时间内实际事故次数的对比来验证数学模型。此外,区域内与灯塔的碰撞次数可以用来验证模型。

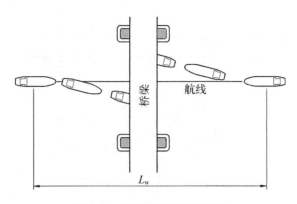

图 1.31　桥线附近的规避动作

表 1.5 显示了不同船级(见表 1.1)撞击某些桥梁结构构件的年碰撞频率的典型结果。

表 1.5　不同桥梁构件计算的 F_{total} 的示例

桥梁构件	F_{total}									总和
	1	2	3	4	5	6	7	8	9	
桥塔 1	3.64×10^{-3}	1.27×10^{-4}	5.55×10^{-5}	5.45×10^{-5}	1.28×10^{-5}	5.78×10^{-6}	3.90×10^{-6}	6.29×10^{-7}	3.58×10^{-7}	3.90×10^{-3}
桥塔 2	8.14×10^{-3}	4.04×10^{-4}	1.60×10^{-4}	1.14×10^{-4}	3.56×10^{-5}	1.60×10^{-5}	8.96×10^{-6}	2.43×10^{-6}	7.66×10^{-7}	8.89×10^{-3}
桥墩 4	1.56×10^{-3}	8.11×10^{-4}	2.72×10^{-4}	1.91×10^{-4}	7.30×10^{-5}	5.04×10^{-5}	2.67×10^{-5}	5.75×10^{-6}	1.98×10^{-6}	2.99×10^{-3}
桥墩 5	1.32×10^{-3}	7.45×10^{-4}	4.57×10^{-4}	3.32×10^{-4}	1.19×10^{-4}	9.75×10^{-5}	3.95×10^{-5}	1.50×10^{-5}	2.58×10^{-6}	3.13×10^{-3}
桥面	8.03×10^{-4}	4.19×10^{-5}	4.26×10^{-5}	4.95×10^{-5}	2.25×10^{-5}	2.38×10^{-5}	1.61×10^{-5}	4.02×10^{-6}	1.94×10^{-6}	1.01×10^{-3}

注：F_{total} 为年碰撞频率。

1.4.4　验收标准和海因里希因子

与桥梁的交通可用性有关的桥梁结构的典型验收标准可以是,桥梁倒塌或桥梁交通中断的频率每年应小于 10^{-4}。这种验收标准是全局性的,应在桥梁结构之间进行分配。该标准通常还应包括船舶碰撞以外的其他类型的危险。

在给定桥梁结构构件的冲击强度和与各船级有关的估计碰撞荷载的情况下,可以根据见表 1.5 的冲击概率结果,选择各桥梁结构构件应能承受的船级或设计船(典型的船舶尺寸和速度),以满足全局破坏标准。应将全局验收标准分配给各个桥梁结构构件,以便从桥梁设计的角度得出最佳结果。

单个桥梁构件的设计船被定义为撞击桥梁结构构件的船舶,该结构件必须在没有严重故障的情况下承受其撞击,以便整个桥梁线达到设计标准。也就是说,为了满足验收标准,来自等于或小于设计船型尺寸的所有船舶的撞击不应导致任何桥梁构件的临界失效。

在式(1.40)、式(1.41)中,碰撞的后果或严重性由因子 R_i 来模拟,通常称为海因里希(Heinrich)因子。这一因子源于对工业事故如何导致不同程度的严重后果的观察,从无到轻微或严重,视原因而定。对于船舶碰撞,海因里希因子可以用来给出导致临界失效的撞击事件与所有可能导致临界失效的事件之间的比值。美国 AASHTO 指南(2009 年)将海因里希因子称为"坍塌概率"。

因此,即使桥梁构件遭受了一艘船舶的撞击,且这艘船舶比设计船大,桥梁构件不坍塌的概率也是一定的。这可能是由于两种效应造成的:

(1) 由于最后 1 min 的船舶操纵,或由于在桥墩等处的撞击不是中心撞击,并将导致沿桥墩表面剐蹭或部分剐蹭,碰撞船在撞击瞬间的实际撞击速度和动能降低。

(2) 桥梁构件是根据特征能力设计的,并有储备的极限能力。

由于这些修正效应,临界船舶碰撞的概率可以表示为

$$F_{\text{Critical failure}} = F_{\text{Critical failure Collision}} F_{\text{Collision}}$$

其中,$F_{\text{Collision}}$ 碰撞是指与大于设计船的船舶发生碰撞的概率;$F_{\text{Critical failure}}$ 碰撞是海因里希因子,描述了主尺度大于设计船的船舶碰撞桥梁构件导致临界失效的概率。这种概率会随着这些船舶的尺度增大而增大。准确计算海因里希因子是不可能的,因为在实践中不得不考虑许多不确定性和不同的条件。

海因里希因子的应用可以通过减少计算的碰撞频率或增加全局接受准则来实现。

如前所述,设计船撞击桥梁传递给构件的动量和动能有一定的概率小于单纯从假定的航速和中心碰撞场景估计的动量和能量。

与桥梁构件正面碰撞常见的原因是人为失误,如注意力分散、酒精影响、疾病和事故等。这些错误被假定为导致船舶以不变的航向和速度继续驶向桥梁。当船舶接近桥梁时,导航器可能会检测到错误,并试图通过以下措施来避免碰撞:

(1) 改变航速,以降低压碎船首或桥体的最大能量。

(2) 改变航向,以增加轻触可能性,获得更有利的碰撞场景。

如 1.2.4 节所述,Lützen(2001 年)对撞船事故进行了调查,发现撞击时航速降低,由此可以假定撞击时航速在非常低的速度和服务速度之间是均匀分布的,参见图 1.14。碰撞速度的降低将对由此产生的碰撞能量产生相对较大的影响。

撞击位置和撞击角度也可能使得撞击船的动能并不是全部用来破坏桥梁或船舶。最严重的碰撞将是与桥墩表面垂直的迎面碰撞。碰撞角度较小时,船舶与桥塔或桥墩之间可能会发生滑动。在这种情况下,用于压溃结构的能量取决于碰撞角和摩擦因数。参见 2.4 节,其中对压溃所释放的能量减少进行了量化。对于甲板室与桥梁主梁的碰撞,发生滑动碰撞的概率并不相同。因此,降低桥面临界失效可能性的主要影响将是在碰撞前可能的减速。

除了有利条件对海因里希因子的贡献外,桥梁的储备强度能力也会对海因里希因子有贡献。如果桥梁结构构件的设计是基于特征荷载的,则由于材料参数的选择和桥梁结构中荷载路径的重新分配的可能性,这些构件将具有额外的储备能力。AASHTO 指南(2009 年)给出了海因里希因子,它是桥墩的极限横向阻力与船舶冲击力之间比值的函数。一般来说,储备荷载对海因里希因子的贡献很大程度上取决于桥梁结构所采用的非线性倒塌荷载计算方法的广泛性和准确性。

即使用全面、准确的桥梁结构倒塌荷载估计来确定设计船舶,但考虑到船舶撞击的随机性,并不是所有潜在的船舶与桥塔和桥墩的碰撞都会导致最有害的冲击,并导致桥梁结构的严重失效。准确计算海因里希因子是不可能的,因为海因里希因子来自船舶撞击的速度和位置。然而,当只能依靠船速和撞击位置时,可以估计一个保守的系数。表 1.6

给出了在全球每年接受破坏的频率为 10^{-4} 的情况下,桥梁设计船的典型实例。无论船舶尺度如何,对于设计船与桥塔、桥墩的碰撞,海因里希因子简单地取为 50%,对于甲板室与桥梁梁的碰撞,海因里希因子为 100%。

表 1.6 不同桥梁构件的设计船型及能量示例

桥梁构件	设计船-正常航速			设计船-漂流		
	船长/m	航速/(m/s)	能量/MJ	船长/m	航速/(m/s)	能量/MJ
桥塔 1	120	6	170	235	1	35
桥塔 2	130	6	180	240	1	37
桥墩 4	90	6	70	200	1	17
桥墩 5	85	6	60	200	1	17
桥面	90	6	65	125	1	10

1.4.5 计算实例

示例 1.5:危险相遇频率。

桥下航道的船舶交通流直方图分布见表 1.7。

表 1.7 船舶交通流直方图

船长/m	每年向东航行的船舶流量/艘	每年向西航行的船舶流量/艘
0～100	1 800	2 500
100～150	1 600	2 000
150～200	1 000	1 100
>200	15	30

该区域船舶平均航速为 4.0 m/s。

表 1.8 给出了桥孔附近 10 min 平均风速的超越概率。

表 1.8　超越概率

平均风速/(m/s)	每年的超越时长
10	1 500
15	100
20	2

当风速超过 15 m/s 时,长度大于 150 m 的船舶在距离桥梁 1 000 m 以内相遇会出现危险相遇情况。它们的主要任务如下:

(1) 计算一条船舶长度超过 150 m 的危险相遇情况次数。

(2) 计算两条船舶长度超过 150 m 的危险相遇情况次数。

求解(1),根据给定的船舶交通量直方图,船舶交通流分布函数见表 1.9。

表 1.9　船舶交通流分布函数

船长/m	每年向东航行的船舶流量/艘	每年向西航行的船舶流量/艘
>0	4 415	5 630
>100	2 615	3 130
>150	1 015	1 130
>200	15	30

全天候条件下,每秒钟两艘长度大于 150 m 的船舶相遇的次数可以直接由式(1.36)确定:

$$\sigma_{EW} = N_{WAC} \cdot Q_E$$

$$\sigma_{EW} = L_W Q_W Q_E \left(\frac{1}{V_W} + \frac{1}{V_E} \right)$$

$$\sigma_{EW} = 1\ 000\ \frac{1\ 015 \times 1\ 130}{(365 \times 24 \times 60 \times 60)} \left(\frac{1}{4} + \frac{1}{4} \right)$$

$$\sigma_{EW} = 0.557 \times 10^{-6}\ \text{次/s}$$

假设相遇次数和风速为自变量,求出风速超过 15 m/s 且两艘长度均大于 150 m 的船舶的年相遇次数为

$$N_{150,150} = 0.557 \times 10^{-6} \times \frac{100}{365 \times 24} (365 \times 24 \times 60 \times 60)$$
$$= 0.21(次 / 年)$$

每秒钟有一艘船长大于 150 m 的船相遇次数可以由下式得

$$\sigma_{EW} = \frac{1\,000}{2 \times (365 \times 24 \times 60 \times 60)^2} (1\,015 \times 5\,630 + 1\,130 \times$$
$$4\,415 - 1\,015 \times 1\,130) = 4.87 \times 10^{-6}(次 / s)$$

因此,当风速超过 15 m/s 时,一艘船长超过 150 m 的船年相遇次数为

$$N_{150,0} = 4.87 \times 10^{-6} \times \frac{100}{365 \times 24} (365 \times 24 \times 60 \times 60)$$
$$= 1.76(次 / 年)$$

1.5　船舶搁浅概率

搁浅和触礁是常见的海上伤亡类型,参见 Zhu 等人(2002 年)、Lützen 和 Simonsen(2003 年)的文章。当船舶接触海床时称为触礁,而搁浅是指船舶搁置在浅滩上并在那里停留一段时间。这两种情况都可能损坏船舶,具体损坏程度取决于海底类型,即岩石、砂质或泥质,以及海洋和潮汐条件。

虽然多年来碰撞事故的风险一直受到广泛研究,但关于确定搁浅事件概率方法的研究工作却少得多。计算搁浅概率的方法应包括以下内容:

(1) 船舶以前进速度的操纵性搁浅。

(2) 因发动机或舵机故障而致失动船的漂流性搁浅。

在因两种类型的搁浅受损之后,该船还会由于退潮或波浪作用发生触礁事故。

操纵性搁浅概率 P_g 的计算模型开发方法类似于上述船-船和船-近海设施碰撞的方法;见 Otto 等人(2002 年)的文章。不同之处在于,障碍物(如船舶停靠的岩石或浅水区)所在的位置在大多数情况下位于水面以下。

根据载重和压载情况下的吃水,以及浅水效应引起的下沉和纵摇影响,

可以计算出实际吃水,并与实际水深进行比较。原则上,船舶的实际吃水是通过其 AIS 发射器传输的。当明确船舶吃水分布和水深时,就知道会在某个区域搁浅的船舶类别(见表 1.1)。

当必须分析船舶撞向海床而对近海管道或电力和通信电缆造成影响的可能性时,也需要进行船舶搁浅分析。同样,船舶与桥台附近的水下隧道顶部相撞的风险可能是导致隧道洪水的重要危险。

1.5.1 船舶搁浅事件概率的定性评估

同样,也需要收集船舶交通数据来了解浅滩和最重要海岸线附近的船舶数量及其空间分布。相似地,必须制订海岸线和浅层地面特征描述方法,即岩石分布、底部剖面数据和潮汐变化。

计算操纵性搁浅的概率时,需要考虑两类人为错误。第一类事故的基础是假定的船舶的简单空间分布,加上船舶在航道上可能导致搁浅的原因因素;第二类事故与船舶不总是在航道拐角处改变航向的概率有关。

必须考虑与因发动机熄火或舵机故障导致的漂流船舶相关的其他类别,才能全面估计特定地理区域内搁浅的可能性。

对于操纵性搁浅,对船舶搁浅数据库的研究表明,许多船舶在撞击时都在以营运航速前进(Lützen 和 Simonsen,2003 年)。结果表明,概率密度函数可以用递增函数来描述。这与船-船碰撞的情况形成了鲜明对比,在这种情况下,撞击船舶的船速几乎都是介于零和营运航速之间的一致速度,见图 1.14(b)。

1.5.2 船舶搁浅频率估算模型

对于船舶与近海设施碰撞的预估,搁浅频率 $F_{\text{grounding}}$ 可以估算为可能的搁浅次数 $N_{\text{a}}^{\text{grounding}}$ 乘以 P_{c}:

$$F_{\text{grounding}} = P_{\text{c}} N_{\text{a}}^{\text{grounding}} \tag{1.42}$$

对于仪器导航情况下的搁浅数量的估计模型,$N_{\text{a}}^{\text{grounding}}$ 再次基于将船舶搁浅问题划分为许多不同的现象,以及随后应用数学模型对每类风险进行量化。

第一类:该类别包括以正常航速和正常航迹分布沿着普通、直线航线行驶的船舶,见图 1.32。对于此类,单位时间 Δt 内仪器导航搁浅的预期数量

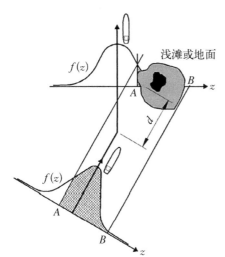

$f(z)$

浅滩或地面

A B z

d

$f(z)$

A

B

z

图1.32 第一类和第二类中吃水深度过大的操纵性搁浅船舶

$N_a^{\text{cat},1}$ 可通过以下表达式确定：

$$N_a^{\text{cat},1} = \frac{1}{\Delta t} \sum_{\substack{\text{Ship} \\ \text{class}}}^{n} \int_{z=A}^{B} \int_{t=0}^{\Delta t} Q_i(t) f_i(z) \, dt \, dz$$

(1.43)

其中，Q_i 是吃水等于或大于浅滩水深的 i 类船舶的交通密度函数，可导致搁浅，$f_i(z)$ 是空间分布（见式(1.5)），$z = A$ 和 $z = B$ 是浅滩边界的横向坐标。

第二类：这一类包括未能在浅滩附近的转向点转向的船舶。为确定船舶因可能无法在航道拐角附近转向而搁浅的附加概率（见图1.32），可使用类似于第一类的方法，前提是该方法增加了船舶未能在改变航线方向上采取行动的概率 P_0：

$$N_a^{\text{cat},2} = \frac{1}{\Delta t} \sum_{\substack{\text{Ship} \\ \text{class}}}^{n} P_0 \int_{z=A}^{B} \int_{t=0}^{\Delta t} Q_i(t) f_i(z) \, dt \, dz$$

(1.44)

根据1.2.2节中的式(1.22)或式(1.23)，可以对船舶未能在拐角处改变航向的概率 P_0 进行建模。

第三类：该类包括因失去动力或失去控制而漂移的船舶。对于漂流船舶或失控船，通常假设船舶在失去动力时位于理想的航线上。在狭窄的航道中，漂流或失去控制是最危险的，因为在航道中，出现技术故障后很快就会发生搁浅。

由漂流的长度 L_w 而导致的搁浅事件 $F_{\text{drift}}^{\text{grounding}}$ 的数量取决于风速以及洋流的方向和速度。对于与海上设施发生碰撞的情况，漂移引起的搁浅事件的频率可估计为

$$F_{\text{drift}}^{\text{grounding}} = \frac{1}{\Delta t} \int_0^{\Delta t} \sum_{\text{shipclass } i} Q_i^{\text{grounding}}(t) (1 - P_{\text{anchor}}) \int_{\theta=0}^{360} P_{\text{wind, cur}}(\theta) \times$$

$$\sum_{\text{segments}} P_{\text{Technicalerror}}(L_w) \int_{z=0}^{L_w} \int_{v_{\text{drift}}} P_{\text{drift}}(t_{\text{col}} \mid X) \times$$

(1.45)

$$f(v_{\text{drift}}) dv_{\text{drift}} \, dz \, d\theta \, dt$$

其中，P_{anchor} 是推进系统发生故障时成功抛锚的概率；$Q_i^{\text{grounding}}$ 是单位时间内

有足够搁浅吃水的船舶的数量；$P_{\text{wind, cur}}$ 表示漂移方向 θ 的概率；$P_{\text{Technical error}}$ 是式(1.26)中给出的技术故障概率；P_{drift} 是漂移概率，见式(1.27)；参数 X 定义了给出碰撞时间的参数；漂移速度由 $f(v_{\text{drift}})$ 给出。

在第三类中，还必须添加一个遭受失控风险的船舶的参数 $F_{\text{control}}^{\text{grounding}}$。 对于舵机故障，舵轮可能锁定在极限位置，见图 1.30。

第四类：该类代表的是被迫为相遇船舶让出航路而导致搁浅的情况。目前还没有这种类型的数学概率模型。

通过添加这些参数，可以找到特定地理区域的船舶搁浅总数：

$$F_{\text{grounding}} = P_{\text{c}} N^{\text{cat, 1}} + P_{\text{c}} N^{\text{cat, 2}} + F_{\text{drift}}^{\text{grounding}} + F_{\text{control}}^{\text{grounding}} \tag{1.46}$$

其中，1.2.3 节给出了操纵性搁浅的 P_{c} 的建议数值。

1.5.3　搁浅频率分析的应用

现在针对多个地理区域建立了由式(1.43)～式(1.45)等表达式表示的概率方法，总的来说，它们似乎能相当准确地预测船舶事故的数量。这个结论是通过对比发生在丹麦大贝尔特桥东桥的船舶碰撞研究得出的。通过大贝尔特桥 15 年来记录的搁浅事件和灯塔碰撞来验证 P_{c} 的估算结果。图 1.33 显示了

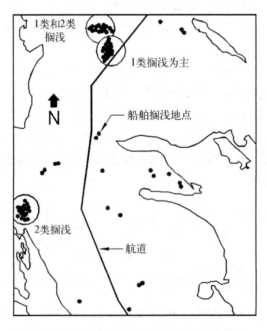

图 1.33　丹麦哈特巴恩附近 15 年的搁浅事件

东桥桥线以北地区记录的搁浅事件,并清楚地说明了可归类为第一类或第二类的搁浅事件。在研究期间,计算的搁浅次数与观测到的搁浅事件次数大致相等。

1.6　本章小结

风险分析是一种越来越多地应用于海洋和近海行业中来帮助安全管理、健康管理和环境保护的工具。船舶碰撞和搁浅风险可通过使用数学模型评估频率和后果,在给定的航行区域内进行估计。后果可以从结构损坏、伤亡人数、泄漏到海上的材料数量、对环境资源的直接影响以及随后的恢复成本等方面来衡量。

风险最小化措施包括一系列可降低事故发生频率和减少事故后果的措施。在这里,减少船舶碰撞和搁浅事件的频率通常是最具成本效益的风险控制选项。

本章旨在介绍估算船舶与船舶碰撞、船舶与近海设施碰撞频率、船舶与桥梁结构碰撞频率以及搁浅事件频率预测的方法。即使船舶碰撞和搁浅是低概率事件(但后果严重),统计数据也为识别典型和关键事件提供了有价值的数据。事故统计数据显示,在所有船舶碰撞和搁浅事件中,人为因素约占 80%,其余 20% 是由于失去推进力和转向能力而造成的技术故障。然而,历史数据的统计并非没有错误。错误来源可能是由于报告不足、信息误解和错误的事件分类。此外,历史数据不能用于预测新的航行条件或新一代船舶结构和设备的影响。因此,需要数学工具来预测未来的碰撞和搁浅频率。

本章所述的计算方法用于确定因人为错误发生船舶碰撞和搁浅的概率。该方法分为两步,第一步,需要确定没有进行任何操纵情况下潜在的碰撞或搁浅船舶的数量,对于这部分分析,必须了解船舶交通流的分布。第二步,确定所谓的因果系数,以模拟船和设备相关行动的影响,以避免碰撞或搁浅。这一因果系数在很大程度上取决于航运区可用的助航设备、天气条件、能见度、船桥上的设备以及领航员的素质和培训情况。

有两类由人为失误引起的事故列入范围。第一类是船舶沿其正常航线航行,但由于航行错误与其他船舶或障碍物相撞,或者在浅滩搁浅的事故。第二类是在航道折角处错过转弯的船舶。

用于计算导致碰撞或搁浅的技术故障频率的模型包括因失去动力而漂

流的船舶和因舵机故障而失去控制的船舶。

本章介绍的概率数学方法已应用于许多特定地理区域。Karlson 等人（1998 年）将 Øresund 登记的实际伤亡人数、地点与计算的事故频率进行了比较。Gluver 和 Olsen（1998 年）描述了船舶碰撞分析在桥梁上的应用。Cucinotta 等人（2017 年）使用碰撞和搁浅风险分析工具、航标和 VTS 管理机构风险管理工具、国际航标和灯塔管理机构国际协会（The International Association of Marine Aids to Navigation and Lighthouse Authorities，IALA，2009 年）制定的 IALA 航道风险评估计划（IALA Waterways Risk Assessment Program，IWRAP），分析了墨西拿海峡（Strait of Messina）船舶碰撞的频率。

IALA 方法是为港口和航道的助航设备设计而制定的一种具有成本效益的程序。风险分析项目 IWRAP 背后的数学模型与本章中介绍的模型非常相似。IWRAP 方法是 Fris Hansen 和 Simonsen（2002 年）对搁浅和碰撞分析工具箱（Grounding and Collision Analysis Toolbox，GRACAT）方法的进一步发展。

参考文献

[1] AASHTO，2009. Guide Specifications and Commentary for Vessel Collision Design of Highway Bridges，second ed.

[2] Cucinotta，F.，Guglielmino，E.，Sfravara，F.，2017. Frequency of ship collisions in the Strait of Messina through regulatory and environmental constraints assessment. J. Navig. The Royal Institute of Navigation 70，1002 - 1022.

[3] Eurocode，2006. 1—Actions on Structures—Part 1 - 7：General Actions—Accidental Actions. (Incorporated corrigendum February 2010). July 2006 CEN.

[4] Frandsen，A.G.，Olsen，D.，Lund，H.T.，Bach，P.E.，Gerwick，B.C.，1991. Evaluation of minimum bridge span openings applying ship domain theory. Transp. Res. Rec. 1313，83 - 90.

[5] Friis-Hansen，P.，Pedersen，P.T.，1998. Risk Analysis of Conventional and Solo Watch Keeping. Submitted to International Maritime Organization (IMO) Maritime Safety Committee by Denmark at 69th Session.

[6] Friis-Hansen，P.，Simonsen，B.C.，2002. GRACAT，software for grounding and collision analysis. Mar. Struct. 15 (4 - 5)，383 - 402.

[7] Fujii，Y.，Mizuki，N.，1998. Design of VTS systems for water with bridges. In：Proc. Int. Symp on Advances in Ship Collision Analysis，Copenhagen Denmark. A. A. Balkema，pp. 177 - 193.

［8］ Fujii，Y.，Shiobara，R.，1971. The analysis of traffic accidents. J. Navig. 24，534.

［9］ Fujii，Y.，Yamanouchi，H.，Mizuki，N.，1974. Some factors affecting the frequency of accidents in marine traffic，II—the probability of stranding，and III—the effect of darkness on the probability of collision and stranding. J. Navig. 27，235－247.

［10］ Gluver，H.，Olsen，D.，1998. Survey of ship tracks in Fehmarn Belt. In：Proc. 2nd International Conference on Collision and Grounding of Ships，Maritime Engineering，Dept. Mechanical Engineering，Technical University of Denmark，pp. 13－22.

［11］ Hänninen，M.，Kujala，P.，2012. Influences of variables on ship collision probability in a Bayesian belief network model. Reliab. Eng. Syst. Saf. 102，27－40.

［12］ Hansen，M.G.，Jensen，T.K.，Lehn-Schiøler，T.，Melchild，K.，Rasmussen，F. M.，Ennemark，F.，2013. Empirical ship domain based on AIS data. J. Navig. 66，931－940.

［13］ Hassel，M.，Utne，I. B.，Vinnem，2017. Allision risk analysis of offshore petroleum installations on the Norwegian Continental Shelf-an empirical study of vessel traffic patterns. WMU J. Marit. Aff. 16，175. https://doi. org /10. 1007 / s13437－016－0123－7.

［14］ Heinrich，H. W.，1959. Industrial Accident Prevention，a Scientific Approach，fourth ed.McGraw Hill.

［15］ International Association of Lighthouse Authorities（IALA），2009. Risk Management Tool for Ports and Restricted Waterways（IWRAP）. France.

［16］ International Association of Oil and Gas Producers，2010. Risk assessment data directory.Report No. 434／16 March.

［17］ International Maritime Organization（IMO），2013. Revised Guidelines for Formal Safety Assessment（FSA）for Use in the IMO Rule-Making Process. MSC-MEPC.2／Circ.12 8.

［18］ Jensen，T.K.，Hansen，M.G.，Lehn-Schiøler，T.，Melchild，K.，Rasmussen，F. M.，Ennemark，F.，2013. Free flow efficiency of a one-way traffic lane between two pylons. J. Navig.66，941－951.

［19］ Kaneko，F.，Hara，D.，2007. Estimation of dangerous encounters' number from observed ship trajectories. In：4th International Conference on Collision and Grounding of Ships. Hamburg University of Technology，Schiffbautechnische Gesellschaft，pp. 187－193.

［20］ Karlson，M.，Rasmussen，F.，Frisk，L.，1998. Verification of ship collision frequency model. In：Gluver，Olsen，（Eds.），Proceedings of the International Symposium on Advances in Ship Collision Analysis. Copenhagen Denmark. Balkema，pp. 117－121.

［21］ Larsen，O.D.，1993. Ship Collision With Bridges. Structural Engineering Document No.4IABSE International Association for Bridge and Structural Engineering.

[22] Lehn-Schiøler, T., Hansen, M. G., Melchild, K., Jensen, J. K., Randrup-Thomsen, S., Glibbery, K.A.K., Rasmussen, F.M., Ennemark, F., 2013. VTS a risk reducer: a quantitative study of the effect of VTS in the Great Belt. In: Amdahl, E., Leira, T. (Eds.), Proceeding Collision and Grounding of Ships and Offshore Structures. Taylor and Francis Group, pp. 19 - 26.

[23] Li, S., Meng, Q., Qu, X., 2012. An overview of maritime waterway quantitative risk assessment models. Risk Anal. 32 (3), 496 - 512.

[24] Liu, J., Zhou, F., Li, Z., Wang, M., Liu, R.W., 2016. Dynamic ship domain models for capacity analysis of restricted water channels. J. Navig. 69, 481 - 503.

[25] Lützen, M., 2001. Ship Collision Damage. PhD thesis, Department of Mechanical Engineering, Technical University of Denmark.

[26] Lützen, M., Friis-Hansen, P., 2003. Risk reducing effect of AIS implementation on collision. In: Proceedings of Society of Naval Architects and Marine Engineers: The World Maritime Technology Conference (SNAME). pp. 13.

[27] Lützen, M., Simonsen, B.C., 2003. Grounding damage to conventional vessels. In: Proceedings of Society of Naval Architects and Marine Engineers: The World Maritime Technology Conference (SNAME) (Rosenblatt, B. (red.). 13 s).

[28] Moan, T., Amdahl, J., Ersdal, G., 2017. Assessment of ship impact risk to offshore structures—new NORSOK N - 003 guidelines. Mar. Struct. https://doi.org/10.1016/j.marstruc.2017.05.003.

[29] NORSOK Standard N - 004, 2004. Design of Steel Structures. Appendix A: Design against accidental actions. Otto, S., Pedersen, P.T., Samuelidis, M., Sames, P., 2002. Elements of risk analysis for collision and grounding of a RoRo passenger ferry. Mar. Struct. 15 (4 - 5), 461 - 475.

[30] Pedersen, P.T., 1995. Collision and grounding mechanics. In: Proc. WEMT'95, Danish Society of Naval Architecture and Marine Engineering, Copenhagen, pp. 125 - 157.

[31] Pedersen, P.T., 1998. In: Gimsing, N.J. (Ed.), Ship Crushing Load Studies. The Storebælt Publications, East Bridge, pp. 49 - 57 (Chapter 3.6).

[32] Pedersen, P.T., 2002. Collision risk for fixed offshore structures close to high-density shipping lanes. Proc. Inst. Mech. Eng. M J. Eng. Mar. Environ. 216 (Part M1), 29 - 44.

[33] Pedersen, P. T., 2014. Risk assessment for ship collisions against offshore structures. In: Guedes Soares, Santos (Eds.), Invited Lecture, Maritime Technology and Engineering. Taylor & Francis Group, London. ISBN: 978 - 1 - 138 - 02727 - 5.

[34] Pedersen, P. T., 2010. Review and application of ship collision and grounding analysis procedures. Mar. Struct. 23, 241 - 262.

[35] Rasmussen, F. M., Glibbery, K. A. K., Hansen, M. G., Jensen, T. K., Lehn-Schiøler, T., RandrupThomsen, S., 2012. Quantitative assessment of risk to ship

traffic in the Fehmarnbelt fixed link project. J. Pol. Saf. Reliab. Assoc., Summer Safety and Reliability Seminars 3(1).

[36] Pedersen, P.T., Valsgaard, S., Olsen, D., Spangenberg, S., 1993. Ship impacts: bow collisions. Int. J. Impact Eng. 13 (2), 163 – 187.

[37] Sand, S.E., Petersen, J.B., 1998. Use of ship simulations in bridge design. In: Gluver, Olsen, (Eds.), Proc. Ship Collision Analysis. Balkema, Rotterdam, pp. 159 – 168.

[38] Silveira, P.A.M., Teixeira, A.P., Guedes Soares, C., 2013. Use of AIS data to characterize marine traffic patterns and ship collision risk off the coast of Portugal. J. Navig.66, 879 – 898.

[39] Sotiralis, P., Ventikos, N.P., Hamann, R., Golyshev, P., Teixeira, A.P., 2016. Incorporation of human factors into ship collision risk model focusing on human centered design aspects. Reliab. Eng. Syst. Saf. 156, 210 – 227.

[40] Szlapczynski, R., Szlapczynski, J., 2017. Review of ship domains: models and applications. Ocean Eng. 145, 277 – 289.

[41] Zhu, L., James, P., Zhang, S., 2002. Statistics and damage assessment of ship grounding. Mar. Struct. 15 (4 – 5), 515 – 530.

第 2 章
船舶碰撞与搁浅的外部动力学

2.1 引言

在经典的船舶碰撞理论中,碰撞结果的评估被分为两个独立的问题:外部碰撞动力学问题、内部碰撞力学问题。其中外部动力学解决碰撞船舶与附连水的运动问题,内部动力学研究船体结构被撞击部分的材料局部压溃。压溃破坏分析会在第 3 章和第 4 章详细讨论。

从理论上来说,当船体附连水产生的水动压力可以用附加质量常数来表示,碰撞的过程非常短暂,碰撞船舶的运动可以忽略,将碰撞问题分为两个独立问题。外部动力学可以用以下两种形式表达:

(1) 使用时域模拟的耦合分析。

(2) 使用经典动力学方法的非耦合分析。

接下来,首先简单讨论时域模拟的耦合分析。在耦合分析的过程中,需要考虑水动力与船舶运动之间的耦合以及碰撞过程的撞击力。不过,本章主要讨论的是基于动量与能量的非耦合经典动力学,这一方法会被用到船-船碰撞、船-平台碰撞以及搁浅分析中。

2.1.1 基于时域模拟的耦合分析

假设,船体在碰撞过程中,船体弹振传输的能量可以忽略(Pedersen 与 Li, 2009 年),船体的运动可以用牛顿六自由度刚体运动来表示。在随船的右手直角坐标系中,每条船的运动方程可以用下式表达(Petersen,1982 年):

$$X = M[\ddot{u} + q\dot{w} - r\dot{v} - x_g(\dot{q}^2 + \dot{r}^2) + y_g(\dot{p}\dot{q} - \dot{r}) + z_g(\dot{p}\dot{r} + \ddot{q})]$$

$$Y = M[\ddot{v} + \dot{r}u - p\dot{w} - y_g(r^2 + p^2) + z_g(\dot{q}r - \dot{p}) + x_g(pq + \dot{r})]$$

$$Z = M[\ddot{w} + \dot{p}v - q\dot{u} - z_g(p^2 + q^2) + x_g(pr - \dot{q}) + y_g(rq + \dot{p})]$$

$$K = I_x\dot{p} + (I_z - I_y)qr + M[y_g(\ddot{w} + \dot{p}v - q\dot{u}) - z_g(\ddot{v} + \dot{r}u - p\dot{w})]$$

$$L = I_y\dot{q} + (I_x - I_z)pr + M[z_g(\ddot{u} + \dot{q}w - r\dot{v}) - x_g(\ddot{w} + \dot{p}v - q\dot{u})]$$

$$N = I_z\dot{r} + (I_y - I_x)pq + M[x_g(\ddot{v} + \dot{r}u - p\dot{w}) - y_g(\ddot{u} + \dot{q}w - r\dot{v})]$$

其中，X、Y、Z 为船上沿三个轴的外力；K、L、N 为经过原点的外力矩；u、v、w 为相对 x、y、z 轴的相对位移；p、q、r 为相对 x、y、z 轴的相对角位移；x_g、y_g、z_g 为重心坐标；I_x、I_y、I_z 为绕 x、y、z 轴惯性矩；M 为对应船的质量；$(\cdot) = \mathrm{d}/\mathrm{d}t$ 为相对时间的微分符号。

碰撞过程中作用在水线面的外力 X、Y、N 由推进力、舵力、波浪力、水流力、水动力与材料变形引起的碰撞力的合力组成。然而，外力和外力矩主要由与波浪频率相关的水动力荷载和碰撞力构成。一般情况下，这两种力会占主导，其他力可以忽略不计。

与上面的运动方程相似，Petersen(1982 年)基于方程组提出了耦合模拟方程组，其中碰撞力由四个非线性弹簧来模拟，并应用切片理论来模拟水动力的时间变化。后来，Brown(2002 年)和 Le Sourne(2007 年)通过显式的有限元模拟方法将内部分析和外部分析结合起来，以获得更真实的结构损伤模型。对于补给船与平面刚性墙的碰撞，Yu 和 Amdahl(2016 年)推导了一种耦合模拟程序，其中水动力荷载通过船舶操纵模型计算，内部碰撞力通过显式有限元程序推导。将六个自由度的计算与匹配的、最新的水动力结合，并详细计算受影响船舶的压溃行为，该方法在建模和计算时间方面要求很高。

在碰撞过程中，船体结构最明显的运动发生在水线面。如果水线面内的运动和垂直运动之间没有耦合，坐标系的原点在中心线上，即纵向 x 轴正向指向船首，横向 y 轴正向指向左舷，z 轴正向指向上，则水平运动方程的简化形式为

$$X = M[\ddot{u} - \dot{\omega}v - x_g\dot{\omega}^2]$$

$$Y = M[\ddot{v} + \dot{\omega}u + x_g\ddot{\omega}]$$

$$N = I_z\ddot{\omega} + M[x_g(\ddot{v} + \dot{\omega}u)]$$

其中，合力 X、Y、N 由水动力和压溃力组成：

$$X = X^H(t) + X^C(t)$$

$$Y = Y^H(t) + Y^C(t)$$

$$N = N^H(t) + N^C(t)$$

对于一艘中纵面左右对称的船舶,作用在船体上的水动压力随时间变化可表示为

$$X^H(t) = -M_x\ddot{u} + M_y\dot{v}\dot{\omega} + J_{y\omega}\dot{\omega}^2 - \int_0^\infty h_x(\tau)\dot{\omega}(t-\tau)\mathrm{d}\tau$$

$$Y^H(t) = -M_y\ddot{v} - M_x\dot{u}\dot{\omega} + J_{y\omega}\ddot{\omega} - \int_0^\infty h_y(\tau)\dot{v}(t-\tau)\mathrm{d}\tau - $$

$$\int_0^\infty h_{y\omega}(\tau)\dot{\omega}(t-\tau)\mathrm{d}\tau$$

$$N^H(t) = -J_{y\omega}\ddot{v} - J_\omega\ddot{\omega} - J_{y\omega}\dot{u}\dot{\omega} - (M_y - M_x)\dot{u}\dot{v} - $$

$$\int_0^\infty h_{y\omega}(\tau)\dot{v}(t-\tau)\mathrm{d}\tau - \int_0^\infty h_{\omega\omega}(\tau)\dot{\omega}(t-\tau)\mathrm{d}\tau$$

其中,$X^C(t)$、$Y^C(t)$、$N^C(t)$ 是不考虑自由液面的常数项。当船加速时会在自由液面兴起波浪,前一时刻兴起的波浪会引起当前时刻水动压力的变化,这就是记忆效应,为了表达这一效应,在上式引入卷积积分来表达。

附加质量系数 M_α 是一个常数等于频率引起附加质量,对于频率接近无限时,附加质量系数 M_α 可以由下式表达。

$$M_\alpha = \lim_{\omega \to \infty} a_{\alpha\alpha}(\omega)$$

单元响应函数 $h_{\alpha\beta}(t)$ 可由与频率相关阻尼系数 $b_{\alpha\beta}(\omega)$ 通过余弦变换得到

$$h_{\alpha\beta} = \int_0^\infty b_{\alpha\beta}(\omega)\cos(\omega t)\mathrm{d}\omega$$

稍后将证明,如果水动力可由用合适的附加质量常数近似,不需要通过计算要求更高的时域计算程序也可以得到相当精确的响应结果。也就是说,非耦合计算程序通常都是足够的。

2.1.2 非耦合解析流程

在评估任意给定的船舶碰撞场景中释放的引发结构损伤的能量时,首选的就是基于经典动力学流程的解析方法,因为这些方法相对简单而且更

快捷。

2.2 节的解析方法可以分析任意两条船在水线面上以不同的位置与角度进行碰撞的情况。解析方法基于刚体动力学,忽略接触区域以外的结构变形产生的应变能,并且接触区域是局部的。这意味着碰撞可以认为是瞬时的,每一个船体都在接触点上向对方施加一个脉冲力。计算模型包含撞击表面之间的摩擦,以识别具有刚蹭撞击的情况。在计算初始,船舶碰撞过程中应包含前进和横向速度,由船体突然加速引起的水动力影响可以由附加质量系数来近似。

解析模型的一个重要特点是计算速度快,可以与基于蒙特卡洛的船舶碰撞概率模型一起计算不同航线上的碰撞后果概率。

由于解析方法仅考虑船舶在水线面运动,被撞船的横摇运动影响需要单独评估。然而,结果显示被撞船横摇运动的效应非常小,因此,横摇运动常常被忽略。

为了更有信心地将目前的计算程序投入工程应用,将计算结果与数值仿真、试验数据进行对比验证,包括 Petersen(1982 年)提出的时域仿真结果,Tabri 等人(2008 年,2009 年,2010 年)汇总的试验结果,以及 Wevers 与 Vredeveldt(1998 年),Wolf(2003 年)的两条全船碰撞试验。经对比,结果吻合良好,表明使用刚体动力学进行船-船碰撞的分析计算可以得到足够精确的计算结果。对试验结果进行总结,不仅可以验证解析方法,还为更好地理解船舶碰撞动力提供了信息和数据支撑。

这里提出的解析方法主要基于 Zhang(1999 年),Pedersen 与 Zhang(1998 年)的工作。Liu 和 Amdahl(2010 年)也提出过类似的六自由度解析解耦方法。

2.2　船-船碰撞的解析方法

2.2.1　数学模型与解析方程

在一个两船相互碰撞的场景中,船 A 以前进航速 V_{ax} 与横向航速 V_{ay} 航行,船 B 以前进航速 V_{b1} 与横向航速 V_{b2} 航行。

一个 xyz 直角坐标系固连在海底,z 轴指向水面上方,x 轴位于船 A 的中纵面指向船首,原点位于船体中横剖面,两船接触时,时间 $t=0$。$\xi\eta$ 坐标系原点位于碰撞点 C,其中 ξ 方向位于碰撞表面的法向,x 轴与 η 轴的夹角为 α;两船碰撞夹角为 β,即 x 轴和 1 轴之间的夹角,见图 2.1。

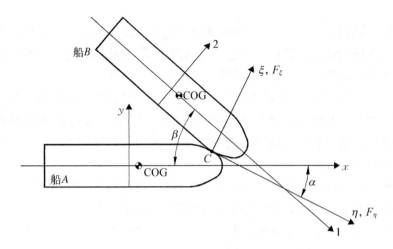

图 2.1　船-船碰撞分析直角坐标系(COG 代表船舶重心)

2.2.1.1　船 A 的运动

由于在 ξ 轴方向的冲击力分量 F_ξ 和 η 方向的 F_η 的影响,船 A 的运动方程可表示为

$$M_a(1+m_{ax})\dot{v}_{ax} = -F_\xi\sin\alpha - F_\eta\cos\alpha \tag{2.1}$$

$$M_a(1+m_{ay})\dot{v}_{ay} = -F_\xi\cos\alpha + F_\eta\sin\alpha \tag{2.2}$$

$$\begin{aligned} M_aR_a^2(1+j_a)\dot{\omega}_a = {} & F_\xi(y_c\sin\alpha - (x_c-x_a)\cos\alpha) + \\ & F_\eta(y_c\cos\alpha + (x_c-x_a)\sin\alpha) \end{aligned} \tag{2.3}$$

其中,M_a 为船 A 的质量;$(\dot{v}_{ax}\dot{v}_{ay})$ 为船 A 在碰撞过程中沿 x 轴与 y 轴方向引起的加速度;$\dot{\omega}_a$ 为绕重心 COG 的旋转。R_a 为绕重心旋转的惯性半径,船 A 的重心 COG 坐标为 $(x_a,0)$,碰撞点坐标 (x_c,y_c),沿船纵向运动的附加质量系数为 m_{ax},沿船横向运动的附加质量系数为 m_{ay},绕重心旋转的附加质量惯性矩为 j_a。

由式(2.1)～式(2.3),船 A 在重心处加速度可以表达为

$$\dot{v}_{ax} = -\frac{\sin\alpha}{M_a(1+m_{ax})}F_\xi - \frac{\cos\alpha}{M_a(1+m_{ax})}F_\eta$$

$$\dot{v}_{ay} = -\frac{\cos\alpha}{M_a(1+m_{ay})}F_\xi + \frac{\sin\alpha}{M_a(1+m_{ay})}F_\eta$$

$$\dot{\omega}_a = \frac{y_c\sin\alpha - (x_c-x_a)\cos\alpha}{M_aR_a^2(1+j_a)}F_\xi + \frac{y_c\cos\alpha + (x_c-x_a)\sin\alpha}{M_aR_a^2(1+j_a)}F_\eta$$

船 A 在碰撞点 C 的加速度沿 ξ 轴方向的分量可以表示为

$$\ddot{\xi}_a = \dot{v}_{ax}\sin(\alpha) + \dot{v}_{ay}\cos(\alpha) - \dot{\omega}_a(y_c\sin(\alpha) - (x_c - x_a)\cos(\alpha))$$

$$= \frac{-F_\xi}{M_a}\left(\frac{1}{1+m_{ax}}\sin^2\alpha + \frac{1}{1+m_{ay}}\cos^2\alpha + \right.$$

$$\left. \frac{1}{1+j_a}\frac{(y_c\sin\alpha - (x_c - x_a)\cos\alpha)^2}{R_a^2}\right) -$$

$$\frac{F_\eta}{M_a}\left(\left(\frac{1}{1+m_{ax}} - \frac{1}{1+m_{ay}}\right)\sin\alpha\cos\alpha + \right.$$

$$\left. \frac{1}{1+j_a}\frac{(y_c\sin\alpha - (x_c - x_a)\cos\alpha)(y_c\cos\alpha + (x_c - x_a)\sin\alpha)}{R_a^2}\right)$$

同理,船 A 在碰撞点 C 的加速度沿 η 轴方向的分量可以表示为

$$\ddot{\eta}_a = \dot{v}_{ax}\cos(\alpha) - \dot{v}_{ay}\sin(\alpha) - \dot{\omega}_a(y_c\cos(\alpha) + (x_c - x_a)\sin(\alpha))$$

$$= \frac{-F_\xi}{M_a}\left(\left(\frac{1}{1+m_{ax}} - \frac{1}{1+m_{ay}}\right)\sin\alpha\cos\alpha + \right.$$

$$(y_c\sin\alpha - (x_c - x_a)\cos\alpha) \times$$

$$\left. \frac{1}{1+j_a}\frac{(y_c\cos(\alpha) + (x_c - x_a)\sin(\alpha))}{R_a^2}\right) -$$

$$\frac{F_\eta}{M_a}\left(\frac{1}{1+m_{ax}}\cos^2\alpha + \frac{1}{1+m_{ay}}\sin^2\alpha + \right.$$

$$\left. \frac{1}{1+j_a}\frac{(y_c\cos(\alpha) + (x_c - x_a)\sin(\alpha))^2}{R_a^2}\right)$$

2.2.1.2　船 B 的运动

船 B 的运动可由下式表达:

$$M_b(1+m_{b1})\dot{v}_{b1} = F_1 = -F_\xi\sin(\beta - \alpha) + F_\eta\cos(\beta - \alpha) \tag{2.4}$$

$$M_b(1+m_{b2})\dot{v}_{b2} = F_2 = F_\xi\cos(\beta - \alpha) + F_\eta\sin(\beta - \alpha) \tag{2.5}$$

$$M_bR_b^2(1+j_b)\dot{\omega}_b = -F_\xi((y_c - y_b)\sin\alpha - (x_c - x_b)\cos\alpha) - \\ F_\eta((y_c - y_b)\cos\alpha + (x_c - x_b)\sin\alpha) \tag{2.6}$$

其中,船 B 的质量为 M_b;绕重心 COG 的惯性半径为 R_b;船 B 的重心坐标为 (x_b, y_b);沿船纵向运动的附加质量系数为 m_{b1};沿船纵向运动的附加质量系数为 m_{b2};绕重心旋转的附加质量惯性矩为 j_b。

由式(2.4)～式(2.6)船 B 在碰撞点 C 的加速度沿 ξ 轴方向与 η 方向可以表示为

$$\ddot{\xi}_b = -\dot{v}_{b1}\sin(\beta-\alpha) + \dot{v}_{b2}\cos(\beta-\alpha) - \dot{\omega}_b((y_c-y_b)\sin\alpha - (x_c-x_b)\cos\alpha)$$

$$= \frac{F_\xi}{M_b}\Big(\frac{1}{1+m_{b1}}\sin^2(\beta-\alpha) + \frac{1}{1+m_{b2}}\cos^2(\beta-\alpha) +$$

$$\frac{1}{1+j_b}\frac{((y_c-y_b)\sin\alpha - (x_c-x_b)\cos\alpha)^2}{R_b^2}\Big) +$$

$$\frac{F_\eta}{M_b}\Big(\frac{-1}{1+m_{b1}}\sin(\beta-\alpha)\cos(\beta-\alpha) + \frac{1}{1+m_{b2}}\sin(\beta-\alpha)\cos(\beta-\alpha) +$$

$$((y_c-y_b)\sin\alpha - (x_c-x_b)\cos\alpha) \times$$

$$\frac{1}{1+j_b}\frac{((y_c-y_b)\cos\alpha + (x_c-x_b)\sin\alpha)}{R_b^2}\Big)$$

$$\ddot{\eta}_b = \dot{v}_{b1}\cos(\beta-\alpha) + \dot{v}_{b2}\sin(\beta-\alpha) - \dot{\omega}_b((y_c-y_b)\cos\alpha +$$

$$(x_c-x_b)\sin\alpha)$$

$$\ddot{\eta}_b = \frac{F_\xi}{M_b}\Big(\frac{-1}{1+m_{b1}}\sin(\beta-\alpha)\cos(\beta-\alpha) + \frac{1}{1+m_{b2}}\sin(\beta-\alpha)\cos(\beta-\alpha) +$$

$$((y_c-y_b)\cos\alpha + (x_c-x_b)\sin\alpha) \times$$

$$\frac{1}{1+j_b}\frac{((y_c-y_b)\sin\alpha - (x_c-x_b)\cos\alpha)}{R_{bz}^2}\Big) +$$

$$\frac{F_\eta}{M_b}\Big(\frac{1}{1+m_{b1}}\cos^2(\beta-\alpha) + \frac{1}{1+m_{b2}}\sin^2(\beta-\alpha) +$$

$$\frac{1}{1+j_b}\frac{((y_c-y_b)\cos\alpha + (x_c-x_b)\sin\alpha)^2}{R_b^2}\Big)$$

2.2.1.3　船 A 与船 B 的相对运动

船 A 与船 B 在碰撞点 C 的相对加速度为

$$\ddot{\xi} = \ddot{\xi}_a - \ddot{\xi}_b = -D_\xi F_\xi - D_\eta F_\eta \tag{2.7}$$

$$\ddot{\eta} = \ddot{\eta}_a - \ddot{\eta}_b = -K_\xi F_\xi - K_\eta F_\eta \tag{2.8}$$

其中,

$$D_\xi = \frac{D_{a\xi}}{M_a} + \frac{D_{b\xi}}{M_b} \quad D_\eta = \frac{D_{a\eta}}{M_a} + \frac{D_{b\eta}}{M_b}$$

$$K_\xi = \frac{K_{a\xi}}{M_a} + \frac{K_{b\xi}}{M_b} \quad K_\eta = \frac{K_{a\eta}}{M_a} + \frac{K_{b\eta}}{M_b}$$

其中，

$$D_{a\xi} = \frac{1}{1+m_{ax}}\sin^2\alpha + \frac{1}{1+m_{ay}}\cos^2\alpha + \frac{1}{1+j_a}\frac{(y_c\sin\alpha - (x_c - x_a)\cos\alpha)^2}{R_a^2}$$

$$D_{a\eta} = \frac{1}{1+m_{ax}}\sin\alpha\cos\alpha - \frac{1}{1+m_{ay}}\sin\alpha\cos\alpha +$$
$$\frac{1}{1+j_a}\frac{(y_c\sin\alpha - (x_c - x_a)\cos\alpha)(y_c\cos\alpha + (x_c - x_a)\sin\alpha)}{R_a^2}$$

$$D_{b\xi} = \frac{1}{1+m_{b1}}\sin^2(\beta - \alpha) + \frac{1}{1+m_{b2}}\cos^2(\beta - \alpha) +$$
$$\frac{1}{1+j_b}\frac{((y_c - y_b)\sin\alpha - (x_c - x_b)\cos\alpha)^2}{R_b^2}$$

$$D_{b\eta} = \frac{-1}{1+m_{b1}}\sin(\beta - \alpha)\cos(\beta - \alpha) + \frac{1}{1+m_{b2}}\sin(\beta - \alpha)\cos(\beta - \alpha) +$$
$$\frac{1}{1+j_b}\frac{((y_c - y_b)\sin\alpha - (x_c - x_b)\cos\alpha) \times ((y_c - y_b)\cos\alpha + (x_c - x_b)\sin\alpha)}{R_b^2}$$

$$K_{a\xi} = \frac{1}{1+m_{ax}}\sin\alpha\cos\alpha - \frac{1}{1+m_{ay}}\sin\alpha\cos\alpha +$$
$$\frac{1}{1+j_a}\frac{(y_c\sin\alpha - (x_c - x_a)\cos\alpha)(y_c\cos\alpha + (x_c - x_a)\sin\alpha)}{R_a^2}$$

$$K_{a\eta} = \frac{1}{1+m_{ax}}\cos^2\alpha + \frac{1}{1+m_{ay}}\sin^2\alpha +$$
$$\frac{1}{1+j_a}\frac{(y_c\cos\alpha + (x_c - x_a)\sin\alpha)^2}{R_a^2}$$

$$K_{b\xi} = \frac{-1}{1+m_{b1}}\sin(\beta - \alpha)\cos(\beta - \alpha) + \frac{1}{1+m_{b2}}\sin(\beta - \alpha)\cos(\beta - \alpha) +$$
$$\frac{1}{1+j_b}\frac{((y_c - y_b)\cos\alpha + (x_c - x_b)\sin\alpha) \times ((y_c - y_b)\sin\alpha - (x_c - x_b)\cos\alpha)}{R_b^2}$$

$$K_{b\eta} = \frac{1}{1+m_{b1}}\cos^2(\beta - \alpha) + \frac{1}{1+m_{b2}}\sin^2(\beta - \alpha) +$$
$$\frac{1}{1+j_b}\frac{((y_c - y_b)\cos\alpha + (x_c - x_b)\sin\alpha)^2}{R_b^2}$$

2.2.1.4　碰撞开始前与结束时的相对速度

掌握两船撞击前与撞击结束时的相对速度，求解式(2.7)、式(2.8)。在 $t=0$ 的碰撞开始阶段，船 A 与船 B 在碰撞点 C 沿 ξ 轴方向与 η 方向的速度可以由两船的初速度得到。

$$\dot{\xi}(0)=\dot{\xi}_a(0)-\dot{\xi}_b(0)=V_{ax}\sin(\alpha)+V_{ay}\cos(\alpha)+ \\ V_{b1}\sin(\beta-\alpha)-V_{b2}\cos(\beta-\alpha) \tag{2.9}$$

$$\dot{\eta}(0)=\dot{\eta}_a(0)-\dot{\eta}_b(0)=V_{ax}\cos(\alpha)-V_{ay}\sin(\alpha)- \\ V_{b1}\cos(\beta-\alpha)-V_{b2}\cos(\beta-\alpha) \tag{2.10}$$

其中，V_{ax}、V_{ay} 是船 A 在船纵向和横向的速度；V_{b1}、V_{b2} 是船 B 在船纵向和横向的速度。

在 $t=t_\Delta$ 时刻，碰撞结束时，假设船可能会相互弹开，在 ξ 方向，也就是

$$\dot{\xi}(t_\Delta)=\dot{\xi}_a(t_\Delta)-\dot{\xi}_b(t_\Delta)=-e\dot{\xi}(0) \tag{2.11}$$

这里 $e(0<e<1)$ 是补偿系数。对于完全塑性碰撞 $e=0$，对于两船相撞后完全贴合在一起的情况，相对速度可以写成

$$\dot{\xi}(t_\Delta)=0 \\ \dot{\eta}(t_\Delta)=0 \tag{2.12}$$

下节将讨论偏斜剐蹭的情况，也就是两船在碰撞中剐蹭对方的情形。

2.2.1.5　确定冲量

将式(2.9)~式(2.12)代入式(2.7)、式(2.8)中，再对式(2.7)、式(2.8)以时间 t 做积分，在 ξ 轴方向与 η 轴方向的冲量可以表达为

$$I_{\xi0}=\int_0^{\Delta t}F_\xi dt=\frac{K_\eta\dot{\xi}(0)(1+e)-D_\eta\dot{\eta}(0)}{D_\xi K_\eta-D_\eta K_\xi}$$

$$I_{\eta0}=\int_0^{\Delta t}F_\eta dt=\frac{D_\xi\dot{\eta}(0)-K_\xi\dot{\xi}(0)(1+e)}{D_\xi K_\eta-D_\eta K_\xi}$$

两个方向冲量比值为

$$\mu=\frac{I_{\eta0}}{I_{\xi0}}=\frac{D_\xi\dot{\eta}(0)-K_\xi\dot{\xi}(0)(1+e)}{K_\eta\dot{\xi}(0)(1+e)-D_\eta\dot{\eta}(0)} \tag{2.13}$$

若碰撞角非常小或者非常大，碰撞后两船可能相互错开。因此要考虑冲击产生的摩擦力。两船间有效摩擦力系数定义为 μ_0。若 $|\mu_0|<|\mu|$，

两船相撞后会错开,若 $|\mu_0| \geqslant |\mu|$,两船相撞过程中会"咬合"在一起。

为了计算撞击点处由于船舶结构毁伤所释放的能量,进一步假设撞击力沿平行于撞击面与垂直撞击面的两个分量 F_η 与 F_ξ 的比值是常数,即 $F_\eta = \mu F_\xi$,式(2.7)和式(2.8)可以简化为

$$\ddot{\xi} = \ddot{\xi}_a - \ddot{\xi}_b = -(D_\xi + \mu D_\eta) F_\xi \tag{2.14}$$

$$\ddot{\eta} = \ddot{\eta}_a - \ddot{\eta}_b = -\left(\frac{1}{\mu} K_\xi + K_\eta\right) F_\eta \tag{2.15}$$

2.2.1.6　船舶结构压溃释放的能量

在计算船舶结构毁伤所释放的能量之前,必须知道剐蹭情况下船舶在碰撞结束时的相对速度 $\dot{\eta}(t_\Delta)$。以时间为积分变量,对式(2.15)积分,得到碰撞结束时的剐蹭速度为

$$\dot{\eta}(t_\Delta) = \dot{\eta}(0) - \frac{K_\xi + \mu_0 K_\eta}{D_\xi + \mu_0 D_\eta} \dot{\xi}(0)(1-e) \tag{2.16}$$

对 $\ddot{\xi}$ 与 $\ddot{\eta}$ 进行一定的变形:

$$\ddot{\xi} = \frac{d\dot{\xi}}{d\xi} \frac{d\xi}{dt} = \dot{\xi} \frac{d\dot{\xi}}{d\xi} \qquad \ddot{\eta} = \frac{d\dot{\eta}}{d\eta} \frac{d\eta}{dt} = \dot{\eta} \frac{d\dot{\eta}}{d\eta}$$

式(2.14)、式(2.15)可写成

$$\dot{\xi} d\dot{\xi} = -(D_\xi + \mu D_\eta) F_\xi d\xi \tag{2.17}$$

$$\dot{\eta} d\dot{\eta} = -\left(\frac{1}{\mu} K_\xi + K_\eta\right) F_\eta d\eta \tag{2.18}$$

对式(2.17)、式(2.18)进行积分并使用以上的条件,可以得到船体结构损伤释放的能量以及船舶咬合与剐蹭情况下的冲量。

"咬合"情况:在 ξ 方向上的释放能量 E_ξ,在 η 方向的释放能量 E_η 可以表达为

$$E_\xi = \int_0^{\xi_{\max}} F_\xi d\xi = \frac{1}{2} \frac{1}{D_\xi + \mu D_\eta} (\dot{\xi}(0))^2 \tag{2.19}$$

$$E_\eta = \int_0^{\eta_{\max}} F_\eta d\eta = \frac{1}{2} \frac{1}{(1/\mu) K_\xi + K_\eta} (\dot{\eta}(0))^2 \tag{2.20}$$

其中,$\xi_{\max}$ 与 $\eta_{\max}$ 分别为碰撞结束时在 ξ 方向上与 η 方向上相对最大撞深。

总的释放能量为在 ξ 方向上与 η 方向上释放能量之和。

ξ 方向上与 η 方向上的冲量可由下式计算：

$$I_\xi = \int_0^{\Delta t} F_\xi \mathrm{d}t = \frac{1}{D_\xi + \mu D_\eta} \dot{\xi}(0) \tag{2.21}$$

$$I_\eta = \int_0^{\Delta t} F_\eta \mathrm{d}t = \frac{1}{(1/\mu) K_\xi + K_\eta} \dot{\eta}(0) \tag{2.22}$$

剐蹭情况：若 $|\mu_0| < |\mu|$ 并且式(2.19)计算所得的能量 E_ξ 小于破裂能量 $E_{\xi CR}$），则 ξ 方向上的释放能量 E_ξ 与 η 方向上的释放能量 E_η 可由下式计算：

$$E_\xi = \int_0^{\xi_{\max}} F_\xi \mathrm{d}\xi = \frac{1}{2} \frac{1}{D_\xi + \mu_0 D_\eta} (\dot{\xi}(0))^2 (1 - e^2) \tag{2.23}$$

$$E_\eta = \int_0^{\eta_{\max}} F_\eta \mathrm{d}\eta = \frac{1}{2} \frac{1}{(1/\mu_0) K_\xi + K_\eta} (\dot{\eta}(0)^2 - \dot{\eta}(t_\Delta)^2) \tag{2.24}$$

剐蹭情况下的冲量可由下式计算：

$$I_\xi = \int_0^{\Delta t} F_\xi \mathrm{d}t = \frac{1}{D_\xi + \mu_0 D_\eta} \dot{\xi}(0)(1 + e) \tag{2.25}$$

$$I_\eta = \int_0^{\Delta t} F_\eta \mathrm{d}t = \frac{1}{(1/\mu_0) K_\xi + K_\eta} (\dot{\eta}(0) - \dot{\eta}(t_\Delta)) \tag{2.26}$$

2.2.1.7 碰撞结束时的速度

碰撞结束时，两条船舶仍然在水线面上做平移运动和旋转运动，碰撞船 A 的动量守恒方程可以表达为

$$M_a(1 + m_{ax})(v_{ax} - V_{ax}) = -I_x$$

$$M_a(1 + m_{ay})(v_{ay} - V_{ay}) = -I_y$$

$$M_a R_a^2 (1 + j_a) \omega_a = I_x y_c - I_y(x_c - x_a)$$

其中，I_x 与 I_y 分别是冲量沿 x 方向与 y 方向的分量。

同理，被撞船 B 的动量守恒方程表达为

$$M_b(1 + m_{b1})(v_{b1} - V_{b1}) = I_1$$

$$M_b(1+m_{b2})(v_{b2}-V_{b2})=I_2$$

$$M_bR_b^2(1+j_b)\omega_b=-I_x(y_c-y_b)+I_y(x_c-x_b)$$

其中，I_1 与 I_2 分别是冲量沿 1 方向与 2 方向的分量。

采用下式进行变换：

$$I_x=I_\xi\sin\alpha+I_\eta\cos\alpha$$

$$I_y=I_\xi\cos\alpha-I_\eta\sin\alpha$$

$$I_1=I_\xi\sin(\beta-\alpha)-I_\eta\cos(\beta-\alpha)$$

$$I_2=-I_\xi\cos(\beta-\alpha)-I_\eta\sin(\beta-\alpha)$$

撞击船 A 在碰撞结束后的速度表达式为

$$v_{ax}=V_{ax}-\frac{I_\xi\sin\alpha+I_\eta\cos\alpha}{M_a(1+m_{ax})} \tag{2.27}$$

$$v_{ay}=V_{ay}-\frac{I_\xi\cos\alpha-I_\eta\sin\alpha}{M_a(1+m_{ay})} \tag{2.28}$$

$$\omega_a=-\frac{\begin{array}{c}I_\xi(y_c\sin\alpha-(x_c-x_a)\cos\alpha)+\\I_\eta(y_c\cos\alpha+(x_c-x_a)\sin\alpha)\end{array}}{M_aR_a^2(1+j_a)} \tag{2.29}$$

被撞船 B 在碰撞结束后的速度表达式为

$$v_{b1}=V_{b1}-\frac{I_\xi\sin(\beta-\alpha)-I_\eta\cos(\beta-\alpha)}{M_b(1+m_{b1})} \tag{2.30}$$

$$v_{b2}=V_{b2}+\frac{I_\xi\cos(\beta-\alpha)+I_\eta\sin(\beta-\alpha)}{M_b(1+m_{b2})} \tag{2.31}$$

$$\omega_b=\frac{\begin{array}{c}I_\xi((y_c-y_b)\sin\alpha-(x_c-x_b)\cos\alpha)+\\I_\eta((y_c-y_b)\cos\alpha+(x_c-x_b)\sin\alpha)\end{array}}{M_bR_b^2(1+j_b)}$$

2.2.2　船-船碰撞分析总结

本节总结了在"咬合"情况和剐蹭情况下进行船-船碰撞分析所需的方程。

"咬合"情况：

$$E_\xi = \int_0^{\xi_{max}} F_\xi \mathrm{d}\xi = \frac{1}{2} \frac{1}{D_\xi + \mu D_\eta} (\dot{\xi}(0))^2$$

$$E_\eta = \int_0^{\eta_{max}} F_\eta \mathrm{d}\eta = \frac{1}{2} \frac{1}{(1/\mu)K_\xi + K_\eta} (\dot{\eta}(0))^2$$

$$I_\xi = \int_0^{\Delta t} F_\xi \mathrm{d}t = \frac{1}{D_\xi + \mu D_\eta} \dot{\xi}(0)$$

$$I_\eta = \int_0^{\Delta t} F_\eta \mathrm{d}t = \frac{1}{(1/\mu)K_\xi + K_\eta} \dot{\eta}(0)$$

剽蹭情况(若$|\mu_0| < |\mu|$并且式(2.19)计算所得的能量E_ξ小于破裂能量$E_{\xi CR}$)：

$$E_\xi = \int_0^{\xi_{max}} F_\xi \mathrm{d}\xi = \frac{1}{2} \frac{1}{D_\xi + \mu_0 D_\eta} (\dot{\xi}(0))^2 (1 - e^2)$$

$$E_\eta = \int_0^{\eta_{max}} F_\eta \mathrm{d}\eta = \frac{1}{2} \frac{1}{(1/\mu_0)K_\xi + K_\eta} (\dot{\eta}(0)^2 - \dot{\eta}(t_\Delta)^2)$$

$$I_\xi = \int_0^{\Delta t} F_\xi \mathrm{d}t = \frac{1}{D_\xi + \mu_0 D_\eta} \dot{\xi}(0)(1 + e)$$

$$I_\eta = \int_0^{\Delta t} F_\eta \mathrm{d}t = \frac{1}{(1/\mu_0)K_\xi + K_\eta} (\dot{\eta}(0) - \dot{\eta}(t_\Delta))$$

其中，

$$D_\xi = \frac{D_{a\xi}}{M_a} + \frac{D_{b\xi}}{M_b} \quad D_\eta = \frac{D_{a\eta}}{M_a} + \frac{D_{b\eta}}{M_b}$$

$$K_\xi = \frac{K_{a\xi}}{M_a} + \frac{K_{b\xi}}{M_b} \quad K_\eta = \frac{K_{a\eta}}{M_a} + \frac{K_{b\eta}}{M_b}$$

$$D_{a\xi} = \frac{1}{1 + m_{ax}} \sin^2\alpha + \frac{1}{1 + m_{ay}} \cos^2\alpha + \frac{1}{1 + j_a} \frac{(y_c \sin\alpha - (x_c - x_a)\cos\alpha)^2}{R_a^2}$$

$$D_{a\eta} = \frac{1}{1 + m_{ax}} \sin\alpha\cos\alpha - \frac{1}{1 + m_{ay}} \sin\alpha\cos\alpha +$$

$$\frac{1}{1 + j_a} \frac{(y_c \sin\alpha - (x_c - x_a)\cos\alpha)(y_c \cos\alpha + (x_c - x_a)\sin\alpha)}{R_a^2}$$

$$D_{b\xi} = \frac{1}{1+m_{b1}}\sin^2(\beta-\alpha) + \frac{1}{1+m_{b2}}\cos^2(\beta-\alpha) +$$

$$\frac{1}{1+j_b}\frac{((y_c-y_b)\sin\alpha - (x_c-x_b)\cos\alpha)^2}{R_b^2}$$

$$D_{b\eta} = \frac{-1}{1+m_{b1}}\sin(\beta-\alpha)\cos(\beta-\alpha) + \frac{1}{1+m_{b2}}\sin(\beta-\alpha)\cos(\beta-\alpha) +$$

$$\frac{1}{1+j_b}\frac{((y_c-y_b)\sin\alpha - (x_c-x_b)\cos\alpha) \times ((y_c-y_b)\cos\alpha + (x_c-x_b)\sin\alpha)}{R_b^2}$$

$$K_{a\xi} = \frac{1}{1+m_{ax}}\sin\alpha\cos\alpha - \frac{1}{1+m_{ay}}\sin\alpha\cos\alpha +$$

$$\frac{1}{1+j_a}\frac{(y_c\sin\alpha - (x_c-x_a)\cos\alpha)(y_c\cos\alpha + (x_c-x_a)\sin\alpha)}{R_a^2}$$

$$K_{a\eta} = \frac{1}{1+m_{ax}}\cos^2\alpha + \frac{1}{1+m_{ay}}\sin^2\alpha +$$

$$\frac{1}{1+j_a}\frac{(y_c\cos\alpha + (x_c-x_a)\sin\alpha)^2}{R_a^2}$$

$$K_{b\xi} = \frac{-1}{1+m_{b1}}\sin(\beta-\alpha)\cos(\beta-\alpha) + \frac{1}{1+m_{b2}}\sin(\beta-\alpha)\cos(\beta-\alpha) +$$

$$\frac{1}{1+j_b}\frac{((y_c-y_b)\cos\alpha + (x_c-x_b)\sin\alpha) \times ((y_c-y_b)\sin\alpha - (x_c-x_b)\cos\alpha)}{R_b^2}$$

$$K_{b\eta} = \frac{1}{1+m_{b1}}\cos^2(\beta-\alpha) + \frac{1}{1+m_{b2}}\sin^2(\beta-\alpha) +$$

$$\frac{1}{1+j_b}\frac{((y_c-y_b)\cos\alpha + (x_c-x_b)\sin\alpha)^2}{R_b^2}$$

2.2.3　附加质量系数与有效摩擦因数的确定

2.2.3.1　附连水附加质量系数

船 A 的附加质量系数 m_{ax}、m_{ay}、j_a 和船 B 的附加质量系数 m_{b1}、m_{b2}、j_b 考虑到了船与附连水之间的相互影响。这些系数取决于船体外型、吃水、碰撞持续时间以及其他因素。

为了简化，Minorsky(1959 年)提出横向运动的附加质量系数采用常数

$m_{ay}=0.4$。Motora 等人(1971 年)组织一系列模型试验与水动力分析来确定横向运动的附加质量系数,他们发现碰撞过程中附加质量系数会变化,其数值变化区间为 $m_{ay}=0.4\sim1.3$。该系数取决于船型,并随着碰撞时间而增加。然而,如果碰撞过程非常短,Minorsky 提出的 $m_{ay}=0.4$ 可能会有很好的吻合。Petersen 与 Pedersen(1981 年)提出的横向附加质量系数可以由 $m_{ay}=(m(\infty)+k(m(0)-m(\infty)))$ 估算,其中 $m(\infty)$ 与 $m(0)$ 为当频率接近 ∞ 或 0 时的横向附加质量系数阈值。系数 k 是船舶吃水与碰撞过程的函数。

基于 Motora 等人(1971 年)与 Petersen、Pedersen(1981 年)的工作,本书提出横向附加质量系数可由下式确定:

$$m_{ay}=\left[1.1+0.729\left[t_{\Delta}\sqrt{\frac{g}{B}}-0.088\left(t_{\Delta}\sqrt{\frac{g}{B}}\right)^{2}\right]\right]\frac{T}{B} \qquad (2.32)$$

其中,t_{Δ} 为碰撞过程可以由式 $t_{\Delta}=(\pi\xi_{\max})/(2\dot{\xi}(0))$(见 3.9.1 节)得出;$B$ 为船舶型宽;g 为重力加速度($g=9.81\text{ m/s}^{2}$);T 为船舶吃水。

图 2.2 为型宽 $B=19\text{ m}$,在满载工况下($T=6.9\text{ m}$)与压载工况下($T=4.5\text{ m}$)船舶横向运动附加质量系数随时间变化的情况。

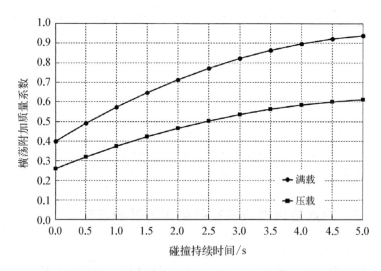

图 2.2　型宽为 19 m 的船舶在满载与压载工况下的横向附加质量系数

船舶纵荡附加质量系数 m_{ax} 相比于船舶质量是一个小量,纵荡附加质量系数 m_{ax} 一般为

$$m_{ar} = 0.02 \sim 0.07$$

船舶横摇运动的附加质量系数 j_a 一般为

$$j_a = 0.21$$

在缺少细节信息或者为了简化的情况下,以下参数可以作为附加质量系数:

$m_{ar} = m_{b1} = 0.05$　　　对于纵荡运动

$m_{ay} = m_{b2} = 0.85$　　　对于满载工况的横向运动(深吃水)

$m_{ay} = m_{b2} = 0.55$　　　对于压载工况的横向运动(浅吃水)

$j_a = j_b = 0.21$　　　对于艏摇运动

船的惯性半径可以按照 Pianc(1984 年)建议的参数 $R = (0.11 + 0.19C_b)L$ 来估算,其中 C_b 为船舶的方形系数,L 为船的型长。然而,为了简化船的惯性半径可以取船长的 $1/4$,即 $R = L/4$。

2.2.3.2　船体内部液体的有效质量系数

Tabri 等人(2009 年)完成一个船舶碰撞试验,其中撞击船装载液货存在自由液面。该研究通过与装载相同质量固体货物对比来研究液体对碰撞能量的影响。由于液体运动,碰撞能量衰减。该研究显示液体产生的影响与同质量固体产生的影响不完全一样。因此,Zhang 等人(2017 年)提出有效质量概念来处理这一情形;定义了有效质量系数 $m_{in} = M_{eff}/M_{total}$ 代表有效质量与液体总质量的比值,其中 M_{eff} 代表有效液体质量,M_{total} 代表液体总质量(按照固体处理)。

对于满载液货舱,有效质量系数 $m_{in} = 1.0$。

Zhang 和 Suzuki(2007 年),Lee(2014 年)通过将液货假设为质量-弹簧系统从理论与数值角度研究了液货的影响。基于这些研究以及为了船舶碰撞分析,有效质量系数可以由下式得到。

$$m_{in} = 1 - \frac{\pi}{11}\frac{a}{h}\tan h\left(\frac{h}{a}\pi\right) \tag{2.33}$$

其中,a 为沿碰撞方向的舱长,h 为带有自由液面的液体的高度。举例来说,典型双壳阿芙拉型油船长 234 m,油舱长 30 m、宽 19 m、自由液面高度(油舱高度的一半),有效质量系数为

$m_{in} = 0.33$　　　对于纵荡运动(舱长 $a = 30$ m)

$m_{in} = 0.50$　　　对于横向运动(舱长 $a = 19$ m)

2.2.3.3 剐蹭情况下船舶碰撞的有效摩擦因数

如果撞击角非常小或者非常大,船舶可能彼此剐蹭而过,舷侧结构未发生破裂。因此,需要确定两船之间有效摩擦力因数 μ_0 用于碰撞能量分析。物理学上通常将摩擦力分为两个值。一个是静摩擦力因数,使物体保持静止;另一个是动摩擦力因数,使物体在表面剐蹭时减速,静摩擦力通常大于动摩擦力。值得注意的是,不同材料和表面摩擦力因数变化非常大。严格来说,剐蹭的影响违反了撞击过程只发生在某个固定点的假设。

对于船舶碰撞分析,假设静摩擦力与动摩擦力相同(或接近)。因此,在剐蹭的情况下,重点是求得垂直力与平行力的比值 $F_\eta = \mu_0 F_\xi$。图 2.3 显示碰撞过程中的剐蹭过程,平行力包含两部分:摩擦力以及克服变形阻力的推力,对应的摩擦力因数分别为 μ_f 和 μ_R。由于接触区域会产生大变形,摩擦力将会很大并可能引起表面的划伤。

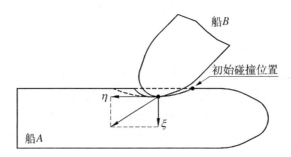

图 2.3 剐蹭情况下船舶碰撞的有效摩擦力示意图

这些系数可以取为

$$\mu_f = 0.35 \sim 0.45 \tag{2.34}$$

$$\mu_R = 0.15 \sim 0.2 \tag{2.35}$$

最终,剐蹭工况下船舶碰撞分析中的有效摩擦阻力因数(钢材对钢材)可以取为

$$\mu_0 = \mu_f + \mu_R = 0.50 \sim 0.65 \tag{2.36}$$

从物理角度来说,这个方法与 Pedersen(1994 年),Sterndorff 和 Pedersen(1996 年)在沙滩搁浅的试验接近。这些搁浅试验结果表明,当钢铁与沙子的典型摩擦因数为 0.35,平均有效摩擦因数约为 0.6。这表明,有效摩擦因数包含了船首引起沙滩变形带来的额外抗力系数,额外抗力系数约为 0.25。

2.2.4 数值模拟与解析方法结果对比

Petersen(1982 年)采用了时域模拟方法,考虑了船体结构大变形、大旋转以及水动压力变化的影响进行了船-船碰撞分析。采用 2.1.1 节描述的方法完成了两条完全相同船舶的碰撞。两船型长 116.0 m,型宽 19.0 m,吃水 6.9 m,质量 10 340 t,艏摇惯性半径 29.0 m。

本节的分析计算纵荡附加质量系数取 0.05,艏摇附加质量系数取 0.21,横向附加质量系数由式(2.32)确定。撞击坐标 x_c 以被撞船重心为原点量取。取与 Petersen(1982 年)相同碰撞场景,假设两船为完全非弹性碰撞,也就是两船在碰撞过程中锁定在一起。计算结果见表 2.1,可以看出除了情况 4,结果吻合非常好。很难解释情况 4 存在差异的原因,除了 Petersen(1982 年)得出的结果过高,看起来并不合理。

表 2.1 Petersen 相同碰撞场景计算结果

工况号	碰撞参数					E_ξ /MJ		E_η /MJ		E_{total} /MJ	
	V_{ax} / (m/s)	V_{b1} / (m/s)	碰撞角 β /(°)	x_c / m	m_{ay} / (—)	Petersen (1982 年)	解析值	Petersen (1982 年)	解析值	Petersen (1982 年)	解析值
1	0	4.5	90	0	0.92	69.6	71.1	0	0	69.6	71.1
2	4.5	4.5	90	0	0.9	64.1	70.84	24.7	21.49	88.8	92.33
3	4.5	4.5	60	0	0.78	29.79	34.82	5.24	0.19	35.03	35.01
4	4.5	4.5	30	0	0.92	71.9	7.51	49.3	0.23	121.2	7.74
5	4.5	4.5	120	0	0.91	60.46	65.54	93.14	90.82	153.6	156.36
6	4.5	4.5	120	38.67	0.89	49.16	43.02	90.72	85.53	139.88	128.55
7	4.5	4.5	120	19.33	0.92	64.86	60.53	91.58	92.79	156.44	153.32
8	4.5	4.5	120	−38.67	0.87	26.3	30.86	86.71	68.07	113.01	98.93
9	0	4.5	120	0	0.88	54.01	50.37	9.78	15.03	63.79	65.4
10	2.25	4.5	120	0	0.9	60.32	57.98	40.45	45.31	100.77	103.29
11	9.5	4.5	120	0	0.95	50.67	82.54	258	246.81	308.67	329.35

Liu 等人(2017 年)通过两条完全相同的集装箱船(长 248 m)碰撞仿真,将本章提供的解析法与有限元法(FEA)进行比较。对于正横碰撞(碰撞角度 90°)与大角度交叉碰撞(碰撞角度 60°),两种方法的碰撞能量损失吻合良好,差异小于 3.5%。对于小角度交叉碰撞(碰撞角度 30°),摩擦力系数均取 0.3,本章提供的解析法计算得到的能量损失(31.7 MJ)比有限元法(finite element method, FEA)结果低 22%。对于小角度交叉碰撞的情况,由于存在剐蹭的情况,摩擦力因数将会影响计算结果。然而,有效摩擦因数应当使用 2.2.3 节所用的理论。因此,如果将有效摩擦因数设为 $\mu_0 = \mu_f + \mu_R = 0.3 + 0.15 = 0.45$,解析法的计算结果(41.7 MJ)与有限元法结果(40.5 MJ)吻合很好,差异为 3.0%。

2.2.5 碰撞试验与解析法结果

在 2.2.4 节中,虽然解析结果已经通过时域数值模拟结果得到了验证,但还是有必要用试验结果验证解析法。这里将 60 个试验结果与解析结果相比较。引用的结果同样可以为我们理解船舶碰撞现象提供有价值的数据和信息。

对比的试验结果包含 Tabri 等人(2008 年,2009 年,2010 年)缩尺比试验,以及 Wevers 与 Vredeveldt(1998 年),Wolf(2003 年)的全尺寸试验。缩尺比试验包含垂直碰撞试验($\beta = 90°$)、交叉碰撞试验,以及一系列评估船舶碰撞过程中自由液面的影响模型试验。两个全尺寸试验体现了没有液体影响下的垂直碰撞。

2.2.5.1 缩尺模型的垂直碰撞试验

Tabri 等人(2008 年)报告了垂直碰撞试验的结果。船模试验的主尺度见表 2.2。模型试验的总布置见图 2.4,碰撞角度为 $\beta = 90°$。

表 2.2 船模试验的主尺度 Tabri 等人

船舶模型	船长 /m	船宽 /m	型深 /m
被撞船 A	2.290	0.271	0.120
撞击船 B	2.290	0.234	0.120

试验中,撞击船艏部安装一个刚性球鼻艏,球鼻艏中装有一个力传感器用于测量接触力。艏部高度可调用于控制接触点的高度(Z_c见图 2.4)。撞击船右舷由聚氨酯泡沫制成,用于记录接触区域球形撞深经过。通过气缸

产生的脉冲荷载来产生撞击船的冲击速度。由于在垂直碰撞过程中竖直与横向接触力被认为很小，因此仅测量沿船长方向的接触力。该试验可以得到力-撞深曲线以及碰撞结束时的变形能。

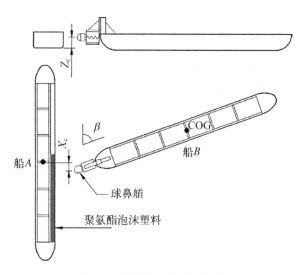

图 2.4　碰撞模型试验的总布置

试验评估了撞击船与被撞船三个荷载工况。表 2.3 为两船各自的吃水，重心的垂向高度 $COG(Z_a)$，绕重心的惯性半径以及横向与艏摇的附加质量系数。两船重心沿船长的位置 $COG(x_a)$ 位于船中心。附加质量系数由 Tabri 等人采用切片法估算得到。

表 2.3　船模试验的物理参数：垂直碰撞(Tabri 等人(2008 年))

船模	吃水 /m	质量 /kg	Z_a /m	R_a /m	m_{ay}	j_a
被撞船 A	0.04	20.5	0.074	0.93	0.16	0.1
	0.06	30.5	0.073	0.83	0.21	0.17
	0.08	44.5	0.051	0.7	0.27	0.25
撞击船 B	0.04	20.5	0.074	0.77	0.17	0.14
	0.06	28.5	0.064	0.72	0.23	0.2
	0.08	40.5	0.051	0.7	0.28	0.27

每个模型试验的特征参数与碰撞过程中试验与解析方法得到的总吸收能量对比见表 2.4。文中还给出了解析结果与模型试验结果之比，以供参考（见表 2.4）。从对比中可以看出，解析结果与模型试验结果吻合良好，除了少数几个测试实例的差异达到 20% 以上（工况 106、108 和 110）之外，差异一般小于 5%（13 个工况中的 6 个工况）。

表 2.4　13 个缩尺垂直碰撞试验解析与试验结果

序号	工况	M_a /kg	M_b /kg	V_{bl} / (m/s)	x_c /m	E_{total} /J		比值
						模型试验	解析值	
1	101	30.5	28.5	0.39	0.11	1.5	1.25	0.83
2	102	30.5	28.5	0.86	−0.015	6.2	6.11	0.99
3	103	30.5	28.5	0.91	0.003	7.1	6.84	0.96
4	104	30.5	28.5	0.45	0.064	1.7	1.67	0.98
5	105	30.5	28.5	0.66	0.023	3.6	3.6	1
6	106	30.5	20.5	0.9	0.033	7.7	5.5	0.71
7	107	30.5	40.5	0.83	0.02	7.3	6.8	0.93
8	108	20.5	40.5	0.83	0.01	7.2	5.25	0.73
9	109	20.5	40.5	0.45	0.06	1.8	1.54	0.86
10	110	20.5	28.5	0.92	0.05	7	5.6	0.8
11	111	44.5	28.5	0.93	0.02	9.2	8.46	0.92
12	112	44.5	20.5	1.01	0.025	7.8	7.95	1.02
13	113	44.5	20.5	0.58	0.048	2.6	2.62	1.01

以试验工况 106 为例，碰撞能力与试验工况 103 接近，其中工况 103 中，撞击船的质量更大，冲击部位更接近重心并且碰撞速度略大于工况 106。因此。工况 106 的碰撞能量应小于工况 103，但模型试验的结构恰恰相反。很难完美解释工况 106 的试验得到的巨大差异。

2.2.5.2　缩尺模型的交叉碰撞试验

Tabri 等人(2010 年)给出了交叉碰撞试验的细节和结果。船模和测试设置与上一节所述相同,但对于交叉碰撞情况,两艘船之间的碰撞角度从 60°到 145°不等($\beta = 90°$ 情况也包括在内),见图 2.5。在试验过程中,测量了撞击船的纵向和横向接触力分量。虽然没有测量垂直向上分量(由于测量仪器的限制),但预计这种力只有很小的量级。用于这些试验的船模的物理参数汇总在表 2.5 中。

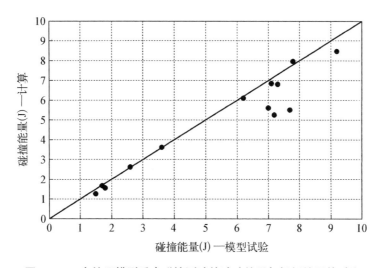

图 2.5　13 个缩尺模型垂直碰撞测试的试验结果与解析结果的对比

表 2.5　船模的物理参数:交叉碰撞 Tabri 等人(2010 年)的

船模	吃水 /m	质量 /kg	Z_a /m	R_a /m	m_{ay}	j_a
被撞船 A	0.04	20.5	0.074	0.77	0.16	0.1
	0.06	30.5	0.073	0.69	0.21	0.17
	0.08	44.5	0.051	0.65	0.27	0.25
撞击船 B	0.06	28.5	0.064	0.67	0.23	0.20

模型试验的结果以及与解析方法的对比见表 2.6。对比八种垂直碰撞情况(情况 201～208),得出很好的一致性,除了测试工况 205 和 207 之外,差异通常小于 10%。

表 2.6 缩比模型交叉碰撞试验的解析和试验结果

序号	工况	M_a /kg	M_b /kg	β /(°)	V_{bl} (m/s)	x_c /m	E_{total} /J		比值
							模型试验	解析结果	
14	201	30.5	28.5	90	0.87	0.820	3.91	3.79	0.97
15	202	30.5	28.5	90	0.71	0.830	2.36	2.50	1.06
16	203	30.5	28.5	90	0.38	0.830	0.75	0.72	16
17	204	30.5	28.5	90	0.91	0.450	6.30	5.72	0.91
18	205	30.5	28.5	90	0.91	0.480	6.30	5.60	0.89
19	206	30.5	28.5	90	0.38	0.380	0.95	1.05	1.10
20	207	20.5	28.5	90	0.90	0.800	4.20	3.29	0.78
21	208	20.5	28.5	90	0.89	0.410	4.92	4.50	0.92
22	301	20.5	28.5	120	0.87	0.370	4.20	4.66	1.11
23	302	20.5	28.5	120	0.30	0.320	0.51	0.56	1.11
24	303	44.5	28.5	120	0.84	0.300	6.50	6.58	1.01
25	304	44.5	28.5	120	0.37	0.380	1.01	1.25	1.23
26	305[a]	20.5	28.5	145	0.34	0.320	0.54	0.46	26
27	306[a]	20.5	28.5	145	0.87	0.440	3.91	2.89	0.74
28	307[a]	44.5	28.5	145	0.84	0.380	5.47	3.75	0.69
29	308	44.5	28.5	145	0.28	0.340	0.52	0.42	0.81
30	309[a]	20.5	28.5	145	0.87	0.460	3.19	2.86	0.90
31	310[a]	20.5	28.5	145	0.88	0.440	3.19	2.95	0.93
32	311	20.5	28.5	120	0.88	0.420	4.25	4.67	1.10
33	312	20.5	28.5	120	0.86	0.410	4.64	4.48	0.96

序号	工况	M_a /kg	M_b /kg	β /(°)	V_{bl} (m/s)	x_c /m	E_{total} /J		比值
							模型试验	解析结果	
34	313	20.5	28.5	60	0.76	0.290	3.14	3.43	1.09
35	314	20.5	28.5	60	0.36	0.320	0.81	0.76	0.94
36	315	44.5	28.5	60	0.75	0.380	4.35	4.79	1.10
37	316	44.5	28.5	60	0.43	0.400	1.17	1.56	37

注：^{a}代表船模试验中的滑移；两船之间的摩擦因数取为 $\mu_0 = 0.65$。

对于角度为 60° 和 120° 的交叉碰撞，除测试工况 304 和 316 外，偏差也在 10% 左右。由于碰撞角度偏差相对较小，而且在试验期间没有观察到碰撞船舶之间的滑动，因此结果吻合是符合预期的。另外，解析式与模型试验结果之间的最大差异是在碰撞角 $\beta = 145°$ 时。由于剐蹭现象带来的额外不确定性，这种偏差也是意料之中的。

2.2.5.3　带自由液面液体的模型碰撞试验

Tabri 等人（2009 年）开展了船舶装载有自由液面的液体情况下的碰撞模型试验。通过与船舶装载相同数量固体货物的试验相对比，研究了液体对碰撞能量的影响。

这些试验使用的模型与 2.2.5.1 节展示的船舶模型相同。然而，撞击的船模配备了部分装满的水箱，并与一艘最初静止不动、船上没有任何液体的船模相撞（以下这些试验被称为"湿"测试）。为了更好地了解液体的影响，大多数湿测试都是在装载工况下反复进行的，在装载工况下，用相同质量的刚性质量替换水箱中的水（这些试验被称为"干"测试）。

撞击船模型上安装了两个水箱，见图 2.6。每个水箱长 0.6 m，宽 0.18 m，高 0.25 m。对于湿测试，评估了水箱中不同水量的四种装载工况。对于干测试，刚性质量块的位置使得船舶重心位置相对于相应的湿测试保持不变。用于这些试验的船模的物理参数见表 2.7。撞击船连接到靠近自身重心的滑动托架上，以便被平稳地加速到预期的撞击速度，以防止碰撞前的晃动和初始俯仰运动。只在纵向上测量接触力，因为对于这种垂直碰撞，其他两个分量可以忽略不计。

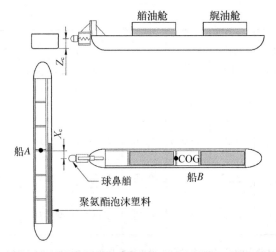

图 2.6   船模试验中水箱的总布置

表 2.7   船模的物理参数：Tabri 等人（2009 年）的干试验与湿试验

船　模	吃水 /m	质量 /kg	Z_a /m	R_a /m	m_{ay}	j_a
被撞船 A	0.06	30.5	0.073	0.69	0.21	0.17
撞击船 B（干）	0.065	33.5	0.087	0.94	0.27	0.11
	0.067 5	35.1	0.068	0.82	0.28	0.15
	0.075	41.1	0.068	0.78	0.31	0.18
	0.055	28.1	0.081	0.90	0.23	0.10
撞击船 B（湿）	0.065	33.1	0.089	0.94	0.27	0.11
	0.067 5	35.0	0.075	0.82	0.28	0.15
	0.075	40.7	0.070	0.78	0.31	0.18

干模型试验的结果以及与解析方法的对比见表 2.8。干模型试验应该与前几节中验证的结果具有类似的一致性；在大多数情况下，两者差异在 5% 到 10% 之间。值得一提的是，一些试验结果并不清楚；例如，初始动能较大的工况会导致相同的碰撞能量（对比 N1 - V4 与 N4 - V4，及 N1 - V10 与 N2 - V10）。这可以解释在工况 N2 - V10 中观察到的最大偏差。

表 2.8　Tabri 等人（2009 年）的缩尺船模碰撞
试验（干试验）的解析和试验结果

序号	工况	M_a / kg	M_b / kg	V_{bl} / (m/s)	E_{total} /J		比率
					模型试验	解析结果	
38	N1 - V4	30.5	35.1	0.40	1.30	1.48	1.13
39	N1 - V7	30.5	35.1	0.70	4.10	4.52	1.10
40	N1 - V10	30.5	35.1	1.00	8.60	9.22	1.07
41	N2 - V4	30.5	41.1	0.40	1.50	1.59	1.06
42	N2 - V7	30.5	41.1	0.70	4.50	4.87	1.08
43	N2 - V10	30.5	41.1	1.00	8.60	9.95	1.16
44	N4 - V4	30.5	33.5	0.40	1.30	1.44	1.11
45	N4 - V7	30.5	33.5	0.70	4.10	4.41	1.08
46	N4 - V10	30.5	33.5	1.00	8.20	9.00	1.10

这里，式（2.35）用于确定内部液体的有效质量系数。在撞击船模装载一个独立水箱的试验工况中，有效质量系数分别为：5.0 kg 液体为 0.12，6.0 kg 液体为 0.13，6.8 kg 液体为 0.13，8.4 kg 液体为 0.15，10.5 kg 液体为 0.17。

利用有效质量系数，用解析法计算了湿模型试验结构，对比见表 2.9。可以看出，湿法试验与干法试验的结果相似，一致性良好。表 2.9 中给出的撞击船的质量与表 2.8 中的（固体质量）不同，因为考虑到基于式（2.35）的有效性，减少了液体质量。

表 2.9 Tabri 等人(2009 年)的缩尺船模碰撞
试验(湿试验)的解析和试验结果

序号	工况	M_a /kg	M_b /kg 包含有效液体	V_{b1} / (m/s)	E_{total} /J 模型试验	E_{total} /J 解析结果	比率
47	S1 – V4	30.5	23.9	0.40	1.10	1.19	1.09
48	S1 – V7	30.5	23.9	0.70	3.30	3.66	1.11
49	S1 – V10	30.5	23.9	1.00	6.70	7.47	1.11
50	S2 – V4	30.5	25.2	0.40	1.30	1.23	0.95
51	S2 – V7	30.5	25.2	0.70	3.50	3.77	1.08
52	S2 – V10	30.5	25.2	1.00	6.50	7.70	1.18
53	S4 – V4	30.5	22.9	0.40	1.20	1.16	0.97
54	S4 – V7	30.5	22.9	0.70	3.60	3.56	0.99
55	S4 – V10	30.5	22.9	1.00	7.30	7.27	1.00
56	S3 – V4	30.5	23.0	0.40	1.10	1.17	1.06
57	S3 – V7	30.5	23.0	0.70	3.20	3.58	1.12
58	S3 – V10	30.5	23.0	1.00	6.40	7.30	1.14

2.2.5.4 全尺寸碰撞试验

本书分析了 Wevers 和 Vredeveldt(1998 年),Wolf(2003 年)用内河船舶进行的两次全尺寸碰撞试验:一次碰撞试验使用的是具有 X 核舷侧结构的撞击船舶,另一次碰撞试验使用的是具有 Y 核舷侧结构的撞击船舶。对于 X 核试验,撞击船携带少量自由液面压载水,而对于 Y 核试验,撞击船携带大量自由液面压载水。

撞击船在两个试验中是相同的,尽管使用了不同的排水量(装载工况)。另外,被撞船是不同的。撞击船和被撞船的主尺度见表 2.10。在这两个试验中,撞击船都配备了刚性球鼻艏,并撞击被撞船的舯部,导致非常小的艏摇运动。

表 2.10　全尺度试验中撞击船与被撞船的主参数

参　　数	X 核试验		Y 核试验	
	撞击船	被撞船	撞击船	被撞船
船长 /m	80.00	76.40	80.00	80.00
船宽 /m	8.20	11.40	8.20	9.50
型深 /m	2.62	4.67	2.62	2.80
吃水 /m	1.30	3.32	1.45	2.15
排水量 /t	721.0	2 465.0	774.0	1 365.0
带有自由液面的压载水 /t	44.6	0.0	303.5	545.0

在解析计算中,惯性半径估计为船长的 1/4,纵荡和艏摇运动的附加质量系数分别为 0.05 和 0.21,横向运动附加质量系数由式(2.34)计算。具有自由液面的内部液体的有效质量系数取为 0.15(Zhang 等人,2017 年)。全尺寸试验和解析计算的结果见表 2.11。结果吻合良好。

表 2.11　全尺度试验中解析和试验结果

序号	工况	M_a /t (被撞船)	m_{ay}	M_b /t (撞击船)	m_{b2}	V_{b1} / (m/s)	E_{total} /J		比率
							模型试验	解析结果	
59	X 核	2 465.0	−0.40	683.1	−0.22	3.33	3.19	3.29	1.03
60	Y 核	901.8	−0.31	516.0	−0.24	3.51	2.15	2.29	1.06

2.2.6　碰撞试验与解析法结果

本节提供了使用本解析方法的详细计算实例,以供读者验证其计算。考虑两艘相同的补给船以不同的位置、以不同的撞击角度相撞。船舶长 82.5 m,宽 18.8 m,吃水 5.7 m,排水量 7 000 t。艏摇的惯性半径为 20.6 m。附加质量系数取纵荡运动为 0.05,横向运动为 0.50,艏摇运动为 0.21。假定有效摩擦因数为 0.6,舷侧外板破裂的临界能量($E_{\xi CR}$)在 ξ 方向为 12 MJ。

考虑了两种碰撞速度：① 两艘船的前进速度都是 $V=1.5$ m/s；② 两艘船的前进速度都很高，达到了 $V=4.0$ m/s。

$V=1.5$ m/s 时的总能量损失计算结果见表 2.12，$V=4.0$ m/s 时的总能量损失计算结果见表 2.13。图 2.7 显示了两船的碰撞场景，能量损失与总初始动能的比率。应该注意的是，船 B 的重心坐标由 $X_b = X_c - 0.5L_b\cos\beta$ 和 $Y_b = Y_c + 0.5L_b\sin\beta$ 确定。结果表明，碰撞发生在被撞船前部时，能量损失较大，碰撞角对能量损失有较大影响。值得注意的是，这个碰撞模型解释了观察到的船体前部严重损伤的分布（IMO A265A，1974 年）。

表 2.12　两艘完全相同的补给船以 $V=1.5$ m/s 的速度相撞时的碰撞能量损失(撞击位置见图 2.7)

撞击位置	几何参数				总能量损失/MJ，碰撞速度 $V=1.5$ m/s				
	X_c /m	Y_c /m	α /(°)	X_c/L	$\beta=150$	$\beta=120$	$\beta=90$	$\beta=60$	$\beta=30$
1(艏)	40.00	2.60	45.00	0.48	13.36	7.40	3.40	1.29	0.29
2	38.50	3.00	42.00	0.47	13.53	7.59	3.51	1.33	0.30
3	36.60	4.10	37.50	0.44	13.60	7.94	3.69	1.39	0.31
4	34.60	5.60	32.50	0.42	13.02	8.37	3.91	1.47	0.33
5	30.80	7.50	21.70	0.37	9.72	9.09	4.29	1.60	0.35
6	27.00	9.00	14.40	0.33	7.34	9.62	4.69	1.74	0.38
7	23.10	9.40	7.30	0.28	5.04	9.26	5.07	1.88	0.41
8	19.30	9.40	0.00	0.23	2.98	7.89	5.43	2.01	0.43
9	15.40	9.40	0.00	0.19	3.17	8.65	5.79	2.15	0.45
10	11.60	9.40	0.00	0.14	3.32	9.25	6.11	2.28	0.47
11	7.70	9.40	0.00	0.09	3.42	9.66	6.35	2.39	0.50
12	3.90	9.40	0.00	0.05	3.46	9.79	6.46	2.46	0.53

几何参数				总能量损失 /MJ,碰撞速度 $V=1.5$ m/s				
撞击位置	X_c /m	Y_c /m	α /(°)	X_c /L	$\beta=150$	$\beta=120$	$\beta=90$	$\beta=60$	$\beta=30$
13(舯)	0.00	9.40	0.00	0.00	3.43	9.62	6.41	2.49	0.54
14	3.90	9.40	0.00	0.05	3.35	9.19	6.19	2.46	0.55
15	7.70	9.40	0.00	0.09	3.21	8.57	5.85	2.38	0.54
16	11.60	9.40	0.00	0.14	3.03	7.83	5.41	2.24	0.53
17	15.40	9.40	0.00	0.19	2.84	7.06	4.95	2.08	0.51
18	19.30	9.40	0.00	0.23	2.62	6.28	4.49	1.91	0.48
19	23.10	9.40	0.00	0.28	2.41	5.58	4.07	1.74	0.45
20	27.00	9.40	0.00	0.33	2.20	4.93	3.70	1.58	0.41
21	30.80	9.40	0.00	0.37	2.00	4.36	3.37	1.43	0.37
22	34.60	9.40	0.00	0.42	1.82	3.86	3.07	1.30	0.34
23	38.50	9.40	0.00	0.47	1.65	3.42	2.79	1.19	0.31
24(艉)	40.00	9.40	0.00	0.48	1.59	3.27	2.68	1.15	0.29

**表 2.13　两艘完全相同的补给船以 $V=4.0$ m/s 的速度
相撞时的碰撞能量损失(撞击位置见图 2.7)**

几何参数				总能量损失 /MJ,碰撞速度 $V=1.5$ m/s				
撞击位置	X_c /m	Y_c /m	α /(°)	X_c /L	$\beta=150$	$\beta=120$	$\beta=90$	$\beta=60$	$\beta=30$
1(艏)	40.00	2.60	45.00	0.48	94.98	52.59	24.20	9.16	2.07
2	38.50	3.00	42.00	0.47	96.22	53.98	24.97	9.45	2.13
3	36.60	4.10	37.50	0.44	98.59	56.45	26.23	9.90	2.23
4	34.60	5.60	32.50	0.42	101.36	59.53	27.77	10.43	2.33

撞击位置	几何参数				总能量损失/MJ，碰撞速度 $V=1.5$ m/s				
	X_c /m	Y_c /m	α /(°)	X_c /L	$\beta=150$	$\beta=120$	$\beta=90$	$\beta=60$	$\beta=30$
5	30.80	7.50	21.70	0.37	104.83	64.61	30.54	11.39	2.52
6	27.00	9.00	14.40	0.33	107.02	69.39	33.38	12.37	2.71
7	23.10	9.40	7.30	0.28	107.84	73.10	36.04	13.34	2.89
8	19.30	9.40	0.00	0.23	108.02	76.15	38.60	14.31	3.06
9	15.40	9.40	0.00	0.19	107.69	78.78	41.19	15.31	3.23
10	11.60	9.40	0.00	0.14	106.78	80.53	43.45	16.22	3.38
11	7.70	9.40	0.00	0.09	105.23	81.14	45.16	17.00	3.58
12	3.90	9.40	0.00	0.05	103.15	80.37	45.93	17.52	3.74
13(舯)	0.00	9.40	0.00	0.00	24.40	78.14	45.58	17.70	3.85
14	3.90	9.40	0.00	0.05	23.80	74.68	44.03	17.47	3.89
15	7.70	9.40	0.00	0.09	22.84	70.49	41.59	16.94	3.86
16	11.60	9.40	0.00	0.14	21.57	65.80	38.47	15.94	3.76
17	15.40	9.40	0.00	0.19	20.16	61.21	35.20	14.82	3.61
18	19.30	9.40	0.00	0.23	18.63	56.77	31.92	13.58	3.40
19	23.10	9.40	0.00	0.28	17.12	52.84	28.96	12.37	3.17
20	27.00	9.40	0.00	0.33	15.62	49.29	26.28	11.21	2.92
21	30.80	9.40	0.00	0.37	14.24	46.31	24.02	10.17	2.66
22	34.60	9.40	0.00	0.42	12.96	27.47	22.10	9.26	2.42
23	38.50	9.40	0.00	0.47	11.76	24.33	19.82	8.44	2.17
24(艉)	40.00	9.40	0.00	0.48	11.33	23.24	19.08	8.16	2.08

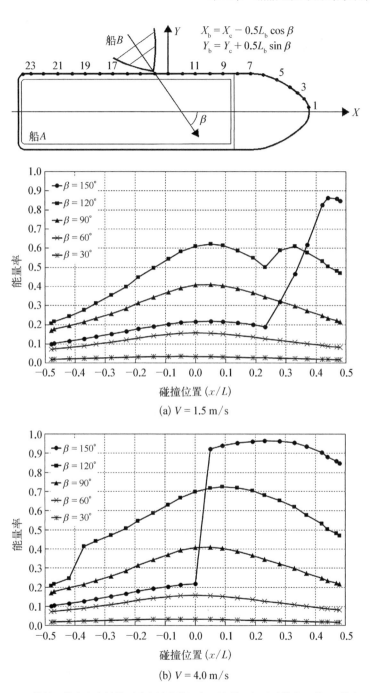

(a) $V = 1.5 \, \mathrm{m/s}$

(b) $V = 4.0 \, \mathrm{m/s}$

能量比值定义为结构压溃释放的能量与碰撞前两船总动能的比值(碰撞角 $\beta = 30°$、$60°$、$90°$、$120°$ 和 $150°$)

图 2.7　两条完全相同的补给船的碰撞场景

2.2.7 被撞船横摇运动的影响

2.2.1 节中的解析式只考虑了船舶在水面平面上的运动。如果撞击位置不在船舶的垂直 COG 处，则 A 船(此处视为被撞船)的横摇运动可能会对结果产生影响。为了考虑这一影响，进一步推导了以下表达式,2.2.1 节中的其他参数保持不变:

$$D_{a\xi} = \frac{1}{1+m_{ax}}\sin^2\alpha + \frac{1}{1+m_{ay}}\cos^2\alpha +$$
$$\frac{1}{1+j_a}\frac{(y_c\sin\alpha - (x_c - x_a)\cos)^2}{R_a^2} +$$
$$\frac{1}{1+j_{ax}}\frac{((z_c - z_a)\cos\alpha)^2}{R_{ax}^2}$$

$$D_{a\eta} = \frac{1}{1+m_{ax}}\sin\alpha\cos\alpha - \frac{1}{1+m_{ay}}\sin\alpha\cos\alpha +$$
$$\frac{1}{1+j_a}\frac{\begin{array}{c}(y_c\sin\alpha - (x_c - x_a)\cos\alpha) \times \\ (y_c\cos\alpha + (x_c - x_a)\sin\alpha)\end{array}}{R_a^2} -$$
$$\frac{1}{1+j_{ax}}\frac{(z_c - z_a)^2\sin\alpha\cos\alpha}{R_{ax}^2}$$

$$K_{a\xi} = \frac{1}{1+m_{ax}}\sin\alpha\cos\alpha - \frac{1}{1+m_{ay}}\sin\alpha\cos\alpha +$$
$$\frac{1}{1+j_a}\frac{\begin{array}{c}(y_c\sin\alpha - (x_c - x_a)\cos\alpha) \times \\ (y_c\cos\alpha + (x_c - x_a)\sin\alpha)\end{array}}{R_a^2} -$$
$$\frac{1}{1+j_{ax}}\frac{(z_c - z_a)^2\cos\alpha\sin\alpha}{R_{ax}^2}$$

$$K_{a\eta} = \frac{1}{1+m_{ax}}\cos^2\alpha + \frac{1}{1+m_{ay}}\sin^2\alpha +$$
$$\frac{1}{1+j_a}\frac{(y_c\cos\alpha + (x_c - x_a)\sin\alpha)^2}{R_a^2} +$$
$$\frac{1}{1+j_{ax}}\frac{((z_c - z_a)\sin\alpha)^2}{R_a^2}$$

其中，z_a 是被撞船重心相对于基线的垂直高度；z_c 是撞击位置相对于被撞船基线的垂直坐标，见图 2.8；R_{ar} 是绕纵轴旋转的横摇惯性半径；j_{ar} 是相关的附加质量系数。

这个新的公式被用来估计表 2.14 中总结的垂直碰撞工况（工况 101～工况 113）的碰撞能量。表 2.14 比较考虑横摇运动和不考虑横摇运动时的结果。撞击位置的坐标距离重心的垂直位置，即 $(z_c - z_a) \neq 0$，并给出了比率 $(z_c - z_a)/D$，以表示与重心的距离（D 是被撞船的型深）。在计算中，假设 $R_{ar} = 0.45B$（B 是被撞船的宽度）和 $j_{ar} = 0.21$。结果表明，尽管撞击点发生了较大的位移，$(z_c - z_a)/D > 0.3$，但横摇运动所释放的能量可以忽略不计。值得一提的是，在 Liu 和 Amdahl（2010 年）的研究中也得到了类似的结论。然而，值得注意的是，横摇运动可能会导致第二次撞击。

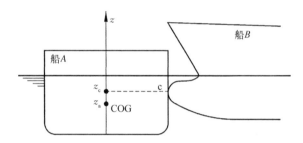

图 2.8　表示撞击位置与船舶重心垂直位置的距离

表 2.14　横摇运动对被撞船撞击能量的影响

序号	工况	z_a /m	$(z_c - z_a)$ /m	$(z_c - z_a)$ /D	E_{total} /MJ		比值
					解析解（不考虑横摇）	解析解（考虑横摇）	
1	101	0.073	0.002	0.02	1.25	1.25	1.00
2	102	0.073	0.005	0.04	6.11	6.11	1.00
3	103	0.073	0.005	0.04	6.84	6.84	1.00
4	104	0.073	0.001	0.01	1.67	1.67	1.00
5	105	0.073	0.003	0.03	3.60	3.60	1.00
6	106	0.073	0.012	0.10	5.50	5.48	1.00

序号	工况	z_a /m	$(z_c - z_a)$ /m	$(z_c - z_a)$ /D	E_{total} /MJ		比值
					解析解(不考虑横摇)	解析解(考虑横摇)	
7	107	0.073	0.008	0.07	6.80	6.79	1.00
8	108	0.074	0.026	0.22	5.25	5.11	0.97
9	109	0.074	0.027	0.23	1.54	1.49	0.97
10	110	0.074	0.026	0.22	5.60	5.47	0.98
11	111	0.051	0.044	0.37	8.46	8.08	0.95
12	112	0.051	0.034	0.28	7.95	7.77	0.98
13	113	0.051	0.036	0.30	2.62	2.55	0.98

2.2.8　手算练习：船-船碰撞的简化外部碰撞力学

在中心垂直碰撞中,艏摇运动可以忽略,水平运动的三个自由度式(2.1)~式(2.3)可归结为两个分离的一维涌浪和摇摆运动方程。对于这种中心垂直的撞击船舶,从图 2.1 可以看出,在垂直于被撞击船舶的方向上的动量守恒可以表示为

$$M_a(1+m_{ar})v_{ar} = (M_a(1+m_{ar}) + M_b(1+m_{bl}))U$$

其中,U 是碰撞结束时两艘船的共同速度。

在与被撞船垂直的方向上的动能损失:

$$\Delta E_k = \frac{1}{2}M_a(1+m_{ar})v_{ar}^2 - \frac{1}{2}(M_a(1+m_{ar}) + M_b(1+m_{bl}))U^2$$

消除共同速度 U 可得

$$\Delta E_k = \frac{1}{2} \frac{M_a(1+m_{ar})M_b(1+m_{bl})}{2M_a(1+m_{ar}) + M_b(1+m_{bl})} v_{ar}^2$$

这是由于相撞船舶的结构材料被压溃而耗散的动能损失。这个表达式

是由 Minorsky(1959 年)推导出来的。

问题：

（1）采用 2.2 节中推导的公式，推导出中心垂直碰撞动能损失的相同表达式。

（2）考虑两艘相似船舶之间的中心直角碰撞（见图 2.9），主要参数如下：船长 116 m，船宽 19 m，吃水 6.9 m，排水量 10.34×10^6 kg，艏摇惯性半径 29.0 m。

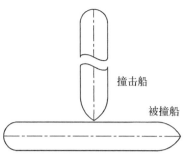

撞击船

被撞船

图 2.9　两艘相似船舶中心直角相撞的表示法

刚性撞击船体纵向的水动力质量为船体质量的 5.0%，被撞击船体的抗压强度不变，近似等于 7.022×10^6 N。 在撞击瞬间，撞击船舶的速度为 4.5 m/s，被撞船处于静止状态。

假定被撞船的附加质量为常量，等于船舶质量的 40%，计算出两船的相对加速度、相对速度和相对位移随时间的变化关系。

问题（2）的解答：

撞击船和被撞船的加速度分别为 $\dot{v}_{ar}$ 和 $\dot{v}_{by}$，可确定为

$$-M_a(1+m_{ar})\dot{v}_{ar}=F$$

$$M_b(1+m_{by})\dot{v}_{by}=F$$

其中，F 是恒定的撞击力。恒定的相对加速度为

$$\ddot{s}=\dot{v}_r=\dot{v}_{ar}-\dot{v}_{by}$$

可以从以下方面确定：

$$\ddot{s}=\dot{v}_r=\dot{v}_{ar}-\dot{v}_{by}=F\left(\frac{1}{M_a(1+m_{ar})}+\frac{1}{M_b(1+m_{by})}\right)$$

$$=-7.022\times10^6\times\frac{1}{10.34\times10^6}\times\left(\frac{1}{1.05}+\frac{1}{1.4}\right)\approx-1.13\ \text{m/s}^2$$

也就是说，由恒定的质量和力引起的恒定的相对加速度。

相对速度为

$$\dot{s}=\ddot{s}t+\dot{v}_{ar}(0)=-1.13t+4.5$$

可以看出，当 $t=4.5/1.13=3.98$ s 时，相对速度等于 0。

刚性球鼻艏撞入被撞船的撞深函数为

$$s = -\frac{1}{2} \times 1.13t^2 + 4.5t$$

在 $t = 3.98$ s 时,最大撞深为 8.96 m。

动能的损失为

$$\Delta E_k = \frac{1}{2} \frac{(10.34 \times 10^6)^2 \times 1.05 \times 1.40}{10.34 \times 10^6 \times (1.05 + 1.40)} \times 4.5^2 = 62.82 \times 10^6 \text{ Nm}$$

当恒定压溃力为 $F = 7.022 \times 10^6$ N 时,压溃距离为 $s_{max} = 8.95$ m。

在 2.1 节中描述了面波产生的记忆力,将该记忆力代入时域水动力数值计算程序中(见 Petersen,1982 年),得到的结果与附加质量为常数的手工计算结果(见图 2.10)进行对比。该图显示了碰撞力、相对加速度、相对速度和被撞船的撞深。在时间模拟中,由于水动力随时间的变化,相对加速度不是

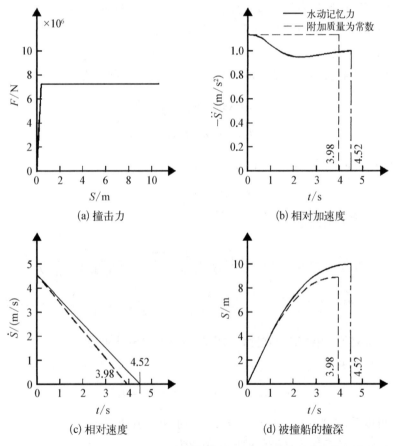

图 2.10

恒定的。从手工计算也可以看出,在 $t = 4.5/1.13 = 3.98$ s 时,相对速度等于零。与水动力数值模拟结果的对比表明,在这种情况下,基于变水动力质量的碰撞时间比采用固定附加质量时提高了($4.52 - 3.98$)$\times 100\%$ / $4.52 \approx 12\%$。

2.3　船舶与海上平台或海上风机碰撞

海上平台、钻井平台或海上风力电场在营运过程中经常需要补给船提供服务,因此,船舶碰撞是需要考虑的危险因素。在海上装备的设计和营运过程中,关键问题是确保它们在发生碰撞事故时具有足够的安全性。

例如,碰撞分析指南(劳氏船级社,2014 年)中描述了当前的设计实践,其中描述了一个分析程序,列出了一些公认的碰撞分析标准和实践。

基本的抗冲击设计理念是,海上结构物应该能够承受补给船以 2 m/s 的速度失控撞击的意外情况。海洋结构物遭受这样的撞击可能需要在事故发生后进行大修,但应能抵抗重现期为一年的风暴。在北海①作业的传统补给船排水量约为 5 000 t,而在挪威大陆架作业的船舶排水量则显著增加到 7 500~10 000 t(Storheim 与 Amdahl,2014 年)。随着船舶尺度的增大,碰撞能量也会增大,因此,与补给船发生碰撞造成破坏的风险会显著提高。因此,应仔细评估和审查此类风险(Pedersen,2014 年)。

本节分析了海上装备结构损伤时,考虑平台柔韧性的重要性,以便准确估计结构损伤需要吸收的冲击能量。对船舶与自升式钻井平台碰撞的应用实例进行了分析和评估。

2.3.1　船舶与海上浮式结构物碰撞解析式

在海洋结构的概念设计阶段,需要考虑的重要失效类型之一是船舶与海洋平台之间的碰撞。例如,考虑海洋平台与补给船、靠泊油船的碰撞是行业惯例和要求。碰撞分析可以使用先进数值模拟来进行,但这些分析非常耗时,结果严重依赖于输入的选择、详细设计和分析师的经验。因此,简便的解析模型仍然是非常有用的设计工具(Jonge 和 Laukeland,2013 年)。

本节将介绍 2.2 节中关于船–船碰撞的理论如何用于分析船舶与浮动海

---

① 　大西洋东北部边缘海,位于欧洲大陆的西北,即大不列颠岛、斯堪的纳维亚半岛、日德兰半岛和荷比低地之间。

上结构(如半潜式船和 Spar 平台)的碰撞。

2.3.1.1　船舶与半潜式平台碰撞

图 2.11 显示一艘船与半潜式平台相撞。在这种碰撞情况下,可以直接使用 2.2.1 节的理论或 2.2.2 节总结的船–船碰撞解析式。

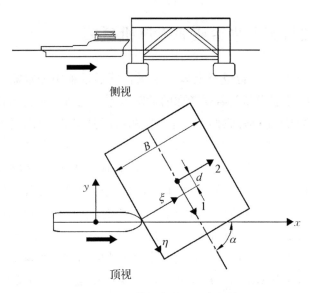

侧视

顶视

图 2.11　船舶与半潜式平台相撞

如果忽略船首形状,可以将船身简化为细长梁。对于这种碰撞情况,有如下的简化关系:

$$\beta = \alpha$$

$$x_c - x_a = L_a / 2, \quad y_c = 0$$

$$x_c - x_b = d \cdot \cos\alpha - \frac{B}{2} \cdot \sin\alpha$$

$$y_c - y_b = -d \cdot \sin\alpha - \frac{B}{2} \cdot \cos\alpha$$

$$R_a = \frac{L_a}{4}, \quad R_b = \frac{L_b}{4}$$

因此,2.2.1 节中的系数 $D_{a\xi}$、$D_{a\eta}$、$D_{b\xi}$、$D_{b\eta}$、$K_{a\xi}$、$K_{a\eta}$、$K_{b\xi}$、$K_{b\eta}$ 为

$$D_{a\xi} = \frac{1}{1+m_{ax}}\sin^2\alpha + \frac{1}{1+m_{ay}}\cos^2\alpha + \frac{4}{1+j_a}\cos^2\alpha$$

$$D_{a\eta} = \left(\frac{1}{1+m_{ax}} - \frac{1}{1+m_{ay}} - \frac{4}{1+j_a} \right) \sin\alpha\cos\alpha$$

$$D_{b\xi} = \frac{1}{1+m_{b2}} + \frac{16}{1+j_b} \cdot \left(\frac{d}{L_b} \right)^2$$

$$D_{b\eta} = \frac{8}{1+j_b} \cdot \left(\frac{B \cdot d}{L_b^2} \right)$$

$$K_{a\xi} = \left(\frac{1}{1+m_{ax}} - \frac{1}{1+m_{ay}} - \frac{4}{1+j_a} \right) \sin\alpha\cos\alpha$$

$$K_{a\eta} = \frac{1}{1+m_{ax}}\cos^2\alpha + \frac{1}{1+m_{ay}}\sin^2\alpha + \frac{4}{1+j_a}\sin^2\alpha$$

$$K_{b\xi} = \frac{8}{1+j_b} \cdot \left(\frac{B \cdot d}{L_b^2} \right)$$

$$K_{b\eta} = \frac{1}{1+m_{b1}} + \frac{4}{1+j_b} \cdot \left(\frac{B}{L_b} \right)^2$$

其中，L_b 是半潜式平台的长度；B 是半潜式平台的宽度；m_{b1} 是纵荡运动的附加质量系数；m_{b2} 是横向运动的附加质量系数；j_b 是围绕重心旋转的动量的附加质量系数；d 是为从撞击点到半潜式平台重心的距离在 1 轴上的投影长度。例如，能量损失可以由式（2.21）、式（2.22）或式（2.25）、式（2.26）确定。对于垂直碰撞半潜式平台中心的情况，$\alpha = 90°$ 并且 $d = 0$，能量损失公式可简化为

$$E_\xi = \frac{1}{2} \left(\frac{M_a(1+m_{ax})}{1 + \dfrac{M_a(1+m_{ax})}{M_b(1+m_{b2})}} \right) \cdot \dot{\xi}(0)^2 \tag{2.37}$$

$$E_\eta = 0 \tag{2.38}$$

该表达式（Minorsky，1959 年）与 DNV（2010 年）等设计标准中给出的表达式相同。

2.3.1.2　船舶与 Spar 平台碰撞

图 2.12 说明了一艘船与 Spar 平台相撞。Jonge 和 Laukeland（2013 年）将 2.2.1 节中关于船-船碰撞分析的理论扩展到包括船舶和 Spar 平台碰撞分析。

在这种碰撞情况下，船会在水线面中向一侧横向移动，而 Spar 平台会向相反的方向移动。稍加修改 2.2.1 节或上节中给出的公式即可应用于该碰撞情况。

船与 Spar 平台碰撞的物理解释见图 2.12,碰撞位置所受的力可看成由两个力分量组成:一个是垂直分量 F_ξ,另一个是平行(或相切分量)F_η。

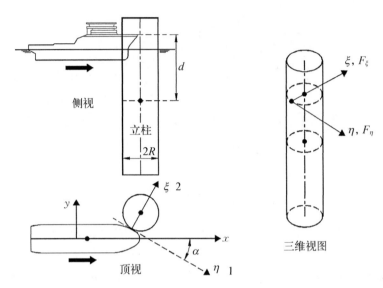

图 2.12　船舶与 Spar 平台碰撞示意图

Spar 平台的运动方程如下:

在 ξ 方向上的冲击力分量 F_ξ 和在 η 方向上的冲击力分量 F_η 可表示为

$$M_b(1+m_b)\dot{v}_{b\xi}=F_\xi \tag{2.39}$$

$$M_b(1+m_b)\dot{v}_{b\eta}=F_\eta \tag{2.40}$$

$$M_bR_b^2(1+j_b)\dot{\omega}_{b\eta}=F_\xi d \tag{2.41}$$

$$M_bR_b^2(1+j_b)\dot{\omega}_{b\xi}=F_\eta d \tag{2.42}$$

$$M_bR_R^2(1+j_R)\dot{\omega}_R=F_\eta R \tag{2.43}$$

其中,d 是撞击点到 Spar 重心的距离;R_R 为 Spar 平台绕垂直轴的惯性半径;R_b 是 Spar 平台围绕 COG 的惯性半径;j_R 是 Spar 平台绕垂直轴旋转动量的附加质量系数;j_b 是围绕重心旋转的动量的附加质量系数。

Spar 平台在撞击点的加速度沿 ξ 方向和 η 方向分别表示为

$$\ddot{\xi}_{\mathrm{b}} = \dot{v}_{\mathrm{b}\xi} + \dot{\omega}_{\mathrm{b}\eta}d = \frac{F_{\xi}}{M_{\mathrm{b}}}\left(\frac{1}{1+m_{\mathrm{b}}} + \frac{1}{1+j_{\mathrm{b}}}\left(\frac{d}{R_{\mathrm{b}}}\right)^2\right)$$

$$\ddot{\eta}_{\mathrm{b}} = \dot{v}_{\mathrm{b}\eta} + \dot{\omega}_{\mathrm{b}\xi}d + \dot{\omega}_{\mathrm{R}}R = \frac{F_{\eta}}{M_{\mathrm{b}}}\left(\frac{1}{1+m_{\mathrm{b}}} + \right.$$

$$\left. \frac{1}{1+j_{\mathrm{b}}}\cdot\left(\frac{d}{R_{\mathrm{b}}}\right)^2 + \frac{1}{1+j_{\mathrm{R}}}\left(\frac{R}{R_{\mathrm{R}}}\right)^2\right)$$

按照 2.2.1 节的步骤,系数 $D_{\mathrm{a}\xi}$、$D_{\mathrm{a}\eta}$、$K_{\mathrm{a}\xi}$、$K_{\mathrm{a}\eta}$、$D_{\mathrm{b}\xi}$、$D_{\mathrm{b}\eta}$、$K_{\mathrm{b}\xi}$ 和 $K_{\mathrm{b}\eta}$ 见下列公式:

$$D_{\mathrm{a}\xi} = \frac{1}{1+m_{\mathrm{ar}}}\sin^2\alpha + \frac{1}{1+m_{\mathrm{ay}}}\cos^2\alpha + \frac{1}{1+j_{\mathrm{a}}}\cdot$$

$$\frac{(y_{\mathrm{c}}\sin\alpha - (x_{\mathrm{c}} - x_{\mathrm{a}})\cos\alpha)^2}{R_{\mathrm{a}}^2}$$

$$D_{\mathrm{a}\eta} = \frac{1}{1+m_{\mathrm{ar}}}\sin\alpha\cos\alpha - \frac{1}{1+m_{\mathrm{ay}}}\sin\alpha\cos\alpha +$$

$$\frac{1}{1+j_{\mathrm{a}}}\cdot\frac{\begin{array}{c}(y_{\mathrm{c}}\sin\alpha - (x_{\mathrm{c}} - x_{\mathrm{a}})\cos\alpha)\times\\(y_{\mathrm{c}}\cos\alpha + (x_{\mathrm{c}} - x_{\mathrm{a}})\sin\alpha)\end{array}}{R_{\mathrm{a}}^2}$$

$$K_{\mathrm{a}\xi} = \frac{1}{1+m_{\mathrm{ar}}}\sin\alpha\cos\alpha - \frac{1}{1+m_{\mathrm{ay}}}\sin\alpha\cos\alpha +$$

$$\frac{1}{1+j_{\mathrm{a}}}\cdot\frac{\begin{array}{c}(y_{\mathrm{c}}\sin\alpha - (x_{\mathrm{c}} - x_{\mathrm{a}})\cos\alpha)\times\\(y_{\mathrm{c}}\cos\alpha + (x_{\mathrm{c}} - x_{\mathrm{a}})\sin\alpha)\end{array}}{R_{\mathrm{a}}^2}$$

$$K_{\mathrm{a}\eta} = \frac{1}{1+m_{\mathrm{ar}}}\cos^2\alpha + \frac{1}{1+m_{\mathrm{ay}}}\sin^2\alpha + \frac{1}{1+j_{\mathrm{a}}}\cdot$$

$$\frac{(y_{\mathrm{c}}\cos\alpha + (x_{\mathrm{c}} - x_{\mathrm{a}})\sin\alpha)^2}{R_{\mathrm{a}}^2}$$

$$D_{\mathrm{b}\xi} = \frac{1}{1+m_{\mathrm{b}}} + \frac{1}{1+j_{\mathrm{b}}}\cdot\left(\frac{d}{R_{\mathrm{b}}}\right)^2$$

$$K_{\mathrm{b}\eta} = \frac{1}{1+m_{\mathrm{b}}} + \frac{1}{1+j_{\mathrm{b}}}\cdot\left(\frac{d}{R_{\mathrm{b}}}\right)^2 + \frac{1}{1+j_{\mathrm{R}}}\cdot\left(\frac{R}{R_{\mathrm{R}}}\right)^2$$

$$D_{\mathrm{b}\eta} = 0$$

$$K_{\mathrm{b}\xi} = 0$$

如果将船舶看作一条细长梁,且船首形状不影响能量损失计算(或影响较小,可以忽略),则只有碰撞角起作用。系数 $D_{a\xi}$、$D_{a\eta}$、$K_{a\xi}$、$K_{a\eta}$、$D_{b\xi}$、$D_{b\eta}$、$K_{b\xi}$ 和 $K_{b\eta}$ 可进一步简化为

$$D_{a\xi} = \frac{1}{1+m_{ax}}\sin^2\alpha + \frac{1}{1+m_{ay}}\cos^2\alpha + \frac{4}{1+j_a}\cos^2\alpha$$

$$D_{a\eta} = \left(\frac{1}{1+m_{ax}} - \frac{1}{1+m_{ay}} - \frac{4}{1+j_a}\right)\sin\alpha\cos\alpha$$

$$K_{a\xi} = \left(\frac{1}{1+m_{ax}} - \frac{1}{1+m_{ay}} - \frac{4}{1+j_a}\right)\sin\alpha\cos\alpha$$

$$K_{a\eta} = \frac{1}{1+m_{ax}}\cos^2\alpha + \frac{1}{1+m_{ay}}\sin^2\alpha + \frac{4}{1+j_a}\sin^2\alpha$$

$$D_{b\xi} = \frac{1}{1+m_b} + \frac{1}{1+j_b}\cdot\left(\frac{d}{R_b}\right)^2$$

$$K_{b\eta} = \frac{1}{1+m_b} + \frac{1}{1+j_b}\cdot\left(\frac{d}{R_b}\right)^2 + \frac{1}{1+j_R}\cdot\left(\frac{R}{R_R}\right)^2$$

$$D_{b\eta} = 0$$

$$K_{b\xi} = 0$$

最终,能量损失可由 2.2.1 节中的式(2.21)、式(2.22)或式(2.25)、式(2.26)确定。

对于一个碰撞角是 90° 的特殊情况,见图 2.13,则系数 $D_{a\xi}$、$D_{a\eta}$、$K_{a\xi}$、$K_{a\eta}$、$D_{b\xi}$、$D_{b\eta}$、$K_{b\xi}$ 和 $K_{b\eta}$ 可进一步简化为

$$D_{a\xi} = \frac{1}{1+m_{ax}}, \quad D_{a\eta} = 0$$

$$K_{a\xi} = 0, \quad K_{a\eta} = \frac{1}{1+m_{ay}} + \frac{4}{1+j_a}$$

$$D_{b\xi} = \frac{1}{1+m_b} + \frac{1}{1+j_b}\cdot\left(\frac{d}{R_b}\right)^2$$

$$K_{b\eta} = \frac{1}{1+m_b} + \frac{1}{1+j_b}\cdot\left(\frac{d}{R_b}\right)^2 + \frac{1}{1+j_R}\cdot\left(\frac{R}{R_R}\right)^2$$

$$D_{b\eta} = 0, \quad K_{b\xi} = 0$$

在这种情况下,能量损失的公式可以简化为

$$E_{\xi} = \frac{1}{2} \left[\frac{M_{\mathrm{a}}(1+m_{\mathrm{ax}})}{1 + \dfrac{M_{\mathrm{a}}(1+m_{\mathrm{ax}})}{M_{\mathrm{b}}(1+m_{\mathrm{b}})} + \dfrac{M_{\mathrm{a}}(1+m_{\mathrm{ax}})}{M_{\mathrm{b}}(1+j_{\mathrm{b}})} \cdot \left(\dfrac{d}{R_{\mathrm{b}}}\right)^2} \right] \cdot \dot{\xi}(0)^2$$

$$\text{(2.44)}$$

$$E_{\eta} = 0 \qquad\qquad\qquad\qquad \text{(2.45)}$$

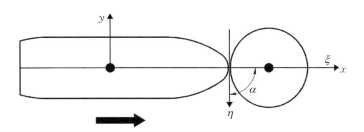

图 2.13　船舶与 Spar 平台以 90 度角碰撞的示意图

该公式与 Jonge 和 Laukeland(2013 年)利用碰撞动量守恒推导出的碰撞角 $a = 90°$ 的式相似。如果假设 $d = 0$，表示在 Spar 的重心处的碰撞，则方程可简化为之前给出的船舶与半潜式平台之间的中心碰撞(见式(2.37)，式(2.38))。

2.3.2　船舶与海上柔性浮动结构碰撞算例

2.3.2.1　船舶与张力腿平台碰撞算例

对于张力腿平台(tension leg platform，TLP)，浮体剩余浮力既可以承载平台的垂直荷载，又可以拉拽张力腿产生轴向力(见图 2.14)。张力腿通过吸力锚、重力锚或桩固定在底部。

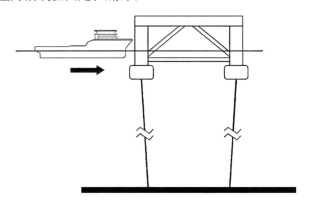

图 2.14　张力腿平台结构示意图

因为横向恢复力由张力腿的张力会产生，随着张力腿张力增加，横向位移会减少。由于系绳的垂直刚度很大，当浮体受到横向力时，系统几乎不会产生横摇或者纵摇，也就是说，即使有较大的横向位移，平台也是直立的。

计及横向运动的水动力质量的情况下，张力腿平台质量可达 16 万 t。张力腿总张力为 300 MN，长度为 600 m。

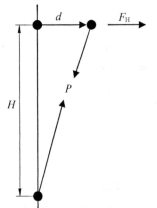

图 2.15　与张力腿平台碰撞时的自由体示意图

该平台被一艘漂流的油船撞击，计及附加质量的油船总质量为 10 万 t，速度为 2 m/s。

问题：

（1）计算油船和/或张力腿平台结构压溃时释放的能量。

（2）计算撞击张力腿平台横向的最大运动幅值。

问题（1）的解答：

首先，通过横向位移计算张力腿的恢复力。由图 2.15 可以看出，当张力腿张力 P，横向位移 d 相对于水深 H 较小时，水平位移刚度为

$$k_{\text{tether}} = F_{\text{H}}/d = P/H = 300 \text{ MN}/600 \text{ m}$$
$$= 0.5 \text{ MN/m}$$

将装备近似为一个在水线面上振动的单自由度系统，其固有周期可确定为

$$T = 2\pi \Big/ \sqrt{\frac{k_{\text{tether}}}{M_{\text{TLP}}}} = 2\pi \Big/ \sqrt{\frac{500}{160\,000}} = 112.4 \text{ s}$$

与正常船舶和装备结构的冲击持续时间相比，这段时间太长了，因此可以忽略冲击过程中的运动和恢复力，则导致结构压溃的冲击能可由式（2.37）确定：

$$E_{\xi} = \frac{1}{2}\left(\frac{M_{\text{a}}(1+m_{\text{ax}})}{1+\dfrac{M_{\text{a}}(1+m_{\text{ax}})}{M_{\text{b}}(1+m_{\text{b2}})}}\right) \cdot \dot{\xi}\,(0)^2 = \frac{1}{2}\left(\frac{100}{1+\dfrac{100}{160}}\right) \cdot 2^2$$

$$= 123.1 \text{ MJ}$$

这是结构压溃所必须吸收的能量的近似值。

问题（2）的解答：

对于排水量为 10 万 t,速度为 $V_{ship} = 2.0$ m/s 的船舶来说,发现在冲击结束时,根据动量平衡原理,张力腿平台的速度为 $V_{TLP} = \dfrac{M_{ship} \cdot V_{ship}}{M_{ship} + M_{TLP}} = 0.77$ m/s。

现在,忽略阻尼,假设冲击持续时间很短,在船首结构压溃期间张力腿平台没有移动,则被撞击张力腿平台的最大横向挠度为

$$\delta_{max} = \frac{V_{TLP}}{\omega} = V_{TLP} \Big/ \sqrt{\frac{K_{techer}}{M_{TLP}}} = 13.77 \text{ m}$$

这是被撞击张力腿平台最大振幅的近似值。

2.3.2.2 船舶与 Spar 平台碰撞计算示例

这里使用的与 Jonge 和 Laukeland(2013 年)提出的相同例子。假设一艘长度为 280 m、总质量为 13 万 t、附加质量系数为 0.1 的油船以 90°角与 Spar 平台相撞。Spar 平台为圆筒形,半径 20 m,吃水 160 m。绕水平轴旋转的惯性半径为 70 m(包括附加的质量效应)。重心位置在水线以下 80 m,而撞击点在水线以上 10 m。Spar 平台质量为 20 万 t,附加质量系数取 1.0。上层甲板是单柱的一部分,已经计及在 Spar 平台的质量和惯性中。

油船的初速度为 2.0 m/s。垂直碰撞时,需要耗散的碰撞能量由式(2.44)计算:

$$
\begin{aligned}
E_\xi &= \frac{1}{2} \left[\frac{M_a(1 + m_{ar}) \cdot \xi(0)^2}{1 + \dfrac{M_a(1 + m_{ar})}{M_b(1 + m_b)} + \dfrac{M_a(1 + m_{ar})}{M_b(1 + j_b)} \left(\dfrac{d}{R_b}\right)^2} \right] \\
&= \frac{1}{2} \left[\frac{130(1 + 0.1) \times 2^2}{1 + \dfrac{130(1 + 0.1)}{200(1 + 1)} + \dfrac{130(1 + 0.1)}{200} \left(\dfrac{90}{70}\right)^2} \right] \\
&= 112.6 \text{ MJ}
\end{aligned}
$$

Jonge 和 Laukeland(2013 年)也对船舶与 Spar 平台碰撞进行了显式非线性有限元计算。采用了一个只有三个节点、一个梁单元、一个刚体接触面、两个质量和惯性单元的简单模型,并选择了与上述示例相同的参数。由于附加定向质量在有限元分析中难以实现,因此没有考虑船舶的附加质量。因此,Spar 平台的质量增加包括从 20 万 t 增加到 40 万 t;Spar 平台绕水平轴的惯性半径为 49.5 m,绕垂直轴的惯性半径为 9.35 m,摩擦因数取 0.3。对 15~90°的不同碰撞角进行了有限元计算。有限元分析结果与本分析结

果见图 2.16,两者达到了很好的吻合。

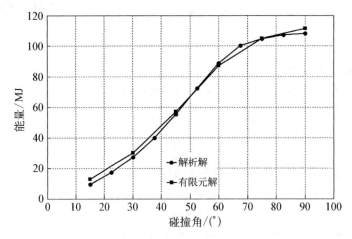

图 2.16　油船与 Spar 平台在不同碰撞角度下,碰撞能量
损失的解析结果与有限元结果对比

2.3.3　船舶与海上固定结构物(或海上风机)碰撞的解析式

本解析方法基于以下假设,大部分平台固有周期(通常约 8.0 s)大于碰撞船舶与被撞平台初始接触力的持续时间,碰撞期间的自升式平台上部的位移也要小于碰撞力造成的位移。这个程序也是基于船舶的假设只在水线面上平移。压溃荷载-挠度关系近似为线性,对应的平台的结构响应为线性结构响应。在这些假设满足的情况下,碰撞系统可以近似为一个双质量系统,其中一个广义质量代表补给船,另一个代表平台,见图 2.17。如果这些假设没有满足,则必须应用时域模拟程序。

与式(2.1)~式(2.3)相似,船舶在 ξ 方向上的冲击力 F_ξ 作用下的运动方程可以表示为

$$M_a(1+m_{ax})\dot{v}_{ax} = -F_\xi \sin \alpha$$

$$M_a(1+m_{ay})\dot{v}_{ay} = -F_\xi \cos \alpha$$

$$M_a R_a^2(1+j_a)\dot{\omega}_a = F_\xi(y_c \sin \alpha - (x_c - x_a)\cos \alpha)$$

其中,M_a 是补给船的质量。船舶绕重心的质量惯性半径为 R_a,撞击船舶重心的坐标为 $(x_a, 0)$,撞击点的坐标为 (x_c, y_c),纵荡运动的附加质量系数为 m_{ax}。横向运动的附加质量系数为 m_{ay},绕重心旋转的附加质量系数为 j_a。

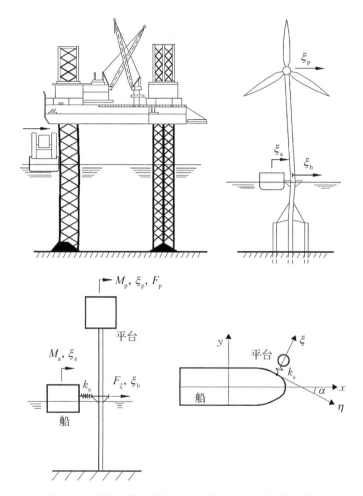

图 2.17　补给船撞击海洋平台(或海上风机)的简化模型

对于平台响应,可以得到如下的力-刚度关系:

$$F_\xi = k_{11}\xi_b + k_{12}\xi_p$$

$$F_p = k_{21}\xi_b + k_{22}\xi_p = -M_p\ddot{\xi}_p$$

其中,F_ξ 为补给船与平台之间的撞击力;F_p 为作用在自升式平台广义质量 M_p 上的传递力;ξ_b 为碰撞点的位移;ξ_p 为上部质量 M_p 的位移。

船与自升式平台之间的相互作用简化为:

$$F_\xi = \begin{cases} k_s(\xi_a - \xi_b), & \dot{\xi}_a - \dot{\xi}_b \geqslant 0 \\ 0, & \dot{\xi}_a - \dot{\xi}_b < 0 \end{cases}$$

其中，k_{11}、k_{22}、k_{12}、k_{21}、k_s 为刚度系数；ξ_a 为补给船碰撞点的位移。

在 Pedersen 和 Jensen(1991 年)研究中，假设在碰撞结束时，即速度 $\dot{\xi}_a = \dot{\xi}_b$，平台上部的位移 ξ_p 被认为较小。然后，通过设置 $\xi_p = 0$，得到广义力：

$$F_p = \frac{k_{21}}{k_{11}} F_\xi$$

补给船与平台碰撞的冲量可以表示为

$$I_\xi = \frac{M_a}{D_{a\xi}} \left[\dot{\xi}(0) - \dot{\xi}_a \right]$$

在 ξ 方向上，撞击点上的加速度可表示为

$$\ddot{\xi}_a = -\frac{F_\xi}{M_a} D_{a\xi}$$

其中，

$$D_{a\xi} = \frac{1}{1+m_{ax}} \sin^2\alpha + \frac{1}{1+m_{ay}} \cos^2\alpha + \frac{1}{1+j_a} \cdot$$
$$\frac{(y_c \sin\alpha - (x_c - x_a)\cos\alpha^2)}{R_a^2}$$

对广义平台质量的冲击冲量可以表示为

$$I_p = -M_p \dot{\xi}_p = \frac{k_{21}}{k_{11}} I_\xi$$

压溃结束时，补给船的速度与平台在碰撞点的速度相等；因此，可以得到

$$\dot{\xi}_a = -\frac{k_{12}}{k_{11}} \dot{\xi}_p$$

平台上部的速度为

$$\dot{\xi}_p = -\frac{\dot{\xi}(0)}{\dfrac{k_{12}}{k_{11}} + \dfrac{k_{11}}{k_{21}} \dfrac{M_p D_{a\xi}}{M_a}}$$

船舶的重心在碰撞结束时的速度可以表示为

$$v_{ax} = \dot{\xi}(0)\sin\alpha - \frac{\sin\alpha}{D_{a\xi}(1+m_{ax})} (\dot{\xi}(0) - \dot{\xi}_a)$$

$$v_{ay} = \dot{\xi}(0)\cos\alpha - \frac{\cos\alpha}{D_{a\xi}(1+m_{ay})}(\dot{\xi}(0) - \dot{\xi}_a)$$

$$\omega_a = \frac{y_c\sin\alpha - (x_c - x_a)\cos\alpha}{R_a^2(1+j_a)D_{a\xi}}(\dot{\xi}(0) - \dot{\xi}_a)$$

其中，

$$\dot{\xi}(0) - \dot{\xi}_a = \frac{\dot{\xi}(0)}{1 + \dfrac{k_{12}k_{21}}{k_{11}^2}\dfrac{M_a}{M_p D_{a\xi}}}$$

补给船的压溃和自升式钻井平台的变形所吸收的能量为

$$E_c = E_0 - (E_s + E_p) \tag{2.46}$$

其中，

补给船的初始动能为

$$E_0 = \frac{1}{2}M_a((1+m_{ar})\sin^2\alpha + (1+m_{ay})\cos^2\alpha)\dot{\xi}(0)^2$$

自升式平台上部甲板在碰撞结束时的动能为

$$E_p = \frac{1}{2}\frac{M_p\dot{\xi}(0)^2}{\left(\dfrac{k_{12}}{k_{11}} + \dfrac{k_{11}}{k_{21}}\dfrac{M_p D_{a\xi}}{M_a}\right)^2}$$

补给船在碰撞结束时的动能为

$$E_s = E_0 + \frac{1}{2}M_a\dot{\xi}(0)^2\left[\frac{1}{D_{a\xi}\left(1 + \dfrac{k_{12}k_{21}}{k_{11}^2}\dfrac{M_a}{M_p D_{a\xi}}\right)^2} - \right.$$

$$\left.\frac{2}{D_{a\xi}\left(1 + \dfrac{k_{12}k_{21}}{k_{11}^2}\dfrac{M_a}{M_p D_{a\xi}}\right)}\right]$$

船舶结构和/或自升式钻井平台的压溃所耗散的能量为：

$$E_{crush} = \frac{1}{2}k_s(\xi_a - \xi_b)^2 = \frac{F_\xi^2}{2k_s} = \frac{k_{11}}{k_{11} + k_s}(E_0 - E_s - E_p) \tag{2.47}$$

平台变形所吸收的能量为

$$E_{\text{platform}} = \frac{k_s}{k_{11} + k_s}(E_0 - E_s - E_p) \tag{2.48}$$

最大碰撞力为

$$F_\xi = \left(\frac{2k_{11}k_s}{k_{11} + k_s}E_c\right)^{0.5} \tag{2.49}$$

2.3.4　固定平台解析结果与数值结果比较

作为评估解析方法准确性的第一个例子,使用 Pedersen 和 Jensen (1991 年)的例子,一艘补给船与自升式钻井平台的支腿发生中心碰撞。平台刚度系数为

$$k_{11} = 34.5\,\text{MN/m}$$

$$k_{12} = k_{21} = -27.8\,\text{MN/m}$$

$$k_s = 18.0\,\text{MN/m}$$

计及附加质量的补给船的质量 $M_a = 7.77 \times 10^6\,\text{kg}$,自升式钻井平台的质量 $M_p = 19.7 \times 10^6\,\text{kg}$。船以 2.0 m/s 的速度横向撞伤自升式钻井平台。压溃消耗的能量由式(2.46)计算为 8.13 MJ,与 Pedersen 和 Jensen(1991 年)时域模拟得到的 8.1 MJ 吻合较好。

2.3.5　固定平台的计算示例

本节提供了一个使用本解析方法的计算实例。假设一艘冰级加强补给船的不同位置与自升式钻井平台的支腿相撞,撞击速度为 $V = 2\,\text{m/s}$,方向垂直于舷侧。补给船长 64.45 m,宽 17.25 m,吃水 5.5 m,排水量 5 000 t。纵荡运动的附加质量系数为 0.05,横向运动的附加质量系数为 0.45,艏摇运动的附加质量系数为 0.21。以式(2.34)进行估算,横向运动的附加质量系数为 0.45,冲击持续时间为 0.6 s(Pedersen,2013 年)。

自升式钻井平台是 2.3.4 节所述的自升式钻井平台,上部总长 84 m,宽 90 m,深 9.4 m,可在水深 100 m 的环境下作业。自升式平台的广义质量为 19 700 t,这是通过使用梁模型计算自升式平台的最低固有频率确定的。通过有限元分析,估算了定位桩靴上的固定度,确定了夹紧机构上的柔性,并将钻井平台的支腿建模为等效 Timoshenko 梁。

碰撞场景见图 2.18。考虑了两个碰撞案例,以显示自升式平台的结构柔性对冲击能量的影响:一个是刚性平台案例;另一个是柔性平台案例。对于柔性情况,刚度系数是由用于估计平台广义质量的梁模型确定的。这些刚度系数为

$$k_{11} = 34.5\ \text{MN/m},\ k_{22} = 48.9\ \text{MN/m}$$

$$k_{12} = k_{21} = -27.8\ \text{MN/m},\ k_{s} = 45.0\ \text{MN/m}$$

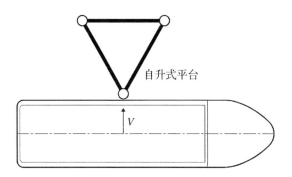

图 2.18　补给船撞击自升式钻井平台

对于不同的冲击位置,表 2.15 和图 2.19 显示了冲击前补给船的总动能 E_k,刚性自升式平台、柔性自升式平台两种情况下船舶和/或平台结构压溃释放的能量 E_c,以及自升式平台整体变形中吸收的弹性能 E_p。

表 2.15　5 000 DWT 补给船与自升式平台(按刚性平台和柔性平台处理)碰撞的结果

撞击点	x_c /m	y_c /m	角度 /(°)	x/L_{pp}	船舶初始总动能	E_{crush}(刚性支腿)	E_{crush}(柔性支腿)	$E_{platform}$(柔性支腿)
					E_k /MJ	E_{ship} /MJ	E_{ship} /MJ	$E_{platform}$ /MJ
1(艏)	31.25	2.39	45.00	0.48	12.50	4.66	1.88	2.45
2	30.08	2.75	42.00	0.47	12.71	4.66	1.88	2.45
3	28.59	3.76	37.50	0.44	13.02	4.74	1.91	2.49
4	27.03	5.14	32.50	0.42	13.35	4.89	1.97	2.56

撞击点	x_c /m	y_c /m	角度 /(°)	x/L_{pp}	船舶初始总动能	E_{crush}（刚性支腿）	E_{crush}（柔性支腿）	$E_{platform}$（柔性支腿）
					E_k /MJ	E_{ship} /MJ	E_{ship} /MJ	$E_{platform}$ /MJ
5	24.06	6.88	21.70	0.37	13.95	5.06	2.03	2.64
6	21.09	8.26	14.40	0.33	14.25	5.61	2.23	2.91
7	18.05	8.62	7.30	0.28	14.44	6.28	2.47	3.22
8	15.08	8.62	0.00	0.23	14.50	7.08	2.75	3.59
9	12.03	8.62	0.00	0.19	14.50	8.69	3.30	4.30
10	9.06	8.62	0.00	0.14	14.50	10.51	3.89	5.07
11	6.02	8.62	0.00	0.09	14.50	12.42	4.48	5.84
12	3.05	8.62	0.00	0.05	14.50	13.90	4.91	6.40
13(舯)	0.00	8.62	0.00	0.00	14.50	14.50	5.08	6.62
14	3.05	8.62	0.00	0.05	14.50	13.90	4.91	6.40
15	6.02	8.62	0.00	0.09	14.50	12.42	4.48	5.84
16	9.06	8.62	0.00	0.14	14.50	10.51	3.89	5.07
17	12.03	8.62	0.00	0.19	14.50	8.69	3.30	4.30
18	15.08	8.62	0.00	0.23	14.50	7.08	2.75	3.59
19	18.05	8.62	0.00	0.28	14.50	5.79	2.29	2.99
20	21.09	8.62	0.00	0.33	14.50	4.75	1.91	2.49
21	24.06	8.62	0.00	0.37	14.50	3.95	1.61	2.10
22	27.03	8.62	0.00	0.42	14.50	3.32	1.36	1.78
23	30.08	8.62	0.00	0.47	14.50	2.80	1.16	1.52
24(艉)	31.25	8.62	0.00	0.48	14.50	2.63	1.09	1.43

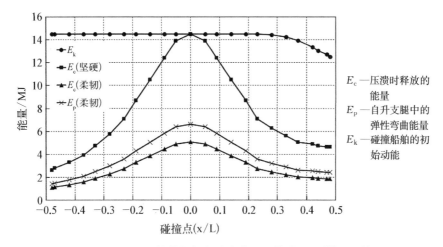

图 2.19　5 000 DWT 补给船与自升式支腿碰撞结果(刚性和柔性)

　　结果表明,考虑到自升式钻井平台的柔性,其结构压溃释放的能量大大降低。对于补给船舷侧与钻机碰撞的情况,对于刚性情况结构压溃吸收的碰撞能量为 14.5 MJ,等于初始总动能。另外,对于柔性工况,压溃能仅为 5.08 MJ(刚性工况的 35%)。平台在碰撞支腿的弹性弯曲中吸收 6.62 MJ。剩余的 2.8 MJ 能量以动能的形式存在补给船和平台中。对于船中舷侧碰撞工况,在刚性自升式平台工况下,船舶与平台支腿之间的碰撞力为 36.12 MN,其中对船舷的凹陷为 803 mm。另外,在柔性情况下,船舶与平台支腿之间的碰撞力为 21.38 MN,船舷的凹陷为 475 mm,支腿的变形为 620 mm。由此可见,船舶平台碰撞分析中考虑碰撞点位置以及平台(或风机)柔性的重要性。

2.4　船舶与刚性桥墩或刚性墙碰撞

　　桥梁面临着与过往船舶相撞的风险,这可能导致灾难性的灾害。1983 年,在苏联伏尔加河上一艘客轮与铁路桥相撞,造成 176 人死亡,这是历史上伤亡人数最多的事故之一。此外,还发生了多次船舶与桥梁碰撞事故,造成重大损失。在华盛顿特区的美国海岸警卫队总部(Knott 与 Pruca,2000 年)平均每天收到大约 35 起船舶碰撞事件的报告。对于设计评估,其中一个著名的设计标准是 US-Guide(1991 年)。本节的目的是利用 2.2 节所述的解析理论来分析船舶与桥墩或刚性墙碰撞时的碰撞能量。

2.4.1 解析式

当船舶与刚性墙碰撞时,可将刚性墙视为固定物体,其质量为无穷大(见图 2.20);桥墩也常被认为是刚性的。

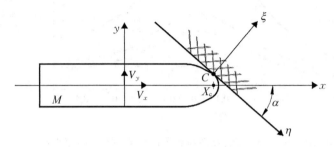

图 2.20 船舶与刚性墙碰撞

对于图 2.20 的情况,2.2.1 节的分析过程可以简化为

贴合情况($|\mu_0| \geqslant |\mu|$),能量损失可以表示为

$$E_\xi = \int_0^{\xi_{\max}} F_\xi \mathrm{d}\xi = \frac{1}{2} \times \frac{M_a}{D_{a\xi} + \mu \cdot D_{a\eta}} \dot{\xi}(0)^2 \tag{2.50}$$

$$E_\eta = \int_0^{\eta_{\max}} F_\eta \mathrm{d}\eta = \frac{1}{2} \times \frac{M_a}{\frac{1}{\mu} K_{a\xi} + K_{a\eta}} \dot{\eta}(0)^2 \tag{2.51}$$

冲量为

$$I_\xi = \int_0^{\Delta t} F_\xi \mathrm{d}t = \frac{M_a}{D_{a\xi} + \mu \cdot D_{a\eta}} \dot{\xi}(0) \tag{2.52}$$

$$I_\eta = \int_0^{\Delta t} F_\eta \mathrm{d}t = \frac{M_a}{\frac{1}{\mu} D_{a\xi} + D_{a\eta}} \dot{\xi}(0) \tag{2.53}$$

剐蹭情况($|\mu_0| < |\mu|$),能量损失可以表示为

$$E_\xi = \int_0^{\xi_{\max}} F_\xi \mathrm{d}\xi = \frac{1}{2} \times \frac{M_a}{D_{a\xi} + \mu_0 \cdot D_{a\eta}} \dot{\xi}(0)^2 (1 + e^2) \tag{2.54}$$

$$E_{\eta} = \int_0^{\eta_{\max}} F_{\eta} \mathrm{d}\eta = \frac{1}{2} \times \frac{M_{\mathrm{a}}}{\dfrac{1}{\mu_0} K_{\mathrm{a}\xi} + K_{\mathrm{a}\eta}} \cdot \dot{\eta}(0)^2 (1 + e^2) \qquad (2.55)$$

冲量为

$$I_{\xi} = \int_0^{\Delta t} F_{\xi} \mathrm{d}t = \frac{M_{\mathrm{a}}}{D_{\mathrm{a}\xi} + \mu_0 \cdot D_{\mathrm{a}\eta}} \cdot \dot{\xi}(0)(1 + e) \qquad (2.56)$$

$$I_{\eta} = \int_0^{\Delta t} F_{\eta} \mathrm{d}t = \frac{M_{\mathrm{a}}}{\dfrac{1}{\mu_0} D_{\mathrm{a}\xi} + D_{\mathrm{a}\eta}} \cdot \dot{\xi}(0)(1 + e) \qquad (2.57)$$

其中,

$$\dot{\xi}(0) = V_{\mathrm{a}x} \sin \alpha + V_{\mathrm{a}y} \cos \alpha$$

$$\dot{\eta}(0) = V_{\mathrm{a}x} \cos \alpha - V_{\mathrm{a}y} \sin \alpha$$

$$\dot{\xi}(\Delta t) = -e \cdot \dot{\xi}(0)$$

$$\dot{\eta}(\Delta t) = \dot{\eta}(0) - \frac{K_{\mathrm{a}\xi} + \mu_0 \cdot K_{\mathrm{a}\eta}}{D_{\mathrm{a}\xi} + \mu_0 \cdot D_{\mathrm{a}\eta}} \cdot \dot{\xi}(0)(1 + e)$$

$V_{\mathrm{a}x}$ 和 $V_{\mathrm{a}y}$ 分别为碰撞前船舶的纵向速度和横向速度。

$$\mu = \frac{D_{\mathrm{a}\xi} \dot{\eta}(0) - K_{\mathrm{a}\xi} \dot{\xi}(0)(1 + e)}{K_{\mathrm{a}\eta} \dot{\xi}(0)(1 + e) - D_{\mathrm{a}\eta} \dot{\eta}(0)}$$

2.4.1.1　碰撞结束时船速

碰撞结束时碰撞船的速度可以由下式计算:

$$v_{\mathrm{a}x} = V_{\mathrm{a}x} - \frac{I_{\xi} \sin \alpha + I_{\eta} \cos \alpha}{M_{\mathrm{a}}(1 + m_{\mathrm{a}x})}$$

$$v_{\mathrm{a}y} = V_{\mathrm{a}y} - \frac{I_{\xi} \cos \alpha - I_{\eta} \sin \alpha}{M_{\mathrm{a}}(1 + m_{\mathrm{a}y})}$$

$$\omega_{\mathrm{a}} = -\frac{\begin{array}{c} I_{\xi}(y_c \cdot \sin \alpha - (x_c - x_{\mathrm{a}}) \cos \alpha) + \\ I_{\eta}(y_c \cdot \cos \alpha + (x_c - x_{\mathrm{a}}) \sin \alpha) \end{array}}{M_{\mathrm{a}} R_{\mathrm{a}}^2 (1 + j_{\mathrm{a}})}$$

2.4.2　验证

这里,考虑来自 Brach(1993 年)的一个例子,该例子使用细长杆(在

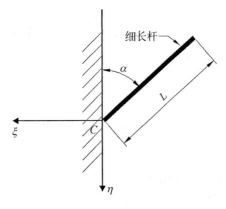

图 2.21 细长杆在点 C 处撞击刚性平面的示意图

空气中自由）撞击具有无限质量的表面，见图 2.21。物理参数见表 2.16。本分析结果与 Brach 结果的对比见表 2.17，其中，杆在表面法线方向上的初始速度为 $\dot{\xi}(0) = 1.0 \, \text{m/s}$。杆的初始旋转速度为 0，平行于表面方向的初速度是 $\dot{\eta}(0) = 0.0$、-0.2、-0.6 和 $1.0 \, \text{m/s}$。恢复系数分别为 $e = 0.5$ 和 0.05。对比表明，本解析结果与 Brach 的结果吻合较好。

表 2.16 细长杆的物理参数

物理参数	数　　值
质量 M/kg	1.0
长度 L/m	1.0
惯性矩 I	$I = (1/12)ML^2$
冲击角	$45°$
初始速度	$\dot{\xi}(0) = 1.0$，$\omega(0) = 0$；$\dot{\eta}(0) = -0.2, -0.6, 0, 1.0$

表 2.17 解析结果与 Brach 结果对比 ($\dot{\xi}(0) = 1.0 \, \text{m/s}$)

初始速度 $\dot{\eta}(0)$	恢复系数 $e = -\dot{\xi}(T)/\dot{\xi}(0)$	冲量比 μ	名义冲量 I_ξ/Nm		能量损失/原始能量 $\times 100\%$	
			解析结果	Brach	解析结果	Brach
0.0	0.5	0.600[a]	0.938	0.938	46.9	46.9
0.0	0.05	0.600[a]	0.656	0.656	62.3	62.3
-0.2	0.5	0.507[a]	0.862	0.862	33.1	33.3
-0.2	0.05	0.462[a]	0.581	0.580	47.9	47.9

初始速度 $\dot{\eta}(0)$	恢复系数 $e = -\dot{\xi}(T)/\dot{\xi}(0)$	冲量比 μ	名义冲量 I_ξ /Nm		$\dfrac{\text{能量损失}}{\text{原始能量}} \times 100\%$	
			解析结果	Brach	解析结果	Brach
−0.6	0.5	0.263ª	0.712	0.732	17.9	17.9
−0.6	0.05	0.043ª	0.431	0.569	29.3	29.3
1.0	0.5	0.905ª	1.313	1.395	92.2	92.1
1.0	0.05	0.988ª	1.031	1.031	99.9	99.6

注：ª代表在刚蹭过程停下的临界值。

2.4.3　计算实例

船舶在靠泊过程中发生事故是造成船舶损坏的主要原因。此外,护舷系统、港口码头和桥墩的设计必须基于与船舶碰撞相关的冲击动量和能量的统计分布。因此,考虑一艘滚装船以 2.5 m/s 的速度接近刚性墙面的事件。滚装船的主尺度长 157 m,宽 24.6 m,吃水 7.25 m,排水量为 2 万 t。假定船舶与刚性墙之间的摩擦系数分别为 $\mu_0 = 0.35$ 和 $\mu_0 = 0.6$。纵向运动的附加质量系数为 0.05,横向运动的附加质量系数为 0.85,艏摇运动的附加质量系数为 0.21。

能量损失计算结果见表 2.18。图 2.22 所示为船舶总能量损失与碰撞前总动能的比值。结果表明,摩擦越大,船体结构压溃损失的能量越大。当碰撞角小于 50°($\mu_0 = 0.6$) 时,船舶会沿墙滑动;当碰撞角大于 60°($\mu_0 = 0.6$) 时,船舶的全部动能将在压溃过程中损失。

表 2.18　滚装船在不同碰撞角度与刚性壁碰撞时的碰撞能量($V = 2.5$ m/s)

碰撞角 /(°)	E /MJ		E /MJ		E_{total} /MJ		$\dot{\eta}(T)$/(m/s)	
	$\mu = 0.35$	$\mu = 0.6$	$\mu = 0.35$	$\mu = 0.6$	$\mu = 0.35$	$\mu = 0.6$	$\mu = 0.35$	$\mu = 0.6$
10	0.53	0.54	2.09	3.69	2.62	4.24	2.48	2.45
20	2.30	2.48	4.54	8.25	6.84	10.73	2.48	2.39

续　表

碰撞角/(°)	E/MJ		E/MJ		E_{total}/MJ		$\dot{\eta}(T)/(m/s)$	
	$\mu=0.35$	$\mu=0.6$	$\mu=0.35$	$\mu=0.6$	$\mu=0.35$	$\mu=0.6$	$\mu=0.35$	$\mu=0.6$
30	5.82	6.59	7.56	14.11	13.38	20.70	2.48	2.30
40	12.00	14.38	11.33	21.22	23.33	35.60	2.42	2.04
50	22.24	28.36	15.41	26.38	37.64	54.75	2.18	1.36
60	37.89	49.22	17.03	16.41	54.91	65.63	1.53	0.00
70	57.17	57.95	8.40	7.68	65.56	65.63	0.13	0.00
80	63.65	63.65	1.98	1.98	65.63	65.63	0.00	0.00
90	65.63	65.63	0.00	0.00	65.63	65.63	0.00	0.00

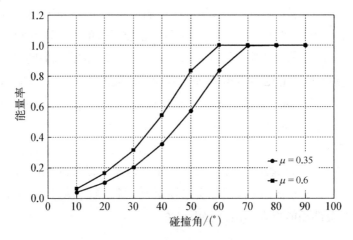

**图 2.22　两种不同摩擦系数下滚装船与刚性墙以
不同碰撞角碰撞时的能量损失率**

2.4.4　船舶与重力式基础碰撞

　　由重力支撑的海上风机、桥墩、防波堤和码头通常不需要钻孔或锚定就能固定到位。底座由一个放置在海床上的混凝土或钢制箱体组成。然后将箱体装满沙子或岩石,并通过重力和摩擦力保持在适当的位置。

　　下面介绍一个计算性能的简化方法,在这个过程中,撞击船和周围水的部分初始动能会导致船的结构破坏,基座的局部压溃破坏,像风机结构的重力支撑基础会出现滑动。

　　Pedersen(2013 年)对该方法有过描述。假设撞击船与基础重心之间的相对位移所对应的塑性压溃力 P 恒定,海床与风机基础之间的剪切滑动力 F 近似恒定。如果 $P < F$,这种冲击不会引起重力结构的任何整体性位移,可利用的动能将导致结构局部压溃。因此,假设 $P > F$(见图 2.23)。

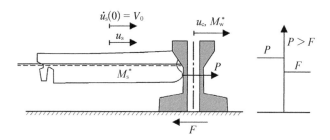

$$\textbf{图 2.23}\quad \text{船舶在力 } P \text{ 作用下对具有滑动阻力}$$
$$F \text{ 的刚性风机基础的冲击}$$

　　对于时间间隔,$0 \leqslant t \leqslant t_0$ 其中 t_0 为船舶速度 $\dot{u}_s$ 与风机基础结构速度 $\dot{u}_c$ 相等的时间,船舶加速度、速度和位移的简单关系如下:

$$\frac{M_s \ddot{u}_s}{D_{a\xi}} = -P \Rightarrow \dot{u}_s = \frac{P D_{a\xi}}{M_s} t + V_0$$

$$u_s = -\frac{1}{2} \frac{P D_{a\xi}}{M_s} t^2 + V_0 t$$

如 2.2.1 节所示,$D_{a\xi}$ 由下式确定:

$$D_{a\xi} = \frac{1}{1+m_{ax}} \sin^2 \alpha + \frac{1}{1+m_{ay}} \cos^2 \alpha +$$

$$\frac{1}{1+j_a} \frac{(y_c \sin \alpha - (x_c - x_g)\cos \alpha)^2}{R_a^2}$$

类似地,对于基础:

$$M_w^* \ddot{u}_c + F = P \Rightarrow \dot{u}_c = \frac{1}{2} \frac{P-F}{M_w^*} t \Rightarrow u_c = \frac{1}{2} \frac{P-F}{M_w^*} t^2$$

其中,M_w^* 表示基础和风机结构的质量加上土壤和水的附加质量效应。时间 t_0 由 $\dot{u}_s(0) = \dot{u}_c(t_0)$ 条件决定,也就是说:

$$-\frac{PD_s}{M_s}t_0 + V_0 = \frac{P-F}{M_w^*}t_0$$

$$t_0 = V_0\frac{M_w^*M_s}{P(M_s+M_w^*D_{a\xi})-FM_s}$$

最大压溃距离由下式得

$$u_s(t_0) - u_c(t_0) = \frac{1}{2}V_0t_0$$

然后,发现所吸收的塑性压溃能为

$$E_{\text{ship}} = P(u_s(t_0)-u_c(t_0)) = \frac{V_0^2M_w^*M_s}{2\left((M_s+M_w^*D_{a\xi})-\dfrac{F}{p}M_s\right)}$$

$$= E_k\frac{M_w^*}{\left(M_w^*+\dfrac{M_s}{D_{a\xi}}\left(1-\dfrac{F}{P}\right)\right)}$$

其中,$E_k = \dfrac{1}{2}\dfrac{M_s}{D_{a\xi}}V_0^2$ 是造成结构破坏的船舶初始动能。

根据能量守恒定律可知,初始动能 E_k 等于结构压溃吸收的能量 E_a 加上将风力发电结构移动一段距离 $d_{\max}$ 所需的能量:

$$E_k = \frac{1}{2}\frac{M_s}{D_{a\xi}}V_0^2 = Fd_{\max} + E_{\text{ship}}$$

由该表达式可以确定最大滑动距离为

$$d_{\max} = E_k\frac{M_s\left(1-\dfrac{F}{P}\right)}{F\left(M_w^*D_{a\xi}+M_s\left(1-\dfrac{F}{P}\right)\right)}$$

2.4.5　重力式基础的数值算例

考虑一个数值例子,其中风机基座是一个混凝土重力沉箱基座,由底板、带有中心轴的腔室和用于减少冰荷载的冰锥组成(见图 2.23)。基座的占地为 17 m×17 m,中心竖井直径为 4.25 m,空重 1 300 t。基座使用约 1 400 t 的压舱石和约 300 t 的防冲刷石来固定。这样总质量等于结构质量加上土石和水动力质量,约 3 000 t。基础横向抗剪承载力取 15 MN。

假设漂流船舶或失控船舶以 $V_0 = 2.0$ m/s 的速度撞击风力机基座。碰撞过程为舷侧垂直撞击到风机基础。算例中,假设船舶的总质量为 10 000 t,碰撞力取常数,等于 20 MN。

算例中,图 2.24 显示了基座位移随船体撞击位置的变化。概述的计算程序表明对于船舶中部的撞击,船舶结构的压溃以及基座结构的可能局部压溃会吸收 38% 的动能,剩余部分的能量将用于结构的移动。如果船中部发生碰撞,最大滑动距离估计为 $d_{max} = 1.16$ m。

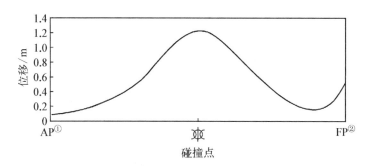

图 2.24 基础滑动距离 d_{max} 随船舶碰撞位置的变化

可以看出,只要基座的有限横向运动是可以接受的,可使基座的允许碰撞荷载显著增加,远远高于基座的滑动力。图 2.24 还表明,对于实际碰撞,考虑碰撞位置是很重要的。

2.5 船舶与冰碰撞

据估计,北极地区拥有世界剩余可采碳氢化合物储量的 20% 左右。进一步的勘探和运输可能会在阿拉斯加、加拿大、格陵兰和俄罗斯沿海进行。除了碳氢化合物,也有可能将大量的矿物从北极的不同地点运输到欧洲和亚洲的港口。随着越来越多的邮船在北极圈附近航行和正在进行的科学考察,北极的游客也在不断增加。

随着北极地区贸易的增加,对大型冰区船舶,特别是油船和 LNG 船的需求越来越大。在过去的 15 年里,全球冰区船队显著增加。在寒冷气候中遇到

① 艉垂线。
② 艏垂线。

的恶劣环境会影响船舶的安全和操作,需要对船舶能力和结构完整性进行重点审查和评估。冰区航行的船舶的结构强度是一个重要的方面。本节旨在利用 2.4 节所述的分析理论来分析船舶与冰的碰撞。

2.5.1　解析公式

图 2.25 显示了船舶与平整冰或冰区航道边缘的碰撞。假定平整冰是无限的,它的质量也是无限大的。因此,2.4 节中的公式可以直接用于碰撞分析。

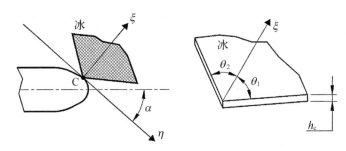

图 2.25　船舶与平整冰碰撞示意图

冰区船在船体结构的冰带进行加固,以抵抗冰荷载。在目前的分析中,假设船体是刚性的,碰撞能量将被破碎的冰吸收。对于厚度为 h_c 的冰,其抗压强度定义为 σ_c。船体与冰之间的平均接触压力可由 $p_\xi = \sigma_c A^\kappa$（IACS,2016 年）其中 A 为接触面积,标准化为 1.0 m^2,能够从 $A = h_c b_c$,而 $b_c = \xi(\tan\theta_1 + \tan\theta_2)$ 是接触长度,κ 是压力-面积系数。因此,$F_\xi = p_\xi A = \sigma_c A^{\kappa+1}$ 可以确定 ξ 方向上(与船体垂直)的接触力 F_ξ。破碎吸收的碰撞能量可进一步表示为

$$
E_\xi = \int_0^{\xi_{\max}} F_\xi \mathrm{d}\xi = \int_0^{\xi_{\max}} \sigma_c A^{\kappa+1} \mathrm{d}\xi = \int_0^{\xi_{\max}} \sigma_c (h_c b_c)^{\kappa+1} \mathrm{d}\xi
$$

$$
= \frac{\sigma_c (h_c(\tan\theta_1 + \tan\theta_2))^{\kappa+1}}{\kappa+2} \xi_{\max}^{\kappa+2}
$$

因此,在 ξ 方向上到冰的最大破碎距离为

$$
\xi_{\max} = \left(\frac{(\kappa+2)E_\xi}{\sigma_c (h_c(\tan\theta_1 + \tan\theta_2))^{\kappa+1}} \right)^{\frac{1}{\kappa+2}} \tag{2.58}
$$

破碎力 F_ξ 由下式决定:

$$F_\xi = \sigma_c A^{\kappa+1} = \sigma_c (h_c \xi_{max}(\tan\theta_1 + \tan\theta_2))^{\kappa+1}$$

$$= \sigma_c^{\frac{1}{\kappa+2}}((\kappa+2)h_c E_\xi(\tan\theta_1 + \tan\theta_2))^{\frac{\kappa+1}{\kappa+2}} \tag{2.59}$$

单位接触长度的破碎力为

$$F_{line} = \frac{F_\xi}{b_c} \tag{2.60}$$

2.5.2 计算实例

假设一艘长 275 m、宽 44 m、吃水 12 m 的 LNG 船以 2.5 m/s（冰中典型航速 5 kn）的速度与无限大的平整冰边缘相撞。碰撞位置坐标为（$x_c = 84.14$ m，$y_c = 20.09$ m），角 $\alpha = 12°$，位于船首肩部，见图 2.26。船舶的排水量为 11.16 万 t，纵向、横向、艏摇的质量系数分别为 0.05、0.50、0.21。

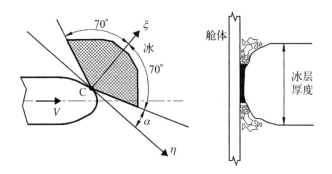

图 2.26 LNG 船碰撞无限大小整冰的实例

平整冰厚度设为 1.0 m，抗压强度设为 5.6 MPa。冰楔角假定为 $\theta_1 = \theta_2 = 70°$，压力-面积系数 κ 取 −0.50，船体与冰面的有效摩擦系数取 0.10。

碰撞能量损失的计算结果为：$E_\xi = 8.86$ MJ 和 $E_\eta = 0.851$ MJ。总能量损失（17.37 MJ）仅为初始动能（366.19 MJ）的 4.7% 左右，碰撞后船舶发生滑动。

在 ξ 方向上，到冰面的破碎距离为 1.01 m，破碎力 $F_\xi = 13.18$ MN。船体与冰的接触长度 $b_c = 5.54$ m，单位接触长度的破碎力为 2.38 MN，平均接触压力为 2.38 MPa。

表 2.19 给出 LNG 船在不同速度下与冰碰撞的结果。结果表明，随着碰撞速度的增加，碰撞距离和碰撞接触力都增大。然而，单位接触长度的接触力（线力）和接触压力都随着碰撞速度的增加而减小（见图 2.27）。这是因为接触面积越大，接触压力就越小。

表 2.19　不同碰撞速度下 LNG 船与水平冰的碰撞

碰撞速度 /(m/s)	撞深 max/m	接触长度 /m	力/ MN	线力/ (kN/m)	接触压力/ MPa
1.0	0.297	1.633	7.16	4 382	4.38
1.5	0.510	2.804	9.38	3 344	3.34
2.0	0.749	4.115	11.36	2 761	2.76
2.5	1.008	5.541	13.18	2 379	2.38
3.0	1.286	7.066	14.89	2 107	2.11
3.5	1.579	8.678	16.50	1 901	1.90
4.0	1.887	10.370	18.03	1 739	1.74

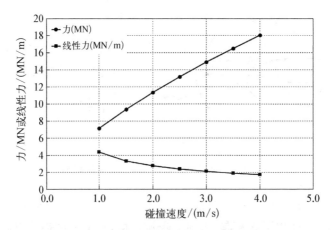

图 2.27　LNG 船在不同速度下撞击平整冰
（1.0 m 厚）的碰撞力和线接触力

2.6　船舶搁浅事件的外部作用力

当船舶在狭窄尖锐的岩石上搁浅时，初始动能主要通过底板撕裂消耗，当船舶在更大的表面上搁浅时，能量将通过摩擦和船舶支持力吸收。

在本节中，首先分析相对平缓斜坡上搁浅的外部力学，重点是评估船体梁上的整体受力。内容分为三部分。

首先,提出一个数学分析模型,用于估计搁浅船舶与海底之间的接触压力。然后可以将这些地面接触力与船底的溃压力进行比较。为了尽可能深入了解船舶搁浅的机理,寻求对问题的简化,以便推导出解析解。

在第二部分中,将确定刚性船舶搁浅产生的截面剪力和弯矩,并与极限船体梁截面力进行对比。

在最后一节中,简要描述了一个时间模拟程序,其中使用一致的地基模型来模拟船与地面之间的相互作用,见图 2.28。

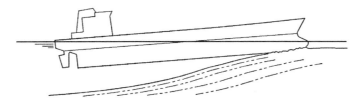

图 2.28　船舶搁浅在平面沙底上

2.6.1　船舶在硬海床上搁浅的简化外力学

在本节中,分析船舶航行到岩石、细粒沙子或黏土形式的倾斜坚硬海底时的总体响应。该程序由 Pedersen(1994 年)提出。

见图 2.29,假设质量为 M 的船舶向与水下平面成 α 角的斜坡航行。该斜坡延伸到在静水面上方 h 处。

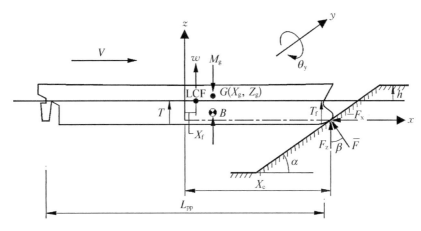

图 2.29　与地面的初始接触

图 2.29 中还显示了一个相对于海底固定的 xyz 坐标系。z 轴指向与重力方向相反；x 轴位于船的对称面，指向船首，在搁浅的那一刻，$t=0$，接触点在 x 轴上 $(x_c,\ 0,\ 0)$。xyz 系原点在 $t=0$ 时的位于船中部剖面与 yz 平面交界处。

船舶重心坐标为 $(x_g,\ 0,\ z_g)$，浮心 LCF 的位置位于距船中截面前 x_f 处。

在这个简化的计算方法中，搁浅将被分为两个阶段。在第一阶段，船受到突然与地面接触所引起的冲击。假设地面和结构响应为完全非弹性冲击，由于假定船体为刚性，这种冲击导致初始前进速度 V 的快速变化，使受冲击后的船舶具有一组相应的纵荡、升沉和纵摇速度分量 v_x，x_z，$\dot\theta_y$，这些分量与接触点沿倾斜底部的运动相统一。在第二阶段，船在与地面持续接触的情况下滑动。当船舶在倾斜的底部向上移动时，第一冲量阶段结束后可用的动能转化为势能，并转化为地面和船舶之间接触面的摩擦力。

在这两个阶段中，施加在船首上的力假定由 Coulomb 摩擦定律控制，摩擦系数为常数 μ。

2.6.1.1　第一阶段 $t=0$ 时刻动量变化

在船舶与斜面的第一次接触时，船舶的运动必须立即发生变化，以适应所施加的运动约束。

图 2.30 显示了碰撞时刻的船的艏部。在 xz 坐标系中，冲击力 F 的分量为 F_x 和 F_z，冲击力的方向由以下定义的角度给出。

$$|\ F_x\ |=\tan\beta F_z$$

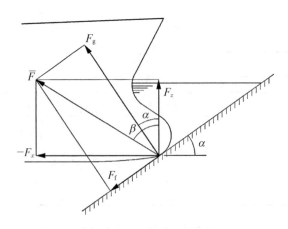

图 2.30　初始冲击时作用在船首上的合力

角度 β 将取决于船舶和坡度之间未知的相互作用。作为近似,这里假设一个简单的 Coulomb 摩擦定律来控制冲量的方向。

在确定角度 β 时,考虑了垂直于斜坡底部和平行于斜坡底部的力分量 F_g 和 F_f。假设库仑摩擦定律 $F_f = \mu F_g$ 成立,则冲击力的方向,即冲量 I 的方向为

$$\tan\beta = \frac{\mu\cos\alpha + \sin\alpha}{-\mu\sin\alpha + \cos\alpha} \tag{2.61}$$

当知道了作用冲量的方向,则可以建立与作用冲量方向垂直的动量守恒的方程,接触点周围的角动量守恒,即

$$V \cdot m(1 + m_{xx})\cos\beta = v_x \cdot M(1 + m_{xx})\cos\beta + v_z \cdot M(1 + m_{zz})\sin\beta$$

$$VM(1 + m_{xx})z_g = MR^2(1 + j_{yy})\dot{\theta}_y + v_x M(1 + m_{xx})z_g + v_z M(1 + m_{zz})(x_c - x_g)$$

其中,R 为绕重心转动惯量半径;m_{xx} 和 m_{zz} 为纵荡与垂荡运动无量纲水的虚拟质量;j_{yy} 为纵摇运动无量纲水的虚拟质量。由于与 $(T/g)^{1/2}$(T 是船舶的平均吃水)相比,冲量作用的时间非常短,因此考虑到实际水深,这些水动力惯性项可以在无限高的频率下得到高精度的评估。

表示碰撞点在倾斜底部滑动的统一方程可表示为

$$v_z - (x_c - x_g)\dot{\theta}_y = (v_x - z_g\dot{\theta}_y)\tan\alpha$$

由这些方程可以确定撞击瞬间后的速度 v_x、v_z、$\dot{\theta}_y$:

$$v_x = V\left[1 - \frac{R^2 a_1 a_2 \tan\alpha\tan\beta}{Dx_a}\right]$$

$$v_z = V\left[\frac{R^2 a_2 \tan\alpha}{D_{xa}}\right]$$

$$\dot{\theta}_y = -V\left[\frac{a_1 x_\beta \tan\alpha}{Dx_a}\right]$$

其中,a_1 和 a_2 为无量纲附加质量比:

$$a_1 = \frac{1 + m_{zz}}{1 + m_{xx}}, \ a_2 = \frac{1 + j_{yy}}{1 + m_{xx}}$$

纵向 x 值 x_α 和 x_β 通常是重心和接触点之间几乎相等的两个有效距离：

$$x_a = (x_c - x_g) - z_g \tan \alpha$$

$$x_\beta = (x_c - x_g) - z_g \tan \beta$$

则

$$D = a_1 x_\beta + \frac{R^2 a_2 (a_1 \tan \alpha \tan \beta + 1)}{x_a}$$

由于计算了撞击后的速度，动量的变化 P 可以确定为

$$P = \int_0^t F(t) \mathrm{d}t = M(1 + m_{xx})(V - v_x) \sin \beta + M(1 + m_{zz}) v_z \cos \beta$$

$$= VM(1 + m_{xx}) a_1 a_2 R^2 \frac{\tan \alpha}{x_a D \cos \beta} \tag{2.62}$$

与此冲量相关的力 $F(t)$ 的时间变化取决于地面的硬度、船首的形状、船首结构的响应以及船体的柔韧性。假定撞击是完全塑性。因此，在撞击的第一阶段，搁浅的船将失去一些动能。在这一阶段结束时，动能可以表示为

$$E_K^I = \frac{1}{2} M(1 + m_{xx}) v_x^2 + \frac{1}{2} M(1 + m_{zz}) v_z^2 + \frac{1}{2} MR^2 (1 + j_{yy}) \dot{\theta}_y^2$$

或

$$E_K^I = E_0 \left(\left(\frac{v_x}{V} \right)^2 + a_1 \left(\frac{v_z}{V} \right)^2 + a_2 \left(\frac{R \dot{\theta}_y}{V} \right)^2 \right) \tag{2.63}$$

其中，

$$E_0 = \frac{1}{2} M(1 + m_{xx}) V^2$$

在第二阶段，假设该能量被摩擦、势能增加、船首结构和地面的局部塑性变形以及船体的轴向和垂直弯曲变形吸收。

从图 2.31 可以看出，对于小于 0.10 rad 左右的坡度角 α，可以忽略初始碰撞阶段的动能损失。当斜率在 $\pi/4$ 左右时，几乎所有动能都会在第一阶段损失。在这种情况下，冲击相当船首与刚性墙冲击。

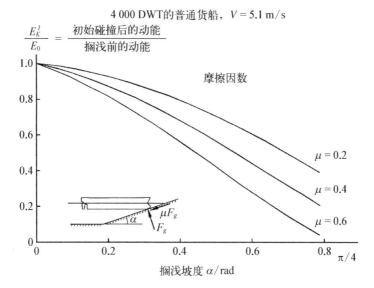

4 000 DWT的普通货船，$V = 5.1$ m/s

$$\frac{E_K^1}{E_0} = \frac{初始碰撞后的动能}{搁浅前的动能}$$

摩擦因数

**图 2.31 初始冲击后能量随坡度 α 的变化。
增加质量比 $a_1 = a_2 = 1.82$**

2.6.1.2 阶段二：滑动运动

为简单起见，假设在初始碰撞阶段之后，船首将沿着与倾斜的船底平行的轨迹以速度递减的方式滑动。

在第二阶段中，确定船舶沿坡向上移动时的地面反作用力非常重要。为了确定船体将被提升多远，需要确定运动过程中的能量耗散。然后将这一能量耗散与第一阶段能量损失所减少的船舶初始动能进行比较。当所有能量都耗散后，船舶将停止；这最后位置代表了船体最恶劣的静荷载条件。

可以看出，即使这第二阶段的搁浅事件也是一个动态问题，第二阶段的垂直加速度对于普通商船来说相对适中。因此，忽略与垂荡和纵摇相关的惯性力是合理的。为了进一步简化问题并得到解析表达式，静水压力和力矩用垂荡和纵摇位移的线性表达式近似，并且只考虑垂直力分量 F_z 的影响。在这些假设下，研究了垂直接地力分量 F_z 与所处位置的作用关系：

$$l = (x_c - s) - x_F$$

从浮心位置，导出的浮心垂直位移 w，得

$$F_z = \rho g A_z w$$

A_z 是水线面的面积。这个垂直力分量也可以表示为

$$F_z = \rho g A_z \frac{z}{1 + l^2/r^2} \tag{2.64}$$

其中，z 为力 F_z 作用位置处船体断面的垂直位移。

$$r = \left(\frac{\nabla \cdot GM_L}{A_z}\right)^{1/2}$$

r 是一个等效的惯性半径。其中，∇ 为排水体积，GM_L 为纵向稳心高度。如果引入水线面积系数 C_W 和方形系数 C_B，也有

$$F_z = \frac{M_g}{T} \frac{C_W}{C_B} \frac{z}{1 + l^2/r^2} \tag{2.65}$$

只要船首的第一部分与倾斜的底部接触，则 $s = 0$，且距离 l 为常数。但当船首被推至海底岛屿平面上表面(图 2.32)之外时，距离 l 是接触点位置的函数。

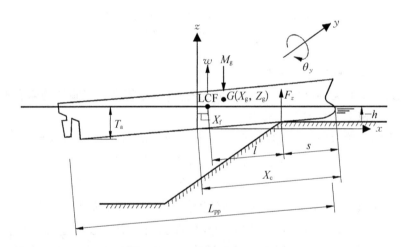

图 2.32　在海底岛屿上滑动

垂直接触力 F 和垂直位移 z 之间的关系式(2.65)仅适用于 z/T 为"小"值的情况，其中 T 是吃水深度。因此，除非船舶的实际运动仅为初始吃水的微小扰动，否则应将线性表达式(或一阶泰勒展开式)替换为从船舶纵倾图等得到的更精确的关系。

为了确定船将沿着地面继续滑动多远，应建立一个能量平衡关系。船舶撞击地面前的动能减去第一阶段初始碰撞中损失的能量，必须等于船底与地面之间的摩擦力所做的功加上从自由漂浮位置的初始平衡状态到搁浅结束的势能增加。

第二阶段冲击能量 $E_k(t)$ 可表示为

$$E_k(t) = E_k^l - \int_0^{u(t)} F_f \mathrm{d}u - \int_0^{z(t)} F_z \mathrm{d}z$$

u 是船首沿斜坡滑动的距离,这个表达式可以简化为

$$E_k(t) = E_k^l - \int_0^{z(t)} \frac{\tan\beta}{\tan\alpha} F_z(z) \mathrm{d}z \tag{2.66}$$

如果初始速度非常大,以至于船的船头到达了地面的平坦平台,则动能 $E_k(t)$ 将随着船在水线面上滑行的距离 s 的函数而减小:

$$E_k(t) = E_k^l - \int_0^{T_f+h} F_f(z) \frac{1}{\sin\alpha} \mathrm{d}z - \int_0^{T_f+h} F_z(z) \mathrm{d}z - \mu \int_0^s F_z(s_1) \mathrm{d}s_1 -$$

$$\int_0^s F_z \frac{T(s_1) + h - w(s_1)}{l(s_1)} \mathrm{d}s_1 \tag{2.67}$$

其中,T_f 为前吃水;h 为水线面高于海面的高度,见图 2.32。

最后的静置状态代表了船体最严重的装载工况。在简化的情况下,船没有到达搁浅的平地并且其中的地面反力 F_z 近似为上升距离 z 的线性函数(见式 2.65),则式(2.66)表明,当船舶静止 ($E_k(t) = 0$) 时,船首将提升距离

$$z_u = \left(\frac{2E_k^l C_B T (1 + l^2/r^2) \tan\alpha}{C_W M_g \tan\beta} \right)^{1/2} \tag{2.68}$$

由于动能 E_K^l (见式(2.63))与初速度 V 的平方成正比,从式(2.68)可以得到 z_u,因此也可以得到滑动距离 x_{max},正比于 V。

$$x_{max} = V \left((1 + l^2/r^2) \frac{(E_k^l/E_0) T C_B}{g C_W \tan\alpha \tan\beta} \right)^{1/2} \tag{2.69}$$

此外,垂直反力 F_z (见式(2.65))与 z_u 成正比,其中接触点的最大垂直地面反力,作为第一个近似,与初始速度成正比。

2.6.2　模型试验与数值算例

2.6.2.1　模型试验

Pedersen(1998 年)给出了一些试验结果,其中可以自由垂荡和纵摇的船舶模型被强制沿沙坡向上滑动。试验在丹麦水力研究所进行(Hansen Ottesen 等人,1994 年)。

试验装置见图 2.33,为比例为 1∶60 的油船模型,L_{pp} 长度为 2.57 m。

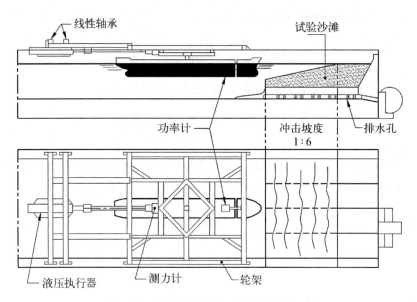

图 2.33　自由漂浮分段船模型的搁浅过程

　　船模的船首通过一个测力计与船体的其他部分相连,这样就可以测量船的这个横截面上的垂直剪切力。根据测得的垂向剪力、船舶在垂直面上的加速度、垂荡和纵摇运动以及静水力学特性,可以计算试验过程中作用的地面反力 F_z。图 2.34 显示了这种试验的典型结果,其中自由浮动模型以恒定的速度 $V = 0.664$ m/s 上斜坡,并使用上述理论进行了数值预测。

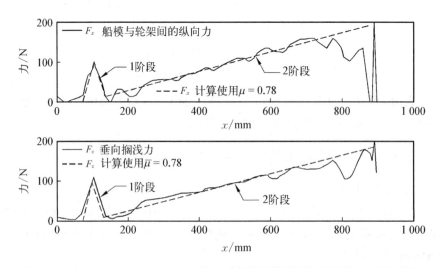

图 2.34　航速 $V_{model} = 0.644$ m/s 时,带有球鼻艏船模的搁浅力的纵向和垂向分量

可以看到,搁浅试验定性和定量地验证了本节所述的数学模型。也就是说,搁浅事件是由一个持续时间较短、力较大的撞击开始,接着是一个逐渐增加的地面反力。

除船模的力、加速度、垂荡和纵摇运动、位置和速度外,还测量了船舶在沙坡上所产生的沟痕。测量结果表明,对于细粒、饱和、排水的砂土,沟槽较浅。船首沿斜坡向上滑动的是搁浅的主要过程,在这个过程中摩擦因数具有相对恒定值。因此,试验表明本书所建立的数学模型是可靠的解析模型,可以提供真实的摩擦因数。

摩擦系数的经验值相对较大,表明 μ 系数除包含简单摩擦外,还包含使倾斜表面变形的力。

对于更粗的砂,在全尺寸下相当于小石子或砾石,试验结果表明,底部沟壑很深,这种影响应包括在一个现实的数学地基模型中。下节将简要介绍这样一个综合的土/船搁浅力学模型。

2.6.2.2　数值示例:4 000 吨级船舶在压载工况下搁浅

图 2.35 显示了一艘 4 000 吨级船舶在压载工况下的动能变化的非线性数值计算结果,其主要特征如下:

$$L_{\text{pp}} = 119.5 \text{ m}, \ B = 17.5 \text{ m}, \ T_{\text{a}} = 4.16 \text{ m}, \ T_{\text{f}} = 2.66 \text{ m},$$

$$C_{\text{B}} = 0.65, \ C_{\text{W}} = 0.76, \ V = 5.1 \text{ m/s}$$

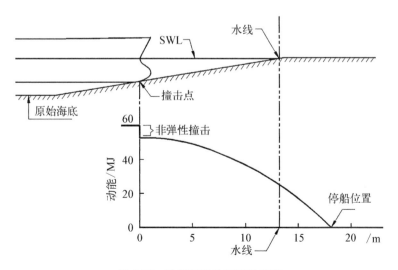

图 2.35　动能随滑动距离的变化

船舶在 1∶6.5 的坡度搁浅,即 $\alpha=0.15\,\text{rad}$,摩擦因数取 $\mu=0.6$。在海平面,地面是水平的,即 $h=0$。从图 2.35 中,首先观察到初始碰撞导致的动能下降。撞击后,当船舶前部在倾斜的底部滑动时,动能不断下降。船舶动能巨大,以至于在最后的静止位置,船首升出水面并且停在"海岸线"后面。一般来说,只有相对较小的船舶在压载工况下才能在最后静止时,船首将升出水面。

2.6.2.3 数值示例:15 万 DWT 油船

利用简化解析法,图 2.36 显示了 150 000 DWT 油船在高速搁浅时,在不同摩擦系数值下,最大地面反力随坡度 α 的变化。这艘船的主尺度为 $L_{pp}=274.0\,\text{m}$,$B=47.0\,\text{m}$,$T_a=15.96\,\text{m}$,$T_f=14.46\,\text{m}$,$C_B=0.84$,$C_W=0.90$,$V=7.5\,\text{m/s}$。

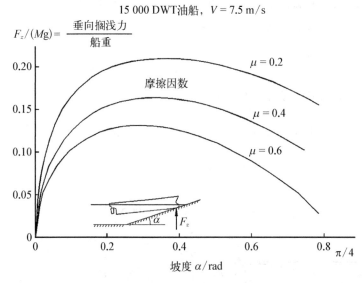

图 2.36 不同摩擦系数 μ 值时,搁浅反力在
竖直方向分力随坡度 α 的变化

2.6.3 搁浅后截面力

当一艘船以相对较快的速度靠岸时,船体要么立即破裂,要么在受到潮汐和波浪作用后短时间内破裂。这表明,在船体中产生的诱导截面力可以超过船体强度。

在下文中,对于船舶在其最终位置静止的情况,将给出诱导截面力的简化分析。

为了深入了解这个问题,利用船舶运动和相关作用力之间的线性化关系,讨论一种解析方法。

由于搁浅,沿船体单位长度的浮力变化可以近似为

$$q(x) = \rho g B(x)(w - \theta_y(x - x_F))$$

或

$$q(x) = \rho g B(x) \frac{z}{1 + (l/r)^2}\left(1 + \frac{l}{r^2}(x - x_F)\right)$$

搁浅引起的船体梁截面剪力 $Q(x)$ 的变化为

$$\frac{\mathrm{d}Q}{\mathrm{d}x} = -q$$

因此,剪力在 $x = x_0$ 处有一个极值,其中

$$x_Q = x_F - \frac{r^2}{l} \tag{2.70}$$

对线荷载 $Q(x)$ 积分得到剪力:

$$Q(x) = \frac{z\rho g}{1 + (l/r)^2}\left(\left(1 - \frac{lx_F}{r^2}\right)\int_{-\frac{L}{2}}^{x} B(\xi)\mathrm{d}\xi + \right.$$
$$\left. \frac{l}{r^2}\int_{-\frac{L}{2}}^{x} \xi B(\xi)\mathrm{d}\xi - H(x - x_c)A_z\right) \tag{2.71}$$

其中, $H(x - x_c)$ 是单位阶跃函数, $x \leqslant x_c$ 时函数值为 0, $x > x_c$ 时函数值为 1.0, $L = L_{pp}$ 为船长。

若将船宽 $B(x)$ 近似为平均值 B_M,则截面剪力变化的近似式如下:

$$Q(x) \approx \frac{z\rho g A_z}{1 + (l/r)^2}\left(\left(1 + \frac{lL}{2r^2}\left(\frac{x}{L} - \frac{1}{2}\right)\right) \times \right.$$
$$\left.\left(\frac{x}{L} - \frac{1}{2}\right) - H(x - x_c)\right) \tag{2.72}$$

用极值点 x 的坐标代替搁浅诱导剪力,代入式(2.70)到式(2.72)得

$$Q_{ext} \approx \frac{z\rho g A_z}{4(1 + (l/r)^2)}\left(2 - \frac{lL}{2r^2} - \frac{2r^2}{lL}\right) \tag{2.73}$$

将极值点横坐标 $x = x_Q \approx -(r^2/l)x = x_Q \approx -\dfrac{r^2}{l}$ 代入诱导剪力中,可以看出,当支撑点在船体前端时,最大剪力将出现在剪力等于地面反力的支撑点:

$$Q_{\max} = \frac{\rho g A_z}{1 + (l/r)^2} z > |Q_{\mathrm{ext}}| \tag{2.74}$$

图 2.37 显示了由船体最终升高 z 引起的无量纲截面剪力 $Q(x)/(z\rho g A_z)$,升高 z 可以根据式(2.72)表示的近似值随有效支撑点的位置 l 变化。最大剪力将出现在支撑点。图 2.37 是一艘 150 000 DWT 油船的积分程序的结果,该程序考虑了水线的实际变化。

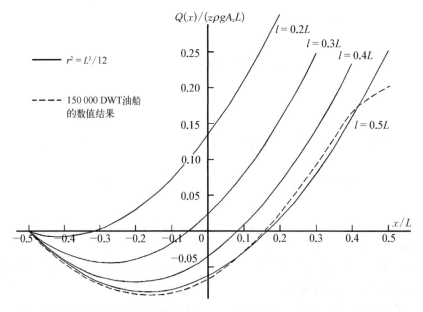

图 2.37　无量纲剪力 $Q(x)/(z\rho g A_z)$ 沿船体梁的变化

根据截面剪力的表达式(2.72),可以通过积分来确定接地引起的附加垂直弯矩:

$$M(x) \approx \frac{z\rho g A_z L}{1 + (l/r)^2} \left(\left(\frac{x}{L} + \frac{1}{2} \right) \left(\frac{lL}{2r^2} \left(\frac{x}{L} \right) \left(\frac{x}{L} - \frac{1}{2} \right) + \frac{1}{2} \left(\frac{x}{L} + \frac{1}{2} \right) - \right.$$
$$\left. \frac{4l}{L} \left(\frac{x^2}{L^2} - \frac{x}{2L} + \frac{1}{4} \right) \right) - \frac{x - x_c}{L} H(x - x_c) \right)$$

由于所做的假设,此表达式应仅用于 $r^2 \approx L^2/12$。

这种由搁浅引起的弯矩的极值出现在船体梁上相应的剪力 $Q(x)$ 等于零的位置,即

$$x_{\mathrm{m,\ ext}} = \frac{L}{2} - \frac{2r^2}{l}$$

由此得到船体中由搁浅引起的最大垂直弯矩的近似表达式为

$$M_{\mathrm{ext}} \approx \frac{z\rho g A_z}{1 + (l/r)^2}\left(1 - \frac{2r^2}{lL}\right)\left(16\,\frac{r^4}{lL^3} - \frac{r^2}{L^2}\left(4 + \frac{L}{l}\right) + \frac{l}{L}\right)$$

$$(2.75)$$

当支撑点接近艏垂线时,$l = 0.5L$,这个表达式几乎与 r 的实际值无关:

$$M_{\mathrm{ext}} \approx -\frac{1}{27}z\rho g A_z L \qquad (2.76)$$

图 2.38 显示了船体中无因次垂直弯矩在不同最终有效支撑点的变化。基于式(2.75)的近似值与基于 150 000 DWT 油船船体形状的精确数值积分方法的计算结果进行了对比。可以看出,对于该船型,采用平均等宽 BM 的近似是相当好的。

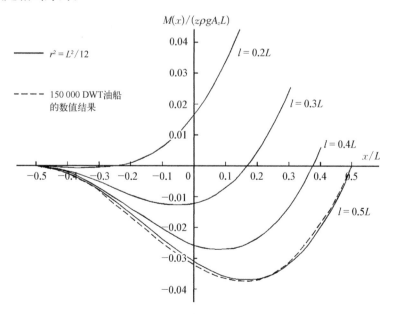

图 2.38　不同有效支撑点的无因次搁浅诱导垂直弯矩 $M(x)/(z\rho g A_z L)$

最大剪力和最大弯矩的表达式可用于估算在有效搁浅位置 l 和上升距离 z 已知的情况下的船体荷载。

为了评估搁浅引起的截面力和力矩的可能后果,可以将这些广义力与船体的特征极限强度进行对比。搁浅引起的船体梁剪力、弯矩将与静水截面力共同作用。由于船体梁的极限强度与静水荷载、波浪荷载的总和有关,因此将搁浅诱导的船体梁截面力与波浪诱导的力进行比较是合适的。

国际船级社协会(safer and cleaner shipping, IACS)要求远洋船舶能够承受的最大中垂波浪诱导弯曲弯矩不小于:

$$M_{\text{IACS}} = -110\left(10.75 - \left(\frac{300 - L}{100}\right)^{1.5}\right)L^2 B(C_B + 0.7)$$

对于 15 万 DWT 油船搁浅在倾角为 α 的硬平面上的最终静置情况,图 2.39 显示了搁浅引起的弯矩和 IACS 要求与波浪引起的中垂弯矩的对比。可以看出,在连续斜坡底部,当搁浅速度较高时,搁浅引起的中垂弯矩很可能会超过波浪引起的中垂弯矩的上限。此外,在搁浅状态下,由于潮汐和波浪的作用,搁浅弯矩还会增加。同样,在这些情况下,将产生较大的相对船体梁剪切力。

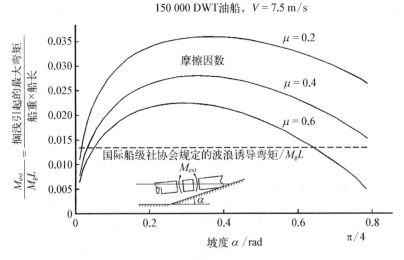

图 2.39　搁浅引起的 15 万 DWT 油船中垂弯矩极值与
IACS 要求的波浪诱导弯矩的对比

手工计算练习

一艘油船主尺度如下:

$L = 322.7\text{ m}$, $B = 58.2\text{ m}$, $T = 20.8\text{ m}$, $C_B = 0.81$, $C_W = 0.91$, $r = \sqrt{\nabla\,GM_L/A_z} = 85.6\text{ m}$。该油船在恒定倾斜度为 $1:6$ 的硬沙斜坡上搁浅时,初始速度为 6.0 m/s。

假设有效摩擦因数 μ 为 0.65,用简化程序确定如下:(1)船舶静止时的位置;(2)船舶最终静止时的搁浅反力;(3)船舶最终静止时的弯矩最大值。

(1)的解答:

有效摩擦角 β 由式(2.61)确定:

$$\tan\beta = \frac{\mu\cos\alpha + \sin\alpha}{-\mu\sin\alpha + \cos\alpha} \text{ 或 } \tan\beta = \frac{0.65\cos 1/6 + \sin 1/6}{-0.65\sin 1/6 + \cos 1/6}$$

$$\Rightarrow \tan\beta = 0.984$$

由式(2.69)确定滑动距离:

$$x_{\max} = V\left(\left(1 + \frac{l^2}{r^2}\right)\frac{(E_k^I/E_0)TC_B}{gC_W\tan\alpha\tan\beta}\right)^{\frac{1}{2}}$$

从图 2.31 可以估计出 E_k^I/E_0 的比值为 0.75。因此,有

$$x_{\max} = 6\left(\left(1 + \left(\frac{161}{85.6}\right)^2\right)((0.75 \times 20.8 \times 0.81 \times 6)/\right.$$

$$\left.(9.81 \times 0.91 \times 0.984))\right)^{0.5}$$

$$= 37.5\text{ m}$$

$$z_{\max} = x_{\max}\tan\alpha \Rightarrow z_{\max} = 6.25\text{ m}$$

(2)的解答:

最后位置的搁浅反力由式(2.65)得

$$F_z = \frac{M_g}{T}\frac{C_W}{C_B}\frac{z}{(1 + l^2/r^2)}$$

此时,有

$$M = \rho \cdot C_B \cdot L \cdot T \cdot B$$

$$M = 1\,025 \times 0.81 \times 322.7 \times 20.8 \times 58.2 \Rightarrow M = 324.34 \times 10^6\text{ kg}$$

$$F_z = \frac{324.34 \times 9.81 \times 0.91}{20.8 \times 0.81} \cdot \frac{6.25}{1 + (161/85.6)^2} \Rightarrow F_z = 236.7\text{ MN}$$

(3)的解答：

在搁浅反力作用于船首的情况下，可采用式(2.76)估算船体主梁的最大弯矩：

$$M_{ext} \approx -\frac{1}{27} z\rho g A_z L$$

$$M_{ext} \approx -\frac{1}{27} z\rho g C_W B L^2$$

$$M_{ext} \approx -\frac{1}{27} 6.25 \times 1\,025 \times 9.81 \times 0.91 \times 58.232\,2 \times 72^2$$

$$\Rightarrow M_{ext} \approx -1\,284\,\text{MN}$$

2.6.4 软海底搁浅分析

综上所述，表观摩擦因数 μ 是一个非常重要的参数。因此，为了更好地分析搁浅在软海底上的船舶，需要一种用于船舶与地面相互作用的数学模型，该模型能够以一致的方式用于确定与地面接触的初始阶段的详细行为，同时计算搁浅过程第二阶段的有效摩擦系数（见 Pedersen 和 Simonsen，1993 年）。

当船首被压入饱和土壤中时，船首就会产生搁浅作用力，这就产生了土壤和孔隙水的运动。一般来说，孔隙水的存在对饱和土的动力特性影响很大。饱和土体的大动力变形现象很难用数值模拟，参见 Hansen Ottesen 等人(1994 年)研究。在 Pedersen 和 Simonsen(1993 年)的分析中，假设船首的压入产生了通过砂粒孔隙水流动。这种流动是由达西定律(Darcy's law)控制的，它是由船首压力驱动孔隙水产生的。除了这种孔压外，船首表面的砂粒还受到有效应力的作用。这些应力是由摩擦性土体破裂理论决定的。假定船首表面的摩擦应力与法向压力存在简单的库仑(Coulomb)关系。总的土壤反力是由船首表面上的法向压力和摩擦应力积分得到的。

由于船首的特殊形状，土壤与船首的接触面积可以用一系列椭球形状和平面来近似。这是在上面给出的参考文献中计算土壤和孔隙水运动学时使用的。

通过将模型试验和全尺寸试验的停止长度、有效摩擦因数和海床穿撞深度进行对比，验证了分析的正确性。在模型试验和实船试验中，一艘船首为 V 形、排水量为 300 t、垂线间长度为 29.55 m、型宽为 6.60 m、吃水为

2.67 m 的报废船舶多次搁浅。该研究见 Sterndorff 和 Pedersen(1996 年)的研究。

作为在松软海床上搁浅的一个数值例子,Simonsen 和 Pedersen(1993 年)考虑了一艘 22 万DWT 油船,初始速度为 5.1 m/s。该船的主要参数为:长度 L_{PP} 为 259.0 m,宽度 B 为 36.6 m,吃水 T 为 13.2 m,纵倾为 3.0 m,质量为 $1.07×10^8$ kg。海床由粗沙组成($d=2$ mm,$e=0.6$,摩擦角为 37°),坡度为 1:6,位于水下 7.0 m。在这种情况下,停止距离为 42.1 m,最大穿透距离约为 1.0 m,最终船首上升高度为 4.5 m。搁浅力最大垂直分量 F_z 约为 70MN,有效摩擦因数约为 0.8。

2.7　本章小结

在本章中,给出了船-船碰撞、船舶与海上平台或风电场碰撞、船舶与桥梁或刚性墙碰撞以及船舶搁浅所释放的能量和冲击冲量的解析方法。重点是推导和验证在任何船舶碰撞情况下能量损失的解析表达式。将该理论与已发表的综合仿真结果、大量试验结果进行了比较,结果表明该理论与已发表的综合仿真结果、大量试验结果吻合较好。

参考文献

[1] Brach, R.M., 1993. Classical planar impact theory and the tip impact of a slender rod. Int. J.Impact Eng. 13 (1), 21–33.

[2] Brown, A.J., 2002. Collision scenarios and probabilistic collision damage. Mar. Struct.15, 335–365.

[3] DNV (Det Norke Veritas), 2010. DNV-RP-C204: Design Against Accidental Loads.

[4] Hansen Ottesen, N.-E., Simonsen, B.C., Sterndorf, M.J., 1994. The soil mechanics of ship.

[5] beaching. In: 24th International Conference on Coastal Engineering, Kobe, Japan.

[6] IACS (International Association of Classification Societies), 2016. I2 Structural Requirements for Polar Class Ships.

[7] IMO (International Maritime Organization), 1974. International Maritime Organization Resolutions A265A.

[8] Jonge, T.D., Laukeland, L., 2013. Collision between a Spar platform and a tanker. In: Amdahl, J., Ehlers, S., Leira, B. (Eds.), Collision and Grounding of Ships and

Offshore Structures. Taylor & Francis Group, London. ISBN: 978 – 1 – 138 – 00059 – 9.

[9] Knott, M., Pruca, Z., 2000. Vessel collision design of bridges. In: Chen, W.F., Duan, L., Raton, B. (Eds.), Bridge Engineering Handbook. CRC Press.

[10] Le Sourne, H., 2007. A ship collision analysis program based on super-element method coupled with large rotational ship movement analysis tool. In: Proceedings of the 4th International Conference on Collision and Grounding of Ships: Hamburg, Germanypp. 131 – 138.

[11] Lee, G.J., 2014. Moment of inertia of liquid in a tank. Int. J. Nav. Archit. Ocean Eng.6, 132 – 150.

[12] Liu, Z., Amdahl, J., 2010. A new formulation of the impact mechanics of ship collisions and its application to a ship-iceberg collision. Mar. Struct. 23, 360 – 384.

[13] Liu, B., Villavicencio, R., Zhang, S., Guedes Soares, C., 2017. Assessment of external dynamics and internal mechanics in ship collisions. Ocean Eng. 141, 326 – 336.

[14] Lloyd's Register, 2014. Guidance Notes for Collision Analysis. Lloyd's Register Group Limited.

[15] Minorsky, V.U., 1959. An analysis of ship collision with reference to protection of nuclear power ships. J. Ship Res. 3 (2), 1 – 4.

[16] Motora, S., Fujino, M., Sugiura, M., Sugita, M., 1971. Equivalent added mass of ships in collisions. J. Soc. Nav. Archit. Jpn. 7, 138 – 148.

[17] Pedersen, P.T., 1994. Ship grounding and hull-girder strength. Mar. Struct. 7, 1 – 29.

[18] Pedersen, P.T., 1998. Gimsing, N.J. (Ed.), Ship Impact Against Protection Islands. The Storebælt Publications, East Bridge, pp. 58 – 64 (Chapter 3.7).

[19] Pedersen, P.T., 2013. Ship collisions against wind turbines, quays and bridge piers. In: Amdahl, J.,Ehlers, S., Leira, B. (Eds.), Collision and Grounding of Ships and Offshore Structures. Taylor & Francis Group, London. ISBN: 978 – 1 – 138 – 00059 – 9.

[20] Pedersen, P. T., 2014. Risk assessment for ship collisions against offshore structures. In: Guedes Soares, C., Santos, T. (Eds.), Maritime Technology and Engineering. Taylor & Francis Group, London. ISBN: 978 – 1 – 138 – 02727 – 5.

[21] Pedersen, P.T., Jensen, J.J., 1991. Ship impact analysis for bottom supported offshore structures.In: Advances in Marine Structures II. Elsevier Applied Sciences.

[22] Pedersen, P.T., Li, Y., 2009. On the global ship hull bending energy in ship collisions. Mar. Struct. 22, 2 – 11.

[23] Pedersen, P.T., Simonsen, B.C., 1993. Dynamics of ships running aground. J. Mar. Sci. Technol.1 (1), 37 – 45.

[24] Pedersen, P.T., Zhang, S., 1998. On impact mechanics in ship collisions. Mar. Struct. 11 (10),429 – 449.

［25］Petersen, M.J., 1982. Dynamics of ship collision. Ocean Eng. 9 (4), 295 – 329.

［26］Petersen, M. J., Pedersen, P. T., 1981. Collision between ships and offshore platforms.In: Offshore Technology Conference, Houston, USA. Paper OTC 4134.

［27］Pianc, 1984. Permanent International Association of Navigation Congress Report of the International Commission for Improving the Design of Fender Systems. Supplement to Bulletin No. 45 (1984), Brussels, Belgium.

［28］Simonsen, B.C., Pedersen, P.T., 1993. Analysis of ship groundings on soft sea beds. J. Ship Ocean Technol. 1 (1), 35 – 47.

［29］Sterndorff, M.J., Pedersen, P.T., 1996. Grounding experiments on soft bottoms. J. Mar. Sci. Technol. 1, 174 – 181.

［30］Storheim, M., Amdahl, J., 2014. Design of offshore structures against accidental ship collisions.Mar. Struct. 37, 135 – 172.

［31］Tabri, K., Määttänen, J., Ranta, J., 2008. Model-scale experiments of symmetric ship collisions.J. Mar. Sci. Technol. 13, 71 – 84.

［32］Tabri, K., Matusiak, J., Varsta, P., 2009. Sloshing interaction in ship collisions— an experimental and numerical study. Ocean Eng. 36, 1366 – 1376.

［33］Tabri, K., Varsta, P., Matusiak, J., 2010. Numerical and experimental motion simulations of non-symmetric ship collisions. J. Mar. Sci. Technol. 15, 87 – 101.

［34］US-Guide, 1991. Guide specification and commentary for vessel collision design of highway bridges. vol. I. US Department of Transportation, US Federal Highway Administration, Publication No. FHWA – RD – 006. Final Report.

［35］Wevers, L.J., Vredeveldt, A.W., 1998. Full scale ship collision experiments. TNO Report 98 – CMC – R1725. The Netherlands: Delft, p. 260.

［36］Wolf, M., 2003. Full scale collision experiment, X-type sandwich side hull. EU Sandwich project report. Deliverable TRD448, p. 21.

［37］Yu, Z., Amdahl, J., 2016. Full six degrees of freedom coupled dynamic simulation of ship collision and grounding accidents. Mar. Struct. 47, 1 – 22.

［38］Zhang, S., 1999. The Mechanics of Ship Collisions. (PhD thesis). Technical University of Denmark, Denmark. ISBN: 87 – 89502 – 05 – 1.

［39］Zhang, A., Suzuki, K., 2007. A comparative study of numerical simulations for fluid-structure interaction of liquid-filled tank during ship collision. Ocean Eng. 34, 645 – 652.

［40］Zhang, S., Villavicencio, R., Zhu, L., Pedersen, P.T., 2017. Impact mechanics of ship collisions and validations with experimental results. Mar. Struct. 52, 69 – 81.

第 3 章
船舶碰撞与搁浅的内部力学

3.1 解析方法

本章介绍了船舶在碰撞和搁浅过程中的结构响应分析。其主要目的是建立简化解析法,用于计算与分析船-桥碰撞、船-船碰撞、船-平台碰撞和船舶搁浅事件相关的力-撞深曲线和吸收的能量-撞深关系。

船舶结构是非常复杂的系统。因此,由碰撞或搁浅造成结构的变形、破坏和压溃模式也非常复杂。一艘船可以看作由无数焊接板结构组装而成,像船壳板、底板、水平甲板和舱壁等结构就是由各种加筋板焊接而成的。

船舶事故和模型试验的观测结果表明,船舶结构在碰撞和搁浅中的主要能量吸收机制如下:

(1) 板与相连的加强筋的膜形变。

(2) 横向肋板和纵向纵梁的折叠和压溃。

(3) 水平甲板的折叠,切割与压溃。

(4) 船底的折叠或压溃。

(5) 横舱壁的压溃。

船舶碰撞和搁浅时结构损伤的分析方法可分为四类:经验公式法、有限元法、试验法和简化的解析法。

3.1.1 经验公式法

最早的经验公式法是由 Minorsky(1959 年)提出的,至今仍广泛使用,他分析了 26 例实船碰撞事故,并推导出以下公式:

$$E = 47.2R_{\mathrm{T}} + 32.7$$

$$R_T = \sum P_N L_N t_N + \sum P_n L_n t_n$$

其中，R_T 为撞击船与被撞船破坏损伤材料体积，m^3；E 为吸收的能量，MJ；P_N 为撞击船第 N 个被破坏构件的高度，P_n 为被撞船第 n 个与被撞船被破坏构件的高度。图 3.1 显示了 Minorsky（1959 年）提出的能量-体积关系的经验曲线。它表明，在总共 26 种碰撞场景中，18 种低能碰撞情况（图 3.1 中的阴影区域）的结果相当分散。其他 8 次高能碰撞的相关性非常好。因此，Minorsky 公式通常被认为适用于高能碰撞。Minorsky 公式因其简单而常用于船舶碰撞分析。当 Minorsky 试图用相关参数建立吸收能量的函数时，他还指出，一些构件的抗力与 t^2 或厚度的其他函数成正比。此外，Minorsky 还尝试了其他几个参数，结果显示，还是体积参数相关性最好。因此，Minorsky 公式表明，船舶吸收的能量与高能碰撞中被破坏材料的体积成正比。这可能并不总是正确的，因此第 4 章将提供设计评估的替代方法。

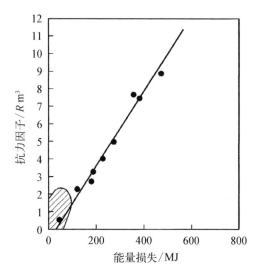

图 3.1　Minorsky 的初始拟合

　　Minorsky 公式的简单性促使研究人员将其推广到低能碰撞。基于试验，Woisin（1979 年）提出了以下公式：

$$E = 47.2 R_T + 0.5 \sum (h \cdot t^2)$$

其中，R_T 为被破坏材料的体积，m^3；h 为被破坏或严重变形的纵向构件的高度,m; t 为被破坏或严重变形的纵向构件的厚度,cm。

同样,Vaughan(1980 年)建立了一个与吸收的能量和破坏的体积和面积有关的公式:

$$E = 93R_{\text{T}} + 33A$$

其中,R_{T} 为被破坏材料的体积,m^3; A 为破口面积,m^2。

Jones(1979 年)基于集中荷载作用下梁的塑性理论提出了低能碰撞公式:

$$E = 0.5R_{\text{T}}\sigma_0 (2\delta / l)^2$$

其中,R_{T} 包含膜变形舷侧板体积; σ_0 是材料的屈服应力; $2\delta / l$ 为标准化的跨中最终挠度。

3.1.2　有限元法

有限元法(finite element method,FEM)是分析碰撞和搁浅的结构响应的常用方法。例如,Sano 等人(1996 年)、Kuroiwa(1996 年)、Kitamura(1997 年)、Lehmann 和 Peschmann(2002 年)、Yamada(2006 年)、Ehlers(2010 年)、Martens(2014 年)、Marinatos 与 Samuelides(2015 年)、Storheim 等人(2015 年)、Liu 等人(2017 年)和 Ringsberg 等人(2018 年)对舷侧碰撞进行了研究;Amdahl 和 Kavlie(1992 年),Lemmen 等人(1996 年)对搁浅场景进行了研究;Lehmann 和 Yu(1998 年),Yamada(2006 年)对船首压溃进行研究。人们通常认为,有限元计算可以给出准确的结果,并可能取代模型试验。然而,正如许多研究人员所证明的,如 Storheim 等人(2015年)和 Ringsberg 等人(2018 年)的研究表明,情况并非总是如此。即使对于经验丰富的分析师来说,FEM 结果在准确性方面也可能非常具有挑战性。第 5 章将专门讨论船舶碰撞分析的有限元技术。

3.1.3　试验法

试验目的主要是为了验证理论。自 20 世纪 60 年代以来,已经进行了许多关于船舶碰撞和搁浅的试验。从 1962 年到 1976 年,意大利、德国和日本的研究人员进行了一系列模型试验。一些笔者对这些试验进行了详细的评述,如 Amdahl(1983 年)、Jones(1979 年)、Ellinas 和 Valsgard(1985 年)、Samuelides 和 Frieze(1989 年),以及 Pedersen 等人(1993 年)。意大利、德国和日本进行试验的主要目的是为了设计核动力船舶,以保护核反应堆免受碰撞损坏。

　　在意大利,科研工笔者进行了 24 次模型试验,以检验不同类型的舷侧结构承受各种类型的船舶撞击的能力。这些模型缩尺比为实船结构 1/15 和 1/10。撞击船首沿倾斜的轨道向下运动,而舷侧结构模型被安装在一个可以沿着轨道自由移动的托架上。为了考虑周围水的影响,阻力翼被固定在托架上,并放入托架两侧的水箱中。1967 年至 1976 年间,德国进行了 12 次船模试验(Woisin,1979 年)。模型比例在 1/12 到 1/7.5 之间。图 3.2 显示了试验装置和试验后受损船首的示意图。它显示了船首模型沿着倾斜的轨道撞击舷侧。

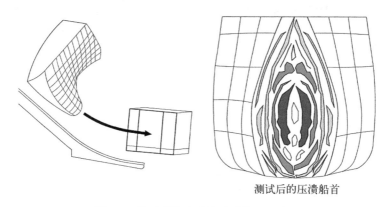

测试后的压溃船首

图 3.2　德国碰撞试验的试验装置示意图

　　1966 年至 1970 年间,日本进行了一系列碰撞模型试验。这些动态和静态试验涵盖了碰撞问题的不同方面,例如舷侧结构的设计、撞击船首形状以及附加质量的影响。Akita 等人(1972 年)对这些试验进行了详细总结。

　　日本开展了一个为期 7 年(1991—1997 年)的油船结构失效和由此产生的漏油预测方法项目(ASIS,1998 年)。该研究项目聚焦在两个主要方面:① 碰撞和搁浅造成结构损坏的动态过程;② 船体受损导致的漏油、进水。1991 年,在日本和荷兰的一个联合项目中,荷兰国家应用科学研究院(Netherlands Organization for Applied Scientific research,TNO)在荷兰进行了一系列全尺寸船舶碰撞试验。该试验使用了两艘 80 m 长的内河油船。继 1991 年的碰撞试验之后,日本、荷兰和德国于 1997 年 11 月在荷兰联合开展了新的船舶碰撞试验。一艘 1 500 DWT 油船与另一艘 1 500 DWT 油船相撞。引人注目的该船首是一个特别设计的刚性球鼻艏。试验段为全尺寸的

VLCC 舷侧结构,按照传统设计和新开发设计制造,安装在被撞船的中间。图 3.3 显示了在荷兰进行的全尺寸碰撞试验的照片。

图 3.3　TNO 在荷兰进行的全尺寸碰撞试验

由于静态试验比动态试验更容易控制,因此进行了许多舷侧碰撞的静态试验。Ito 等人(1984 年)对前倾型首和球鼻艏撞击双舷侧船体进行了一系列试验。根据碰撞的不同位置,分出五类不同碰撞场景。Amdahl 和 Kavlie(1992 年)进行了模型试验,模拟了由刚性六棱锥撞进的双层船体。这些测试最初模拟搁浅,但对舷侧碰撞分析也非常有用。Paik 等人(1999 年)进行了 4 次碰撞模型试验,用于合理设计双壳油船结构,防止碰撞。Wang 等人(2000 年)进行了 9 次模型试验,以调查在各种搁浅或碰撞场景下双层船体的性能。图 3.4 显示了试验装置和试验后受损的模型。Lehmann

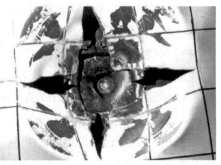

图 3.4　碰撞模型试验装置和试验后受损的模型

和 Peschmann(2002 年)详细报告了在荷兰进行的碰撞试验中船体结构吸收能量的结果,并对结果进行了分析。Tautz 等人(2013 年)利用刚性和可变形球鼻艏对双层船体舷侧结构进行了碰撞试验。

当一艘船与相对坚硬的物体(如刚性壁)发生正面碰撞时,船首会被压溃。Amdahl(1983 年)进行了几次模型试验,压溃了不同形状的船首,得到了有价值的结果。图 3.5 显示了其中一个试验模型和荷载-撞深曲线的试验结果。在日本,还进行了几次船首压溃试验。例如,Yamada 和 Endo(2005 年)、Yamada(2006 年)进行了一系列模型试验,研究刚性墙对船首的挤压,见图 3.6。Martens(2014 年)进行了球鼻艏压溃试验,以调查船首刚度对被撞击船舷侧结构损伤的影响(见图 3.7)。

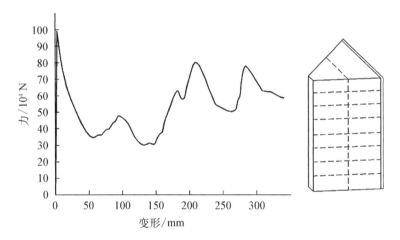

图 3.5　船首压溃试验与荷载撞深曲线

图 3.6　船首压溃试验与试验后的试验模型

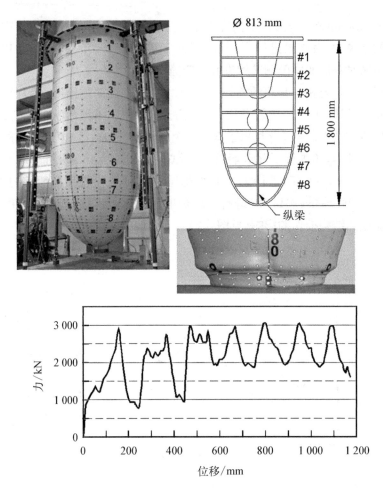

图 3.7　船首压溃试验模型和压溃力曲线

3.1.4　简化解析法

简化解析法是基于上限定理和折叠模式的假设,折叠模式的假设来自事故损伤的观测,试验研究和数值模拟。通常,简化解析法通过快速简单的分析就能给出较好的预测结果。因此,许多研究者采用简化解析法来分析船舶碰撞和搁浅。

简化解析法中的一个主要假设是,不同的结构构件,如舷侧板、甲板和腹板框架,除了在其连接处,不会相互作用,而是单独地影响总的碰撞抗力。

McDermott 等人(1974 年)开发了一种分析油船轻微碰撞的方法。该方法基于一些基本假设。分析过程的数学模型包括加筋板的弯曲和屈曲、船体板和甲板的膜张力,以及腹板框架的失效。

分析结果表明,碰撞中的大部分吸收能量(70%～85%)由加筋船体板中的膜张力吸收。另一部分能量被加筋甲板中的膜张力和强框的平面内剪力吸收。加筋船体板的弯曲能量非常小,通常可以忽略不计。

Reckling(1983 年)提出了一种同时考虑撞击船和被撞船变形的方法。船舶吸收的能量取决于被撞击船体破损,由简化方法计算而得。对两艘载重为 141 000 DWT 的球鼻艏油船进行了计算。结果表明,舷侧船体在膜张力作用下吸收的能量仅占总能量的 18%,而被撞击船舶的肋板、甲板和底部吸收的能量占总能量的 40%。在这种情况下,总能量的 42% 被撞击船船首结构吸收。

Chang 等人(1980 年)提出了一种预测碰撞中结构响应的方法。该方法综合了有限元技术、坍缩定理和试验数据。研究表明,碰撞力是板材厚度、最强截面的横截面积,以及材料屈服强度和极限强度的函数。类似地,被破坏金属吸收的能量是金属体积、厚度-面积比,以及材料屈服强度和极限强度的函数。不过,该研究仅限于垂直碰撞。

Amdahl(1983 年)、Yang 和 Caldwell(1988 年)、Kierkegaard(1993 年)对船首压溃的研究非常有价值。所采用的方法基于这样的假设,即复杂结构可分为基本单元,如 L 形、T 形和 X 形单元。通过添加所有基本单元的贡献,可以确定船首的压溃性能。Kierkegaard(1993 年)完成的典型计算示例见图 3.8。

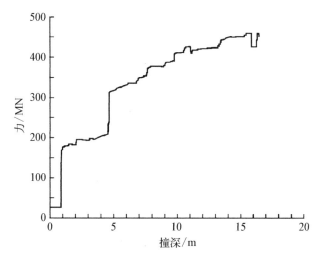

图 3.8　采用简化方法对船舶进行正面压溃分析(150 000 DWT 散货船,撞击速度为 7.72 m/s)

Wierzbicki 和 Abramowicz(1983 年)对基本结构单元的轴向压溃性能进行了研究。Lehmann 和 Yu(1995 年)开发了一个分析圆锥壳渐进折叠的公式,可用于预测球鼻艏的压溃荷载。Pedersen 等人(1993 年)研究了船首的压溃荷载。在该分析中,采用了 Gerard(1957 年)、Amdahl(1983 年)、Yang 和 Caldwell(1988 年)提出的公式。Pedersen(2010 年)、Liu 等人(2018 年)对船舶碰撞和搁浅研究进行了综述。

要使用上述方法进行损伤分析,需要了解材料特性及其从弹性变形到大塑性变形的特性,这将在下一节讨论。

3.2 材料模型

3.2.1 材料特性

用于建造、改装、改进或修理船舶、海洋结构物、相关机械的材料应按照材料制造、测试和认证规则进行制造、测试和检验,如英国劳氏船级社规范(2018 年)。最终,所有材料都将按照规则的要求提供适当的认证。

对于标准机械拉伸试验,试样的设计标准长度为 $L_0 = 5.65\sqrt{S_0}$(对于板材)和 $L_0 = 5d$(对于轧制棒材),其中 S_0 为横截面积,d 为试样直径。常数 5.65 是 $5\sqrt{4/\pi}$ 计算值,当标距长度设置为直径的 5 倍时,该值代表横截面积相同的圆柱形试件。标准拉伸试验的试件配置见图 3.9。

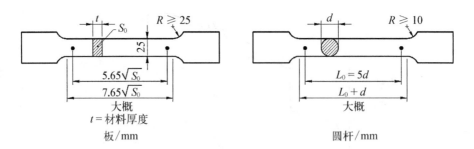

图 3.9 标准拉伸试验的试件配置

通过拉伸试验,通常可以获得三种机械性能:屈服应力 σ_y、抗拉强度 σ_u 和断裂伸长率 ε_f。典型的工程应变-应力曲线见图 3.10。

为方便工业生产,通常基于简单梁或杆理论来确定工程应力和工程应变:

$$\sigma = \frac{F}{S_0} \tag{3.1}$$

$$\varepsilon = \frac{L - L_0}{L_0} = \frac{\Delta L}{L_0} \tag{3.2}$$

其中，F 为瞬时作用力；ΔL 为延伸量。σ 是原始横截面积 S_0 上的名义应力，伸长率是标距长度 L_0 上的平均应变。

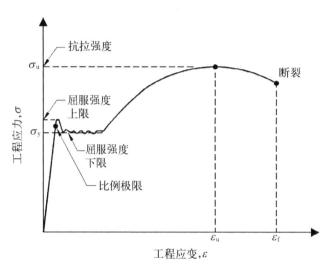

图 3.10　工程应力-应变曲线图

用于严重碰撞(结构较大变形和断裂的碰撞)分析的关键参数之一是断裂伸长率 ε_f，这是从标准单轴拉伸试验中获得的。众所周知，工程应变(伸长率)取决于标距长度。如上所述，国际公认的板材标准标距长度为 $L_0 = 5.65\sqrt{S_0}$。因此，如果使用另一种标距长度，则应根据标准标距长度 $L_0 = 5.65\sqrt{S_0}$，通过以下公式将测得的伸长率转换为"等效伸长率"：

$$\varepsilon_f = 0.5\varepsilon_0 \left(\frac{L}{\sqrt{S}}\right)^{0.40} \quad 对于碳钢 \tag{3.3a}$$

$$\varepsilon_f = 0.8\varepsilon_0 \left(\frac{L}{\sqrt{S}}\right)^{0.127} \quad 对于奥氏体钢 \tag{3.3b}$$

其中，ε_0 为实际测量的断裂伸长率；L 为实际标距长度；S 为原始横截面积。表 3.1 显示了其他常用标距长度的换算系数。

表 3.1 其他常用标距长度延伸至标准标距长度 5.65 $\sqrt{S_0}$ 的换算系数

标 距 长 度	4.00 $\sqrt{S_0}$	5.65 $\sqrt{S_0}$	8.16 $\sqrt{S_0}$	11.30 $\sqrt{S_0}$
转化因子(碳钢)	0.870	1.000	1.158	1.317
转化因子(奥氏钢)	0.957	1.000	1.048	1.092

两种不同标距长度和横截面积之间拉伸的一般关系写为

$$\varepsilon_{f2} = \varepsilon_{f1} \cdot \left[\frac{\left(\dfrac{L_1}{\sqrt{S_1}}\right)}{\left(\dfrac{L_2}{\sqrt{S_2}}\right)} \right]^{0.40} = \varepsilon_{f1} \cdot \left(\frac{L_1}{L_2}\right)^{0.40} \cdot \left(\frac{S_2}{S_1}\right)^{0.20} \quad \text{对于碳钢} \quad (3.4a)$$

$$\varepsilon_{f2} = \varepsilon_{f1} \cdot \left[\frac{\left(\dfrac{L_1}{\sqrt{S_1}}\right)}{\left(\dfrac{L_2}{\sqrt{S_2}}\right)} \right]^{0.127} = \varepsilon_{f1} \cdot \left(\frac{L_1}{L_2}\right)^{0.127} \cdot \left(\frac{S_2}{S_1}\right)^{0.064} \quad \text{对于奥氏体钢}$$

$$(3.4b)$$

另一个有关伸长率和标距长度的著名表达式是 Barba 定律：$\varepsilon_f = n + c(\sqrt{S}/L)$，其中 n 与 c 是材料系数。对于低碳钢，当标距长度 $L_0 = 5.65\sqrt{S_0}$，$\varepsilon_f = 0.344$ 时，典型系数为 $n = 0.22$ 和 $c = 0.7$。

在船舶碰撞和搁浅分析时，最常用的是屈服应力。在本书中，屈服应力定义为屈服强度和抗拉强度的平均值。

$$\sigma_0 = (\sigma_y + \sigma_u)/2 \quad (3.5)$$

因为目前的方法基于整体变形机制，在碰撞和搁浅分析的简化分析方法中，将使用材料特性的等效伸长率(式(3.3a)、(3.3b))和屈服应力(式(3.5))。

对于船用钢材，《船舶要求规则》对材料性能的最低要求见表 3.2(英国劳氏船级社，2018b)。这些是最低要求，因为实际值可能更大(见 3.2.4 节材料特性的不确定性)。因此，根据国际公认的试验标准，如 BSEN10002 - 1 (2001)、ASTM(2004)和劳氏船级社(2018b)，尤其是在用试验结果校准理论程序的时,从拉伸试验中获得材料性能的实际值非常重要。

表 3.2 钢材特性的最低要求(英国劳氏船级社,2018b)

材 料	屈服强度/MPa	抗拉强度/MPa	断裂伸长率 $5.65\sqrt{S_0}$
低碳钢	265	400	0.22
HT27 钢	315	440	0.22
HT32 钢	355	490	0.21
HT36 钢	390	510	0.2
HT40 钢	460	570	0.17
HT47 钢	170(0.2%弹性极限应力)	485	0.4

注:材料测试温度为 AH 级 0℃,DH 级 −20℃,EH 级 −40℃,FH 级 −60℃。

对于更详细的结构分析,如第 5 章中的有限元分析,工程应力-应变曲线是不合适的,因为横截面在变形过程中发生变化。即使用真实应力和真实应变,由下式确定:

$$\varepsilon_t = \int_{L_0}^{L} \frac{dL}{L} = \ln\left(\frac{L}{L_0}\right) = \ln\left(1 + \frac{\Delta L}{L_0}\right) = \ln(1 + \varepsilon) \tag{3.6}$$

$$\sigma_t = \frac{F}{S} = \frac{F}{(L_0 S_0)/L} = \frac{F}{S_0}\frac{L}{L_0} = \frac{F}{S_0}\frac{L_0 + \Delta L}{L_0} = \sigma(1 + \varepsilon) \tag{3.7}$$

在此,通过在推导中使用 $L_0 S_0 = LS$,假设梁变形前后的体积恒定。该假设仅在颈缩开始之前有效(即在应力-应变曲线中应力达到最大值的位置,见图 3.11)。此后,变形不均匀,颈缩区出现较大的局部变形。

除了颈缩的发生之外,通常使用的是基于试验数据的幂定律,该定律是由 Hollomon(1945 年)提出的:

$$\sigma_t = K\varepsilon_t^n \tag{3.8}$$

其中,K 是 $\varepsilon_t = 1.0$ 时的强度系数;n 是通常称为应变硬化系数的指数。系数 K 和 n 可以从下式确定(Zhang 等人,2004 年)

$$n = \ln(1 + A_g) \tag{3.9}$$

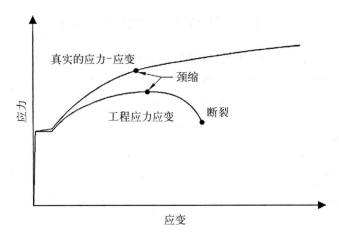

图 3.11 工程应力-应变曲线和真实应力-应变曲线示意图

$$K = \sigma_u (2.718/n)^n \tag{3.10}$$

其中，A_g 是对应于极限强度 σ_u 的最大均匀应变。如果只有极限强度 σ_u 可用，A_g 可以从 $A_g = 1/(0.24 + 0.013\,95\sigma_u)$ 得到。

Liu 等人（2017 年）的另一个近似表达式为

$$\sigma_y = K \cdot 0.006^n \tag{3.11}$$

$$\sigma_u (1+n) = K \cdot (\ln(1+n))^n \tag{3.12}$$

有关非线性有限元分析的材料建模的更多详细信息，请参见第 5 章。

3.2.2 温度影响

温度会影响材料性能。因此，拉伸试验应在适当的温度下进行，以获得材料的实际性能。当无法获得某评估温度下的拉伸性能时，以下公式可以将基于室温下获得的数据的应用于铁素体钢（BS7910，2015）。

当评估温度低于室温且高于 $-196\,℃$ 时，屈服强度 σ_y 和抗拉强度 σ_u 可以根据室温值数据估计为

$$\sigma_{y(\text{low temperature})} = \sigma_{y(\text{room temperature})} + \frac{10^5}{(491 + 1.8T)} - 189 \tag{3.13}$$

$$\sigma_{y(\text{low temperature})} = \sigma_{u(\text{room temperature})} \cdot \left(0.785\,7 + 0.242\,3\exp\left(-\frac{T}{170.646}\right)\right) \tag{3.14}$$

其中，T 是评估温度，℃。

当评估温度高于室温时，屈服强度和抗拉强度降低。从式(3.15)得

$$\sigma_{y,或u(high\ temperature)} = \sigma_{y,或u(room\ temperature)} - \Delta\sigma_T \qquad (3.15)$$

其中，$\Delta\sigma_T$ 是根据表 3.3 强度降低的量。

表 3.3　温度升高时屈服强度和抗拉强度的减小量($\Delta\sigma_T$)

温度/℃	铁素体钢/MPa	奥氏体钢/MPa
25	0	8
50	0	40
75	15	65
100	30	90
125	40	105
150	50	120
175	60	130
200	70	140

对于杨氏模量，如果没有可靠的试验数据，可以使用表 3.4 中给出的值。对于钢，泊松比保持为 0.3。

表 3.4　不同温度下钢的杨氏模量

温度/℃	铁素体钢/MPa	奥氏体钢/MPa
−200	219 000	208 000
−150	215 000	205 000
−100	212 000	203 000
−75	210 000	201 000
−50	209 000	200 000

温度/℃	铁素体钢/MPa	奥氏体钢/MPa
0	206 000	197 000
25	205 000	195 000
50	203 000	193 000
100	201 000	190 000
150	198 000	187 000
200	195 000	183 000
250	191 000	179 000
300	187 000	176 000
350	182 000	172 000
400	177 000	169 000
450	171 000	165 000
500	164 000	160 000
550	156 000	156 000
600	146 000	151 000
650	135 000	146 000

3.2.3　应变率的影响

众所周知,低碳钢的屈服强度对其应变率十分敏感,特别是,随着应变率的增加,低碳钢的屈服强度大大增加。Jones(2012 年)的文章讨论了应变率对材料特性的影响。文献中提出了各种描述材料应变率敏感性的本构方程,并且还强调需要进一步的试验来生成这些方程中要使用的系数。描述屈服应力的应变率效应最广泛使用的经验公式之一是 Cowper 和 Symonds(1957 年)提出的:

$$\frac{\sigma_{0d}}{\sigma_0} = 1 + \left(\frac{\dot{\varepsilon}}{D}\right)^{\frac{1}{q}} \tag{3.16}$$

其中，σ_{0d} 是动态屈服应力；σ_0 是静态屈服应力；D 和 q 是材料常数。Cowper-Symonds 方程中的系数 D 和 q 也由多位笔者研究和确定，其中一些系数汇总在表 3.5 中。图 3.12 显示了低碳钢和高强度钢的 Cowper-Symonds 经验公式和试验结果的比较(Paik，2007 年)。

表 3.5　各种材料的 Cowper-Symonds 经验公式的系数

材　料	$D /(1/s)$	q	参　　　考
普通钢	40.4	5	Cowper 和 Symonds(1957 年)
普通钢	500	4	Yang 和 Caldwell(1988 年)
高强钢	6 844	3.91	Abramowicz 和 Jones(1984 年)
高强钢	3 200	5	Paik 和 Thayamballi(2003 年)
铝合金	6 500	4	Bodner 和 Symonds(1962 年)
不锈钢	100	10	Forrestal 和 Sagartz(1978 年)

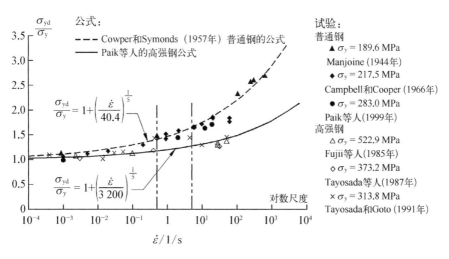

图 3.12　应变率对屈服应力的影响

对于船舶碰撞，板壳变形的应变率估计范围可以是 $(0.5 \sim 5)1/s$。这是基于以下计算得出的。首先，假设碰撞速度为 20 kn(大约 10.3 m/s)，舷侧外壳在变形 1.0 m 后破裂。假设碰撞速度保持与碰撞开始时相同,这需要大约 0.1 s((1 m)/(10.3 m/s))。假设钢材的延伸率为 0.4,则平均应变率估计为 4.0(0.4/0.1 s)。同样,如果将低碰撞速度设置为 5.0 节,则平均应变率估计为 1.0(1/s)。

使用本节中描述的理论,这可能会使低碳钢的动态屈服应力增加约55%,高强度钢的动态屈服应力增加 22%。然而,当使用这种增加的屈服应力进行设计评估时需要注意,如果评估中要考虑动态效应,则建议使用不同应变率的模型试验。

应变率也可能影响(降低)失效应变或延伸率。使用与研究屈服应力的影响类似的方法,应变率对延伸率的影响可以用 Cowper-Symonds 经验方程的倒数来表示(Paik,2007 年):

$$\frac{\varepsilon_{fd}}{\varepsilon_f} = \left(1 + \left(\frac{\dot{\varepsilon}}{D}\right)^{\frac{1}{q}}\right)^{-1} \tag{3.17}$$

其中,ε_{fd} 是动态延伸率;ε_f 是静态延伸率;D 和 q 是与材料有关的常数。式(3.17) 与低碳钢的试验数据符合得很好。在 $D=10\,000$ 1/s 和 $q=2$ 时,屈服应力为 217.5 MPa,在 $D=6\,844$ 1/s 和 $q=3.91$ 时的屈服应力为 283 MPa,见图 3.13。在典型的应变率为 0.5—5(1/s)的范围内,应变率对断裂伸长率的影响似乎不那么敏感。

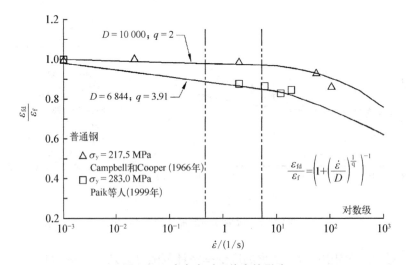

图 3.13 应变率对延伸率的影响

3.2.4　材料特性的不确定性

材料的性能是分散的,即使是同一种材料,其力学性能也未必完全相同。因此,观察试验中拉伸性能的统计变化是必要的。

对低碳钢(船舶最低屈服强度要求为 235 MPa)和 HT36 钢(船舶最低屈服强度要求为 355 MPa)的材料性能进行了统计分析。每组样品约为 90 个,钢板厚度从 8.0 到 50 mm 不等,材料由不同的工厂生产。结果与来自 BS7910(2015 年)的一些相关数据一起列于表 3.6 中。

表 3.6　铁素体钢拉伸性能的变异系数(COV)

名称	屈服强度/MPa			抗拉强度/MPa			$5.65\sqrt{S_0}$ 下的延伸率			屈服应力/MPa	
	规范值	统计值(平均值)	统计值(变异系数)	规范值	统计值(平均值)	统计值(变异系数)	规范值	统计值(平均值)	统计值(变异系数)	统计值(平均值)	统计值(变异系数)
普通钢	235	316	0.091	400	456	0.044	0.22	0.33	0.093	386	0.055
高强钢	355	426	0.067	490	550	0.036	0.21	0.28	0.100	488	0.041
BS7910(钢材)			0.070			0.050					
BS7910(焊接件)			0.100			0.100					

可以看出:

(1) 屈服强度的平均值远高于最低要求,HT36 约为 20%,低碳钢约为 34%。

(2) 抗拉强度的平均值也高于最低要求,HT36 约为 12%,低碳钢约为 14%。

(3) 延伸率的平均值明显高于最低要求,HT36 约为 33%,低碳钢约为 50%。

HT36 钢和低碳钢屈服强度的变异系数(变异系数(COV)=标准差与平均值之比)为 0.067,低碳钢为 0.091,接近 BS7910(2015)规定值的 0.07。HT36 钢的抗拉强度变异系数为 0.036,低碳钢为 0.044,接近 BS7910(2015)

规定的值 0.05。HT36 钢的延伸率变异系数为 0.1，低碳钢为 0.093，均大于抗拉强度的变异系数；BS7910(2015)没有规定该值。

显然，材料的抗拉强度对延伸率有很大的影响。船用钢的断裂伸长率随着抗拉强度的增加而减小。它们之间的关系可以近似地表示为

$$\varepsilon_f = 0.385 \left(\frac{400}{\sigma_u} \right) = \frac{154}{\sigma_u} \quad 用于低碳钢 \tag{3.18a}$$

$$\varepsilon_f = 0.77 \left(\frac{400}{\sigma_u} \right) = \frac{308}{\sigma_u} \quad 用于奥氏体钢 \tag{3.18b}$$

其中，σ_u 是材料的抗拉强度，MPa。

对于非线性有限元分析(第 5 章)，材料通常由式(3.8)和式(3.10)或式(3.12)中的简化关系描述。在这种情况下，式(3.18a)可以表示为

$$\varepsilon_f = \frac{154 \left(\frac{2.718}{n} \right)^n}{K} \quad 用于低碳钢 \tag{3.18c}$$

$$\varepsilon_f = \frac{154(n+1)}{K(\ln(n+1))^n} \quad 用于奥氏体钢 \tag{3.18d}$$

必须注意的是，对于给定 K 和 n 的值，式(3.18c)和式(3.18d)给出的结果几乎相同。

对于设计评估，它通常使用下限或平均值减去两个标准差，而平均值通常用于在理论和试验结果之间进行比较或验证。如果使用材料规范中指定的最小值进行评估。例如，《船舶要求规则》(劳氏船级社，2018b)，则这些值被视为下限。因此，无需对统计变化进行进一步修正。

3.3 结构坍缩分析定理

3.3.1 坍缩分析定理

基于理想硬塑材料特性的简化解析法广泛用于工程分析和设计。需要强调的是，简化解析法是一种近似方法。然而，事实证明，该方法对于估算结构在极端荷载作用下的坍缩荷载是有价值的，可以作为设计的依据。为了描述这一理论，我们首先给出一些相关的定理。假设材料是完全塑性，没有任何的应变硬化或软化。

3.3.1.1 虚功定理

虚功定理可用下式表示：

$$\int_A F_i u_i \, \mathrm{d}A + \int_V T_i u_i \, \mathrm{d}V = \int_V \sigma_{ij} \varepsilon_{ij} \, \mathrm{d}V$$

其中，A 是整个表面积；V 是结构的体积；F_i 和 T_i 分别是外力和内力；σ_{ij} 是应力集；ε_{ij} 是应变场；u_i 是位移。

虚功方程的变化率形式为

$$\int_A F_i \dot{u}_i \, \mathrm{d}A + \int_V T_i \dot{u}_i \, \mathrm{d}V = \int_V \sigma_{ij} \varepsilon_{ij} \, \mathrm{d}V$$

3.3.1.2　下界定理

如果可以在整个结构中找到任何广义应力系统，该系统与施加的荷载保持平衡并且没有违反屈服条件，则该结构将不会坍缩或处于坍缩点。

3.3.1.3　上界定理

在结构允许坍缩过程中施加荷载，如果系统的功率等于相应的内部能量耗散率，则荷载系统将引起坍缩或处于坍缩点。

利用虚功定理，可以证明下界和上界定理。

这两个界限定理可以独立使用。如果在两种方法中荷载的计算值一致，则此值为精确解。但对于大型的复杂结构，很难找到精确解。在本书中，使用上界定理来分析船舶碰撞和搁浅中的结构损伤。

3.3.2　上界法公式

外耗能率和内耗能率的平衡可以表示为

$$F \cdot \dot{\delta} = \dot{E}_{\mathrm{int}} \tag{3.19}$$

其中，F 是外力；$\dot{\delta}$ 是力作用点处的速度；$\dot{E}_{\mathrm{int}}$ 是内能率。

对于一般固体，内能率 $\dot{E}_{\mathrm{int}}$ 可以表示为

$$\dot{E}_{\mathrm{int}} = \iiint_V (\sigma_{ij} \dot{\varepsilon}_{ij}) \, \mathrm{d}V$$

其中，σ_{ij} 是应力集；$\dot{\varepsilon}_{ij}$ 是应变张量的比率；V 是实体的体积。

根据 von Mises 的屈服理论，塑性能量耗散速率为

$$\dot{E}_{\mathrm{int}} = \iiint_V (\sigma_0 \dot{\varepsilon}_e) \, \mathrm{d}V$$

其中，$\dot{\varepsilon} = \sqrt{\dfrac{2}{3}(\dot{\varepsilon}_{ij} \dot{\varepsilon}_{ij})}$。

对于 $\sigma_{zz} = 0$ 的平面应力条件,von Mises 屈服条件给出:

$$F = \sigma_{xx}^2 + \sigma_{yy}^2 - \sigma_{xx}\sigma_{yy} + 3\sigma_{xy}^2 - \sigma_0^2 = 0$$

应变率可以根据相关的屈服定律(与 von Mises 屈服条件相关)确定:

$$\dot{\epsilon}_{xx} = \kappa \frac{\partial F}{\partial \sigma_{xx}} = \kappa(2\sigma_{xx} - \sigma_{yy})$$

$$\dot{\epsilon}_{yy} = \kappa \frac{\partial F}{\partial \sigma_{yy}} = \kappa(2\sigma_{yy} - \sigma_{xx})$$

$$\dot{\epsilon}_{xy} = \frac{1}{2}\kappa \frac{\partial F}{\partial \sigma_{xy}} = 3\kappa\sigma_{xy}$$

应力可通过应变率表示为

$$\sigma_{xx} = \frac{1}{3\kappa}(2\dot{\epsilon}_{xx} + \dot{\epsilon}_{yy})$$

$$\sigma_{yy} = \frac{1}{3\kappa}(2\dot{\epsilon}_{yy} + \dot{\epsilon}_{xx})$$

$$\sigma_{xy} = \frac{1}{3\kappa}(\dot{\epsilon}_{xy})$$

将应力代入 von Mises 准则,得到 κ 的表达式如下:

$$\kappa = \frac{1}{\sqrt{3}\sigma_0}(\dot{\epsilon}_{xx}^2 + \dot{\epsilon}_{yy}^2 + \dot{\epsilon}_{xx}\dot{\epsilon}_{yy} + \dot{\epsilon}_{xy}^2)^{0.5}$$

对于变形板,内部塑性能耗散率可以写为弯曲能量耗散率和板能量耗散率之和:

$$\dot{E}_{\text{int}} = \dot{E}_{\text{b}} + \dot{E}_{\text{m}} \tag{3.20}$$

弯曲能量率可以表示为

$$\dot{E}_{\text{b}} = \iint_A (M_{\alpha\beta}\dot{k}_{\alpha\beta})\mathrm{d}A + \sum_{i=1}^n (M_{0i}\dot{\theta}_i l_i) \quad (\alpha \text{、} \beta = 1\text{、}2) \tag{3.21}$$

其中,A 是板面积;$k_{\alpha\beta}$ 是板的曲率;θ_i 和 l_i 分别是第 i 条塑性铰线的旋转角度和长度;$M_{\alpha\beta}$ 是弯矩张量;M_{0i} 是完全塑性弯矩 $M_0 = \frac{2}{\sqrt{3}}\sigma_0^2 T/4$;$t$ 是板厚。

单位宽度梁的纯塑性弯矩计算公式 $M_0 = \frac{2}{\sqrt{3}}\sigma_0^2 T/4$,其中 $\sigma_{xx} = \sigma_0$,系

数 $2/\sqrt{3}$ 项是从平面应变的 von Mises 屈服准则中找到的,其中 $\dot{\varepsilon}_{yy}=0$:

$$\dot{\varepsilon}_{yy}=\kappa(2\sigma_{yy}-\sigma_{xx})=0 \Rightarrow \sigma_{yy}=\frac{1}{2}\sigma_{xx}$$

从 $\sigma_{xx}^2+\sigma_{yy}^2-\sigma_{xx}\sigma_{yy}-\sigma_0^2=0$ 中得出 $\sigma_{xx}=\dfrac{2}{\sqrt{3}}\sigma_0$,因此 $M_0=\dfrac{2}{\sqrt{3}}\sigma_0^2 t/4$。

由式(3.21)可见,弯曲能包含连续变形场和塑性铰链线。对于实际应用,假设简化速度场,只考虑塑性铰线,忽略曲率的连续变化。在这种情况下,弯曲能量被简化为

$$\dot{E}_{b}=\sum_{i=1}^{n}(M_{0i}\dot{\theta}l_{i}) \tag{3.22}$$

变形板的膜能率可由下式计算:

$$\dot{E}_{m}=\iint\limits_{A}(N_{\alpha\beta}\dot{\varepsilon}_{\alpha\beta})\mathrm{d}A \quad (\alpha、\beta=1、2) \tag{3.23}$$

其中, $N_{\alpha\beta}$ 是膜力张量; $\dot{\varepsilon}_{\alpha\beta}$ 是应变率张量。

通过使用 von Mises 的屈服准则,膜能率可以表示为

$$\dot{E}_{m}=\frac{2}{\sqrt{3}}\sigma_0 t\iint(\sqrt{\dot{\varepsilon}_{xx}^2+\dot{\varepsilon}_{yy}^2+\dot{\varepsilon}_{xx}\dot{\varepsilon}_{yy}+\dot{\varepsilon}_{xy}^2})\mathrm{d}x\mathrm{d}y \tag{3.24}$$

变形板内部塑性能量耗散率的最终表达式是弯曲能量耗散率和板能量耗散率之和:

$$\begin{aligned}\dot{E}_{\mathrm{int}}=\dot{E}_{b}+\dot{E}_{m}=&\frac{2}{\sqrt{3}}\frac{\sigma_0^2 t}{4}\sum_{i=1}^{n}(\dot{\theta}_{i}l_{i})+\\&\frac{2}{\sqrt{3}}\sigma_0 t\iint(\sqrt{\dot{\varepsilon}_{xx}^2+\dot{\varepsilon}_{yy}^2+\dot{\varepsilon}_{xx}\dot{\varepsilon}_{yy}+\dot{\varepsilon}_{xy}^2})\mathrm{d}x\mathrm{d}y\end{aligned} \tag{3.25}$$

在简化解析法中,一个关键的要素就是构造运动学允许的速度和位移场。这主要基于试验测试、全尺度事故分析、已有分析工作以及分析人员的经验和知识。

3.4　船壳板的横向变形

本节采用上界定理分析船舶碰撞中舷侧板的变形,并说明力-挠度响应

和能量-挠度响应是如何推导的。

当刚性船首与船的舷侧外板发生碰撞时,被撞船的舷侧结构可能会变形、破伤或穿透。被撞船的变形和损伤可能包括外板的拉伸、横向肋骨和纵梁的压溃、甲板和船底的压溃。通过计算每个组件的抗压力并将所有组件的抗压力相加,可以确定总抗压力和耗散能量。图 3.14 显示舷侧外板的初始变形。

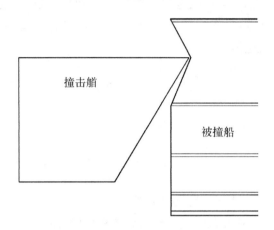

图 3.14 舷侧外板的初始变形

3.4.1 受横向集中荷载的板

首先,考虑一个理想的情况,一个典型的船首撞击壳板的中心,该壳板在相邻的甲板和横向肋骨处具有边界。两层甲板的间距为 $2b$,横向肋骨间距为 $2a$,壳板厚度为 t_p。 板可能会发生弯曲、剪切和拉伸变形。随着横向变形的增加,弯曲力的相对贡献变弱,可以忽略不计。如果板边缘是固定的,则膜力决定变形的大小。因此,忽略弯曲抗压力,只考虑壳板中等大的法向挠度。壳板的 xyz 坐标见图 3.15。

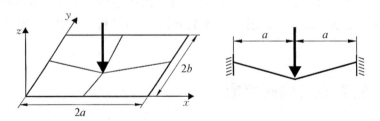

图 3.15 矩形板在其中心承受集中荷载时的变形

以下函数用作壳板的变形：

$$w(x, y, t) = \delta(t) \cdot f(x, y) \qquad (3.26)$$

其中，$\delta(t)$ 是板中心处随时间变化的挠度；$f(x,y)$ 是变形函数。

使用式（3.26），板中的非线性膜应变和应变率可以表示为

$$\varepsilon_{xx} = \frac{1}{2} \left(\frac{\partial w}{\partial x} \right)^2 = \frac{1}{2} \delta^2 \left(\frac{\partial f}{\partial x} \right)^2 \qquad (3.27a)$$

$$\varepsilon_{yy} = \frac{1}{2} \left(\frac{\partial w}{\partial y} \right)^2 = \frac{1}{2} \delta^2 \left(\frac{\partial f}{\partial y} \right)^2 \qquad (3.27b)$$

$$\varepsilon_{xy} = \frac{1}{2} \frac{\partial w}{\partial x} \frac{\partial w}{\partial y} = \frac{1}{2} \delta^2 \frac{\partial f}{\partial x} \frac{\partial f}{\partial y} \qquad (3.27c)$$

$$\dot{\varepsilon}_{xx} = \delta \dot{\delta} \left(\frac{\partial f}{\partial x} \right)^2 \ ; \ \dot{\varepsilon}_{yy} = \delta \dot{\delta} \left(\frac{\partial f}{\partial y} \right)^2 \ ; \ \dot{\varepsilon}_{xy} = \delta \dot{\delta} \frac{\partial f}{\partial x} \frac{\partial f}{\partial y} \qquad (3.28)$$

外界功率与内部耗能率的平衡方程可表示为

$$F_{\mathrm{p}} \cdot \dot{\delta} = \frac{2}{\sqrt{3}} \sigma_0 t_{\mathrm{p}} \iint\limits_{A} (\dot{\varepsilon}_{xx}^2 + \dot{\varepsilon}_{yy}^2 + \dot{\varepsilon}_{xx} \dot{\varepsilon}_{yy} + \dot{\varepsilon}_{xy}^2)^{\frac{1}{2}} \mathrm{d}x \mathrm{d}y \qquad (3.29)$$

其中，A 是板面积；F_p 是抗压力。

根据式（3.27a）、式（3.27b）、式（3.27c）、式（3.28），得

$$\dot{\varepsilon}_{xx}^2 + \dot{\varepsilon}_{yy}^2 + \dot{\varepsilon}_{xx} \dot{\varepsilon}_{yy} + \dot{\varepsilon}_{xy}^2 = (\delta \dot{\delta})^2 \left(\left(\frac{\partial f}{\partial x} \right)^2 + \left(\frac{\partial f}{\partial y} \right)^2 \right)^2 = (\dot{\varepsilon}_{xx} + \dot{\varepsilon}_{yy})^2$$

式（3.29）变为

$$F_{\mathrm{p}} \cdot \dot{\delta} = \frac{2}{\sqrt{3}} \sigma_0 t_p \iint\limits_{A} (\dot{\varepsilon}_{xx} + \dot{\varepsilon}_{yy}) \mathrm{d}x \mathrm{d}y$$

$$= \frac{2}{\sqrt{3}} \sigma_0 t_p \delta \dot{\delta} \iint\limits_{A} \left(\frac{\partial f}{\partial x} \right)^2 + \left(\frac{\partial f}{\partial y} \right)^2 \mathrm{d}x \mathrm{d}y$$

抗压力与挠度之间的关系可以用一般形式表示

$$F_{\mathrm{p}} = \frac{2}{\sqrt{3}} \sigma_0 t_p \delta \iint\limits_{A} \left(\frac{\partial f}{\partial x} \right)^2 + \left(\frac{\partial f}{\partial y} \right)^2 \mathrm{d}x \mathrm{d}y \qquad (3.30)$$

为了确定碰撞抗压力，应提出运动学允许的变形函数。在这里，1/4 的板使用以下变形函数：

$$f(x, y) = \left(\frac{x}{a} \right)^n \left(\frac{y}{b} \right)^n \quad n \geqslant 1$$

因此：

$$\frac{\partial f}{\partial x}=\frac{n}{a}\left(\frac{x}{a}\right)^{n-1}\left(\frac{y}{b}\right)^{n} \text{ 和 } \frac{\partial f}{\partial y}=\frac{n}{b}\left(\frac{x}{a}\right)^{n}\left(\frac{y}{b}\right)^{n-1}$$

当 $n=1$ 时，板的应变可以表示为

$$\varepsilon_{xx}=\frac{1}{2}\delta^2\left(\frac{\partial f}{\partial x}\right)^2=\frac{1}{2}\delta^2\left(\frac{1}{a}\frac{y}{b}\right)^2$$

$$\varepsilon_{yy}=\frac{1}{2}\delta^2\left(\frac{\partial f}{\partial y}\right)^2=\frac{1}{2}\delta^2\left(\frac{1}{b}\frac{x}{a}\right)^2$$

$$\varepsilon_{xy}=\frac{1}{2}\delta^2\frac{\partial f}{\partial x}\frac{\partial f}{\partial y}=\frac{1}{2}\delta^2\left(\frac{1}{ab}\frac{xy}{ab}\right)$$

$$(\varepsilon_{xx}^2+\varepsilon_{yy}^2+\varepsilon_{xx}\varepsilon_{yy}+\varepsilon_{xy}^2)^{\frac{1}{2}}=\varepsilon_{xx}+\varepsilon_{yy}=\frac{1}{2}\delta^2\left(\left(\frac{1}{a}\frac{y}{b}\right)^2+\left(\frac{1}{b}\frac{x}{a}\right)^2\right)$$

对式(3.30)进行积分，得出力-挠度的关系为

$$F_{\mathrm{p}}=\frac{2}{\sqrt{3}}\frac{4n^2}{4n^2-1}\sigma_0 t\delta\left(\frac{b}{a}+\frac{a}{b}\right)=C\sigma_0 t\delta\left(\frac{b}{a}+\frac{a}{b}\right) \tag{3.31}$$

其中：

$$C=\frac{2}{\sqrt{3}}\frac{4n^2}{4n^2-1}$$

当 $n=1$, $C=1.540$。
当 $n=2$, $C=1.232$。
当 $n=3$, $C=1.118$。
$\vdots$
当 $n=\infty$, $C=1.155$。

能量-挠度关系可以表示为

$$E_{\mathrm{p}}=\int_0^{\delta}F_{\mathrm{p}}\mathrm{d}\delta=\frac{1}{\sqrt{3}}\frac{4n^2}{4n^2-1}\sigma_0 t\delta^2\left(\frac{b}{a}+\frac{a}{b}\right) \tag{3.32}$$

从式(3.31)可以看出变形函数 $f(x,y)$ 的幂 n 对抗力的影响并不那么显著。模型试验、数值模拟和全尺寸试验的结果表明，线性函数可以很好近似船舶碰撞。当 $n=1$ 时，抗压力和挠度之间的关系为

$$F_{\mathrm{p}}=\frac{4}{3}\frac{2}{\sqrt{3}}\sigma_0 t_{\mathrm{p}}\delta\left(\frac{b}{a}+\frac{a}{b}\right)=\frac{1}{3}\frac{2}{\sqrt{3}}\sigma_0 t_{\mathrm{p}}A\delta\left(\frac{1}{a^2}+\frac{1}{b^2}\right) \tag{3.33}$$

其中, $A = 2a \cdot 2b$ 是板的面积。板吸收的能量可以由下式计算:

$$E_p = \int_0^\delta F_p \mathrm{d}\delta = \frac{1}{3} \frac{1}{\sqrt{3}} \sigma_0 t_p A \delta^2 \left(\frac{1}{a^2} + \frac{1}{b^2} \right) \qquad (3.34)$$

当撞击位置不在壳板中心时,见图 3.16,可以按照相同的过程推导出力-挠度关系和能量-挠度关系。派生表达式为

$$F_p = \frac{2}{\sqrt{3}} \frac{4n^2}{4n^2 - 1} \sigma_0 t_p A \delta \left(\frac{1}{a_1 a_2} + \frac{1}{b_1 b_2} \right) \qquad (3.35)$$

$$E_p = \frac{1}{\sqrt{3}} \frac{4n^2}{4n^2 - 1} \sigma_0 t_p A \delta^2 \left(\frac{1}{a_1 a_2} + \frac{1}{b_1 b_2} \right) \qquad (3.36)$$

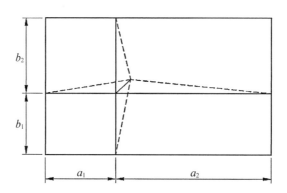

图 3.16　矩形板在偏心荷载作用下的变形

实际的舷侧外板通常不是一块薄板,通常采用纵向加强筋加强。在这种情况下,采用等效厚度法来处理加强筋。等效方法的思想是将加强筋的横截面积分布到整个板上。即

$$t_{eq} = t_p + A_s / d \qquad (3.37)$$

其中, t_{eq} 是加筋板的等效厚度; t_p 是壳板的厚度; A_s 是加强筋的横截面积; d 是加强筋间距(见图 3.17)。

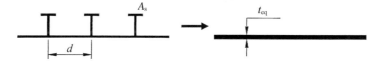

图 3.17　加筋板的等效厚度

对于加筋板,力-挠度关系和能量-挠度关系式(3.35)、式(3.36)变为

$$F_{\mathrm{p}} = \frac{2}{\sqrt{3}} \frac{4n^2}{4n^2-1} \sigma_0 A\delta \left(\frac{t_{\mathrm{px}}}{a_1 a_2} + \frac{t_{\mathrm{py}}}{b_1 b_2} \right) \tag{3.38}$$

$$E_{\mathrm{p}} = \frac{1}{\sqrt{3}} \frac{4n^2}{4n^2-1} \sigma_0 A\delta^2 \left(\frac{t_{\mathrm{px}}}{a_1 a_2} + \frac{t_{\mathrm{py}}}{b_1 b_2} \right) \tag{3.39}$$

其中,t_{px} 和 t_{py} 分别是加强板在 x 和 y 方向上的等效厚度。当撞击位置在被撞船的最上层甲板时,见图3.18,被撞船的舷侧外板对力-挠度关系和能量-挠度关系的作用可表示为

$$F_{\mathrm{p}} = \frac{2}{\sqrt{3}} \frac{4n^2}{4n^2-1} \sigma_0 t_{\mathrm{p}} A\delta \left(\frac{1}{a_1 a_2} + \frac{1}{(2b)(2b)} \right) \tag{3.40}$$

$$E_{\mathrm{p}} = \frac{1}{\sqrt{3}} \frac{4n^2}{4n^2-1} \sigma_0 t_{\mathrm{p}} A\delta^2 \left(\frac{1}{a_1 a_2} + \frac{1}{(2b)(2b)} \right) \tag{3.41}$$

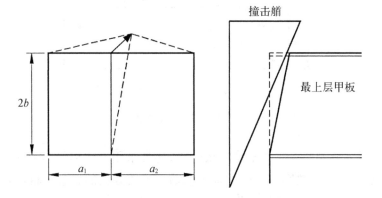

图3.18　被撞船最上层甲板的撞击位置

3.4.2　承受横向线性荷载或局部荷载的板

3.4.2.1　线性荷载

两端固定的板受到均匀的直线冲击会产生均匀的变形,见图3.19。力-挠度关系和能量-挠度关系可由下式确定:

$$F_{\mathrm{p}} = \frac{2}{\sqrt{3}} \frac{n^2}{2n-1} \sigma_0 t_{\mathrm{p}} \delta \left(\frac{2b}{a_1} + \frac{2b}{a_2} \right) \tag{3.42}$$

$$E_p = \frac{1}{\sqrt{3}}\ \frac{n^2}{2n-1}\sigma_0 t_p \delta^2 \left(\frac{2b}{a_1} + \frac{2b}{a_2} \right) \tag{3.43}$$

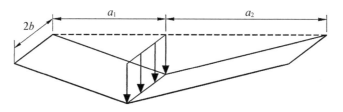

图 3.19　板条受到线荷载的变形

3.4.2.2　局部荷载(中心冲击)

一个带平头(尺寸为 $2a_0 \times 2b_0$)的钝体垂直撞击固定板的中心(尺寸为 $2a \times 2b$),见图 3.20。这种情况可以代表掉落物体撞击甲板的情况。

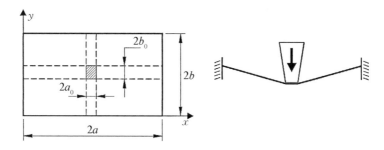

图 3.20　受矩形截面物体冲击的壳板

钝体撞击板中心的力-挠度关系和能量-挠度关系可表示为

$$\begin{aligned} F_p = {}& \frac{2}{\sqrt{3}}\ \frac{4n^2}{4n^2-1}\sigma_0 t_p \delta \left(\frac{b-b_0}{a-a_0} + \frac{a-a_0}{b-b_0} \right) + \\ & \frac{2}{\sqrt{3}}\ \frac{2n^2}{2n-1}\sigma_0 t_p \delta \left(\frac{b_0}{a-a_0} + \frac{a_0}{b-b_0} \right) \end{aligned} \tag{3.44}$$

$$\begin{aligned} E_p = {}& \frac{1}{\sqrt{3}}\ \frac{4n^2}{4n^2-1}\sigma_0 t_p \delta^2 \left(\frac{b-b_0}{a-a_0} + \frac{a-a_0}{b-b_0} \right) + \\ & \frac{1}{\sqrt{3}}\ \frac{2n^2}{2n-1}\sigma_0 t_p \delta^2 \left(\frac{b_0}{a-a_0} + \frac{a_0}{b-b_0} \right) \end{aligned} \tag{3.45}$$

如果 $n=1$、$2a=2b$ 和 $2a_0=2b_0$,则力-挠度关系和能量-挠度关系简化为

$$F_p = \frac{8}{3} \frac{2}{\sqrt{3}} \sigma_0 t_p \delta \left(1 + \frac{3}{2} \frac{a_0}{a - a_0}\right) \tag{3.46}$$

$$E_p = \frac{4}{3} \frac{2}{\sqrt{3}} \sigma_0 t_p \delta^2 \left(1 + \frac{3}{2} \frac{a_0}{a - a_0}\right) \tag{3.47}$$

3.4.2.3 局部荷载（偏心冲击）

同样，对于偏心冲击，见图3.21，力-挠度关系和能量-挠度关系为

$$F_p = \frac{2}{\sqrt{3}} \frac{4n^2}{4n^2 - 1} \sigma_0 t_p \delta \left(\frac{(a - a_0)(b - b_0)}{(a_1 - a_0)(a_2 - a_0)} + \frac{(a - a_0)(b - b_0)}{(b_1 - b_0)(b_2 - b_0)}\right) +$$

$$\frac{2}{\sqrt{3}} \frac{2n^2}{2n - 1} \sigma_0 t_p \delta \left(\frac{(a - a_0)b_0}{(a_1 - a_0)(a_2 - a_0)} + \frac{a_0(b - b_0)}{(b_1 - b_0)(b_2 - b_0)}\right)$$

$$\tag{3.48}$$

$$E_p = \frac{1}{\sqrt{3}} \frac{4n^2}{4n^2 - 1} \sigma_0 t_p \delta^2 \left(\frac{(a - a_0)(b - b_0)}{(a_1 - a_0)(a_2 - a_0)} + \frac{(a - a_0)(b - b_0)}{(b_1 - b_0)(b_2 - b_0)}\right) +$$

$$\frac{1}{\sqrt{3}} \frac{2n^2}{2n - 1} \sigma_0 t_p \delta^2 \left(\frac{(a - a_0)b_0}{(a_1 - a_0)(a_2 - a_0)} + \frac{a_0(b - b_0)}{(b_1 - b_0)(b_2 - b_0)}\right)$$

$$\tag{3.49}$$

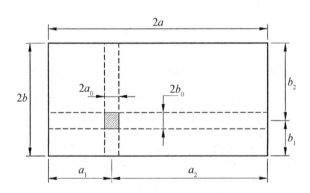

图3.21　矩形截面物体偏心撞击壳板

3.4.3　承受横向局部荷载的圆形板

局部荷载作用于圆板的中心，例如一端平坦的圆柱体撞击固定在外边界的圆板的中心，见图3.22。圆柱形冲击器的半径为a_0，圆盘的半径为a。

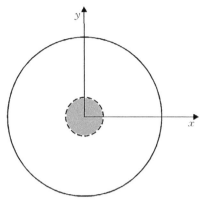

图 3.22 中心承受局部荷载的圆板

假设变形函数为 $f=\left(\dfrac{a-r}{a-a_0}\right)^n$，当 $n=$ 1 时，力-挠度关系和能量-挠度关系可以表示为

$$F_p=\frac{2}{\sqrt{3}}\pi\sigma_0 t_p\delta\left(1+\frac{2a_0}{a-a_0}\right)$$

$$(3.50)$$

$$E_p=\frac{2}{\sqrt{3}}\frac{\pi}{2}\sigma_0 t_p\delta^2\left(1+\frac{2a_0}{a-a_0}\right)$$

$$(3.51)$$

当 $n=2$ 时，力-挠度关系和能量-挠度关系表示为

$$F_p=\frac{2}{\sqrt{3}}\frac{2\pi}{3}\sigma_0 t_p\delta\left(1+\frac{4a_0}{a-a_0}\right)$$

$$(3.52)$$

$$E_p=\frac{2}{\sqrt{3}}\frac{\pi}{3}\sigma_0 t_p\delta^2\left(1+\frac{4a_0}{a-a_0}\right)$$

$$(3.53)$$

3.4.4 球鼻艏冲击船壳板

图 3.23 显示了一个撞入舷侧的球鼻艏。为了考虑球鼻艏半径对力-挠度和能量-挠度曲线的影响，首先分析一个球鼻艏压入圆板中心的情况，然后将该方法扩展到矩形板的情况。

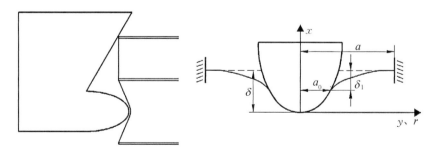

图 3.23 球鼻艏撞击舷面结构和假定变形

为了简化分析和方便使用，球鼻艏有一个简单的椭圆形式，可以表

示为

$$w_{\mathrm{b}}(r) = \frac{r^2}{R_{\mathrm{b}}} \tag{3.54}$$

其中，$w_{\mathrm{b}}(r) = \dfrac{r^2}{R_{\mathrm{b}}}$，$R_{\mathrm{b}} = (R_{\mathrm{v}})^2 / R_{\mathrm{L}}$；$R_{\mathrm{v}}$ 是垂直方向的半径；R_{L} 是纵向半径。

根据试验和数值模拟的结果，选择运动学允许的函数用于的板变形计算：

$$w = \begin{cases} \delta_1 \cdot f_1(\delta_1, r, \theta) = \delta_1 \cdot \left(\dfrac{a-r}{a-a_0}\right)^2 & a_0 \leqslant r \leqslant a \\[3mm] f_2(\delta, r, \theta) = \delta - \dfrac{r^2}{R_{\mathrm{b}}} & 0 \leqslant r \leqslant a_0 \end{cases} \tag{3.55}$$

其中，a 是板的半径；a_0 是球鼻艏与板分离点处的半径；δ 是球鼻艏尖端处的挠度；δ_1 是分离点处的挠度。球鼻艏与板分离条件为分离点处的斜率相等，这决定了分离半径 a_0，即

$$\frac{\partial w_{\mathrm{b}}}{\partial r} = \frac{\partial w}{\partial r} \Rightarrow \frac{a_0}{R_{\mathrm{b}}} = \frac{\delta_1}{a - a_0}$$

则分离半径为

$$a_0 = \frac{R_{\mathrm{b}}}{a} \delta \tag{3.56}$$

分离点处的挠度和速度表示为

$$\delta_1 = \delta \left(1 - \frac{R_{\mathrm{b}}\delta}{a^2}\right)$$

$$\dot{\delta}_1 = \dot{\delta} \left(1 - \frac{2R_{\mathrm{b}}\delta}{a^2}\right) \tag{3.57}$$

外部功率和内部耗能率的平衡为

$$F_{\mathrm{p}} \cdot \dot{\delta} = \frac{2}{\sqrt{3}} \sigma_0 t \left(\iint\limits_{a_0 \leqslant r \leqslant a} (\dot{\varepsilon}_{r1}) r \mathrm{d}r \mathrm{d}\theta + \frac{\partial}{\partial T} \iint\limits_{0 \leqslant r \leqslant a_0} (\varepsilon_{r2}) r \mathrm{d}r \mathrm{d}\theta \right)$$

其中, T 是时间。应变和应变率由下式计算:

$$\varepsilon_{r1} = \frac{1}{2}\left(\frac{\partial w}{\partial r}\right)^2 = 2\delta_1^2\,\frac{(a-r)^2}{(a-a_0)^4}$$

$$\dot{\varepsilon}_{r1} = \left(\frac{4\delta_1\dot{\delta}_1}{(a-a_0)^4} + \frac{8\delta_1^2\dot{a}_0}{(a-a_0)^5}\right)(a-r)^2$$

$$\varepsilon_{r2} = \frac{1}{2}\left(\frac{\partial f_2}{\partial r}\right)^2 = 2\left(\frac{r}{R_b}\right)^2$$

通过推导,力-挠度关系写为

$$F_p = \frac{2\pi}{3}\frac{2}{\sqrt{3}}\sigma_0 t\delta\left(1 + 3\frac{R_b\delta}{a^2} + 6\left(\frac{R_b\delta}{a^2}\right)^2\right) \tag{3.58}$$

能量-挠度关系为

$$E_p = \frac{\pi}{3}\frac{2}{\sqrt{3}}\sigma_0 t\delta^2\left(1 + 2\frac{R_b\delta}{a^2} + 3\left(\frac{R_b\delta}{a^2}\right)^2\right) \tag{3.59}$$

上述方法可以扩展得到球鼻艏撞击方形板(尺寸为 $2a \cdot 2a$)中心的近似解。力-挠度关系表示为

$$F_p = \frac{32}{15}\frac{2}{\sqrt{3}}\sigma_0 t\delta\left(1 + 3\frac{R_b\delta}{a^2} + 6\left(\frac{R_b\delta}{a^2}\right)^2\right) \tag{3.60}$$

类似地,球鼻艏撞击尺寸为 $2a \cdot 2b$ 的矩形板中心的力-挠度关系表示为

$$F_p = \frac{16}{15}\frac{2}{\sqrt{3}}\sigma_0 t\delta\left(\left(\frac{b}{a} + \frac{a}{b}\right) + 3\left(\frac{R_b\delta}{a^2} + \frac{R_b\delta}{b^2}\right) + 6\left(\left(\frac{R_b\delta}{a^2}\right)^2 + \left(\frac{R_b\delta}{b^2}\right)^2\right)\right) \tag{3.61}$$

见图 3.24,对于球鼻艏偏心撞击矩形板,力-挠度关系表示为

$$F_p = 1.23\sigma_0 t\delta\left(ab\left(\frac{1}{a_1 a_2} + \frac{1}{b_1 b_2}\right) + \frac{3}{2}(R_b\delta)\left(\frac{1}{a_1^2} + \frac{1}{a_2^2} + \frac{1}{b_1^2} + \frac{1}{b_2^2}\right) + 3(R_b\delta)^2\left(\frac{1}{a_1^4} + \frac{1}{a_2^4} + \frac{1}{b_1^4} + \frac{1}{b_2^4}\right)\right) \tag{3.62}$$

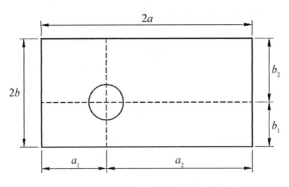

图 3.24　球鼻艏偏心撞击壳板

3.4.5　初始破裂时船舶外板的临界挠度

当穿撞深度或挠度足够大时,外板就会破裂。准确找到外板开始破裂的临界挠度是碰撞损伤评估中最具挑战性的问题之一。这个限制条件对于评估是否发生液体或油的流出以及将流出的油量也很重要。

船舶碰撞中壳板结构的断裂和破裂受材料、板厚、结构布置、焊接、压头形状、冲击速度等多种因素的影响。准确预测结构的破裂是一个极其复杂的问题。Jones 和 Wierzbicki(1993 年)讨论了承受大动态荷载的延性金属梁的断裂准则,以及金属梁的三个主要失效准则。第一种是拉伸撕裂失效模式,当最大拉伸应变等于临界断裂应变,即 $\varepsilon_{\max} = \varepsilon_{\mathrm{f}}$。第二种是横向剪切破坏模式,当塑性梁的较短区域内发生较大的横向剪切变形时,梁中就会出现横向剪切破坏模式。第三种是能量密度失效模式。假设当单位体积壳板蕴含的塑性能达到临界值时,刚塑性结构发生破裂。

简化的分析方法基于整体变形机制。在这种情况下,不可能非常详细地跟踪材料单元的应变过程。因此,使用"最大应变失效准则",如 Wang(1995 年)、Paik 和 Pedersen(1995 年)。也就是说,当结构中的最大应变达到临界应变时,结构就会破裂。

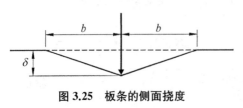

图 3.25　板条的侧面挠度

当临界断裂应变已知时,可以确定外板的临界挠度或穿透深度。例如,考虑作用在跨度为 $2b$ 的板条中间的集中荷载,见图 3.25。

在这种情况下,由横向挠度引起的板条应变可以由下式计算:

$$\varepsilon = \sqrt{1 + \left(\frac{\delta}{b}\right)^2} - 1 \approx \frac{1}{2}\left(\frac{\delta}{b}\right)^2$$

其中,δ 是中点的挠度。当挠度足够大时,板条中的应变达到临界断裂值。然后根据以下公式确定临界断裂挠度或穿透度:

$$\delta_f = b \cdot \sqrt{2\varepsilon_f} \tag{3.63}$$

标准单轴拉伸试验中低碳钢的典型临界断裂应变约为 0.35。如果使用此临界应变 $\varepsilon_f = 0.35$,则临界挠度或穿透深度为 $\delta_f = 0.837b$。

Amdahl(1995 年)指出,由于尺度效应、弯曲应变和材料缺陷,在评估全尺寸碰撞时,$\varepsilon_f = 0.35$ 的临界应变远大于实际情况。如果使用简单梁理论,他认为舷侧碰撞的临界应变值在 5% 到 10% 之间。

在 McDermott(1974 年)等人进行的轻微碰撞分析中,低碳钢材料在舷侧碰撞中的临界断裂应变根据 $\delta_{cr} = 0.1(\varepsilon_f/0.32)$ 进行评估。必须使用如此小的临界断裂应变值的主要原因是用于估计临界挠度的理论模型过于简单。因此,为了与试验数据良好吻合,必须调整和降低临界断裂应变。

通过有限元分析和试验研究,Simonsen 和 Lauridsen(2000 年)、Lee 等人(2004 年)、Liu 等人(2014 年)对壳板初始断裂的临界缺陷进行了研究。结果表明,压头半径和压板尺寸对临界挠度有显著影响。

Simonsen 与 Lauridsen(2000 年):

$$\delta_f = 1.41 n^{0.33} b^{0.48} R_b^{0.52} \tag{3.64}$$

Lee 等人(2004 年):

$$\delta_f = (2D_c)^{0.35} b^{0.62} R_b^{0.38} \tag{3.65}$$

Liu 等人(2014 年):

$$\delta_f = 1.15 n^{0.18} b^{0.5} R_b^{0.5} \tag{3.66}$$

其中,n 是材料应变硬化指数。如果冲击位于中心,则 b 是圆形板的半径或方形/矩形板短边的半宽度;如果冲击位于边缘(即到支撑边缘的最短距离),则 b 是板宽,R_b 是压头的半径,见图 3.26。D_c 是材料延性断裂的临界损伤值,定义为失效应变和平均应力三轴度的乘积,对于凹陷的多孔材料 D_c 可取 0.27。

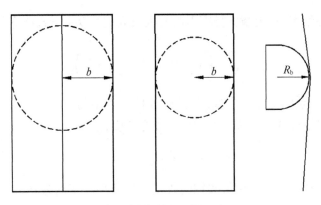

图 3.26　球鼻艏压入板示意图

　　每种方法都已通过笔者的试验数据验证,该试验使用四个刚性球体压入边缘固定的板(或圆形板)上。遵循同样的原理,收集了大量的试验结果(共 37 个试验数据),并引入断裂应变作为输入参数,这里提出了一个新的确定壳板初始破裂临界挠度的经验公式:

$$\delta_f = \varepsilon_f^{0.4} b^{0.4} R_b^{0.6} \tag{3.67}$$

　　图 3.27 和表 3.7 给出了使用各种公式计算 37 次试验的临界挠度的对比。可以看出 Simonsen 和 Lauridsen(2000 年)、Lee 等人(2004 年)、Liu 等人(2014 年)提出的方法对板模型(图 3.27 中的圆圈符号,19 个试验数据)给出了相似的结果,因此笔者使用板模型验证了这些方法。然而,对于双壳模型(图 3.27 中的菱形符号;18 个试验数据),式(3.64)~式(3.66)估算的结果偏高。式(3.67)通常低估了板模型的结果,但它对双壳模型给出了合理的预

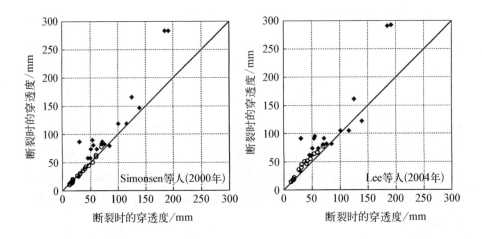

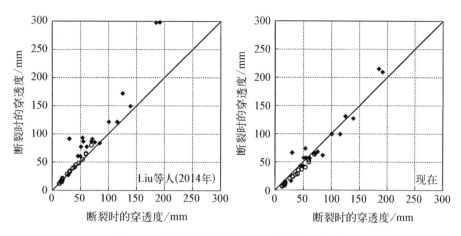

图 3.27 临界挠度计算结果和试验结果的比较

(注：式(3.67)用于最后一个标有"Present"的图中)

测。应该注意的是，对于板模型，理想的边界条件在试验室模型测试中可能难以实现，因为发生平面内的位移会使试验观察到的临界挠度增加。这可能是这种校准方法在双壳模型上给出的结果偏高的原因之一。

在表 3.7 中对比的最后一个例子是一艘大型 LNG 船被油船撞击的碰撞事故。LNG 船舷侧被油船的球鼻艏撞击，LNG 船内壳仅凹陷但未破裂。舷侧外板的最大穿透深度约为 3.0 m。碰撞事件的临界破裂挠度估计在 2.3 m 到 2.6 m 之间。而 Simonsen 和 Lauridsen(2000 年)、Lee 等人(2004 年)、Liu 等人(2014 年)的方法预测临界挠度将超过 3.3 m。利用现在的方法，如式(3.67)，其估计值为 2.58 m。

3.4.6 计算示例

3.4.6.1 示例 1

Simonsen 和 Lauridsen(2000 年)对不同半径的刚性锥体压入板进行了模型试验。测试设置见图 3.28。试样由厚度为 1.0 mm 的低碳钢板制成。材料性能如下：屈服强度 185 MPa，抗拉强度 298 MPa。选取圆锥半径最大($R_b = 50$ mm)的情况进行分析。模型试验结果与解析计算结果(式(3.58))的比较见表 3.8 和图 3.28，总体情况符合良好。为了研究刚性锥体半径的影响，计算了 $R_b = 0$ 的解析结果，并在表 3.8 中给出。可以看出，压头半径对荷载-挠度曲线有显著影响。

表 3.7　壳板破裂处的临界挠度。手算与试验数据的比较

参考文献	模型类型	模型编号	b/mm	厚度 $/\text{mm}$	R_b/mm	ϵ_f	n	试验值 δ_f/mm	Simonsen δ_f/mm	Lee δ_f/mm	Liu δ_f/mm	式(3.67) δ_f/mm
Arita 与 Aoki (1985 年)	双壳结构 (D.H.)	S-Ⅰ	100	3.2	80	0.35	0.20	51.0	73.8	74.0	77.0	57.5
	D.H.	S-Ⅱ	140	4.5	80	0.34	0.20	71.4	86.8	91.2	91.1	65.0
	D.H.	S-Ⅲ	100	4.5	80	0.34	0.20	61.2	73.8	74.0	77.0	56.8
Wang 等人 (2000 年)	D.H.	P-10	100	2.3	10	0.35	0.20	28.5	25.0	33.6	27.2	16.5
	D.H.	P-50	100	2.3	50	0.35	0.20	45.0	57.8	61.9	60.9	43.4
	D.H.	P-100	100	2.3	100	0.35	0.20	69.9	82.9	80.6	86.1	65.7
	D.H.	P-200	100	2.3	200	0.35	0.20	115.7	118.9	104.9	121.7	99.6
	D.H.	P-300	100	2.3	300	0.35	0.20	139.2	146.8	122.4	149.1	127.0
	D.H.	W-50	100	2.3	50	0.35	0.20	49.8	57.8	61.9	60.9	43.4
	D.H.	W-200	100	2.3	200	0.35	0.20	100.5	118.9	104.9	121.7	99.6
	D.H.	C-50	200	2.3	50	0.35	0.20	55.1	80.6	95.2	86.1	57.2
	D.H.	C-200	200	2.3	200	0.35	0.20	125.1	165.8	161.2	172.2	131.4

续表

参考文献	模型类型	模型编号	b/mm	厚度/mm	R_b/mm	ϵ_f	n	试验值 δ_f/mm	Simonsen δ_f/mm	Lee δ_f/mm	Liu δ_f/mm	式(3.67) δ_f/mm
Tautz等人(2013年)	D.H.	CE-1	400	4.0	305	0.32	0.19	185.0	283.2	290.8	297.9	215.5
Lehmann与Peschmann(2002年)	D.H.	Lehmann	408	5.0	300	0.30	0.19	191.7	283.4	292.6	298.4	209.6
Paik等人(1999年)	D.H.	ST-3-BW	141.0	2.8	80	0.46	0.22	53.5	89.8	91.6	93.0	73.6
	D.H.	ST-4-BW	141.0	4.0	80	0.36	0.20	30.1	87.1	91.6	91.4	66.7
	D.H.	ST-3-OW	117.5	2.8	80	0.46	0.22	75.5	82.3	81.8	84.9	68.4
	D.H.	ST-4-OW	117.5	4.0	80	0.36	0.20	84.6	79.8	81.8	83.5	62.0
Simonsen与Lauridsen(2000年)	圆板(C.P.)	1	111.4	1.0	10	0.52	0.19	26.8	25.9	35.9	28.5	20.1
	C.P.	2	111.4	1.0	13	0.52	0.19	31.2	29.7	39.7	32.5	23.6
	C.P.	3	111.4	1.0	25	0.52	0.19	41.8	41.7	50.9	45.0	34.9
	方板(S.P.)	1	160	1.0	10	0.52	0.19	31.7	30.8	45.0	34.1	23.3
	S.P.	2	160	1.0	13	0.52	0.19	37.0	35.4	49.7	38.9	27.2

续表

参考文献	模型类型	模型编号	b/mm	厚度/mm	R_b/mm	ε_f	n	试验值 δ_f/mm	Simonsen δ_f/mm	Lee δ_f/mm	Liu δ_f/mm	式(3.67) δ_f/mm
Simonsen与 Lauridsen (2000年)	S.P	3	160	1.0	25	0.52	0.19	54.2	49.7	63.7	53.9	40.3
	长方形板 (R.P.)	1	125	1.0	25	0.52	0.19	47.5	44.1	54.7	47.7	36.5
Lee等人 (2004年)	S.P.	1	110	0.9	20	0.44	0.22	40.0	38.8	46.4	41.1	28.5
	S.P.	2	110	1.14	50	0.44	0.22	60.0	62.5	65.7	64.9	49.4
	S.P.	3	110	1.4	75	0.44	0.22	70.0	77.1	76.7	79.5	62.9
Liu等人 (2014年)	R.P.	ST-D10	38.1	1.4	5	0.353	0.21	12.9	11.2	14.2	12.0	7.4
	R.P	ST-D16	38.1	1.4	8	0.353	0.21	16.0	14.3	17.0	15.2	9.8
	R.P.	ST-D20	38.1	1.4	10	0.353	0.21	17.8	16.0	18.5	16.9	11.3
	R.P.	ST-D30	38.1	1.4	15	0.353	0.21	18.7	19.8	21.5	20.8	14.4
	R.P.	Al-D10	38.1	2	5	0.216	0.15	13.1	10.0	14.2	11.3	6.1
	R.P.	Al-D16	38.1	2	8	0.216	0.15	16.9	12.8	17.0	14.3	8.1
	R.P.	Al-D20	38.1	2	10	0.216	0.15	18.1	14.3	18.5	16.0	9.2
	R.P.	Al-D30	38.1	2	15	0.216	0.15	18.7	17.7	21.5	19.5	11.8
试验案例1	渡轮事件	Steel	1 125	8.5	785	0.300	0.19	500~600	760	791	802	560
试验案例2	LNG船 事件	Steel	4 020	18	4 284	0.300	0.19	2 300~2 600	3 387	3 319	3 539	2 580

表 3.8　球鼻艏压入圆板(球半径 R_b＝50 mm) 模型试验结果与理论解析结果对比

挠度 /mm	力(kN,试验, $R_b = 50$ mm)	力(kN,解析, $R_b = 50$ mm)	力(kN,解析, $R_b = 0$ mm)
1.9	0.2	1.1	1.1
6.4	2.1	4.0	3.7
10.5	4.7	7.0	6.1
13.8	7.1	9.5	8.0
16.3	9.6	11.6	9.5
17.9	10.8	13.1	10.5
20.0	13.2	15.0	11.7
22.4	15.7	17.3	13.1
24.7	18.7	19.6	14.4
26.8	21.0	21.8	15.6
29.3	24.1	24.6	17.1
31.4	27.1	27.0	18.3
33.9	30.4	30.1	19.8
35.8	33.6	32.6	20.9
38.1	36.7	35.7	22.3
40.4	40.0	38.9	23.6
43.4	44.4	43.3	25.4
46.7	49.4	48.4	27.2
50.1	54.2	54.1	29.2
53.1	58.4	59.4	31.0
55.9	61.8	64.7	32.7
58.1	64.8	68.9	33.9
59.7	66.5	72.1	34.8

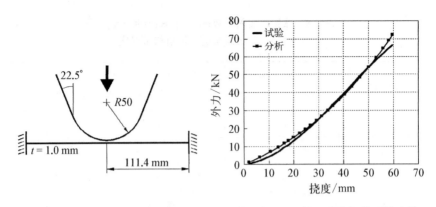

图 3.28　球鼻艏压入圆板模型试验结果与基于式(3.58)的理论分析结果的比较

3.4.6.2　示例 2

Liu 等人(2014 年)对不同半径的刚性球形压头冲击矩形板进行了模型试验。测试装置见图 3.29。试件采用低碳钢矩形板,尺寸为 127 mm×76.2 mm×1.4 mm。材料性能如下:屈服强度 228 MPa,抗拉强度 364 MPa。选择圆锥半径最大($R_b=15$ mm) 的情况进行分析。模型试验结果与计算解析结果(式(3.61))的比较见图 3.29。可以看出,除了荷载接近峰值之外,板即将破裂的情况下,其他结果具有较好的一致性。此时解析计算结果的数值普遍高于试验结果的数值,这可能是板材局部颈缩造成的。类似的观察也适用于示例 1。

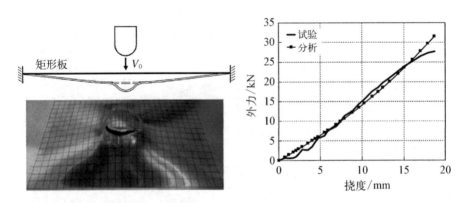

图 3.29　球鼻艏撞击矩形板及模型试验与利用式(3.61)进行理论分析结果对比

3.4.6.3　示例 3

Zhang 等人(2018 年)开展了刚性扁矩形压头压入矩形板的模型试验。测试模型及其变形见图 3.30。试件由一块尺寸为 600 mm×400 mm×

1.5 mm 的钢矩形板制成。尺寸为 160 mm×80 mm 的刚性扁平矩形压头作用于板的中心。材料性能如下：屈服强度 183 MPa，抗拉强度 298.4 MPa；屈服应力为(183＋298.4)/2＝240.75 MPa。模型试验结果与计算解析结果（式(3.44)）的对比见图 3.30，其中变形指数 $n＝1$ 和 $n＝2$ 用于分析计算。结果表明，两个指数（$n＝1$ 和 $n＝2$）与试验结果非常吻合，并且计算分析结果对形变指数 n 不敏感。

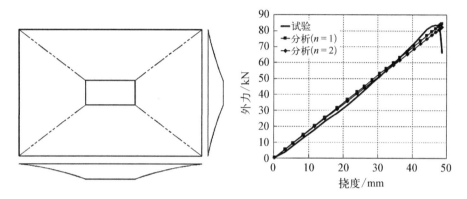

图 3.30　由刚性扁平矩形压头压入的矩形板

3.5　腹板和纵梁的压溃

与上节类似，本节利用上界定理分析船舶碰撞中舷侧肋骨和纵梁的挤压变形，并演示力-挠度曲线和能量-挠度曲线的推导。

3.5.1　解析方法

如果肋板用水平加强筋进行较好地强化，则肋板可能会发生平面内变形，或者当肋板没有用加强筋加强时，肋板可能会发生折叠。McDermott 等人（1974 年）研究了肋板在平面内的扭曲。肋板的抗压力可以近似为导致其发生屈服的剪力：当 $\delta < H_{web}$ 时，$F_w＝(1/\sqrt{3})\sigma_0 t\delta$，当 $\delta \geqslant H_{web}$ 时，$F_w＝(1/\sqrt{3})\sigma_0 A_w$，其中 H_{web} 是肋板高度，A_w 是肋板的截面面积。

对于高肋板，当外载作用于肋板平面时，在船舶事故和试验中经常观察到的变形模式是折叠或压溃。图 3.31 显示了肋板压溃模型试验的典型图片和本分析所假定的变形模式。

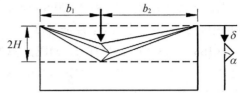

图 3.31 腹板压溃试验和腹板压溃分析中假定的变形形式

肋板的折叠变形方式包括弯曲和膜张力。采用虚功定理的平衡来确定压溃力:

$$F\dot{\delta} = \dot{E}_b + \dot{E}_m$$

其中,F 为压溃力;$\dot{\delta}$ 为压缩量;$\dot{E}_b$ 为弯曲能量率;$\dot{E}_m$ 为膜能量率。

3.5.1.1 弯曲能量率

在折叠或压溃过程中形成三条弯曲的塑性铰链线。上部塑性铰链线是在肋板与其相连的外板之间形成的。中间塑性铰链线偏移出其原始平面,而下部塑性铰链线仍保留在腹板平面中。假设塑性铰链线的长度相等,也就是肋板的长度($b_1 + b_2$,见图 3.31)相等。因此,弯曲能量率可以由 $\dot{E}_b = 4M_0\dot{\alpha} \cdot (b_1 + b_2)$ 确定,其中 $M_0 = \dfrac{2}{\sqrt{3}}\dfrac{\sigma_0 t^2}{4}$,$\alpha$ 是弯曲角度(见图 3.31)。弯曲角度 α 和压缩量 δ 之间的关系可以从几何分析中找到,即

$$\delta = 2H(1 - \cos\alpha) \approx H\alpha^2 \quad \dot{\alpha} = \frac{\dot{\delta}}{2\sqrt{H\delta}}$$

其中,$2H$ 为折叠长度。

因此,弯曲能量的率为

$$\dot{E}_b = \frac{1}{\sqrt{3}}\sigma_0 t^2 \frac{(b_1 + b_2)}{\sqrt{H\delta}} \cdot \dot{\delta} \tag{3.68}$$

当第一次折叠完成时,总弯曲能量表示为

$$E_b = 2\pi M_0(b_1 + b_2) = \frac{\pi}{\sqrt{3}}\sigma_0 t^2(b_1 + b_2) \tag{3.69}$$

3.5.1.2 膜能量率

膜能量主要来自面内拉伸,可以写成:

$$\dot{E}_{\mathrm{m}} = \iint\limits_{S1} \frac{2}{\sqrt{3}} \sigma t \dot{\varepsilon}_1 \mathrm{d}S + \iint\limits_{S2} \frac{2}{\sqrt{3}} \sigma t \dot{\varepsilon}_2 \mathrm{d}S$$

其中，$S_1 = 2H \cdot b_1$ 和 $S_2 = 2H \cdot b_2$ 是肋板的变形区域。对于肋板的上部构造（如 b_1 部分），可以从 $\varepsilon_0 = \frac{1}{2}\left(\frac{\delta}{b_1}\right)^2$ 和 $\dot{\varepsilon}_0 = \frac{\delta\dot{\delta}}{b_1^2}$ 计算应变和应变率。对于肋板变形部分的下部构造，假设压入量与构造的等级呈线性关系，即 $\delta_Z(z) = (z/2H)\delta$ 和 $z = [0, 2H]$。因此，每一级的应变率变为 $\dot{\varepsilon}_1 = \left(\frac{z}{2H}\right)^2 \frac{\delta\dot{\delta}}{b_1^2}$。整个区域的平均应变率 $S_1 = 2H \cdot b_1$ 可以通过对该区域的应变率积分得

$$\dot{\varepsilon}_{\mathrm{av}} = \frac{1}{S_1}\iint\limits_{S1} \dot{\varepsilon}_1 \mathrm{d}s = \frac{1}{2H \cdot b_1}\iint\limits_{S1}\left(\frac{z}{2H}\right)^2 \frac{\delta\dot{\delta}}{b_1^2}\mathrm{d}s = \frac{1}{3}\frac{\delta\dot{\delta}}{b_1^2} = \frac{1}{3}\dot{\varepsilon}_0 \quad (3.70)$$

结果表明，平均应变率仅为上部构造应变率的 $1/3$。通过面积和平均应变的乘积，总膜能量率为

$$\dot{E}_{\mathrm{m}} = \frac{2}{3}\frac{2}{\sqrt{3}}\sigma_0 t H\left(\frac{\delta}{b_1} + \frac{\delta}{b_2}\right)\dot{\delta} \quad (3.71)$$

当第一次折叠完成时，$\delta = 2H$，总膜能可以由下式确定：

$$E_{\mathrm{m}} = \frac{1}{3}\frac{2}{\sqrt{3}}\sigma_0 t H\delta^2\left(\frac{1}{b_1} + \frac{1}{b_2}\right) = \frac{4}{3}\frac{2}{\sqrt{3}}\sigma_0 t H^3\left(\frac{1}{b_1} + \frac{1}{b_2}\right) \quad (3.72)$$

3.5.1.3　总能量和压溃力

通过研究弯曲和膜的贡献，总能量率可以表示为

$$\dot{E} = \dot{E}_{\mathrm{b}} + \dot{E}_{\mathrm{m}} = \frac{1}{\sqrt{3}}\sigma_0 t^2 \frac{(b_1 + b_2)}{\sqrt{H\delta}} \cdot \dot{\delta} + \frac{2}{3}\frac{2}{\sqrt{3}}\sigma_0 t H\left(\frac{\delta}{b_1} + \frac{\delta}{b_2}\right)\dot{\delta}$$

$$E = E_{\mathrm{b}} + E_{\mathrm{m}} = \frac{\pi}{\sqrt{3}}\sigma_0 t^2 (b_1 + b_2) + \frac{4}{3}\frac{2}{\sqrt{3}}\sigma_0 t H^3\left(\frac{1}{b_1} + \frac{1}{b_2}\right)$$

则瞬时压溃力和平均压溃力可表达为

$$F = \frac{\dot{E}}{\dot{\delta}} = \frac{1}{\sqrt{3}}\sigma_0 t^2 \frac{(b_1 + b_2)}{\sqrt{H\delta}} + \frac{2}{3}\frac{2}{\sqrt{3}}\sigma_0 t H\left(\frac{\delta}{b_1} + \frac{\delta}{b_2}\right) \quad (3.73)$$

$$F_{\mathrm{m}} = \frac{E}{2H} = \frac{\pi}{2\sqrt{3}}\sigma_0 t^2 (b_1 + b_2) + \frac{2}{3}\frac{2}{\sqrt{3}}\sigma_0 t H^3\left(\frac{1}{b_1} + \frac{1}{b_2}\right) \quad (3.74)$$

通过使平均压溃力最小化，得到最佳折叠长度：

$$\frac{\partial F_m}{\partial H} = 0 \Rightarrow : \ H = \left(\frac{3\pi}{16}b_1 b_2 t\right)^{\frac{1}{3}} = 0.838\ 3\ (b_1 b_2 t)^{\frac{1}{3}} \tag{3.75}$$

则瞬时压溃力和平均压溃力可简化为

$$F = 0.631\sigma_0 t^{1.83}\frac{(b_1+b_2)}{(b_1 b_2)^{0.17}\delta^{0.5}} + 0.645\sigma_0 t^{1.33}\delta\frac{(b_1+b_2)}{(b_1 b_2)^{0.67}} \tag{3.76}$$

$$F_m = (1.082+0.541)\sigma_0 t^{\frac{5}{3}}\frac{(b_1+b_2)}{(b_1 b_2)^{\frac{1}{3}}} = 1.623\sigma_0 t^{\frac{5}{3}}\frac{(b_1+b_2)}{(b_1 b_2)^{\frac{1}{3}}} \tag{3.77}$$

可以看出,弯曲变形占平均压溃力的 $2/3$,其余 $1/3$ 来自膜变形。当 $b_1 = b_2 = b$ 时,即冲击点位于肋板中间时,公式简化为

$$F = 1.262\sigma_0 t^{1.83}b^{0.67}\frac{1}{\delta^{0.5}} + 1.290\sigma_0 t^{1.33}\delta\frac{1}{b^{0.33}};$$
$$F_m = 3.25\sigma_0 t^{1.67}b^{0.33} \tag{3.78}$$

其中, $\delta \leqslant 2H$; $H = 0.838t^{0.33}b^{0.67}$。

上述推导中,第一次折叠完成时,压溃距离为 $2H$,但肋板不能完全压缩,缩短距离小于 $2H$。通常,有效压溃长度约为压溃长度的 73%。裸板的折叠长度为 $2H$ (Abramowicz,1983 年)。此处取 75%,考虑有效压溃长度后的有效平均压溃力则表示为

$$F_m = 4.33\sigma_0 t^{1.67}b^{0.33} \tag{3.79}$$

假设不同的折叠模式,许多笔者推导出了不同的公式,如 Wang 和 Ohtsubo(1997 年)、Simonsen(1997 年)、Simonsen 和 Ocakli(1999 年)、Hong 和 Amdahl (2008 年)以及 Liu(2015 年)。表 3.9 总结了一些现有的公式。这种差异由于上界定理是一种近似方法,其结果取决于变形模式的构造。

表 3.9 现有的网络破碎分析公式总结

参考文献	折叠模式	半折长度	有效平均压溃力
Wang 与 Ohtsubo (1997 年)		$H = 0.811t^{0.33}b^{0.67}$	$F_m = 4.36\sigma_0 t^{1.67}b^{0.33}$
Simonsen(1997 年)		$H = 0.671t^{0.33}b^{0.67}$	$F_m = 4.26\sigma_0 t^{1.67}b^{0.33}$
Zhang(1999 年)		$H = 0.838t^{0.33}b^{0.67}$	$F_m = 4.33\sigma_0 t^{1.67}b^{0.33}$
Liu(2015 年)		$H = 0.443t^{0.33}b^{0.67}$	$F_m = 4.72\sigma_0 t^{1.67}b^{0.33}$

续　表

参考文献	折叠模式	半折长度	有效平均压溃力
Simonsen 与 Ocakli（1999 年）		$H = 0.377t^{0.33}b^{0.67}$	$F_\mathrm{m} = 5.40\sigma_0 t^{1.67}b^{0.33}$
Hong 与 Amdahl（2008 年）		$H = 0.395t^{0.33}b^{0.67}$	$F_\mathrm{m} = 5.82\sigma_0 t^{1.67}b^{0.33}$

3.5.1.4　后续折叠

在完成第一次折叠后,可以在进一步的压缩处形成第二次折叠。压溃模式的后续折叠见图 3.32。假设第二次折叠模式类似于第一次折叠。在随后的折叠中,第一个被折叠的肋板被压缩。这种情况就像是一个板条在横向荷载的作用下在中心被压缩。

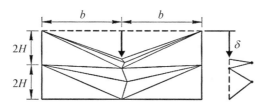

图 3.32　腹板压溃的后续折叠

第一个折叠肋板的抗压力可以由下式确定:

$$F_1 = \frac{8}{\sqrt{3}}\sigma_0 tH\left(\frac{\delta - 2H}{b}\right) = 4.62\sigma_0 tH\left(\frac{\delta - 2H}{b}\right) \tag{3.80}$$

式(3.79)对于计算第二次折叠的抗压力仍然有效。通过考虑第一次折叠的肋板的抗压力,第二次折叠过程的压溃力可以表示为

$$F = 4.62\sigma_0 tH\left(\frac{\delta - 2H}{b}\right) + 4.33\sigma_0 t^{1.67}b^{0.33} \tag{3.81}$$

以类似的方式,可以确定第三次折叠、第四次折叠等多次折叠的压溃力,直到第一次折叠的肋板破裂。综上所述,肋板板压溃的抗压力可以确定如下:

$$
F = \begin{cases}
4.33\sigma_0 t^{1.67} b^{0.33} & \delta \leqslant 2H \\
4.33\sigma_0 t^{1.67} b^{0.33} + 4.62\sigma_0 tH\left(\dfrac{\delta - 2H}{b}\right) & 2H \leqslant \delta \leqslant 4H \\
\vdots \\
4.33\sigma_0 t^{1.67} b^{0.33} + 4.62\sigma_0 tH(n-1)\left(\dfrac{\delta - n \cdot H}{b}\right) & (n-1)(2H) < \delta < n(2H)
\end{cases}
\tag{3.82}
$$

3.5.1.5 多重折叠/撕裂

在第一次折叠的肋板破裂后,折叠模式变为多重式折叠或撕裂(假设肋板足够高)。Wierzbicki(1994 年)研究了多重撕裂,发现多重撕裂力可以表示为

$$
F_{\text{con}} = 5.04\sigma_0 t^{1.67} b^{0.33} + \frac{8}{3} R_{\text{c}} \cdot t
\tag{3.83}
$$

其中,R_{c} 是具体的断裂功。

Wierzbicki 给出了低碳钢的具体断裂功范围:$R_{\text{c}} = 300 - 1\,000(\text{N/mm})$。事实上,Wierzbicki 在推导多重断裂力公式时,只考虑了单一变形。如上所述,变形可能延伸到一个以上的折叠。

许多试验的观察表明,肋板的破裂发生在第二次折叠期间。因此,假设当压缩量等于 $\delta = 3H$ 时,肋板的上层结构开始断裂。随着进一步的压缩,肋板开始出现多重折叠形式。因此,第二个裂片中的平均压溃力也许可以代表多重撕裂力。破裂前,第一个裂片中耗散的能量可以由下式计算:

$$
E_{\text{m1}} = \int_{2H}^{3H} (4.62\sigma_0 tH(\delta - 2H)/b)\,\mathrm{d}\delta = 2.31\sigma_0 tH^3/b
$$

破裂开始后,来自第一个裂片的抗压力并未完全消失。第一个裂片的底层结构仍然提供抗压力,并且假设抗压力保持恒定。因此,该压缩进行期间耗散的能量可以估计为

$$
E_{\text{m2}} = (4.62\sigma_0 tH(3H - 2H)/b) \cdot H = 4.62\sigma_0 tH^3/b
$$

在第二次折叠过程中,第一次折叠裂片的平均抗压强度由下式计算:

$$F_{\mathrm{ml}} = (E_{\mathrm{ml}} + E_{\mathrm{m2}})/(2H) = 3.645\sigma_0 t H^2/b = 2.435\sigma_0 t^{1.67} b^{0.33}$$

将第一个褶皱的裂片和第二个新破碎的裂片的贡献相加,多重破裂的平均破碎力表示为

$$F_{\mathrm{c}} = (2.435 + 4.33)\sigma_0 t^{1.67} b^{0.33} = 6.77\sigma_0 t^{1.67} b^{0.33} \tag{3.84}$$

3.5.2　球鼻艏对腹板或纵梁的影响

图 3.33 显示了球鼻艏在纵梁位置撞击舷侧的碰撞场景。当球鼻艏压入船舷时,外板将拉伸,纵梁腹板将折叠和压溃。球鼻艏撞击纵梁的分析模型见图 3.34。纵梁长度为 $2b$,即横向肋板框架间距。假设除非船首直接撞到强肋板,否则横向强肋板不会变形。外壳板的宽度为 d,厚度为 t,纵梁腹板厚度为 t_{w}。

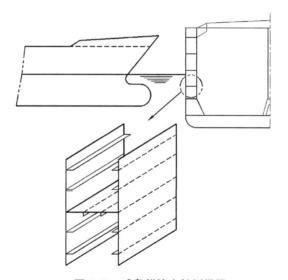

图 3.33　球鼻艏撞击舷侧纵梁

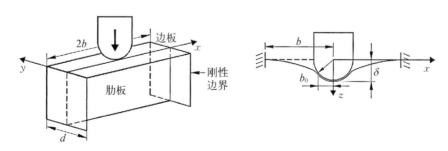

图 3.34　球鼻艏撞击纵梁的分析模型

球鼻艏撞击舷侧纵梁时的耗能由舷侧板的张力和纵梁腹板的压溃力组成：

$$E = E_{\text{plate}} + E_{\text{web}}$$

见图 3.34，可以假设舷侧板的变形为

$$w_1(x, y, t) = \delta_1(t) \cdot f_1(x, y) = \delta_1 \left(\frac{b-x}{b-b_0}\right)^2 \quad b_0 \leqslant x \leqslant b$$

其中，δ_1 是球鼻艏和板之间分离点处的挠度；b_0 是分离点处的半径。按照与 3.4.3 节类似的步骤，由于舷侧外板拉伸引起的碰撞抗压力表示为

$$F_{\text{plate}} = \frac{8}{3} \frac{2}{\sqrt{3}} \sigma_0 t \delta \left(1 + \frac{3}{2} \frac{R_b \delta}{b^2}\right) \frac{d}{b} \tag{3.85}$$

通过对式（3.85）的压缩量 δ 进行积分，得到外壳板的耗能为

$$E_{\text{plate}} = \frac{4}{3} \frac{2}{\sqrt{3}} \sigma_0 t \delta^2 \left(1 + \frac{R_b \delta}{b^2}\right) \frac{d}{b} \tag{3.86}$$

式（3.78）为肋板压溃力，此处用于纵梁肋板压溃；因此，重写公式：

$$F_{\text{web}} = 1.262 \sigma_0 t_{\text{w}}^{1.83} b^{0.67} \frac{1}{\delta^{0.5}} + 1.290 \sigma_0 t_{\text{w}}^{1.33} \delta \frac{1}{b^{0.33}}$$

$$H = 0.838 t_{\text{w}}^{0.33} b^{0.67} \quad \text{（半折长度）}$$

在压溃过程中纵梁肋板的耗能可以表示为

$$E_{\text{web}} = 2.524 \sigma_0 t_{\text{w}}^{1.83} b^{0.67} \delta^{0.5} + 0.645 \sigma_0 t_{\text{w}}^{1.33} \delta^2 \frac{1}{b^{0.33}}$$

通过将壳板和纵梁肋板的贡献相加，总碰撞抗压力和吸收能量可以写为

$$\begin{aligned}
F &= F_{\text{plate}} + F_{\text{web}} \\
&= 3.08 \sigma_0 t \delta \left(1 + 1.5 \frac{R_b \delta}{b^2}\right) \frac{d}{b} + 1.262 \sigma_0 t_{\text{w}}^{1.83} b^{0.67} \frac{1}{\delta^{0.5}} + \\
&\quad 1.290 \sigma_0 t_{\text{w}}^{1.33} \delta \frac{1}{b^{0.33}}
\end{aligned} \tag{3.87}$$

$$\begin{aligned}
E &= E_{\text{plate}} + E_{\text{web}} \\
&= 1.54 \sigma_0 t \delta^2 \left(1 + \frac{R_b \delta}{b^2}\right) \frac{d}{b} + 2.522 \sigma_0 t_{\text{w}}^{1.83} b^{0.67} \delta^{0.5} + \\
&\quad 0.645 \sigma_0 t_{\text{w}}^{1.33} \delta^2 \frac{1}{b^{0.33}}
\end{aligned} \tag{3.88}$$

3.5.3　计算示例

3.5.3.1　丹麦科技大学压溃试验

在丹麦科技大学(Danmarks Tekniske University，DTU)，Simonsen 和 Ocakli(1999 年)进行了一系列准静态压溃模型试验。一个刚性楔子在跨中处压入肋板。肋板长度 $2b$ 为 150 mm，厚度 t 为 1.0 mm。连接翼板的宽度为 50 mm，厚度为 1.0 mm。 材料的屈服应力 σ_0 为 223.2 MPa。使用式(3.84)和式(3.87)的当前计算与试验结果的对比见图 3.35，可见一致性不错。当撞深等于临界断裂值(31.8 mm)时，肋板和连接翼板断裂，抗压强度立即下降。此后，肋板的压溃表现为以恒定力的多重撕裂。

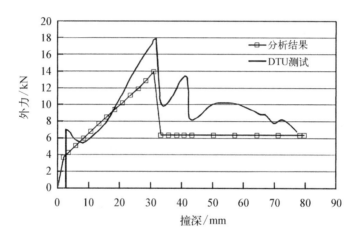

图 3.35　试验(DTU 腹板压溃试验)与使用破裂前式(3.87)、破裂后式(3.84)解析结果的对比

3.5.3.2　MIT 压溃试验

另一个对比是在麻省理工学院(Simonsen，1997 年)进行的肋板压溃试验。试验模型为带翼板的肋板，肋板的两侧由翼板夹紧。一个刚性物体在肋板长度的中间压入模型(类似于上面的 DTU 测试)。

该模型的基本数据如下：腹板长度 $2b$ 为 166.8 mm，厚度 t 为 0.737 mm；连接翼板宽度为 41.7 mm，厚度为 0.737 mm。材料的屈服应力 σ_0 为 236 MPa。

由公式(3.78)计算的半折叠长度是 $H = 0.838 t^{0.33} b^{0.67} = 14.5$ mm，而模型测试结果为 13.9 mm。压溃力的对比由式(3.87)获得，试验结果见图 3.36，具有很好的一致性。

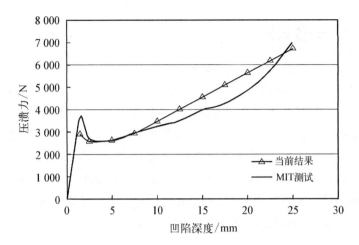

图 3.36   当前结果分析与 MIT 测试结果的压溃力对比

3.5.3.3   多重折叠测试

Yahiaoui 等人(1994 年)进行的模型测试是多重折叠的一个例子。模型的主要参数为：$\sigma_0 = 330$ MPa，$2b = 50$ mm，$t = 1.14$ mm。由式(3.84)获得的平均压溃力的对比,试验结果和 Wierzbicki 公式分别为 8 073 N、8 500 N、6 760 N,见图 3.37。式(3.84)和试验结果之间具有较好的一致性。

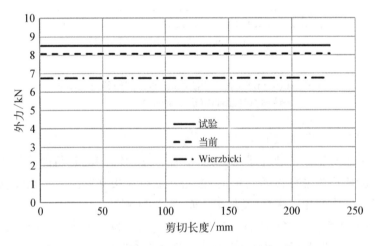

图 3.37   关于板多重折叠和多重撕裂力测试(式(3.84)
计算结果和测试结果的对比)

3.5.3.4   下落冲击试验

Qvist 等人(1995 年)在丹麦的 B&W 造船厂进行了大规模的冲击试验。

该模型相当于 1∶1 比例的 40 000 DWT 船或者 1∶2 比例的大型油船（＞100 000 DWT）的部分舷侧结构。测试前后的测试模型见图 3.38。一个钢球（$M = 2 750$ kg）从 5.0 m 高处落下，与中间的纵梁模型发生碰撞。这意味着冲击速度为 $V = 10$ m/s。因此，破坏纵梁模型消耗的能量为 $E = 0.5MV^2 = 137.5$ kJ。

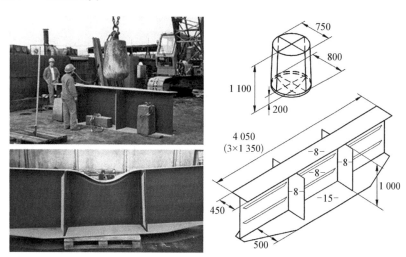

图 3.38　钢球撞击舷侧纵梁模型的试验

模型具体参数如下：横框间距 $2b$ 为 1 350 mm，厚度 t 为 8.0 mm；附板宽度 d 为 450 mm，厚度为 8.0 mm。材料的屈服应力 σ_0 为 317.5 MPa。钢球半径 R_b 为 500 mm。

由式（3.88）计算的结果，冲击结束时的压缩量及试验结果见表 3.10。碰撞结束时外板和纵梁腹板的能量贡献计算结果分别为 66% 和 34%。从比较中可以看出，两者具有良好的一致性。还应该注意的是，外板比纵梁腹板吸收更多的能量。

表 3.10　Qvist 等人（1995 年）的跌落冲击试验计算结果与试验结果对比

试　　　验	撞深/mm
第一个模型	190
第二个模型	175
式（3.88）	171

3.6 腹板和纵梁交叉点处的压溃

本节考虑图 3.39 的碰撞场景,一个典型的船首在横向强框架和纵梁的交叉处撞击船舶的舷侧结构,交叉点处被船首撞击和挤压得凹凸不平。交叉点处破损形式的分析模型见图 3.39。

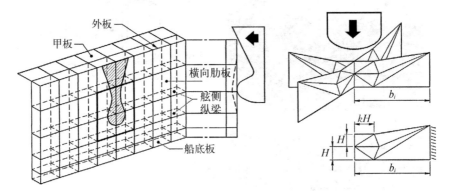

图 3.39 船首在横向肋板和纵向纵梁的交叉处压入舷侧试验与分析模型

3.6.1 平均压溃力的解析方法

首先,推导出单个板单元的压溃公式,见图 3.39 的下部。当第一次折叠完成后,总耗能可以通过将弯曲能量和面内变形能量相加得到: $E = E_b + E_{m1} + E_{m2}$,其中 E_b 是沿塑性铰链线的弯曲能量,E_{m1} 为 $kH \cdot 2H$ 区域的面内变形能,E_{m2} 为 $(b - kH) \cdot 2H$ 区域的面内变形能。

对于弯曲能量,考虑三个水平铰链线,而忽略了倾斜铰链线,因为倾斜铰链线的耗散能量很小(Paik 和 Pedersen,1995 年)。因此,弯曲能量可以表示为

$$E_b = 4M_0 b \frac{\pi}{2} = 1.813\,8\sigma_0 t^2 b \tag{3.89}$$

Amdahl(1983 年),Paik 和 Pedersen(1995 年)研究了 $(kH \cdot 2H)$ 区域的耗能。它表示为

$$E_{m1} = \frac{2}{\sqrt{3}} N_0 H^2 \left(\sqrt{k^2 + \frac{1}{4}} \cdot \arcsin \frac{1}{\sqrt{4k^2 + 1}} + k \right) \tag{3.90}$$

$$= 1.489\,6\sigma_0 t H^2$$

其中，$k = 0.573\,3$（Amdahl，1983 年）和 $N_0 = (2/\sqrt{3})\sigma_0 t$。$(b - kH) \cdot 2H$ 区域的膜能量由下式确定：

$$E_{m2} = \frac{4}{3}\frac{2}{\sqrt{3}}\sigma_0 t H^3 \frac{1}{b - kH} = 1.539\,6\sigma_0 t H^3 \frac{1}{b - kH} \quad (3.91)$$

总耗能可以表示为

$$E = 1.813\,8\sigma_0 t^2 b + 1.489\,6\sigma_0 t H^2 + 1.539\,6\sigma_0 t H^3 \frac{1}{b - kH} \quad (3.92)$$

$$F_m = \frac{E}{2H} = \sigma_0 t\left(0.906\,9tb\frac{1}{H} + 0.748\,8H + \frac{0.769\,8H^2}{b - kH}\right) \quad (3.93)$$

其中，$2H$ 是折叠长度。为简单起见，使用前两项使平均压溃力最小化：

$$\frac{\partial F_m}{\partial H} = 0 \Rightarrow H = 1.103\,(tb)^{0.5} \quad (3.94)$$

现在有必要验证折叠长度的准确性。之前已经研究了几个例子，其中一个例子见图 3.40，它给出了平均值不同的折叠长度 H 的平均压溃力。该例数据为 $b = 1.2$ m，$t = 8$ mm，$\sigma_0 = 300$ MPa。通过仿真得到最佳对折长度 $H = 99$ mm，最小平均压溃力 $F_m = 403.9$ kN。通过应用式（3.94），得到半折长度 $H_1 = 108$ mm，相关平均压溃力为 $F_1 = 405.5$ kN。平均压溃力的相对误差仅为 0.4%。因此，使用式（3.94）计算最佳折叠长度，从而获得平均压溃力，这种方法具有良好的精度。将式（3.94）替换成式（3.93），平均压溃力表示为

$$F_m = 1.643\,7\sigma_0 t^{1.5} b^{0.5} + 0.936\,5\sigma_0 t^2\left(\frac{b}{b - kH}\right) \quad (3.95)$$

为了进一步简化式（3.95），计算 kH/b 的比率。kH/b 与各种 b/t 的结果见图 3.40。可以看出，在较宽的比值 $b/t = 30 - 150$ 范围内，kH/b 值在 5% ～ 11% 范围内。假设 $kH/b = 7.5\%$，式（3.95）变为

$$F_m = 1.643\,7\sigma_0 t^{1.5} b^{0.5} + 1.012\sigma_0 t^2$$
$$= 1.643\,7\sigma_0 t^{1.5} b^{0.5}\left(1 + 0.615\,9\left(\frac{t}{b}\right)^{0.5}\right) \quad (3.96)$$

式（3.96）的第二项是由区域 $(b - 2H) \cdot 2H$ 的拉伸变形的作用。这表明 $(b - 2H) \cdot 2H$ 区域的张力作用很小。举一个典型的例子，当 $b/t = 55$ 时，平均压溃力是 $F_m = 1.643\,7\sigma_0 t^{1.5} b^{0.5}(1 + 0.083)$。因此，$(b - 2H) \cdot 2H$ 区域的拉伸变形作用小于 8%。

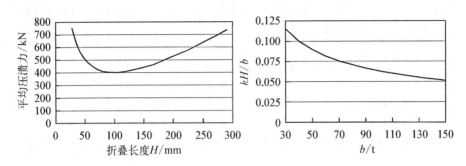

图 3.40 不同折叠长度平均压溃力(左图)与 kH/b 随 b/t 变化(右图)

L 形、T 形、X 形相交处的压缩量和压溃构造可以由单独的板单元产生。因此,L 形、T 形和 X 形截面的平均溃压力可以表示为图 3.41。如果将有效溃压长度取为折叠长度的 75%,则表 3.11 中的公式需要除以系数 0.75。

表 3.11 L 形、T 形、X 形截面的平均压溃力

截面	图　形	平均压溃力
L 形		$F_L = 2.324\,5\sigma_0 t^{1.5} c^{0.5} + 2.025\sigma_0 t^2$ $c = b + b$
T 形		$F_T = 2.847\,0\sigma_0 t^{1.5} c^{0.5} + 3.036\sigma_0 t^2$ $c = b + b + b$
X 形		$F_X = 3.287\,4\sigma_0 t^{1.5} c^{0.5} + 4.048\sigma_0 t^2$ $c = b + b + b + b$

注:如果有效压溃长度取折叠长度的 75%,公式需要除以系数 0.75。

3.6.2　后续压溃

当第一次折叠完成后,可以在肋板破裂之前形成后续折叠。假设随后的折叠与第一个折叠具有相同的几何形状,见图 3.41。

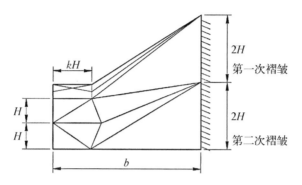

图 3.41　随后的压缩量和压溃模式

对于二次折叠过程,抗压力由两部分组成:一个是新压溃的第二个折叠,另一个是完全压缩的第一个折叠,即

$$F = F_{\text{fold1}} + F_{\text{fold2}}$$

式(3.96)对新压溃的第二次折叠 $F_{\text{fold2}} = 1.643\,7\sigma_0 t^{1.5} b^{0.5} + 1.012\sigma_0 t^2$ 的平均抗压强度仍然有效。完全压缩的第一个折叠可以近似为一个板条,抗压力可以由 $F_1 = 2.31\sigma_0 t H(\delta - 2H)/b_1$ 确定,其中 $b_1 = b - kH \approx 0.925b$。则第一个折叠构造的平均抗压强度为

$$F_{\text{fold1}} = \left(\int\limits_{2H}^{4H} F_1 \mathrm{d}\delta \right) / 2H = (6.704\sigma_0 t^{2.5} b^{0.5})/(2H) = 3.04\sigma_0 t^2$$

在第二次褶皱期间,平均压溃力为

$$\begin{aligned}
F &= 3.04\sigma_0 t^2 + 1.643\,7\sigma_0 t^{1.5} b^{0.5} + 1.012\sigma_0 t^2 \\
&= 1.643\,7\sigma_0 t^{1.5} b^{0.5} + (1+3)1.012\sigma_0 t^2
\end{aligned} \tag{3.97}$$

类似地,第 N 次的平均压溃力可以表示为

$$\begin{aligned}
F_N &= 1.643\,7\sigma_0 t^{1.5} b^{0.5} + (1 + 3(N-1))1.012\sigma_0 t^2 \\
&= 1.643\,7\sigma_0 t^{1.5} b^{0.5} + (3N-2)1.012\sigma_0 t^2
\end{aligned} \tag{3.98}$$

多次折叠后,当穿透度达到临界穿透度时,腹板破裂。破裂后(假设为

N_0 倍),假设平均压溃力为常数,计算公式为

$$F_{N_0} = 1.643\ 7\sigma_0 t^{1.5} b^{0.5} + (3N_0 - 2)1.012\sigma_0 t^2 \tag{3.99}$$

通过组合各个板单元,L 形、T 形和 X 形截面随后第 N 次折叠的平均压溃力可以表示为

$$L\ 形:F_L = 2.324\ 5\sigma_0 t^{1.5} c^{0.5} + (3N - 2)2.025\sigma_0 t^2$$
$$c = b + b \tag{3.100}$$

$$T\ 形:F_T = 2.847\ 0\sigma_0 t^{1.5} c^{0.5} + (3N - 2)3.036\sigma_0 t^2$$
$$c = b + b + b \tag{3.101}$$

$$X\ 形:F_X = 3.287\ 4\sigma_0 t^{1.5} c^{0.5} + (3N - 2)4.048\sigma_0 t^2$$
$$c = b + b + b + b \tag{3.102}$$

需要注意的是,如果将有效压溃长度取为折叠长度的 75%,则上述公式需要除以系数 0.75。

3.6.3　计算示例

Amdahl 和 Kavlie(1992 年)通过使用不同尺寸网格的有限元模拟研究了十字形的压溃。模型的所有边仅受轴向变形的约束。所有垂直的侧边都被完全夹住。计算模型及相关数据见图 3.42。

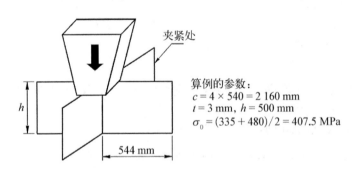

夹紧处

算例的参数:
$c = 4 \times 540 = 2\ 160$ mm
$t = 3$ mm, $h = 500$ mm
$\sigma_0 = (335 + 480)/2 = 407.5$ MPa

544 mm

图 3.42　X 截面的压溃及相关数据

使用式(3.94),得到折叠长度 $2H = 88.8$ mm,并通过应用式(3.102),得到平均压溃力 $F_X(N=1) = 323.31 + 14.85 = 338.2$ kN。对于接下来的第 N 次折叠,平均压溃力为 $F_X(N) = 323.31 + (3N - 2)14.85$。

本结果与 Amdahl、Kavlie 的模拟结果的对比见图 3.43。两者具有良好

的一致性。在解析计算中,假设破裂发生在褶皱 $N_0 = 3$ 处。值得注意的是,有限元分析和本解析结果均未考虑本例中的有效压溃长度。

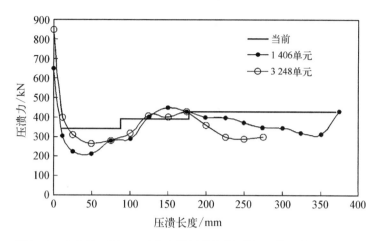

图 3.43　本方法、式(3.102)和有限元模拟得到的 *X* 截面的压溃力对比

3.7　结构单元的轴向压溃

本节研究了船舶碰撞中结构单元的轴向压溃,这是船首压溃分析的基础。

3.7.1　圆柱壳的轴向压溃分析

作为一个经典的例子,首先看一下由 Alexander(1960 年)首次进行的圆柱壳的轴向压溃分析。图 3.44 显示了 Jones(2012 年)给出的这种类型的典型折叠模式。折叠模式可以是轴对称的(左侧图片,也称为规则折叠)或非轴对称(中心和右侧图片,也称为不规则折叠)。

接下来分析具有规则折叠模式的压溃,见图 3.45,以演示分析过程。圆柱壳直径为 D,壁厚为 t。 对于一个完整的折叠,形成三个塑性铰链线。上下铰链处的弯曲能可以由下式计算:

$$E_1 = 2\left(M_0 \cdot \pi D \cdot \frac{\pi}{2}\right)$$

中间铰链处的弯曲能量,其中直径从 D 增加到 $D + 2H\sin\theta$,计算公式为

图 3.44　圆柱壳的轴向压溃

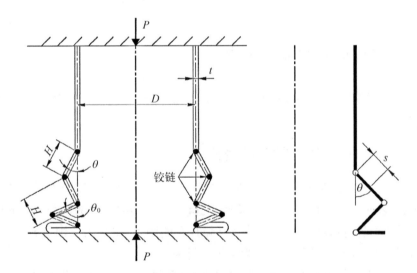

图 3.45　具有规则折叠模式的圆柱壳轴向压溃分析模型

$$E_2 = 2M_0 \int_0^{\pi/2} \pi(D + 2H\sin\theta)\mathrm{d}\theta = 2M_0\pi\left(D \cdot \frac{\pi}{2} + 2H\right)$$

三个铰链处的总弯曲能量为

$$E_b = E_1 + E_2 = 2\pi M_0(\pi D + 2H) \tag{3.103}$$

距离 s 处的径向变形(见图 3.47)可由下式确定:

$$\varepsilon_r = \frac{\pi(D + 2(\sin\theta)s) - \pi D}{\pi D} = \frac{2(\sin\theta)s}{D}$$

拉伸变形产生的能量可以通过不同的方式确定,其中一种简单的方法是计算铰链之间面积的变化:

$$\Delta A = 2(\pi(D + 2H)^2/(4 - \pi D^2)/4) - 2\pi DH = 2\pi H^2$$

由于拉伸变形产生的能量为

$$E_m = \sigma_0 t \Delta A = 2\pi\sigma_0 t H^2 \tag{3.104}$$

外功必须由弯曲和拉伸中的塑性能耗散:

$$F_m \cdot 2H = E_b + E_m$$

平均压溃力表示为

$$F_m = \frac{\pi\sigma_0 t^2}{\sqrt{3}}\left(\frac{\pi D}{2H} + 1\right) + \pi\sigma_0 t H$$

折叠长度未知,但通过使压溃力最小化,则

$$\frac{\partial F_m}{\partial H} = 0 \Rightarrow H = \sqrt{\frac{\pi t D}{2\sqrt{3}}} \approx 0.9523\sqrt{tD}$$

平均压溃力为

$$F_m = 6\sigma_0 t\sqrt{tD} + 1.8\sigma_0 t^2 \tag{3.105}$$

上述分析假设变形是向外的。如果材料向内变形,类似的分析会导致:

$$F_m = 6\sigma_0 t\sqrt{tD} - 1.8\sigma_0 t^2$$

在现实中,圆柱壳可能部分向外变形,部分向内变形,因此可以取平均值为

$$F_m = 6\sigma_0 t^{1.5} D^{0.5} \tag{3.106}$$

这是由 Alexander(1960 年)获得的。若有效压溃长度取折叠长度的75%,则有效平均压溃力为

$$F_m = (6/0.75)\sigma_0 t^{1.5} D^{0.5} = 8\sigma_0 t^{1.5} D^{0.5} \tag{3.107}$$

利用内部能量耗散率和外部能量耗散率的平衡,可以推导出瞬时压溃力(Amdahl,1983 年)三个铰链处的总弯曲能量为

$$\dot{E}_b = 4\pi M_0 (D + H \sin\theta)\dot{\theta}$$

圆管在圆周方向上的拉伸能量速率可由下式确定：

$$\dot{E}_m = 2\pi\sigma_0 t (H^2 \cos\theta)\dot{\theta}$$

外功功率为

$$\dot{E}_{ext} = F \cdot (2H \sin\theta)\dot{\theta}$$

瞬时压溃力可表示为

$$F = \frac{\pi\sigma_0 t^2}{\sqrt{3}\sin\theta} \cdot \left(\frac{D}{H} + \sin\theta + \sqrt{3}\,\frac{H}{t}\cos\theta \right) \tag{3.108}$$

3.7.2　圆锥壳的轴向压溃

对于圆锥形壳的压溃分析，Lehmann 和 Yu（1995 年）发展了解析解。该理论基于通过塑铰连接的三个直折叠单元。解析式可以简化为

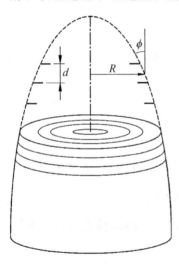

类似于 Alexander（1960 年）通过圆柱壳推导出的公式。对于横向框架球鼻艏压溃分析的应用，有效平均压溃力可以由下式确定：

$$F_m = 2.09\sigma_0 t^2 \left(\frac{2\pi R}{d} + \frac{d}{t} + \right.$$
$$\left. (\pi + 2\phi)\tan\phi + 1 \right) \tag{3.109}$$

其中，t 是壳体厚度；d 是框架间距；R 是相关截面的平均半径；ϕ 是圆锥角（见图 3.46）。在这个分析中，假设褶皱长度（$2H$）被限制在两个相邻的框架之间，因此它可以通过 $2H = d/\cos\phi$ 计算出来。

图 3.46　圆锥壳轴向压溃
分析模型

3.7.3　L 形、T 形和 X 形结构单元的轴向压溃

Wierzbicki 和 Abramowicz（1983 年）对基本单元（如 L 单元、T 单元和 X 单元）的轴向挤压进行了基本理论分析，建立和发展了基本折叠机制。后来，Kierkegaard（1993 年）进一步研究了这些基本元素的轴向压溃行为。

延性板壳结构,如箱形结构,在承受轴向荷载时,通常会发生折叠变形。坍缩模式是一种渐进式折叠,通常从接触开始并逐渐延伸,直到所有动能都被结构吸收或施加的外部荷载被移除。

DiPaolo 和 Tom(2006 年)在准静态试验条件下对薄壁钢箱构件的轴压形态响应进行了试验研究。折叠变形为对称轴向挤压方式。试验评估了压溃特性,对于每种材料类型,观察到的最大和最小荷载幅度差异小于 7%,在初始阶段和二次折叠循环阶段的能量吸收、位移和平均荷载量差异小于 2%。箱形结构在轴向荷载作用下的损伤模式和荷载-变形曲线见图 3.47。

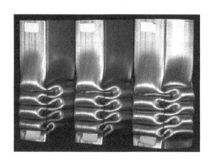

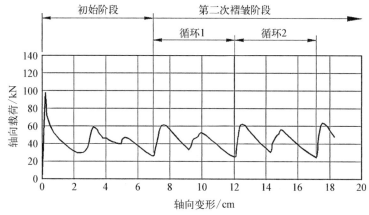

图 3.47 箱形结构在轴向荷载下的压溃模式

在结构单元的压溃过程中,如果材料具有足够的延展性并且假定没有断裂,则会发生大的塑性变形。该结构主要通过两种方式耗散能量:① 通过塑性铰链线的弯曲;② 板的面内拉伸。能量吸收能力取决于结构布置和材料。见图 3.49,压溃力随压溃长度而变化。这反映了在压溃过程中逐渐形成的折叠。对于船舶碰撞分析,平均压溃力是一个有用的参数。许多解析式可用于预测平均压溃力,例如 Wierzbicki 和 Abramowicz(1983 年)、

Amdahl 和 Kavlie(1992 年)、Wierzbicki 等人(1993 年)、Abramowicz(1994 年)、Paik 和 Pedersen(1995 年)、Wang 和 Ohtsubo(1997 年)。表 3.12 总结了有效平均轴向压溃力的公式,其中半折长度由 $H = C^{2/3}t^{1/3}$ 确定,其中 C 是翼板长度。折叠机制的详细推导可以在 Wierzbicki 和 Abramowicz (1983 年)等参考资料中找到。他们表明,2/3 的塑性能通过静止和移动塑性铰链线处的变形耗散,其余 1/3 通过限制在相对较小区域的张力变形耗散。

表 3.12　L 形、T 形、X 形截面的有效平均压溃力
（考虑有效平均压溃距离系数 0.75 后）

L 形		$F_{L} = 3.263\sigma_0 t^{5/3}c^{1/3}$ $c = b+b$
T 形		$F_{T} = 3.421\sigma_0 t^{5/3}c^{1/3}$ $c = b+b+b$
X 形		$F_{X} = 5.439\sigma_0 t^{5/3}c^{1/3}$ $c = b+b+b+b$

3.7.4　压溃试验和解析计算实例

过去已经进行了大量关于结构轴向压溃的模型试验,如 Abramowicz 和 Jones(1984 年)、Ku 等人(2001 年)、Tarigopula 等人(2006 年)、DiPaolo 和 Tom(2006 年)。DiPaolo 和 Tom(2006 年)、Tarigopula 等人(2006 年)的一些模型测试在这里被选择用于分析和对比。

3.7.4.1　DiPaolo 和 Tom(2006 年)进行的准静态轴向压溃试验

DiPaolo 和 Tom(2006 年)进行了一系列准静态轴向压溃试验。试验模型为方管,截面尺寸为 50 mm×50 mm,板厚 1.4 mm(见图 3.48)。模型 C2-3 和 C4-3 的材料特性见表 3.13,表中数据是从单轴拉伸试验中获得的。解析结果和试验结果也列于表 3.13。解析解为

$$F_L = 4 \times 3.263\sigma_0 t^{5/3} c^{1/3} = 4 \times 3.263 \times 351 \times 1.4^{5/3} \times$$
$$50^{1/3} /1\,000 = 21.1 \text{ kN}$$

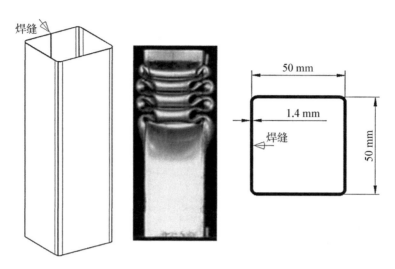

图 3.48　DiPaolo 和 Tom(2006 年)的轴向准静态压溃试验模型说明

表 3.13　轴向压溃试验的材料特性和结果
对比(DiPaolo 和 Tom, 2006 年)

模型号	材　料	屈服强度/MPa	极限强度/MPa	屈服应力/MPa
C2 - 3	A36 钢	337	365	351
C4 - 3	A36 钢	340	364	352

模型号	试验结果		解析结果	
	折叠长度/mm	平均力/kN	折叠长度/mm	平均力/kN
C2 - 3	44.4	23.9	29.8	21.1
C4 - 3	44.8	23.7	29.8	21.2

可以看出,该解析方法将平均压溃力低估了 12%,将折叠长度 $2H$ 低估了 33%。

3.7.4.2　Tarigopula 等人(2006 年)的准静态轴向压溃试验

Tarigopula 等人(2006 年)对方管进行了类似的准静态轴向压溃试验。

试件具有带圆角的标称方形横截面,试件相对于板中心线的平均尺寸为 60 mm × 60 mm × 1.2 mm。方形截面连续焊接,见图 3.49。材料的性能通过单轴拉伸试验获得(见表 3.14)。平均压溃力由下式计算:

$$F_L = 4 \times 3.263 \sigma_0 t^{5/3} c^{1/3} = 4 \times 3.263 \times 640 \times 1.2^{5/3} \times 60^{1/3} /1\,000 = 36.9 \text{ kN}$$

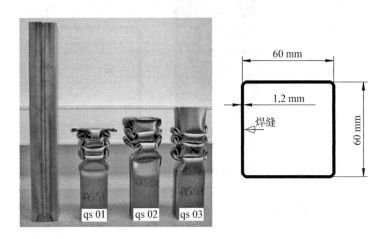

图 3.49 Tarigopula 等人(2006 年)的轴向准静态压溃试验模型示意图

表 3.14 轴向压溃试验材料性能及结果对比(Tarigopula 等人,2006 年)

模型号	屈服强度 /MPa		极限强度 /MPa	屈服应力 /MPa
qs01,qs02,qs03	532		365	351

模型号	试验结果		解析结果	
	折叠长度 /mm	平均力 /kN	折叠长度 /mm	平均力 /kN
qs01	—	36.2	32.0	36.9
qs02	—	34.2	32.0	36.9
qs03	—	36.4	32.0	36.9

解析计算结果与试验结果的比较见表 3.11,两者具有较好的一致性。

3.7.4.3 Tarigopula 等人(2006 年)的动态轴向压溃试验

Tarigopula 等人(2006 年)还对方管进行了动态轴向压溃试验。试件与上述准静态压溃试验相似,标称方形截面为 60 mm×60 mm×1.2 mm。试件以 5、10、15 m/s 三种速度受到 600 kg 质量的冲击。折叠模式比静态情况更复杂,见图 3.50。

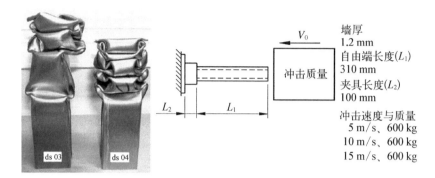

墙厚
1.2 mm
自由端长度(L_1)
310 mm
夹具长度(L_2)
100 mm

冲击速度与质量
5 m/s、600 kg
10 m/s、600 kg
15 m/s、600 kg

图 3.50　Tarigopula 等人(2006 年)的轴向动态压溃试验模型图解

虽然很难估计方管压溃中应变率的准确值,但是 Abramowicz 和 Jones (1984 年)提出平均应变率可以近似为

$$\dot{\varepsilon} = \frac{1}{3} \frac{V_0}{b} \tag{3.110}$$

其中,V_0 是初始冲击速度;b 是横截面的宽度。他们还估计了 Cowper-Symonds 经验公式中的系数 $D = 6\,844(1/s)$ 和 $q = 3.91$。

通过以下公式估计动力效应:

$$\frac{\sigma_{0d}}{\sigma_0} = 1 + \left(\frac{V_0}{3b \times 6\,844} \right)^{\frac{1}{3.91}} \tag{3.111}$$

试验结果(Tarigopula 等人,2006 年)和式(3.111)解析结果对方形管的平均压溃力的动态影响的对比见表 3.15,两者具有较好的一致性。

表 3.15　对轴向压溃力的动态影响化为准静态
压溃力(Tarigopula 等人,2006 年)

冲击速度/(m/s)	试验值	解析值
0(静态)	1.00	1.00
5	1.14	1.24

续　表

冲击速度/(m/s)	试验值	解析值
10	1.21	1.29
15	1.37	1.32

3.8　船首撞击刚性墙壁

本节主要研究船舶碰撞桥塔或桥墩等刚性墙壁时的船首压溃分析方法和最大压溃力。

3.8.1　船首压溃分析步骤

船首压溃分析的首要任务是确定船首的压溃力、吸收能量和破损程度。船首的简单模型是一种板架结构,可以分为基本结构单元,如 L 形、T 形和 X 形单元,或单个板构件,见图 3.51。

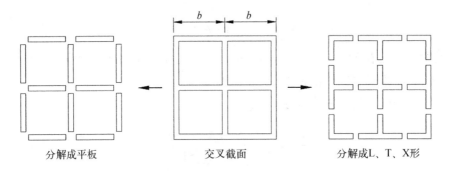

分解成平板　　　　　　　交叉截面　　　　　　　分解成L、T、X形

图 3.51　板架结构被分成单独的板或 L 形、T 形和 X 形元件

通过分析各个元素的抗压强度并将它们相加,可以得到整个结构的总抗压强度。由 L 形、T 形和 X 形元件或单块板组成的结构的平均轴向压溃力常用的公式总结如下:

(1) Amdahl(1983 年)。

$$F_{\mathrm{m}} = 2.42\sigma_0 A \left(\frac{n_{\mathrm{AT}} t^2}{A} \right)^{0.67} \cdot \left(0.87 + 1.27 \frac{n_x + 0.31 n_{\mathrm{T}}}{n_{\mathrm{AT}}} \times \left(\frac{A}{(n_{\mathrm{X}} + 0.31 n_{\mathrm{T}}) t^2} \right)^{0.25} \right)^{0.67} \tag{3.112}$$

（2）Yang 和 Caldwell（1988 年）。

$$F_m = \sigma_0 \left(1.178/H \sum_{n_T} bt^2 + 0.215H \sum_{n_{AT}} t + 6.935 \sum_{n_{AT}} t^2 + \right.$$

$$0.265H \sum_{n_T} t + 0.589 \sum_{n_T} t^2 + 0.75H \sum_{n_X} \sum_4 t + \qquad (3.113)$$

$$\left. 0.375 \sum_{n_X} \sum_4 t^2 \right)$$

（3）Abramowicz（1994 年）。

$$F_m = (n_L + 1.2n_T + 2.1n_X)(3.263\sigma_0 c^{0.33} t^{1.67}) \qquad (3.114)$$

（4）Paik 和 Pedersen（1995 年）。

$$F_m = \sigma_0 \sum_i A_i \left(1.951\,4 \left(\frac{t}{b} \right)^{0.5} + 0.366\,1 \frac{t}{b} \right) \qquad (3.115)$$

（5）Pedersen 和 Zhang（2000 年）。

$$F_m = 3.5\sigma_0 \sum_i A_i \left(\frac{t}{b} \right)^{0.67} \qquad (3.116)$$

其中，n_L 为 L 形单元的数量；n_T 为 T 形单元的数量；n_X 为 X 形单元的数量；t 为单个板的厚度；b 为单个板的宽度；A_i 为单个板的横截面积；A 为板横截面积的总和；L 为板横截面宽度的总和，$c = L/n$，

$n = n_L + n_T + n_X$，$n_{AT} = n_L + n_T$；$H = (1.178tL/(0.215n_L + 0.48n_T + 0.75n_X))^{0.5}$。

　　为了对比各种压溃力公式的预测值，考虑了不同的方管，见表 3.16。对于案例 1～案例 3，管材横截面宽度 $a = 1.0$ m，板厚度 $t = 10$ mm。三种情况的平均抗压强度（$F_m/(\sigma_0 A)$）的对比见表 3.16。从对比中可以看出，不同方法之间取得了合理的一致性，特别是对于 n_T 或 n_X 数量增加的情况。与 Paik 等人（1999 年）报道的试验结果的对比也见表 3.16。

表 3.16　不同公式得到的平均抗压强度对比

案　　例		试验结果	Amdahl（1983 年）	Yang 和 Caldwell（1988 年）	Abramowicz（1994 年）	Paik 和 Pedersen（1995 年）	Pedersen 和 Zhang（2000 年）
案例 1 $a = 1.0$ m $t = 10$ mm			0.101	0.170	0.151	0.199	0.160

续　表

案　例	试验结果	Amdahl (1983 年)	Yang 和 Caldwell (1988 年)	Abramowicz (1994 年)	Paik 和 Pedersen (1995 年)	Pedersen 和 Zhang (2000 年)
案例 2 $a = 1.0$ m $t = 10$ mm		0.235	0.264	0.240	0.283	0.255
案例 3 $a = 1.0$ m $t = 10$ mm		0.314	0.325	0.330	0.349	0.334
Paik 等人 (1999 年) $a =$ 100 mm	$t = 2.2$ 0.216	0.171	0.302	0.253	0.297	0.271
	$t = 2.8$ 0.268	0.201	0.363	0.297	0.337	0.319
	$t = 3.0$ 0.272	0.210	0.382	0.311	0.349	0.334
	$t = 4.2$ 0.395	0.264	0.498	0.390	0.415	0.418

　　正如 Yang 和 Caldwell(1988 年)所讨论的那样,对于纵向加筋的船首,因为抗压单元的板面具有纵向加强筋,板面的抗压强度可以大大增加。然而,这种板式面板的最终坍缩模式可以被认为是板式面板的弯曲破坏。这意味着加强筋在压溃过程中作为板材的一部分。因此,在压溃分析中,通过将加筋板的弯曲坍缩形成塑性铰链,计入基本单元似乎是一个有效的近似。组合加筋板弯曲坍缩的等效板厚由 $t_{eq} = \left(2\sqrt{3} M_1 / \sigma_0 b\right)^{0.5}$ 给出,其中 b 为连接到加筋板的宽度,M_1 为加筋板的全塑性弯矩。这种将纵向加强筋的影响纳入船首压溃分析的方法给出了很好的预测,Yamada(2006 年)在船头压溃试验中也证明了这一点。

　　Pedersen 等人(1993 年)进一步研究了 Amdahl(1983 年)、Yang 和 Caldwell(1988 年)提出的方法。在很大程度上,这两种方法都利用了 Wierzbicki 和 Abramowicz(1983 年)提出的折叠机制。Pedersen 等人(1993 年)将 Amdahl(1983 年),Yang 和 Caldwell(1988 年)的方法计算结果与模型试验结果(Amdahl,1983 年)进行对比,见图 3.52。

　　在 Yamada 和 Pedersen(2008 年)研究中,给出了基准测试的结果,其中将不同的简化程序与大型船首模型的几个试验测试进行了对比,见图 3.52。

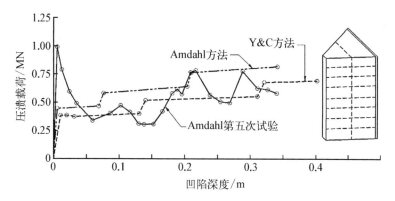

图 3.52　船首模型试验与解析计算的碰撞压溃荷载的对比

3.8.2　船首形状和船舶主尺度

3.8.2.1　船首形状

船首的大小和形状各不相同。用一个简单的模型来描述船首的尺寸和几何特征似乎是非常困难的。因此,必须做出一些假设。不同的船舶类型可以分为以下几类:油船、散货船、化学品船、气体运输船、普通货船、集装箱船、客船、滚装船、渔船、军舰和其他。

几年前,统计数据显示,在上述所有船舶中,有 40%～50% 的船舶有球鼻艏(Nielsen,1995 年)。然而,今天越来越多的现代商船使用球鼻艏,因为拥有球鼻艏的船舶往往比没有球鼻艏的船舶需要更少的推进力,并且拥有更好的阻力特性(Schneekluth,1987 年)。因此,这里对船首的描述主要集中在有球鼻艏。

船体形状和船速对船首的形状有很大影响。更具体地说,它是由 Froude 数决定的,其定义为

$$F_n = \frac{V}{\sqrt{gL}} \tag{3.117}$$

其中,V 为船舶设计航速;g 为重力($=9.81 \text{ m/s}^2$);L 为船舶长度。船舶在设计吃水时的方形系数可近似为

$$C_b = 1.07 - 1.68 F_n \tag{3.118}$$

一些商船的 Froude 数和方形系数的典型值如下:

$F_n = 0.14$;$C_b = 0.84$　用于油船和散货船

$F_n = 0.19$;$C_b = 0.75$　用于 LNG 船舶

$F_n = 0.22$；$C_b = 0.70$　用于集装箱船

描述球鼻艏的基本数据可以分成两部分：第一部分是船首的上部，第二部分是球鼻艏的下部。图 3.53 显示了一艘集装箱船首的具体船体形状。

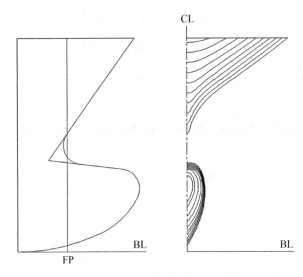

图 3.53　集装箱船首的船体形状

通过对实际设计的调查，上层甲板的纵剖面可以用以下表达式表示：

$$y = C_0 \cdot B^{0.5} x^{0.5} \tag{3.119}$$

其中，C_0 是一个系数；B 是船宽；x 是从上甲板艏端测量的距离（见图 3.54）。系数 C_0 和首柱倾角 φ 的典型值如下：

$C_0 = 0.57$；$\varphi = 75°$　用于油船

$C_0 = 0.47$；$\varphi = 65°$　用于 LNG 船舶

$C_0 = 0.40$；$\varphi = 56°$　用于集装箱船

系数 C_0 和首柱倾角 φ（单位：°）可根据船舶的方形系数近似确定：

$$C_0 = 1.257 C_b - 0.478$$
$$\varphi = 139.09 C_b - 40.65$$

对于船首下部，假设球鼻艏有三个半径，与最上层甲板的高度（H_{deck}）成比例：

$$R_L = \lambda_L \cdot H_{deck}，球鼻艏长度$$

$$R_V = \lambda_V \cdot H_{deck}，垂直半径$$

$$R_H = \lambda_H \cdot H_{deck}，水平半径$$

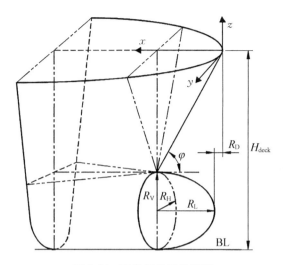

图 3.54　球鼻艏参数的定义

根据现有船舶的统计数据和球鼻艏设计指南，系数 λ_L、λ_V 和 λ_H 的平均值如下：

$$\lambda_L = 0.225; \quad \lambda_V = 0.28; \quad \lambda_H = 0.18 \qquad 用于油船$$

$$\lambda_L = 0.29; \quad \lambda_V = 0.20; \quad \lambda_H = 0.10 \qquad 用于 LNG 船舶$$

$$\lambda_L = 0.315; \quad \lambda_V = 0.18; \quad \lambda_H = 0.008\,5 \qquad 用于集装箱船$$

系数 λ_L、λ_V 和 λ_H 也可以使用方形系数 C_b 根据经验表达式近似确定：

$$\lambda_L = -0.680C_b + 0.795$$

$$\lambda_V = 0.765C_b - 0.363$$

$$\lambda_H = 0.732C_b - 0.436$$

球鼻艏端部和艏楼甲板端部之间的垂直距离 R_D 可通过以下公式计算：

$$R_D = \frac{H_{deck} - 2R_V}{\tan\varphi} - R_L$$

例如，对于集装箱船，如果船首角为 $\varphi = 56°$，则距离 R_D 变为

$$R_D = \frac{H_{deck} - 2 \cdot 0.18H_{deck}}{\tan 56°} - 0.315H_{deck} = 0.117H_{deck}$$

为了从数学上描述球鼻艏，$x_1y_1z_1$ 坐标系的原点位于球鼻艏端，见图 3.55。

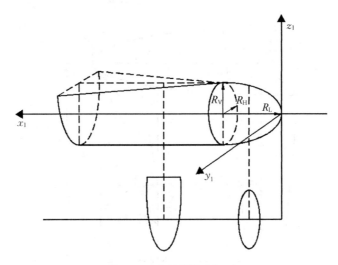

图 3.55 球鼻艏的坐标系

描述球鼻艏的公式如下：

当 $x \leqslant R_L$ 时，有

$$\sin\left(\frac{x_1}{R_L}\frac{\pi}{2}\right) = \left(\frac{y_1}{R_H}\right)^{C_y} + \left(\frac{z_1}{R_V}\right)^{C_z} \tag{3.120}$$

其中，系数 C_y 和 C_z 可取如下（基于实际船舶设计分析）：

$$C_y = 2.5;\ C_z = 4.0 \quad \text{用于油船}$$

$$C_y = 2.0;\ C_z = 2.5 \quad \text{用于 LNG 船舶}$$

$$C_y = 1.7;\ C_z = 1.7 \quad \text{用于集装箱船}$$

系数 C_y 和 C_z 可使用方形系数 C_b 从经验表达式近似确定：

$$C_y = 5.952C_b - 2.469$$

$$C_z = 17.189C_b - 10.365$$

在垂直 $x_1 z_1$ 平面（$y_1 = 0$）中，式(3.120)变为

$$\sin\left(\frac{x_1}{R_L}\frac{\pi}{2}\right) = \left(\frac{z_1}{R_V}\right)^{C_z} \Rightarrow : z_1 = \left(\sin\left(\frac{x_1}{R_L}\frac{\pi}{2}\right)\right)^{1/C_z} \cdot R_V$$

在垂直 $x_1 y_1$ 平面（$z_1 = 0$）中，式(3.120)变为

$$\sin\left(\frac{x_1}{R_L}\frac{\pi}{2}\right) = \left(\frac{y_1}{R_H}\right)^{C_y} \Rightarrow : y_1 = \left(\sin\left(\frac{x_1}{R_L}\frac{\pi}{2}\right)\right)^{1/C_y} \cdot R_H$$

当 $x \geqslant R_L$ 时,在垂直 $x_1 z_1$ 平面($y_1 = 0$)中,z 近似为

$$z = R_V$$

在垂直 $x_1 y_1$ 平面($z_1 = 0$)中,式(3.120)变为

$$\sin\left(\frac{x_1}{R_L}\frac{\pi}{2}\right) = \left(\frac{y_1}{R_H}\right)^{C_y} \Rightarrow : y_1 = \left(\sin\left(\frac{x_1}{R_L}\frac{\pi}{2}\right)\right)^{1/C_y} \cdot R_H$$

如果 $y_1 \geqslant B/2$,则 $y_1 = B/2$。

图 3.56 给出了球鼻艏描述和式的摘要,以供快速参考。

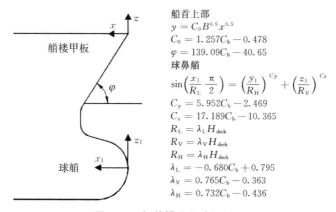

船首上部
$y = C_0 B^{0.5} x^{0.5}$
$C_0 = 1.257 C_b - 0.478$
$\varphi = 139.09 C_b - 40.65$

球鼻艏
$\sin\left(\frac{x_1}{R_L}\frac{\pi}{2}\right) = \left(\frac{y_1}{R_H}\right)^{C_y} + \left(\frac{z_1}{R_V}\right)^{C_z}$
$C_y = 5.952 C_b - 2.469$
$C_z = 17.189 C_b - 10.365$
$R_L = \lambda_L H_{deck}$
$R_V = \lambda_V H_{deck}$
$R_H = \lambda_H H_{deck}$
$\lambda_L = -0.680 C_b + 0.795$
$\lambda_V = 0.765 C_b - 0.363$
$\lambda_H = 0.732 C_b - 0.436$

图 3.56　船首描述和式汇总

3.8.2.2　船舶主尺度

从上节可以看出,船宽 B、甲板高度 H_{deck} 和方形系数 C_b 这三个参数对于确定船首形状非常重要。对于给定的船舶,这些参数可能是已知的。但对于概率分析,涉及大量船舶计算。在这种情况下,没有明显的船舶确切尺度。因此,想使用一个参数,如船舶长度,以大致确定船舶宽度和艏楼甲板高度。不幸的是,没有这样的公式。然而,基于大量现有船舶(Nielsen,1995 年),笔者发现了以下关系的近似数据,参数见表 3.17。

表 3.17　艏楼甲板的长度、宽度、深度和高度关系

参　数	油　船	散货船	化学品船	气体运输船	集装箱船	客　船
L/B	5.5~7.5	5.0~8.0	5.5~7.5	5.5~7.0	5.5~9.0	5.5~8.0
L/D	10.0~14.0	10.0~14.0	10.0~14.0	10.5~12.5	10.0~13.5	10.0~25.0
H_{deck}/B	0.55~0.65	0.65~0.80	0.60~0.75	0.60~0.85	0.70~0.80	0.70~0.80

注:L=船长,B=船宽,D=型深,H_{deck}=艏楼甲板高度。

根据经济标准的优化结果统计，Schneekluth（1987 年）给出了以下确定船舶长度的公式：

$$L = C \cdot \Delta^{0.3} V^{0.3} \tag{3.121}$$

其中，L = 垂线长度，m；Δ = 排水量，t；V = 设计速度，kn；$C = 3.2 \dfrac{C_B + 0.5}{0.145/F_n + 0.5}$，且 F_n 为 Froude 数。

式（3.121）也可以表示为

$$L = 7.432 \, (F_n \cdot \Delta)^{0.353} \tag{3.122}$$

Zhang（2005 年）调查了油船船队数据库，以研究船舶长度、宽度、深度、最大吃水和排水量之间的关系。油船数据库的规模约为 2 000 艘船舶，建造时间为 1950—2002 年。图 3.57～图 3.60 显示了油船主尺度之间关系的结果。与船长 $L(m)$ 关系的经验公式可表示为

$$\Delta = 0.004\,8L^{3.12}，排水量（单位：t）$$

$$B = 0.115L^{1.07}，船舶宽度（单位：m）$$

$$D = 0.076L^{1.03}，船舶深度（单位：m）$$

$$T = 0.048L^{1.05}，船舶最大吃水深度（单位：m）$$

$$\mathrm{DWT} = 0.001\,3L^{3.322}，船舶自重（单位：t）$$

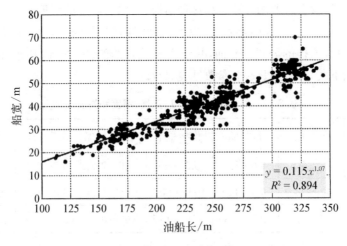

图 3.57　船宽与船长的关系

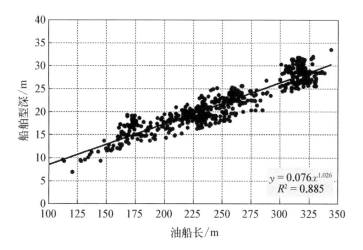

图 3.58　型深与船长的关系

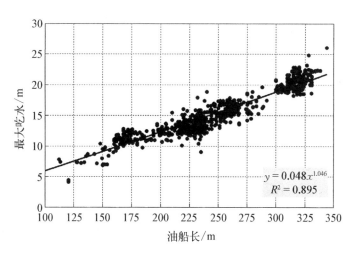

图 3.59　最大吃水深度与船长的关系

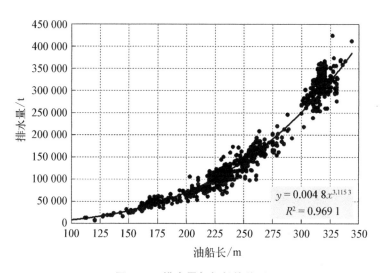

图 3.60　排水量与船长的关系

3.8.3　对于迎首碰撞中的船首压溃荷载和船首损坏

本节中,基于前面章节中提出的简化理论,给出迎艏压溃分析的简化理论(见图 3.61)。推导的过程中,首先定义了船中段,因为船中段的几何参数可以直接从分类规则和实际设计中确定。通过对船首形状的推导,将分析扩展到前方区域。

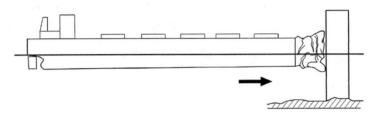

图 3.61　迎面碰撞中船首损坏的示意图

为了获得一个简单的模型,这里对张(2002 年)所述的大型双壳油船的几何结构进行了一些假设。双层底高度取 $0.1D$,船舶宽度 B 为 $2D$,其中 D 为船舶型深。甲板、舷侧外板、纵向舱壁和底部的等效厚度(板加纵向构件)相同。在这些假设下,甲板处的船中剖面模量估计为 $Z = 0.779B^2 t_{eq}$,其中 t_{eq} 为甲板、舷侧外板等的等效厚度。与详细计算相比,该公式给出了截面模量的良好估计。

根据《船舶入级规则》(劳氏船级社,2018b)的规定,最小船中剖面模数要求 $Z = k_L C_1 L^2 B (C_b + 0.7) \times 10^{-6}$ m^3,以 mm 为单位的等效厚度可写为 $t_{eq} = 1.248 k_L C_1 L^2 (C_b + 0.7) / B \times 10^{-6}$,其中,$k_L$ 为材料系数;C_1 是一个系数;C_b 是方形系数;L 是船长,m;B 是型宽,m。船中剖面的横截面积可以表示为 $A_{mid} = k_L A_1 C_1 L^2 (C_b + 0.7) \times 10^{-6}$ m^2,其中 A_1 是取决于船中结构的系数。例如,$A_1 = 6.0$ 用于单壳油船,$A_1 = 7.7$ 用于超大型油船(very longe crude oil carrier, VLCC)。根据船舶规则,系数 C_1 随船舶长度增加。然而,在对实际设计进行分析后,发现系数 $A_1 C_1$ 可以视为一个常数,与船舶长度和船中构型无关,$A_1 C_1 = 87$。 通过式(3.116),船中剖面的平均抗压强度可通过以下公式计算:

$$F_{mid} = \left(3.5 \left(\frac{t}{b} \right)^{0.67} k_L \sigma_0 \right) (87 L^2 (C_b + 0.7)) \tag{3.123}$$

其中,F_{mid} 为抗压强度,N;σ_0 为材料流动应力,N/mm^2;t 为板厚,mm;b 为纵

向加强筋间距,mm。通过对 150 m 及以上油船和散货船现代设计的分析,获得以下数据,以进一步简化公式。纵向加强筋间距与厚度之比的平均值为 $b/t = 48$。由于这些船舶采用高强度钢 HT32 制造,因此材料的流动应力为 $\sigma_0 = 0.5 \times (315 + 440) = 377.5 \text{ N/mm}^2$,然后,材料因子是 $k_L = 0.78$。方形系数可以取为 $C_b = 0.84$ 适用于油船和散货船。简单替换后,船中抗压强度的表达式变为

$$F_{\text{mid}} = 10.39L^2 \text{ kN} \tag{3.124}$$

式(3.124)适用于由 HT32 钢建造的纵骨架式船舶。例如,Lützen(2001年)指出,横骨架式布置的抗压强度远低于纵骨架式布置。其他钢种的结果略有不同,材料对耐压性的影响较小(Zhang 等人,2004b)。通过取船舶常用钢材的平均值,船中抗压强度的表达式为

$$F_{\text{mid}} = 10.57L^2 \text{ kN} \tag{3.125}$$

为了获得船舶前方区域的压溃力和压溃距离之间的关系,使用了3.8.2 节所述的船首形状,图 3.62 显示了理想船首。在水平面上,船首上部甲板由以下曲线表示:

$$y = \begin{cases} 0.57B^{0.5}x^{0.5} & x \leqslant 0.4B \\ 0.48B^{0.7}x^{0.3} & 0.4B \leqslant x \leqslant 1.1B \end{cases}$$

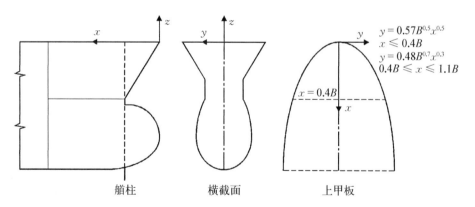

舭柱　　　　　　横截面　　　　　　上甲板

图 3.62　假定的船首形状示意图

对实际设计构件尺寸的进一步研究表明,船首横截面积遵循类似于上层甲板形状的曲线,可以用以下公式描述:

$$A_x = \begin{cases} \alpha_1 x^{0.5} & x \leqslant 0.4B \\ \alpha_2 x^{0.3} & 0.4B \leqslant x \leqslant 1.1B \end{cases}$$

其中，$\alpha_2 = 0.833B^{0.2}\alpha_1$，$\alpha_1$ 是一个系数。

船首压溃力 F 和压溃距离 d 之间的关系可以表示为

$$F = \begin{cases} K_1 d^{0.5} & d \leqslant 0.3B \\ K_2 d^{0.3} & d \geqslant 0.3B \end{cases}$$

其中，K_1 和 K_2 为压溃力系数；d 是从压溃起点到压溃区前部的压溃距离；x 是船首的损伤范围。船首压溃后，受损材料将堆积起来，不会进一步压缩。d 和 x 之间的关系可以看作 $d = 0.75x$。结果表明，船首力随变形呈非线性变化。在 $x = 1.1B$ 左右时的船首长度处，甲板宽度约等于船舶宽度 B。在该损伤程度下，可以假设抗压强度等于 F_{mid}。因此，系数 K_2 可由 $K_2 = 11.20L^2/B^{0.3}$（$\text{kN}/\text{m}^{0.5}$）得到。在 $x = 0.4B$ 损坏范围内，$K_1 d^{0.5} = K_2 d^{0.3}$，系数 K_1 可由 $K_1 = 14.25L^2/B^{0.5}$（$\text{kN}/\text{m}^{0.3}$）得到。因此，压溃力-压溃距离关系为

$$F = \begin{cases} 14.25L^2 B^{-0.5} d^{0.5} & d \leqslant 0.3B \\ 11.20L^2 B^{-0.3} d^{0.3} & d \geqslant 0.3B \end{cases} \tag{3.126}$$

式（3.126）可通过使用公式 $B = 0.119\,2L^{1.06}$ 进一步简化：

$$F = \begin{cases} 41.26L^{1.47} d^{0.5} & d \leqslant 0.3B \\ 21.20L^{1.68} d^{0.3} & d \geqslant 0.3B \end{cases} \tag{3.127}$$

式（3.127），船首吸收的能量如下：

$$E_{\text{bow}} = \begin{cases} 27.51L^{1.47} d^{1.5} & d \leqslant 0.3B \\ 16.30L^{1.68}(d^{1.3} - 0.019L^{1.38}) & d \geqslant 0.3B \end{cases} \tag{3.128}$$

其中，L、B、x 和 d，m；E_{bow}，kNm。

此处假设的碰撞场景是纵骨架式的油船或散货船以航速 V 与刚性壁迎面碰撞，并且船舶的初始动能完全被船首结构的压溃吸收。船首的压溃距离可根据能量平衡方程 $E_{\text{bow}} = 0.5MV^2$ 确定，其中 M 是船舶排水量。对于带有球鼻艏的船舶，如油船和散货船，最大损坏程度几乎不超过 $0.4B$，接近于防撞舱壁位置。因此，为了简单和实用，可以使用式（3.128）的第一个公式确定碰撞航速 V 下的损坏程度，如下式所示：

$$d_V = 0.069\left(\frac{MV^2}{L^{1.47}}\right)^{0.67} \tag{3.129}$$

将式(3.129)代入式(3.127)的第一个公式,得到碰撞航速 V 下的压溃阻力,如下式所示:

$$F_V = 10.85(MV^2 L^{2.94})^{0.33} \tag{3.130}$$

其中,L 为船长,m,M 为排水量,t,V 为碰撞航速,m/s。散货船在满载条件下的排水量可近似为 $M = 0.0015L^{3.3}$。因此,进一步简化方程:

$$d_V = 0.95\left(\frac{L}{300}\right)^{1.22} V^{1.33} \tag{3.131}$$

$$F_V = 1.27 L^{2.08} V^{0.67} \tag{3.132}$$

船首的损坏程度表示为

$$x_V = \frac{d_V}{0.75} = 1.27\left(\frac{L}{300}\right)^{1.22} V^{1.33} \tag{3.133}$$

压溃抗力也可以表示为

$$F_V = 81.93 V^{0.67} (DWT)^{0.63} \tag{3.134}$$

其中,DWT 是船舶的载重吨。碰撞中的最大降速可通过以下公式计算:

$$a_{max} = \frac{F_V}{M} = 830.20\frac{V^{0.67}}{L^{1.22}} \tag{3.135}$$

对于压载条件,船舶的排水量可近似为 $M = 0.0006L^{3.3}$。与上述步骤类似的步骤可用于分析压载条件下的碰撞损伤。

冲击持续时间可近似为(Pedersen 等人,1993 年):

$$t_\Delta = 1.67\frac{d_V}{V} = 1.59\left(\frac{L}{300}\right)^{1.22} V^{0.33} \tag{3.136}$$

例如,本方法用于估算船首的最大损坏范围,以与《船舶规则》(劳氏船级社,2018b)中关于防撞舱壁位置的要求进行对比。图 3.63 显示了当前计算与规则要求之间的对比。碰撞速度取 15 kn。发现了良好的相关性。图 3.64 显示了在碰撞速度为 15 kn 的情况下,不同尺度的船舶碰撞引起的最大减速。可以看出,对较大船舶的加速度减弱相当低,小于 1.0 g。因此,在此类碰撞事件中,船上船员通常可以避免严重受伤。

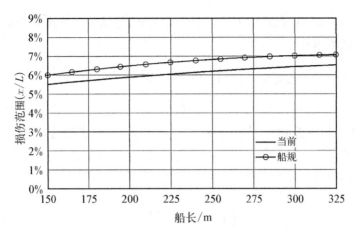

图 3.63 解析方法(碰撞速度 15 kn)计算船首损伤范围与规则要求的防撞舱壁位置的对比

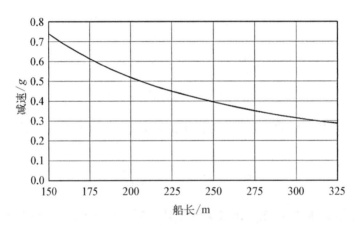

图 3.64 在碰撞速度为 15 kn 时,用本方法计算的碰撞加速度衰减

3.8.4 抗船舶碰撞的桥塔或桥墩设计

桥梁抗船舶碰撞的设计标准之一是 AASHTO(1991 年)荷载抗力系数设计(LRFD)桥梁设计规范,其中规定船舶迎面碰撞桥墩的冲击力应取为

$$F_{bow} = 0.12V(DWT)0.5 \tag{3.137}$$

其中,V 为碰撞速度,m/s;DWT 为载重吨,t。该公式是基于德国的 Woisin (1979 年)研究开发的,旨在生成碰撞数据,以保护核动力船舶的反应堆免受与其他船舶的碰撞。模型试验的比例为 1∶12 和 1∶7.5。由于试验数据分散,70%的断裂力被用作桥梁设计的等效静力冲击力。

Pedersen 等人(1993 年)研究了冰区加强船首对刚性壁的压溃荷载。在理论分析中,对 Gerard(1957 年)、Amdahl(1983 年)、Yang 和 Caldwell(1988 年)提出的公式进行了应用和比较。在一系列计算和分析的基础上,推导出了估算最大船首碰撞荷载的经验表达式。500～300 000 DWT 之间的冰区加强商船的建议表达式如下所示:

$$F_{bow} = \begin{cases} 210L_1(E_1 + (5.0 - L_1)L_1^{1.6})^{0.5} & E_1 \geqslant L_1^{2.6} \\ 470.4(E_1 L_1)^{0.5} & E_1 < L_1^{2.6} \end{cases} \tag{3.138}$$

其中,F_{bow} 为压溃力,MN;$L_1 = L/275$;$E_1 = 0.5MV^2/1\ 425$;L 为船长,m;M 为排水量,10^6 kg;V 为碰撞速度,m/s。该设计力已被 Eurocode 1(2010 年)采纳。

为了便于比较,3.8.3 节中推导出了另一个船首压溃荷载公式:

$$F_{bow} = 1.27L^{2.08}V^{0.67} \tag{3.139}$$

其中,L 是船长,m;V 为碰撞速度,m/s。

类似地,Pedersen(1998 年)推导了船舶舷侧受到冲击荷载的经验表达式,可用于船舶与桥墩的碰撞。经验公式为

$$P_{side} = 263c(1.0 + 0.88(b/D)^{1.06}) \cdot (L/300)^{2.20} \tag{3.140}$$

其中,P_{side} 是舷侧碰撞荷载,MN;c 是计算船舶加强系统的系数,$c = 1.00$ 是纵向加强船舶,$c = 1.35$ 是横向加强船舶;b 是与舷侧接触的桥墩宽度;D 是船舶的型深;L 是船长,m。

3.8.5　计算示例

通过当前方法(式(3.139))、Pedersen 等人(1993 年)(式(3.138))和 AASHTO(1991 年)(式(3.137))三种方法获得船首压溃力,图 3.65 显示了在碰撞速度为 15 kn(7.72 m/s)时,各种纵向加强船舶的船首压溃力随尺度的变化。图 3.66 显示了在不同碰撞速度下,通过三种方法计算的长度为 250 m 的船舶压溃力的对比。从结果对比中可以看出,当前的结果与 Pedersen 等人(1993 年)的方法相当吻合。还可以看出,当前的结果和 Pedersen 等人的结果比 AASHTO 的结果高出 30%～70%。这是意料之中的,因为 Pedersen 等人(1993 年)得出的力是针对高级别的冰区加强船舶的。

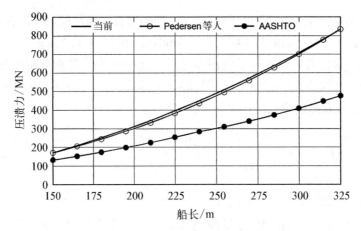

图 3.65　对纵向加强船首的油船和散货船,在碰撞速度为
15 kn 时,采用不同方法获得的压溃力的对比

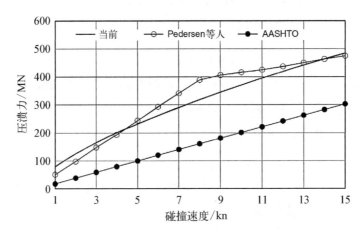

图 3.66　长度为 250 m 的油船在不同碰撞速度下的压溃力对比

3.9　船-船碰撞损伤分析

3.9.1　碰撞场景

船-船碰撞的一般情况见图 3.67。当前进速度为 V_1 的撞击船以 β 角撞击前进速度为 V_2 的被撞船时,如果被撞船的前进速度不为零,则撞击船首对被撞船的穿透角不等于碰撞角 β。它将遵循相对速度的方向: $V = V_1 - V_2$。

第 2 章推导了撞击船和被撞船在接触点处的相对加速度的式(2.16)和式(2.17),它们是垂直方向 ξ 和平行方向 η 上撞击船相对加速度的分量:

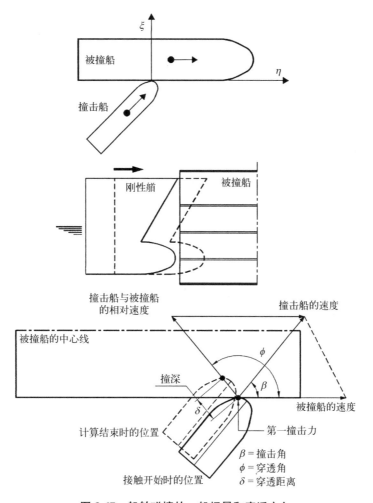

图 3.67　船舶碰撞的一般场景和穿透方向

$$\ddot{\xi} = -(D_\xi + \mu D_\eta)F_\xi$$

$$\ddot{\eta} = -\left(\frac{1}{\mu}K_\xi + K_\eta\right)F_\eta$$

假设加速度或碰撞力随时间呈正弦函数关系。因此,两艘船在撞击点的相对加速度可以表示为

$$\ddot{\xi} = A_1\sin(\omega \cdot t) \text{ 且 } \ddot{\eta} = A_2\sin(\omega \cdot t)$$

其中, A_1 和 A_2 是由初始条件确定的常数; ω 是频率; t 是时间。因此,相对速度和相对穿透力表示为

$$\dot{\xi} = -\frac{A_1}{\omega}\cos(\omega \cdot t) + B_1 \qquad \dot{\eta} = -\frac{A_2}{\omega}\cos(\omega \cdot t) + B_2$$

$$\xi = -\frac{A_1}{\omega^2}\sin(\omega \cdot t) + B_1 t + C_1 \qquad \eta = -\frac{A_2}{\omega^2}\sin(\omega \cdot t) + B_2 t + C_2$$

碰撞开始时，$t = 0$，初始穿撞深度为零，相对速度由船舶前进速度 V_1 和 V_2 确定。在碰撞结束时，$t = t_\Delta$，相对速度等于零。条件表示如下：

当时间 $t = 0$ 时，有

$$\dot{\xi}(0) = V_1\sin\beta \quad \dot{\eta}(0) = V_1\cos\beta - V_2$$

$$\xi(0) = 0 \qquad \eta(0) = 0$$

当时间 $t = t_\Delta$ 时，有

$$\dot{\xi}(t_\Delta) = 0 \text{ 和 } \dot{\eta}(t_\Delta) = 0$$

其中，$t_\Delta = \frac{1}{4} \cdot \frac{2\pi}{\omega} = \frac{\pi}{2\omega}$ 是碰撞持续时间。

通过使用上述条件，相对加速度、相对速度和穿透力最终表示为

$$\ddot{\xi} = -\frac{\pi}{2t_\Delta}\dot{\xi}(0)\sin\left(\frac{\pi}{2t_\Delta} \cdot t\right)$$

$$\ddot{\eta} = -\frac{\pi}{2t_\Delta}\dot{\eta}(0)\sin\left(\frac{\pi}{2t_\Delta} \cdot t\right)$$

(3.141)

$$\dot{\xi} = \dot{\xi}(0)\cos\left(\frac{\pi}{2t_\Delta} \cdot t\right)$$

$$\dot{\eta} = \dot{\eta}(0)\cos\left(\frac{\pi}{2t_\Delta} \cdot t\right)$$

(3.142)

$$\xi = \frac{2t_\Delta}{\pi}\dot{\xi}(0)\sin\left(\frac{\pi}{2t_\Delta} \cdot t\right)$$

$$\eta = \frac{2t_\Delta}{\pi}\dot{\eta}(0)\sin\left(\frac{\pi}{2t_\Delta} \cdot t\right)$$

(3.143)

在碰撞结束时，$t = t_\Delta$，垂直方向上的穿透达到最大值，即 $\xi_{max} = (2t_\Delta/\pi)\dot{\xi}(0)$。因此，碰撞持续时间为

$$t_\Delta = \frac{\pi}{2}\frac{\xi_{max}}{\dot{\xi}(0)}$$

(3.144)

穿透角 ϕ 定义为被撞船的穿透方向和前进方向之间的角度，可通过以

下方式确定：

$$\tan \phi = \frac{\xi}{\eta} = \frac{\dot{\xi}(0)}{\dot{\eta}(0)} = \frac{V_1 \sin \beta}{V_1 \cos \beta - V_2} \tag{3.145}$$

式(3.145)证实了穿透方向遵循相对速度 $\boldsymbol{V} = \boldsymbol{V}_1 - \boldsymbol{V}_2$ 的方向。对于特殊情况,穿透角如下所示：

如果被撞船的速度为零,$V_2 = 0 \Rightarrow \phi = \beta$。

如果两艘船的速度相等,$V_1 = V_2 \Rightarrow \pi = 90° + \beta/2$。

3.9.2　可变形撞击船和可变形被撞船的分析程序

Lützen(2001 年)提出了一个简化程序,以分析如何在撞击船和被撞船之间分担碰撞损害。该程序基于式(3.150)和图 3.72 所述的共享能量概念。

碰撞场景的分析是在穿透步骤中进行的,其中撞击和被撞击的船舶都可能受损。在每个步骤中,只有一个船舶可以变形。通过比较船首和舷侧的压溃力,可以确定哪艘船在所考虑的步骤中变形。

在计算两艘船舶的变形之前,应进行以下计算：

(1) 被撞船的力-穿透曲线 $F_{\text{struck}}(\delta A)$,其中撞击船为刚性船舶。

(2) 撞击船的力-穿透曲线 $F_{\text{striking}}(\delta B)$,其中被撞船为刚性船舶。

如果撞击船装有球鼻艏,则压溃力分为球鼻艏分析和球鼻艏顶部分析。

船首和被撞击结构变形的程序是在每一步比较上述两条力-穿透曲线中的力 $F_{\text{struck}}(\delta A)$ 和 $F_{\text{striking}}(\delta B)$,见图 3.68。

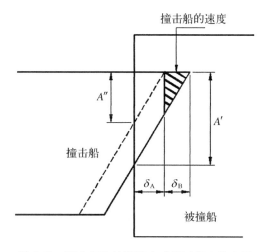

图 3.68　撞击船和被撞船在碰撞过程中的变形

这种方法只包括非常有限的交互级别。实际上,被撞船舷侧的力-穿透曲线是船首变形的函数,反之亦然。通过比较力 F_A 和 F_B 来考虑更强的相互作用,这两个力的确定如下:

$$被撞船 \ F_A = F_{\text{struck}}(\delta_A)\,\frac{A'}{A''}$$

$$撞击船 \ F_B = F_{\text{striking}}(\delta_A + \delta_B)$$

其中,F_A 是被撞船的压溃力;F_B 是撞击船压溃力;F_{struck} 是被撞船的力-穿透曲线中的力,其中撞击船是刚性的;F_{striking} 是撞击船的力-穿透曲线产生的力,其中被撞船是刚性的;δ_A 是对被撞船的穿撞深度;δ_B 是撞击船的变形;A' 是撞击船在距离船首或球鼻艏 $\delta_A + \delta_B$ 处取的横截面积;A'' 是撞击船在距离船首或球鼻艏 δ_A 处取的横截面积。

撞击船力 F_A 和被撞船力 F_B 的对比:

当 $F_A > F_B$ 时,撞击船的变形 δ_B 增大;

当 $F_B > F_A$ 时,被撞船的变形 δ_A 增大。

修正被撞船抗压力的原因是,当船首变形时,抗压力大约等于侧面的力乘以面积。对于单壳船舶,修正几乎没有影响,但对于双壳船舶,当船首穿透内侧时,会有一些修正。

当被撞船和撞击船的变形模式已知时,可以计算总吸收能量,并将其与外部动力学计算的能量进行比较,见第 2 章。

Lützen(2001 年)提出了涉及 11 艘不同船舶的碰撞的数值结果,以研究撞击船的船首和舷侧结构吸收的能量。考虑了五种不同的冰区加强船舶(关于构件尺寸,见 Pedersen 等人,1993 年):150 000 DWT 散货船、40 000 DWT 集装箱船、3 000 DWT 杂货船、2 000 DWT 油船、500 DWT 沿岸贸易船。

被撞船为三艘油船和三艘滚装船。三艘油船的长度分别为 103 m、198 m 和 317 m。103 m 长的油船采用横骨架式,而其他两艘船采用纵骨架式。

这些碰撞都是直角碰撞,其中被撞船的速度为零,撞击船的速度为 4 m/s。在所有情况下,被撞位置都位于被撞船的船中部位。

表 3.18 显示了在考虑船首实际强度的情况下,计算出的撞击船的实际穿撞深度。为了便于比较,括号中的数字显示了假设撞击首为刚性时增加的穿透力。结果表明,对于三艘较小的撞击船,穿透力大大降低。

表 3.18 撞击船的实际穿撞深度 m

被撞船	撞击船				
	散货船 15 000 DWT	集装箱船 40 000 DWT	杂货船 3 000 DWT	油船 2 000 DWT	沿岸贸易船 500 DWT
油船 $L = 103$ m	4.56 (4.56)	7.87 (7.87)	4.30 (4.30)	2.83 (3.03)	0.10 (1.63)
油船 $L = 198$ m	16.10 (16.10)	19.31 (19.31)	1.30 (2.30)	0.30 (1.50)	0.20 (1.63)
油船 $L = 317$ m	a	10.98 (10.98)	1.70 (3.50)	0.10 (2.10)	0.10 (0.80)
滚装船 $L = 58$ m	3.32 (3.32)	3.00 (3.00)	2.40 (2.40)	0.10 (2.00)	0.20 (1.50)
滚装船 $L = 150$ m	8.60 (8.60)	7.40 (7.40)	2.80 (3.60)	1.80 (2.10)	0.50 (1.00)
滚装船 $L = 180$ m	9.00 (9.00)	8.20 (8.20)	3.60 (3.70)	1.90 (2.30)	0.40 (1.20)

注：a 为散货船贯穿整个油船的宽度。( )中数字代表撞击船假设为刚性船。

表 3.19 显示了撞击船艏部吸收的能量占吸收总能量的百分比。这些结果表明，即使所有撞击船都具有高级别的冰区加强，在碰撞过程中撞击船的船首不会变形的假设并不总是成立的。

表 3.19 撞击船首吸收的能量占总能量的百分比

被撞船	撞击船				
	散货船 15 000 DWT	集装箱船 40 000 DWT	杂货船 3 000 DWT	油船 2 000 DWT	沿岸贸易船 500 DWT
油船 $L = 103$ m	0	0	0	24	97
油船 $L = 198$ m	0	0	36	95	89

被撞船	撞击船				
	散货船 15 000 DWT	集装箱船 40 000 DWT	杂货船 3 000 DWT	油船 2 000 DWT	沿岸贸易船 500 DWT
油船 $L = 317$ m	0	0	52	99	94
滚装船 $L = 58$ m	0	0	0	98	91
滚装船 $L = 150$ m	0	0	20	48	82
滚装船 $L = 180$ m	0	0	0.4	46	86

3.9.3　撞击船首造成的破口

当撞击船首穿透被撞船的舷侧足够大时,舷侧外板的应变达到其临界值,船壳板开始断裂。随着穿透深度的增加,裂纹扩展/延展,最终形成破口。实船碰撞事故的调查表明,壳板损伤孔的确切形状非常复杂。参考图 4.1,图中显示了被集装箱船撞到的油船舷侧上的一个破口。

要准确预测这个破口的形状是非常困难的。在这里,尝试使用一个简单的几何分析来计算直角碰撞的损伤孔的大小。根据试验和碰撞事故,可以认为舷侧外板断裂后的破口应符合撞击船首形状的假设。

假设壳板破裂后,壳板破口与撞击船首形状相吻合。因此,对于一个给定的穿透深度 δ 并知道撞击船首的形状,可以通过几何分析得到破口的大小。图 3.69 显示了在垂直穿透中由撞击船首产生的破口的图示。图 3.70 展示了船舶碰撞事故中,由球鼻艏造成的破口的例子。

3.9.3.1　上层破口

上层破口的长度(沿船舶长度)可根据以下公式确定:

$$D_X = 2C_0 \cdot B^{0.5}(\delta - \delta_f)^{0.5} \tag{3.146}$$

其中,δ 是从船首上部测得的穿透深度;δ_f 是船壳板开始破裂的临界穿透深度;B 是撞击船宽;$C_0 = 1.257C_b - 0.487$ 是撞击船首的系数。如果 $D_x \geqslant B$,则设置 $D_x = B$。

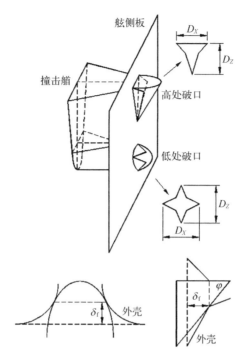

图 3.69　由撞击船首产生的破口示意图

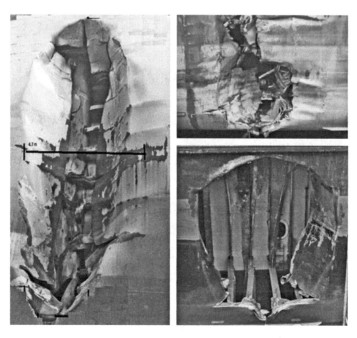

图 3.70　船舶碰撞事故中撞击船首产生的破口照片集

上层破口的高度(垂直方向)可通过以下公式计算:

$$D_Z = (\delta - \delta_r) \tan \varphi \qquad (3.147)$$

其中,φ 是撞击船首的角度。如果 $D_Z \geqslant H_{\text{deck}}$,则 $D_Z = H_{\text{deck}}$,H_{deck} 是撞击船首楼的高度。

3.9.3.2 下层破孔

下层破口的长度(沿船舶长度)可根据以下公式确定:

$$D_X = 2 \left(\sin \left(\frac{\delta_b - \delta_f}{R_L} \frac{\pi}{2} \right) \right)^{1/C_y} \cdot R_H \qquad (3.148)$$

其中,δ_b 是从球鼻艏测得的穿透深度;δ_f 是外壳板开始破裂的临界穿透深度。如果 $D_X \geqslant B$,设置 $D_X = B$,其中 B 是撞击船的宽度。

下层破口的高度(垂直方向)计算如下:

$$D_Z = 2 \left(\sin \left(\frac{\delta_b - \delta_f}{R_L} \frac{\pi}{2} \right) \right)^{1/C_z} \cdot R_V \qquad (3.149)$$

假设 $D_Z \geqslant 2R_V$,则 $D_Z = 2R_V$。3.8.3 节定义了球鼻艏几何形状的系数 C_y、C_z、R_L、R_V 和 R_H。

3.10 船舶-海上平台碰撞损伤分析

NORSOK N-004(2004 年)中规定的船舶与平台碰撞的设计原则分为三类:

(1) 强度设计指的是装备的强度足够大,能够抵抗碰撞力和微小变形,从而迫使船舶变形并耗散大部分能量。

(2) 延展性设计指的是装备经历大的塑性变形并耗散大部分碰撞能量的情况。

(3) 分担能量设计指的是装备和船舶对能量耗散都有显著贡献。

图 3.71 显示了船舶与平台、装备和船舶之间的能量耗散的三种情况。船舶和平台所消耗的总碰撞能量可以用第 2 章中提出的方法来确定,但船舶和平台所吸收的能量的分布必须由它们的相对强度来决定。图 3.72 显示了船舶和平台中的能量耗散,以及假定另一个物体是无限刚性的情况下,船舶和装备的结构响应的荷载-变形曲线。船舶和装备消耗的总能量等于荷载-变形曲线下的总面积。

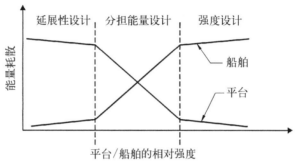

图 3.71　船舶与平台/装备与船舶之间的能量耗散

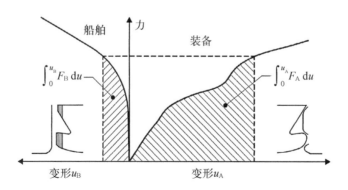

图 3.72　装备和船舶的荷载-变形曲线图以及能量耗散测定

$$E = E_{\text{platform}} + E_{\text{ship}} = \int_0^{u_A} F_A \mathrm{d}u + \int_0^{u_B} F_B \mathrm{d}u \qquad (3.150)$$

需要确定或规定刚性物体压入的船舶和装备的荷载-变形曲线。这将在接下来的几节中讨论。

3.10.1 刚性圆柱对船舶舷侧板的冲击

图 3.73 显示了排水量为 5 000 t 的补给船舷侧碰撞的力-变形曲线。舷侧撞击曲线是基于给定直径的无限刚性垂直圆柱体的穿透深度,可用于撞击直径为 $D=1.5$ m 的导管架支腿。更多力-变形关系曲线见 NORSOK N-004(2004 年)。

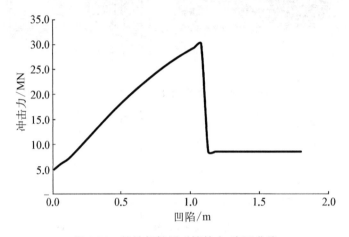

图 3.73　补给船舷侧碰撞的力-变形曲线

通过解析法确定力-变形曲线。舷侧的主要变形方式是塑性拉伸,以及甲板和底部的折叠和压溃。舷侧的力-位移关系近似可表示为

$$F_{\mathrm{p}} = \frac{4}{\sqrt{3}} \sigma_0 t \delta \cdot \left(\frac{D_{\mathrm{H}}}{b} \cdot \frac{b - b_0}{b} \right), \quad b_0 = \frac{R}{b} \delta, \quad b_0 \leqslant R \quad (3.151)$$

甲板或底部的力-位移关系可表示为

$$F_{\mathrm{d}} = \begin{cases} = 1.262 \sigma_0 t^{1.83} b^{0.67} \dfrac{1}{\delta^{0.5}} + 1.290 \sigma_0 t^{1.33} \delta \dfrac{1}{b^{0.33}} & \text{(板破裂之前)} \\ = 6.77 \sigma_0 t^{1.67} b^{0.33} & \text{(板破裂后折叠)} \end{cases}$$

$$(3.152)$$

其中,σ_0 是材料的屈服应力;t 是厚度;δ 是位移(或穿透深度);D_{H} 是舷侧的接触高度;b 是框架间距的一半;R 是刚性圆柱体的半径。假设横向框架之间存在碰撞。

图 3.74 显示了 5 000 DWT 冰区加强补给船和自升式支腿之间的舷侧碰

撞场景。假设支撑腿的直径为 1.5 m,圆柱为刚性,能够穿透船舷。使用式 (3.151) 和式(3.152)计算力-变形曲线,见图 3.74。在解析计算中,假设舷侧外板在变形 1.08 m 时破裂。外板破裂后,来自外板的碰撞抗力消失,碰撞力是甲板和底部多重折叠的作用。图 3.74 还绘制了 NORSOK N-004(2004 年)的力-变形曲线。可以看出,解析方法的碰撞力大大高于 NORSOK N-004 (2004 年)给出的碰撞力。这是因为本示例船舶为冰区加强和纵骨架式船。对非冰区加强补给船进行了相同的计算,计算结果也绘制在图 3.74 中。最终可以看出,解析结果与 NORSOK N-004(2004 年)曲线具有可比性。

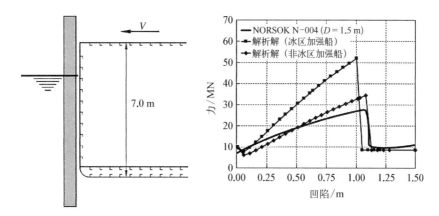

图 3.74　NORSOK N-004(2004 年)和解析计算之间舷侧碰撞的力-变形曲线对比

上述三种情况的能量-变形曲线见图 3.75。船舷的临界穿透点定义为舷侧壳体的破裂。

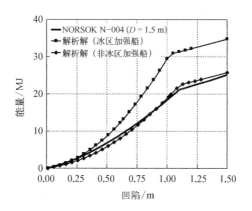

图 3.75　NORSOK N-004(2004)和解析计算之间舷侧碰撞的能量-变形曲线对比

此时(变形1.08 m),船舶在三种情况下的吸收能量如下:

冰区加强船为30.95 MJ(解析法);

非冰区加强船为19.97 MJ(解析法);

NORSOK N-004计算的非冰区加强船为20.55 MJ。

船舶结构吸收的能量(19.97~30.95 MJ)大于5 000 DWT补给船与自升式支腿以2.0 m/s速度发生舷侧碰撞时的碰撞能量14.5 MJ(刚性情况,见2.3.5节"固定平台计算示例")。这意味着船舶在舷侧破裂之前具有足够的能量吸收能力。因此,在本例中,补给船仍然完好无损且处于浮动状态。若补给船在碰撞后沉没,有很高的风险会损坏水下其他结构,如立管和电缆。

3.10.2 管状结构:局部塑性弯曲和拉伸

采用基于塑性铰链的简化方法来确定自升式支腿(管状结构)遭受船舶冲击荷载的局部承载力。图3.76显示了用于碰撞分析的所考虑自升式平台的部分支腿。为了进行完整的分析,必须针对五个指定的荷载工况A-E对支腿的这一部分进行分析。

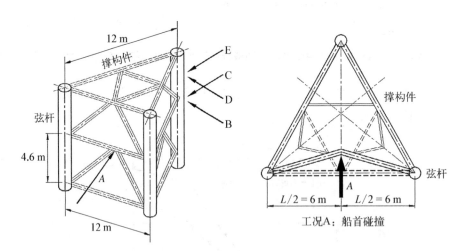

图3.76 五种荷载情况下自升式支腿部分的荷载情况A:船首碰撞

对于荷载情况A,即船首与水平支撑构件的碰撞(见图3.76),假设碰撞船的船首是刚性的,冲击力作用于支撑的中点。如果保守地假设二次支撑不存在,对角支撑无效,则可以通过弯曲(三点塑性弯曲(Visser,2004年))确定水平支撑吸收的能量:

$$E_{\mathrm{b}} = P_{\mathrm{u}}(L/2)\theta = 4M_{\mathrm{p}}\theta = 4D^2 t\sigma_0\theta \tag{3.153}$$

通过膜张力在水平支撑中吸收的能量：

$$E_{\mathrm{D}} = \sigma_0 A \Delta L \tag{3.154}$$

其中，ΔL 是支撑的塑性伸长率：

$$\Delta L = (0.25L^2 + u_{\mathrm{T}}^2)^{1/2} - 0.5L$$

其中，u_{T} 是塑性横向位移；D 和 t 分别是支撑的直径和厚度。横截面积为 $A = \pi D t$。横向碰撞力可写为

$$P_{\mathrm{c}} = \frac{8M_{\mathrm{p}}}{L} + 2\sigma_0 A \sin u_{\mathrm{T}}$$

或

$$P_{\mathrm{c}} = \frac{8D^2 t\sigma_0}{L} + 2\sigma_0 A \frac{u_{\mathrm{T}}}{(0.25L^2 + u_{\mathrm{T}2})^{0.5}} \tag{3.155}$$

在发生断裂之前，支撑的旋转角和塑性变形存在实际限制。Visser（2004 年）提出的旋转角极限为（Marshall 等人，1977 年）：

$$\theta_{\max} = 1\,250\left(\frac{t}{D}\right)^{2.75} \tag{3.156}$$

例如，水平支撑的直径 $D = 410$ mm，壁厚 $t = 20$ mm，横截面积为 $0.025\,7$ m^2，长度为 12 m。支撑材料的屈服应力为 600 MPa。则旋转角的极限为 $\theta_{\max} = 1\,250\,(20/410)^{2.75} = 0.309$。撑杆的最大塑性伸长率大致可由公式 $\Delta L = L/\cos(\theta_{\max}) - L = 12.596 - 12 = 0.596$ m 确定，也就是说，$\Delta L = 5\% L$，最大横向挠度为 $u_{\mathrm{T}} = 0.5L\tan(\theta_{\max}) = 1.914$ m。因此，荷载情况 A 的最大能量吸收极限为（碰撞力-挠度曲线也进行了计算，见图 3.77）：

$$
\begin{aligned}
E &= E_b + E_D \\
&= 4 \times 0.41^2 \times 0.02 \times 600 \times 0.309 + 600 \times 0.025\,7 \times 0.596 \\
&= 2.49 + 9.19 \approx 11.68\ \mathrm{MJ}
\end{aligned}
$$

对于荷载情况 A，支撑吸收的能量（11.68 MJ）大于 5 000 t 补给船以 2 m/s 的速度与刚性自升式平台碰撞时的船首碰撞能量（$0.5MV^2 = 10.5$ MJ）。因此，支撑构件对于 5 000 DWT 补给船具有足够的能量吸收能力。

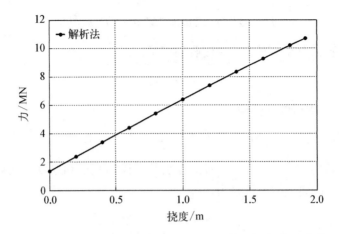

图 3.77　支撑构件在弯曲和膜张力作用下的碰撞力-挠度曲线

当水平支撑中的张力较大时,相邻弦杆受到的局部拉力等于屈服应力乘以支撑横截面积,即 $P=\sigma_0 A=600\times0.025\,7=15.45\,\text{MN}$,参见图 3.78。通过忽略所有其他支撑,并使用简单的三铰结构模型在双跨长度的固定弦杆中点施加荷载,可以分析该荷载对弦杆的影响。弦杆横截面也见图 3.78。根据弦杆的构件尺寸、直径 $D=1.0\,\text{m}$、壁厚 $t=0.053\,\text{m}$、总长 $L=9.2\,\text{m}$ 和材料的屈服应力 $700\,\text{MPa}$,发现弦杆的坍缩荷载为

$$P_\text{c}=\frac{8D^2 t\sigma_0}{L}=32.26\text{MN}$$

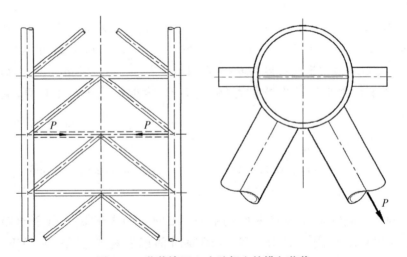

图 3.78　荷载情况 A 中弦杆上的横向荷载

该荷载可作用在弦杆上而不发生坍缩($P_c = 32.26\,\text{MN} > P = 15.45\,\text{MN}$)。

3.10.3　管状结构：局部凹陷（船舶漂移至弦杆）

对于荷载工况 B – E（船舶漂移至弦杆），应调查管状弦杆的局部凹陷。局部凹陷是指变形集中在接触点周围。Furnes 和 Amdahl（1980 年），Amdahl（1983 年）最先研究横向荷载下管状构件变形行为。图 3.79 显示了刚性船舷撞击的管状弦杆的假定变形模式。在 Amdahl（1983 年）和 Amdahl 等人（2012 年）的研究中，给出了导致直径为 D、壁厚为 t 的圆管压扁的抗凹陷力 F_R 的表达式如下：

$$
\begin{aligned}
F_R = {} & \sigma_0 \frac{t^2}{4} \sqrt{\frac{D}{t}} \cdot \left(22 + 1.2\frac{D_H}{D}\right) \cdot \left(\frac{w_d}{D}\right)^{\frac{1.925}{3.5 + \frac{D_H}{D}}} \cdot \\
& \left(\frac{4}{D}\left(1 - \frac{1}{4}\left(1 - \frac{N}{N_p}\right)^3\right)\right)^{1/2}
\end{aligned}
\tag{3.157}
$$

其中，w_d 是凹陷深度；D_H 是接触高度。表达式中的最后一项考虑了管状构件中轴向力 N 的影响（N_p 是塑性轴向力），该项基于 Wierzbicki 和 Suh（1988 年）的工作。该表达式符合 NORSOK N – 004（2004 年）中给出的荷载曲线。

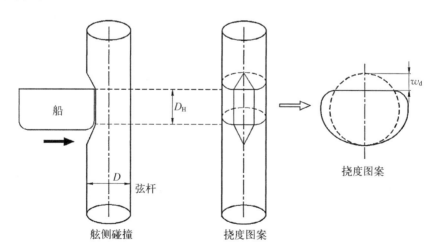

图 3.79　漂流船舶撞击的管状弦杆局部凹陷变形

Yu 和 Amdahl（2018 年）遵循了与 Wierzbicki 和 Suh（1988 年）相同的分析程序来推导能量耗散方面，并扩展了一个模型解释接触高度为 D_H 的刚性平板压头：

$$F_R = 16\sigma_0 \frac{t^2}{4} \sqrt{\frac{D}{t}} \cdot \left(\left(\frac{2\pi}{3} \frac{w_d}{D} \right)^{1/2} \cdot \right.$$

$$\left. \left(1 - \frac{1}{4} \left(1 - \frac{N}{N_p} \right)^3 \right)^{1/2} + \frac{D_H}{D} \sqrt{\frac{t}{D}} \right)$$

(3.158)

3.10.4　局部凹陷和局部弯曲之间的变形过渡

对于管状构件,可能首先出现局部凹陷(见图 3.79,管内接触区域周围的变形)。随着局部凹陷深度的增加,管的塑性弯曲能力(作为梁)降低。在特定凹陷处,发生过渡,此时支撑/弦杆开始变形,端部支撑发生塑性弯曲(三点弯曲)。随着进一步变形,弯曲抗力保持不变,轴向膜张力发展。Yu 和 Amdahl(2018 年)回顾了管状构件局部凹陷和局部弯曲之间变形过渡的方法。船首撞击的弦杆的变形见图 3.80。

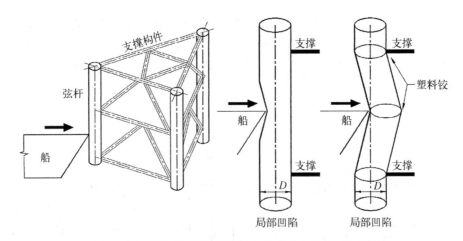

图 3.80　船首撞击弦杆的局部凹陷和弯曲变形模式示意图

当局部凹陷深度为 w_d 时,弦杆的塑性弯曲能力将降低,可根据 NORSOK N‑004(2004 年)确定：

$$M_{dent} = \left(\cos\frac{\theta}{2} - \frac{1}{2}\sin\theta \right) M_p$$

其中, $\theta = \arccos(1 - 2w_d/D)$ 和 $M_p = D^2 t\sigma_0$ 是无任何凹陷的塑性弯矩。对于两端均被夹紧且在构件长度 L 的跨中受到冲击的弦杆/撑杆,剩余弯曲抗力由下式确定：

$$R_d = \frac{4M_p}{L}\left(1 + \left(\cos\frac{\theta}{2} - \frac{1}{2}\sin\theta\right)\right)$$
$$= \frac{4D^2 t\sigma_0}{L}\left(1 + \left(\cos\frac{\theta}{2} - \frac{1}{2}\sin\theta\right)\right) \tag{3.159}$$

在过渡点处,弯曲抗力等于凹陷抗力,即

$$\frac{4D^2 t\sigma_0}{L}\left(1 + \left(\cos\frac{\theta}{2} - \frac{1}{2}\sin\theta\right)\right) = \sigma_0 \frac{t^2}{4}\sqrt{\frac{D}{t}} \cdot \left(22 + 1.2\frac{D_H}{D}\right) \cdot$$
$$\left(\frac{w_d}{D}\right)^{\frac{1.925}{3.5+\frac{D_H}{D}}}$$

$$\tag{3.160}$$

对该方程进行数值求解,可以得到临界凹陷位移 w_{dc}。为了得到准确的结果,在求解方程时可能需要对位移进行较小的增量步长。最终抗力和位移曲线可通过以下公式确定:

$$F_R = \begin{cases} \sigma_0 \dfrac{t^2}{4}\sqrt{\dfrac{D}{t}} \cdot \left(22 + 1.2\dfrac{D_H}{D}\right) \cdot \left(\dfrac{w_d}{D}\right)^{\frac{1.925}{3.5+\frac{D_H}{D}}} & w_d \leqslant w_{dc} \\[4mm] \dfrac{4D^2 t\sigma_0}{L}\left(1 + \left(\cos\dfrac{\theta_{dc}}{2} - \dfrac{1}{2}\sin\theta_{dc}\right)\right) + \\[4mm] 2\sigma_0 A\dfrac{(w_d - w_{dc})}{(0.25L^2 + (w_d - w_{dc})^2)^{0.5}} & w_d > w_{dc} \end{cases} \tag{3.161}$$

其中, $\theta_{dc} = \arccos(1 - 2w_{dc}/D)$,并假设在达到临界过渡 w_{dc} 后,弯曲抗力和凹陷抗力保持不变,并产生轴向膜张力。

3.10.5　计算示例:管件局部凹陷与局部弯曲之间的变形过渡

此处使用的示例摘自 Yu 和 Amdahl(2018 年),其中管状构件受到刚性平压头的冲击。第一种是长度为 $L = 20\,\mathrm{m}$、直径为 $D = 1.5\,\mathrm{m}$、壁厚 $t = 30\,\mathrm{mm}$、材料屈服强度为 285 MPa 的支撑。刚性平压头的高度为 $D_H = 0.6\,\mathrm{m}$。

计算结果表明,临界过渡凹陷深度为 $w_{dc} = 0.425\,\mathrm{m}$ 或 $w_{dc}/D = 0.283$。使用 3.10.4 节中的方法,使用式(3.161)计算抗力和凹陷曲线,结果见图 3.81。将抗力归一化为特征抗力 F_C,其由 $F_C = 0.25\sigma_0 t^2 (D/t)^{0.5}$ 确定。图 3.81 还显示了 Yu 和 Amdahl(2018 年)使用刚性平压头和船舶实际船尾

（两者的高度均为 $D_H = 0.6$ m）的有限元分析结果。可以看出,分析抗力-凹陷深度曲线与有限元分析结果相当吻合。

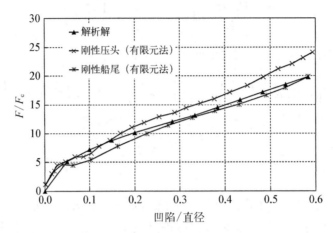

图 3.81 有限元分析与解析计算的抗力-凹陷深度曲线对比(管道尺寸 $L = 20$ m、$D = 1.5$ m 和 $t = 30$ mm;接触高度 $D_H = 0.6$ m)

第二个支撑示例的尺寸与第一个相同,但刚性压头的接触高度较大,为 $D_H = 492$ m。分析结果表明,临界过渡凹陷深度为 $w_{dc} = 0.165$ m 或 $w_{dc}/D = 0.11$。在 3.10.4 节中,使用式(3.161)计算抗力和凹陷深度曲线,结果见图 3.82。Yu 和 Amdahl(2018 年)使用刚性平压头的有限元分析结果见图 3.82。结果表明,分析抗力-凹陷深度曲线与有限元分析结果具有合理的一致性。

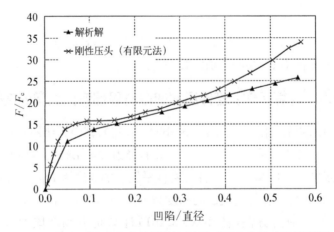

图 3.82 有限元分析与解析计算的抗力-凹陷深度曲线对比(管道尺寸 $L = 20$ m、$D = 1.5$ m 和 $t = 30$ mm;接触高度 $D_H = 4.92$ m)

3.10.6　计算示例：非刚性的船舶与非刚性的管状弦杆之间的碰撞

本节提供了船舶和平台之间碰撞分析的示例，其中两个结构都被视为非刚性结构。碰撞场景见图 3.74，其中一艘 5 000 T 补给船以 2.0 m/s 的速度横向漂向平台，并与平台弦杆碰撞。因此，碰撞的最大动能可近似为 $E = 0.5MV^2 = 14.5\ \text{MJ}$。

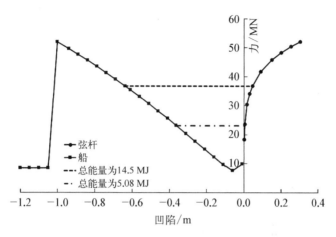

图 3.83　漂移补给船冲击管状弦杆造成的局部凹陷变形(船舶非刚性)

这里的任务是确定船舶和平台弦杆吸收了多少能量，以及船舶和弦杆的损伤(凹陷深度)是什么。计算所需的数据如下：

补给船：型深 7.0 m。考虑加强筋的舷侧有效厚度为 12.9 mm。考虑加强筋的甲板厚度为 14.0 mm，考虑加强筋的内底和外底厚度分别为 11.9 mm 和 17.7 mm。横向框架间距为 3.0 m，所有材料的屈服应力取 422.5 MPa。

平台弦杆：平台支腿(弦杆)直径 1.0 m，壁厚 53.0 mm。材料的屈服应力为 700 MPa。

撞击点位于船舶两个横向框架的跨中。还假设船舶舷侧板将在 1.0 m 的凹陷深度处破裂。

第一种计算方法是使用 3.10.1 节"刚性圆柱体对船舶舷侧壳板的冲击"(式(3.151)、式(3.152))中提出的方法，确定弦杆凹陷的舷侧力-位移曲线(假设弦杆在这种情况下是刚性的)。第二种计算方法是使用 3.10.3 节"管状结构：局部凹陷(船舶漂移至弦杆)"中所述的方法,并忽略式(3.157)中弦杆上轴向荷载产生的应力,来确定舷侧凹陷弦杆的力-位移曲线(假设在此情况下船舶是刚性的)。两种情况的计算结果见图3.83。

从计算结果曲线可以看出,在吸收总能量为14.5 MJ时,船舶吸收了约91%的能量,弦杆吸收了约9%的能量。船舷的损伤凹陷深度为638 mm,弦杆的凹陷深度为45 mm。碰撞力为36.75 MN。

如2.3.5节"固定平台的计算示例"所示,如果平台被认为是柔性的,使得大量能量以弹性/动力学形式存储在平台和船舶中,则可用于压溃的碰撞能仅为5.08 MJ。因此,5 000 t补给船舷侧和自升式钻井平台弦杆的实际损坏将小得多。在这种情况下,得到补给船吸收的能量为5.01 MJ,弦杆吸收的能量仅为0.06 MJ。船舷的凹陷深度为363 mm,弦杆的凹陷深度约为4 mm。碰撞力约为23.1 MN。

该示例还表明,在确定压溃碰撞能量时,考虑平台的弹性是非常重要和必要的,因为它对船舶和平台的碰撞损伤分析有重要影响。

3.11 船舶搁浅

2.6节介绍了船舶在平坦海床上搁浅的分析。当船舶撞上岩石时,见图3.84(Zhu等人,2002年),船底可能会向上变形并撕裂。如果船速足够高,损坏长度可能达到船长。变形破损模式包括底板撕裂和切割、底板膜张力和断裂、底部纵向加强筋/主梁扭曲和张力变形。实际损伤可能更加复杂。然而,为了建立理论分析模型,必须对搁浅损伤模式进行理想化建模。

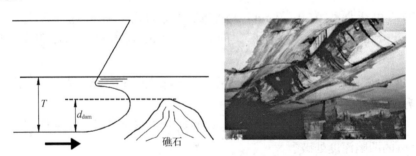

图3.84 船舶搁浅场景和搁浅对船底损伤示意图

有两种常用的解析分析模型。第一种方法是将岩石简化为刚性楔体,第二种方法是将岩石简化为刚性锥体。由于问题的复杂性,通常会提出经验方法,如下所述。

3.11.1　板材的楔形切割力学

鉴于这一问题的重要性,许多笔者通过试验测试和理论分析对板材切割过程进行了研究。一些研究采用了试验方法来开发经验公式,如Vaughan(1980 年)、Jones 和 Jouri(1987 年)、Lu 和 Calladine(1990 年)、Paik (1994 年),Lee 和 Hong(1997 年)。这些全面的试验研究有助于更好地理解板材切割力学问题,并推导出有用的经验公式。理解能量吸收和破坏机制的理论方法也很重要,但由于问题的复杂性,这些程序主要基于从试验中观察到的构造变形模式。

Wierzbicki 和 Thomas(1993 年)对板材切割问题进行了开创性的理论分析。仔细构建了损伤模型,并推导出了问题的解析式解决方案。该模型假定裂纹在楔形尖端的前部扩展。例如,楔形尖端和裂纹尖端之间存在间隙。根据试验观察,Ohtsubo 和 Wang(1995 年)认为,没有证据表明裂纹在楔尖之前扩展到板中。然后,Ohtsuboand 和 Wang(1995 年)使用与Wierzbicki 和 Thomas(1993 年)相似的曲面模型,并假设速度场接近楔形尖端区域,推导出了分析板材切割的替代公式。后来,Zheng 和 Wierzbicki (1996 年),Simonsen 和 Wierzbicki(1997 年)推导出了板材稳态切割的公式。

在本节中,采用了 Wierzbicki 和 Thomas(1993 年)方法中用于分离曲面的相同假设,即材料卷起到楔尖后面的两个曲面中。此外,由于楔块直接推入板中,楔尖前方的材料会拉伸和破裂。通过在楔尖前方构造塑性变形模式,得到了材料进入临界断裂应变解,获得了板材切割力和吸收能量的解析式。

在目前的分析模型中,假设板在楔形尖端之前断裂,这是由于推入的楔形拉力造成的,并且不存在裂纹扩展。分析模型见图 3.85。假设塑性变形发生在 ABCEF 线的内部,而在该区域之外,不发生塑性变形。变形区域可按直线 BE 分为两部分。第一部分位于楔尖前方,由于楔尖的推动,它会经历薄膜拉伸。随着楔块的推进,在直线 BE 上的材料会断裂并分离,形成楔尖后面的两个曲面。这些曲面构成了仅承受弯曲变形的变形板的第二部分。为了考虑楔尖前方拉伸区的断裂破坏,引入了材料特性"临界断裂应变"。

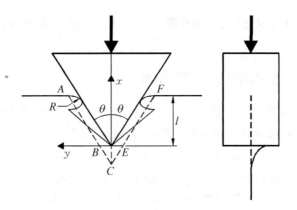

图 3.85 刚性楔块切割板材的解析模型

3.11.1.1 弯曲能量率

Wierzbicki 和 Thomas(1993 年)提出了一种计算两个曲面中塑性弯曲能量耗散率的方法。假设所有塑性弯曲集中在 AB 和 EF 这两条移动铰链线上,并且在连续区域内没有其他塑性能量耗散。铰链线的长度为 $l_{AB} = l/\cos\theta$,其中 l 是切割长度。塑性弯曲能量的速率可通过以下公式确定:

$$\dot{E}_{\mathrm{b}} = 2M_0 \frac{V\sin\theta}{R}l_{AB} = \frac{1}{\sqrt{3}}\sigma_0 t^2 \frac{l}{R}V\tan\theta \tag{3.162}$$

其中,t 是板厚;V 是楔块的前进速度;R 是待确定曲面的半径。

3.11.1.2 拉伸能量率

假设拉伸能量只有在靠近楔尖的区域耗散。假设通过直接推动楔尖,板沿横向(y 方向)拉伸(见图 3.85)。拉伸能的变率可以表示为

$$\dot{E}_{\mathrm{m}} = \iint_S \frac{2}{\sqrt{3}}\sigma_0 t\dot{\varepsilon}_{yy}\,\mathrm{d}x\,\mathrm{d}y \tag{3.163}$$

其中,S 是拉伸场的面积;$\dot{\varepsilon}_{yy}$ 是横向(y 方向)的拉伸应变率。

横向应变率 $\dot{\varepsilon}_{yy}$ 可进一步表示为

$$\dot{\varepsilon}_{yy} = \frac{\mathrm{d}\varepsilon_{yy}}{\mathrm{d}x}\frac{\mathrm{d}x}{\mathrm{d}t} = V\frac{\mathrm{d}\varepsilon_{yy}}{\mathrm{d}x} \tag{3.164}$$

将式(3.164)代入式(3.163),并对 x 进行积分,得

$$\begin{aligned}\dot{E}_{\mathrm{m}} &= \frac{2}{\sqrt{3}}\sigma_0 tV\int_B^E (\varepsilon_{yy}(BE) - \varepsilon_{yy}(\infty))\,\mathrm{d}y \\ &= \frac{2}{\sqrt{3}}\sigma_0 tV\int_B^E (\varepsilon_{yy}(BE))\,\mathrm{d}y\end{aligned} \tag{3.165}$$

BE 线位于楔形尖端近场和楔形尖端后面的远场曲面之间的过渡区域。直线 BE 上材料纤维的平面外偏转可近似为线性函数 $w = R(1 - y/b)$，其中 b 是线段 BE 的一半长度。直线 BE 上的应变由以下公式确定：$\varepsilon_{yy} = \dfrac{1}{2}\left(\dfrac{\partial w}{\partial y}\right)^2 = \dfrac{1}{2}\left(\dfrac{R}{b}\right)^2$。BE 线上的材料纤维处于临界断裂状态，其应变达到材料断裂应变 ε_{f}。因此，$\varepsilon_{yy} = \dfrac{1}{2}\left(\dfrac{R}{b}\right)^2 = \varepsilon_{\mathrm{f}}$，$b = \dfrac{R}{\sqrt{2\varepsilon_{\mathrm{f}}}}$。拉伸能量率可以表示为

$$\dot{E}_{\mathrm{m}} = \frac{2}{\sqrt{3}}\sigma_0 t V \int_B^E \varepsilon_{\mathrm{f}}\mathrm{d}y = \frac{4}{\sqrt{6}}\sigma_0 t V \varepsilon_{\mathrm{f}}^{0.5} R \tag{3.166}$$

3.11.1.3　塑性变形抗力

楔板系统的平衡可用虚功原理表示：

$$F_{\mathrm{p}} V = \dot{E}_{\mathrm{b}} + \dot{E}_{\mathrm{m}}$$

其中，F_{p} 是塑性变形抗力。替换后，抗力值为

$$F_{\mathrm{p}} = \frac{1}{\sqrt{3}}\sigma_0 t^2 \frac{1}{R}\tan\theta + \frac{4}{\sqrt{6}}\sigma_0 t \varepsilon_{\mathrm{f}}^{0.5} R$$

将塑性变形抗力相对于轧制半径 R 最小化，可以发现：

$$\frac{\partial F_{\mathrm{p}}}{\partial R} = 0 \Rightarrow: R = 0.594\,6 t^{0.5} l^{0.5} \varepsilon_{\mathrm{f}}^{-0.25}(\tan\theta)^{0.5} \tag{3.167}$$

最小塑性变形力的表达式为

$$\begin{aligned} F_{\mathrm{p}} &= (0.971 + 0.971)\sigma_0 t^{1.5} l^{0.5}\varepsilon_{\mathrm{f}}^{0.25}(\tan\theta)^{0.5} \\ &= 1.942\sigma_0 t^{1.5} l^{0.5}\varepsilon_{\mathrm{f}}^{0.25}(\tan\theta)^{0.5} \end{aligned} \tag{3.168}$$

该方程表明，塑性变形抗力取决于材料的性质（σ_0 和 ε_{f}）和几何参数（t、l 和 θ）。还可以看出，弯曲和拉伸对塑性抗力的贡献是相等的。

3.11.1.4　摩擦力的贡献

板材切割试验（Lu 和 Calladine，1990 年）表明，楔块和板材之间的摩擦力在切割过程中起着重要作用。对于低碳钢板，Lu 和 Calladine（1990 年）通过测量拉力与穿透力的比率来估计摩擦力的贡献，发现平均值为 0.4。Astrup（1994 年）进行的厚板切割试验表明，楔块表面存在严重划痕。因此，在板材切割分析中应考虑摩擦力。

摩擦力是由于楔块和板之间接触面上的相对运动引起的。板表面上的法向力为 $F_n = F_p / (2\sin\theta)$。 利用库仑摩擦定律，将力投影到前进楔的方向，得到摩擦力，其公式如下：

$$F_f = 2\mu F_n \cos\theta = F_p \frac{\mu}{\tan\theta} \tag{3.169}$$

3.11.1.5　总切割力

将塑性变形抗力 F_p 和摩擦力 F_f 相加，总切割力的最终表达式可表示为

$$F = 1.942\sigma_0 t^{1.5} l^{0.5} \varepsilon_f^{0.25} (\tan\theta)^{0.5} \cdot \left(1 + \frac{\mu}{\tan\theta}\right) \tag{3.170}$$

塑性变形和摩擦耗散的总能量可通过以下公式计算：

$$E = \int_0^l F \mathrm{d}l = 1.295\sigma_0 t^{1.5} l^{1.5} \varepsilon_f^{0.25} (\tan\theta)^{0.5} \cdot \left(1 + \frac{\mu}{\tan\theta}\right) \tag{3.171}$$

3.11.1.6　楔板切割的一些公式总结

不同研究人员开发的切割力公式（包括解析式和经验公式）总结如下：

(1) Lu 和 Calladine(1990 年)-经验公式。

Lu 和 Calladine(1990 年)对低碳钢板进行了一系列准静态切割试验。根据试验结果，推导出以下经验公式：

$$F = 1.3 C_{1.3} \sigma_0 t^{1.7} l^{0.3} \tag{3.172}$$

$C_{1.3}$ 是一个经验常数，低碳钢材料的经验常数为 $C_{1.3} = 2.3$。

(2) Wierzbicki 和 Thomas(1993 年)——解析式。

使用解析方法，Wierzbicki 和 Thomas(1993 年)开发了以下表达式：

$$F = 1.67\sigma_0 t^{1.6} l^{0.4} (\bar{\delta}_t)^{0.2} \frac{1}{(\cos\theta)^{0.8}} \cdot \left((\tan\theta)^{0.4} + \frac{\mu}{(\tan\theta)^{0.6}}\right) \tag{3.173}$$

$\bar{\delta}_t$ 是 COD 参数，$\bar{\delta}_t$ 通常按照 Wierzbicki 和 Thomas 的建议使用。

(3) Paik(1994 年)-经验公式。

Paik(1994 年)对未加筋板和加筋板进行了板材切割试验。通过对试验结果的统计分析，得出如下经验公式：

$$F = 1.5 C_{1.5} \sigma_0 t^{1.5} l^{0.5} \tag{3.174}$$

$$C_{1.5} = 3.760\theta^2 - 1.156\theta + 1.112 \quad (\theta, \mathrm{rad})$$

(4) Ohtsubo 和 Wang(1995 年)-解析式。

类似地,Ohtsubo 和 Wang(1995 年)得出的解析式表示为

$$F = 1.51\sigma_0 t^{1.5} l^{0.5} (\sin\theta)^{0.5} \cdot \left(1 + \frac{\mu}{\tan\theta}\right) \tag{3.175}$$

(5) Zhang(2002 年)-解析式。

Zhang(2002 年)开发的考虑材料断裂应变的解析式表示为

$$F = 1.942\sigma_0 t^{1.5} l^{0.5} \varepsilon_{\mathrm{f}}^{0.25} (\tan\theta)^{0.5} \cdot \left(1 + \frac{\mu}{\tan\theta}\right) \tag{3.176}$$

3.11.1.7 板材稳态切割

上述方法仅适用于初始切割阶段的板材撕裂和切割,切割过程未达到稳定状态。在高能搁浅事件中,初始阶段相对较短,因此获得稳态切割力更有意义。

使用初始切割力的公式估计稳态切割力。当楔块宽度有限且楔块肩部进入板材后,切割开口(或宽度)变为恒定。然而,试验结果表明,在一定距离内,切割力仍可能随着切割长度的增加而增加。Simonsen(1997 年)研究了物理过程,发现当切割长度达到楔形长度的一到两倍时(见图 3.86),切割荷载保持不变。楔形长度可通过 $l_{\mathrm{w}} = 0.5 B_{\mathrm{d}} / \tan\theta$ 确定。

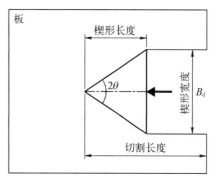

图 3.86 板材切割分析中的楔形长度定义

根据这些试验观察结果,我们假设当切割长度等于楔形长度的两倍(切割长度 $l = B_{\mathrm{d}} / \tan\theta$)时,将达到稳态切割。然后,对于稳态切割力估算,式(3.176)可进一步表示如下:

$$F = 1.942\sigma_0 t^{1.5} B_{\mathrm{d}}^{0.5} \varepsilon_{\mathrm{f}}^{0.25} \cdot \left(1 + \frac{\mu}{\tan\theta}\right) \tag{3.177}$$

Zheng 和 Wierzbicki(1996 年)开发了一种解析方法,用于计算在达到稳态过程后,由刚性楔块切割的板材的切割力。其稳态切割力由以下公式确定:

$$
\begin{aligned}
F = 0.25\sigma_0 t^2 \Big(& 2\,\frac{B_{\mathrm{d}} + R}{R} + 1.27\,\frac{R}{t}\cos\theta + \\
& 1.28\theta^2\,\frac{\cos(\theta/2)(B + R)^2}{\cos\theta \cdot Rt} \Big) \cdot \left(1 + \frac{\mu}{\tan\theta}\right)
\end{aligned} \tag{3.178}
$$

其中,轧制半径 R 的计算公式为

$$R = B_{\mathrm{d}} \sqrt{\frac{2(t/B) + 1.28\theta^2 \cos(\theta/2)/\cos\theta}{1.27\cos\theta + 1.28\theta^2 \cos(\theta/2)/\cos\theta}}$$

3.11.2　底板被锥形岩石撕裂

Simonsen(1997 年)研究了锥形岩石引起的板撕裂问题,并开发了一套用于计算锥形岩石造成的船底变形反作用力的解析表达式。同样,Zeng 等人(2016 年)也开发了船舶触礁的解析解决方案,得出的解需要进一步的数值精算,以找到最小能量耗散。这些方法的细节可在 Simonsen(1997 年)和 Zeng(2016 年)等人的论文中找到。

3.11.3　船舶搁浅时水平搁浅力的估算

当船舶以高动能撞上岩石时,岩石会垂直顶压船底,最终使船底板破裂。同时,岩石还会在水平(或纵向)方向穿过船底。随着船舶向前推进,对船底结构的损伤将沿船体扩展,直至船体动能全部耗散。在岩石接触底部横向构件的情况下,水平力可以表示为具有周期性峰值的常数。在实际船舶搁浅事故中,对船底的损坏比上述裸板切割的损坏要复杂得多,可能包括撕裂、拉伸、挤压和折叠的混合损伤模式。损伤宽度(或岩石宽度)可能是加强筋间距的几倍。很难建立一个单一的理论模型来捕捉这种性质复杂的损伤,因此,半经验方法是一种替代方法。在搁浅事故中,很难甚至不可能知道岩石的确切形状。通过研究发现,损伤宽度(或岩石宽度)是一个重要因素,对稳态切割力有显著影响。岩石形状、岩石角度和摩擦力的影响可以嵌入到经验因子中。Zhang(2002 年)提出了估算平均水平搁浅力的半经验公式:

$$F_{\mathrm{H}} = 3.58\sigma_0 t_{\mathrm{eq}} t_{\mathrm{e}}^{0.6} B_{\mathrm{d}}^{0.4} \tag{3.179}$$

其中,σ_0 是底部材料的屈服应力;t_{e} 是包括纵向构件的底板等效厚度(例如,将纵向加强筋平均到壳板 $t_{\mathrm{e}} = t_0 + A_{\mathrm{L}}/s_{\mathrm{L}}$,其中 t_0 为底板板厚、A_{L} 为加强筋横截面积,s_{L} 为加强筋间距);t_{eq} 为包括纵向和横向构件的底板等效厚度($t_{\mathrm{eq}} = t_{\mathrm{e}} + A_{\mathrm{T}}/s_{\mathrm{T}}$,$A_{\mathrm{T}}$ 为肋板横截面积和 s_{T} 为肋板间距);B_{d} 是底部的损伤宽度,取为底板水平的岩石宽度(见图 3.87)。对于双层底布置,该方法分别适用于外底和内底。

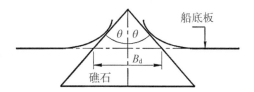

图 3.87　锥形岩石撕裂船舶底板的解析模型

Simonsen 等人(2009 年)通过对不同船舶搁浅的有限元模拟结果拟合，开发了另一套估算水平搁浅力的经验公式，表达式为

$$F_{\mathrm{H}} = 0.77\sigma_0 t_{\mathrm{eq}}^{1.17} B_{\mathrm{d}}^{0.83} \varepsilon_{\mathrm{f}}^{0.71} \tag{3.180}$$

其中，σ_0 是底部材料的屈服应力；t_{eq} 是包括纵向构件和横向构件在内的底板的等效厚度，$t_{\mathrm{eq}} = t_0 + A_{\mathrm{L}}/s_{\mathrm{L}} + 0.1 T_{\mathrm{t}}/s_{\mathrm{T}}$（其中，$t_0$ 是底板板厚；A_{L} 是加强筋的横截面积；s_{L} 是加强筋的间距；$A_{\mathrm{T}} = 0.1 T_{\mathrm{t}}$ 是假定的肋板横截面积，T 是船舶吃水深度，s_{T} 是肋板间距。）；B_{d} 是底部的损伤宽度；ε_{f} 是材料的断裂应变。注意，低碳钢的有限元数值模拟中使用了 $\varepsilon_{\mathrm{f}} = 0.41$（Simonsen 等人，2009 年）。

3.11.4　不同尺度油船的水平搁浅力

根据船舶的主尺度量化船舶的抗搁浅冲击能力是一个非常有意义的课题(Bockenhauer，1996 年)。基于上述研究，提出了以下简单表达式，用于估算油船在岩石上搁浅时的损伤抗力。这些公式被认为对 190 m 及以上的大型油船在高能搁浅情况下有效，因为推导是基于对此类油船的分析。

单壳油船的平均水平搁浅抗力表示为

$$F_{\mathrm{SH}} = 58\left(\frac{B_{\mathrm{d}}}{B}\right)^{0.4} \cdot \left(\frac{L}{300}\right)^{2.04} \mathrm{MN} \tag{3.181}$$

其中，F_{SH} 是平均水平搁浅抗力，MN；B_{d} 是岩石宽度（或损伤宽度），m；B 是船舶宽度，m；L 是船舶长度，m。

对于双壳油船，仅在外底破损的情况下，双底搁浅损伤抗力低于单底布置。将式(3.181)转换为双壳结构基于以下几何假设：双底高度为 $0.1D$，船舶宽度为 $B = 2D$，其中 D 为船舶型深。甲板、舷侧、纵向舱壁和底部的等效厚度（即板材加纵向构件）相同。单壳油船和双壳油船具有相同的主尺度和相同的方形系数。在这些假设下，单壳油船的船中剖面模量为 $Z_{\mathrm{SH}} =$

$2.667D^2 t_{SH}$，其中 t_{SH} 是甲板的等效厚度。同样，双壳油船船中剖面模量为 $Z_{DH} = 3.116D^2 t_{DH}$，其中 t_{DH} 是甲板的等效厚度。使用最小船中剖面模量的规则要求，并将 Z_{DH} 等同于 Z_{SH}，得出单壳油船和双壳油船的等效厚度关系为 $t_{SH} = 1.168 t_{DH}$。对于只有外底破损的情况，两艘油船的搁浅力比由 $F_{SH}/F_{DH} = (t_{SH}/t_{DH})^{1.6} = 1.283$ 确定。以上推导基于具有两个纵舱壁的 VLCC。对于有一个中央纵舱壁或无纵舱壁的油船，所得结果相似。因此，当只有外底破损时，双壳油船平均水平搁浅力的近似值为

$$F_{DH} = \frac{F_{SH}}{1.3} = 44.6 \left(\frac{B_d}{B}\right)^{0.4} \cdot \left(\frac{L}{300}\right)^{2.04} \tag{3.182}$$

3.11.5 计算实例及与试验结果的比较

3.11.5.1 Lu 和 Calladine 的薄板切割试验（1990 年）

Lu 和 Calladine（1990 年）进行了一系列板材切割模型试验。文中给出了一个算例，与半角为 $10°$、宽度为 10 mm 的刚性楔块切割的低碳钢板的分析进行比较。板厚 1.6 mm，材料屈服应力 270 N/mm²，材料临界断裂应变取 0.35，摩擦因数取 0.25。

当切割长度等于楔形长度的 2 倍（即切割长度为 $10/\tan 10° = 56.8$ mm）时，达到稳态切割。对于初始切割，使用式（3.176）计算切割力；对于稳定切割，使用式（3.177）计算切割力。切割力的解析计算和试验结果之间的比较见图 3.88，从比较中可以看出，结果吻合良好。

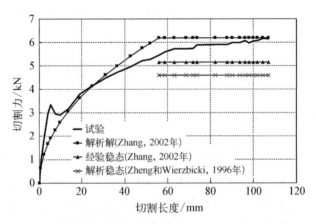

图 3.88 薄板切割力的解析结果和试验结果（Lu 和 Calladine，1990 年）之间的比较（低碳钢板厚度 $t = 1.6$ mm）

稳态切割力可以使用式(3.178)中的解析方法和式(3.179)中的经验方法进行计算,结果见图 3.88。这些结果都低于试验结果。注意,使用式(3.180)得出的结果仅为 1.16 kN,与试验结果相比似乎偏低。

3.11.5.2　Astrup 的厚板切割试验(1994 年)

Astrup(1994 年)对厚板进行了切割试验。测试板的厚度为 15～25 mm 之间,这是大型油船的典型底部厚度,选取了 Astrup(1994 年)试验中 P1 - 15 和 P2 - 15 的 15 mm 厚板的试验结果,与解析结果进行比较。刚性楔体的半角为 30°,楔体宽度为 250 mm。通过单轴拉伸试验获得的材料性能如下:材料的屈服应力(417+544)/2=480.5 MPa,断裂应变 0.3。正如 Astrup 所指出的,在切割试验中,楔块和厚板之间存在着很大的摩擦力,Astrup 认为,其试验中的摩擦力大于 Lu 和 Calladine(1990 年)试验中的摩擦力。因此,这里假定摩擦因数为 0.4。

根据上述示例,当切割长度等于楔形长度的 2 倍(切割长度为 250/tan 30°= 433.3 mm)时,达到稳态切割。因此,切割力使用式(3.176)、式(3.177)计算。与试验结果的比较见图 3.89。从比较中可以看出,结果吻合良好。使用式(3.179)计算的稳态切割力见图 3.89。得到的力略高于试验结果。注意,与试验结果相比,使用式(3.180)计算得到的力(仅 0.37 MN)过低,而使用式(3.178)计算的力(2.02 MN)过高。有趣的是,对于两个试验测试,即使板材厚度相同,切割力并不完全相同。

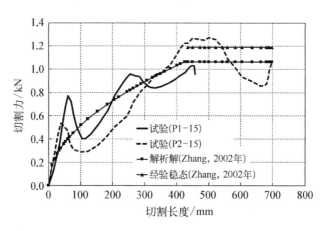

图 3.89　稳态切割力

3.11.5.3　Astrup 的加筋厚板切割试验(1994 年)

Astrup(1994 年)还进行加筋厚板进行了切割试验。所选板的厚度为

20 mm(Astrup,1994 年的试验 S1 - 20 和 S2 - 20),并由两个间距为 800 mm 的纵向加强筋(T500×12+200×15)加强。刚性楔块的半角为 30°,宽度为 250 mm,并在两个加强筋之间的中心切割板材。通过单轴拉伸试验获得的材料性能如下:材料的屈服应力(393+526)/2=459.3 N/mm², 断裂应变 0.317。如前一示例所示,摩擦因数设定为 0.4。

还假设当切割长度等于楔形长度的两倍(即切割长度为 250/tan 30°= 433.3 mm)时,达到稳态切割。使用式(3.176)、(3.177)计算的切割力以及与试验结果的对比见图 3.90。从对比中可以看出,在初始切割阶段吻合良好。然而,计算的稳态切割力低于试验结果。使用式(3.179)的计算的稳态切割力见图 3.90。这些计算结果也低于试验结果。其原因可以通过计算中忽略加强筋这一事实来解释。试验中加强筋发生一定程度的变形;这将吸收能量。随着楔块的推进,加强筋也会限制板的卷曲,这将进一步增加切割抗力。因此,试验结果高于解析结果。使用式(3.178)得出的结果与试验结果非常一致(见图 3.90)。

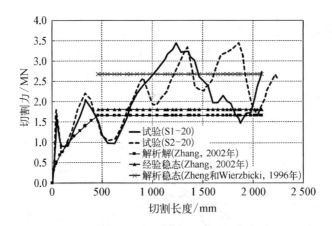

图 3.90　加筋厚板切割力的解析结果与试验结果(Astrup, 1994 年)之间的比较(钢板厚度 $t=20$ mm)

由于加强筋在切割过程中会产生一定程度的变形,我们可以使用等效厚度概念来考虑刚度的影响。通过在板上附加加强筋,得到加强筋的等效厚度:$\Delta t = 2×(200×15+500×12)/2\,000=9$(mm)。由于加强筋在切割过程中未完全变形,此处仅取附加厚度的 1/3 为有效厚度:$t_{eq}=20+\Delta t/3=23$ mm。使用等效厚度的结果与图 3.91 中的试验结果进行了对比。一般来说,两者对于理应吻合良好,但式(3.178)计算的力有点太大。当然,应承认并意识到计算等效厚度的不确定性和摩擦系数的不确定性。这里还应注意,对于两个相同加筋板试验,试验切割力并不完全相同。

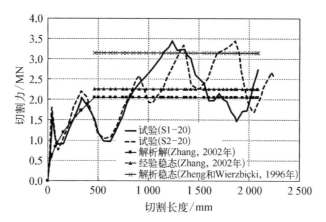

图 3.91　加筋厚板切割力的解析结果与试验结果之间的比较(钢板厚度 $t=20\ \text{mm}$,加上计算中使用的加筋板的 3 mm 附加厚度)

3.12　本章小结

　　本章为船舶碰撞和搁浅的内部力学的简化解析法提供了基本的分析基础。

　　本章内容包含:① 解析方法介绍;② 材料建模;③ 结构坍缩分析定理;④ 船壳板的横向变形;⑤ 腹板框架和纵梁的压溃;⑥ 腹板和纵梁交叉点的压溃;⑦ 结构单元的轴向压溃;⑧ 船首对刚性墙的压溃;⑨ 船-船碰撞损伤分析;⑩ 船-海上平台碰撞损伤分析;⑪船舶搁浅。每节都提供了解析方法、公式和试验结果。

参考文献

[1] AASHTO, 1991. LRFD Bridge Design Specifications. American Association of State Highway and Transportation Officials.

[2] Abramowicz, W., 1983. The effective crushing distance in axially compressed thin-walled metal columns. Int. J. Impact Eng. 1 (3), 309 - 317.

[3] Abramowicz, W., 1994. Crushing resistance of T, Y and X sections. MIT-Industry

Joint Program on Tanker Safety, Massachusetts Institute of Technology, USA, Report No. 24.

[4] Abramowicz, W., Jones, N., 1984. Dynamic axial crushing of square tubes. Int. J. Impact Eng. 2 (2), 179 - 208.

[5] Akita, Y., Ando, N., Fujita, Y., Kitamura, K., 1972. Studies on collision-protective structures in nuclear powered ships. Nucl. Eng. Des. 19, 365 - 401.

[6] Alexander, J.M., 1960. An approximate analysis of the collapse of thin cylindrical shells under axial loading. Q. J. Mech. Appl. Math. 13, 10 - 15.

[7] Amdahl, J., 1983. Energy Absorption in Ship-Platform Impacts (Doctoral thesis). Norwegian Institute of Technology.

[8] Amdahl, J., 1995. Side Collision. 22nd WEGEMT Graduate School, Technical University of, Denmark.

[9] Amdahl, J., Kavlie, D., 1992. Experimental and numerical simulation of double hull stranding. In: DNV-MIT Workshop on Mechanics of Ship Collision and Grounding, Høvik.

[10] Amdahl, J., Watam, R., Hu, Z., Holmås, T., 2012. Broad side ship collision with jacket legs: examination of NORSOK N - 004 analysis procedure. In: OMAE Proceedings, Rio de Janeiro. OMAE2012 - 84266.

[11] Arita, K., Aoki, G., 1985. Strength of ship bottom grounding (1st report) — an investigation into the case of a ship stranded on a rock. (in Japanese). J. Soc. Nav. Archit. Jpn. 158, 359 - 367.

[12] ASIS, 1998. Research on the Methodology for the Prediction of Accidental Damage to Tanker Structure in Case of Collision or Grounding and Development of New Hull Design With Improved Crashworthiness (1991 - 1997). The Association for Structural Improvement of the Shipbuilding Industry, Japan.

[13] ASTM, 2004. ASTM E 8 Standard Test Methods of Tension Testing of Metallic Materials. American Society for Testing and Materials.

[14] Astrup, O., 1994. Cutting of thick plates by a wedge — An experimental study. MIT-Industry Joint Program on Tanker Safety, Report No. 27, Dept. of Ocean Engineering, MIT, USA.

[15] Bockenhauer, M., 1996. IMO's role in improving ship safety and mitigating environmental damage. In: Keynote Speech at the 1st International Conference on Design and Methodologies for Collision and Grounding Protection of Ships, San Francisco, USA.

[16] Bodner, S.R., Symonds, P.S., 1962. Experimental and theoretical investigation of the plastic deformation of cantilever beams subjected to impulsive loading. J. Appl. Mech. 29, 719 - 728.

[17] BS 7910: 2013 + A1: 2015, 2015. Guide to Methods for Assessing the Acceptability of Flaws in Metallic Structures. BSI Standards Publication.

[18] BS EN 10002 - 1, 2001. Tensile Testing of Metallic Materials. Method of Testing at

Ambient Temperature. European Standards.

[19] BS EN ISO 2566 – 1, 1999. Steel — Conversion of Elongation Values — Part 1: Carbon and Low Alloy Steels.

[20] BS EN ISO 2566 – 2, 2001. Steel — Conversion of Elongation Values — Part 2: Austenitic Steels. Chang, P. Y., Seibold, F., Thasanatorn, C., 1980. A rational methodology for the prediction of structural response due to collisions of ships. In: SNAME Transactions.vol. 88. 173 – 193.

[21] Cowper, G.R., Symonds, P., 1957. Strain-hardening and strain-rate effects in the impact loading of cantilever beams. Technical Report No. 28, Division of Applied Mathematics, Brown University.

[22] DiPaolo, B.P., Tom, J.G., 2006. A study on an axial crush configuration response of thin-wall, steel box components: the quasi-static experiments. Int. J. Solids Struct. 43, 7752 – 7775.

[23] Ehlers, S., 2010. The influence of the material relation on the accuracy of collision simulations. Mar. Struct. 23, 462 – 474.

[24] Ellinas, C.P., Valsgard, S., 1985. Collision and damage of offshore structures a state-of-the art. In: 4th Int. Symposium on Offshore Mechanics and Arctic Engineering, Dallas, Texas, 17 – 22.

[25] Eurocode 1, 2010. Actions on Structures — Part 1 – 7: General Actions — Accidental Actions. (Incorporated corrigendum February 2010). July 2006 CEN.

[26] Forrestal, M.J., Sagartz, M.J., 1978. Elastic-plastic response of 304 stainless steel beams to impulse loads. J. Appl. Mech. 45, 685 – 687.

[27] Furnes, O., Amdahl, J., 1980. Ship collisions with offshore platforms. In: Intermaritec'80, 310.

[28] Gerard, G., 1957. The Crippling Strength of Compression Elements. American Institute of the Aeronautics and Astronautics.

[29] Hollomon, J.H., 1945. Tensile deformation. Trans. Am. Inst. Min. Metall. Pet. Eng. 162, 268 – 290.

[30] Hong, L., Amdahl, J., 2008. Crushing resistance of web girders in ship collision and grounding. Mar. Struct. 21, 374 – 401.

[31] Ito, H., Kondo, K., Yoshimura, N., Kawashima, M., Yamamoto, S., 1984. A simplified method to analyze the strength of double hulled structures in collision. In: The Autumn Meeting of the Society of Naval Architects of Japan.

[32] Jones, N., 1979. A literature survey on the collision and grounding protection of ships. Ship Structures Committee Report, SSC – 283.

[33] Jones, N., 2012. Structural Impact. Cambridge University Press.

[34] Jones, N., Jouri, W.S., 1987. A study of plate tearing for ship collision and grounding damage. J. Ship Res. 31 (4), 253 – 268.

[35] Jones, N., Wierzbicki, T. (Eds.), 1993. Structural Crashworthiness and Failure. Elsevier Applied Science.

[36] Kierkegaard, H., 1993. Ship bow response in high energy collisions. Mar. Struct. 6, 359 – 376.

[37] Kitamura, O., 1997. Comparative study on collision resistance of side structure. Mar. Technol. 34 (4), 293 – 308.

[38] Ku, J.H., Seo, K.S., Park, S.W., Kim, Y.J., 2001. Axial crushing behavior of the intermittent tack-welded cylindrical tubes. Int. J. Mech. Sci. 43, 521 – 542.

[39] Kuroiwa, T., 1996. Numerical simulation of actual collision & grounding accidents. In: International Conference on Design and Methodologies for Collision and Grounding Protection of Ships, San Francisco, USA.

[40] Lee, J.W., Hong, S.J., 1997. A study on the dissipation energy of plate due to cutting. J. Ship Ocean Technol. 1, 48 – 56.

[41] Lee, Y.W., Woertz, J.C., Wierzbicki, T., 2004. Fracture prediction of thin plates under hemispherical punch with calibration and experimental verification. Int. J. Mech. Sci. 46, 751 – 781.

[42] Lehmann, E., Yu, X., 1998. Inner dynamics of bow collision to bridge piers. In: International Symposium Advances in Bridge Aerodynamics-Ship Collisions Analysis-Operation and Maintenance, Lyngby, Denmark.

[43] Lehmann, E., Peschmann, J., 2002. Energy absorption by the steel structure of ships in the event of collisions. Mar. Struct. 15, 429 – 441.

[44] Lehmann, E., Yu, X., 1995. Progressive folding of bulbous bows. In: PRADS'95, The Netherlands.

[45] Lemmen, P.M., Vredeveldt, W., Pinkster, J.A., 1996. In: Design Analysis for Grounding Experiments. International Conference on Design and Methodologies for Collision and Grounding Protection of Ships, San Francisco, California, USA, pp. 22 – 23.

[46] Liu, B., 2015. Energy Absorption of Ship Structural Components Under Impact Loading. (PhD thesis). Instituto Superior Tecnico, University of Lisbon.

[47] Liu, B., Villavicencio, R., Guedes Soares, C., 2014. On the failure criterion of aluminium and steel plates subjected to low-velocity impact by a spherical indenter. Int. J. Mech. Sci. 80, 1 – 15.

[48] Liu, B., Villavicencio, R., Zhang, S., Guedes Soares, C., 2017. A simple criterion to evaluate the rupture of materials in ship collision simulations. Mar. Struct. 54, 92 – 111.

[49] Liu, B., Pedersen, P.T., Zhu, L., Zhang, S., 2018. Review of experiments and calculation procedures for ship collision and grounding damage. Mar. Struct. 59, 105 – 121.

[50] Lloyd's Register (LR), 2018a. Rules for the Manufacture Testing and Certification of Materials. Lloyd's Register, London.

[51] Lloyd's Register (LR), 2018b. Rules and Regulations for the Classification of Ships. Lloyd's Register, London.

[52] Lu, G., Calladine, C.R., 1990. On the cutting of a plate by a wedge. Int. J. Mech. Sci. 32 (4), 293 – 313.

[53] Lützen, M., 2001. Ship Collision Damage (PhD thesis). Technical University of Denmark, Denmark.

[54] Marinatos, J.N., Samuelides, M.S., 2015. Towards a unified methodology for the simulation of rupture in collision and grounding of ships. Mar. Struct. 42, 1 – 32.

[55] Marshall, P. W., Gates, W. E., Anagnostopoulos, S., 1977. Inelastic dynamic analysis of tubular structures. OTC 2908.

[56] Martens, I., 2014. Konstruktive Aspekte beim Entwurf von Bugwulsten zur Verbesserung des Energieaufnahmevermogens bei Schiffskollisionen. (in German). (PhD thesis), Schriftenreihe Schiffbau, Bericht 679, Technical University of Hamburg, Germany. ISBN 978 – 3 – 89220 – 679 – 8.

[57] McDermott, J., Kline, R., Jones, E., Maniar, N., Chiang, W., 1974. Tanker structural analysis for minor collisions. In: SNAME Transactions.

[58] Minorsky, V.U., 1959. An analysis of ship collision with reference to protection of nuclear power ships. J. Ship Res. 3 (2), 1 – 4.

[59] Nielsen, L.P., 1995. Traffic and Route Data — Safety of Passenger RoRo Vessels. Technical University of Denmark, Dept. of Ocean Engineering.

[60] NORSOK N – 004, 2004. NORSOK Standard N – 004. Rev. 2, October 2004, Standards Norway, Strandveien 18, N – 1326 Lysaker, Norway.

[61] Ohtsubo, H., Wang, G., 1995. An upper-bound solution to the problem of plate tearing. J. Mar. Sci. Technol. 1, 46 – 51.

[62] Paik, J.K., 1994. Cutting of a longitudinally stiffened plate by a wedge. J. Ship Res. 38 (4), 340 – 348.

[63] Paik, J. K., 2007. Practical techniques for finite element modeling to simulate structural crashworthiness in ship collision and grounding (Part I: Theory). Ship Offshore Struct. 2(1), 69 – 80.

[64] Paik, J. K., Pedersen, P. T., 1995. Ultimate and crushing strength of plated structures. J. Ship Res. 39 (3), 250 – 261.

[65] Paik, J.K., Thayamballi, A.K., 2003. Ultimate limit state design of steel-plated structures. Wiley, Chichester, UK.

[66] Paik, J. K., Chung, J. Y., Choe, I. H., Thayamballi, A. K., Pedersen, P. T., Wang, G., 1999. On rational design of double hull tanker structures against collision. In: The Society of Naval Architects and Marine Engineers. Transactions SNAME.vol. 107. paper number 14.

[67] Pedersen, P.T., 1998. In: Gimsing, N. (Ed.), Ship Crushing Load Studies. The Storebælt Publications, East Bridge, pp. 44 – 57 (Chapter 3.6).

[68] Pedersen, P. T., 2010. Review and application of ship collision and grounding analysis procedures. Mar. Struct. 23 (3), 241.

[69] Pedersen, P. T., Zhang, S., 2000. Absorbed energy in ship collisions and

grounding — revising Minorsky's empirical method. J. Ship Res. 44 (2), 140 – 154.

[70] Pedersen, P. T., Valsgaard, O., Olsen, D., Spangenberg, S., 1993. Ship impacts — bow collisions. Int. J. Impact Eng. 13 (2), 163 – 187.

[71] Qvist, S., Nielsen, K.B., Schmidt, M.H., Madsen, S.H., 1995. Ship collision — experimental and numerical analysis of double hull models. In: 9th DYMAT Technical Conference: Material and Structural Modelling in Collision Research, Munich Germany, October 10 – 11.

[72] Reckling, K. A., 1983. Mechanics of minor ship collisions. Int. J. Impact Eng. 1 (3), 281 – 299.

[73] Ringsberg, J., et al., 2018. MARSTRUCT benchmark study on nonlinear FE simulation of an experiment of an indenter impact with a ship side-shell structure. Mar. Struct. 59, 142 – 157.

[74] Samuelides, E., Frieze, P. A., 1989. Fluid-structure interaction in ship collisions. Mar. Struct. 2, 65 – 88.

[75] Sano, A., Muragishi, O., Yoshikawa, T., 1996. Strength analysis of a new double hull structure for VLCC in collision. In: International Conference on Design and Methodologies for Collision and Grounding Protection of Ships. San Francisco, California, USA.

[76] Schneekluth, H., 1987. Ship Design for Efficiency and Economy. Butterworth & Co. (Publishers) Ltd.

[77] Simonsen, B. C., 1997a. Mechanics of Ship Grounding (PhD thesis). Technical University of Denmark, Denmark. ISBN 87 – 89502 – 34 – 5.

[78] Simonsen, B. C., 1997b. Ship grounding on rock — Part I theory & Part II validation and application. Mar. Struct. 10, 519 – 562.

[79] Simonsen, B.C., Lauridsen, L. P., 2000. Energy absorption and ductile failure in metal sheets under lateral indentation by a sphere. Int. J. Impact Eng. 24, 1017 – 1039.

[80] Simonsen, B.C., Ocakli, H., 1999. Experiments and Theory on Deck and Girder Crushing. Department of Naval Architecture and Offshore Engineering, Technical University of Denmark.

[81] Simonsen, B.C., Wierzbicki, T., 1997. Plasticity, fracture and friction in steady-state plate cutting. Int. J. Impact Eng. 19 (8), 667 – 692.

[82] Simonsen, B.C., Tornqvist, R., Lutzen, M., 2009. A simplified grounding damage prediction method and its application in modern damage stability requirements. Mar. Struct. 22, 62 – 83.

[83] Storheim, M., Amdahl, J., Martens, I., 2015. On the accuracy of fracture estimation in collision analysis of ship and offshore structures. Mar. Struct. 44, 254 – 287.

[84] Tarigopula, V., Langseth, M., Hopperstad, O.S., Clausen, A.H., 2006. Axial crushing of thinwalled high-strength steel sections. Int. J. Impact Eng. 32,

847 - 882.

[85] Tautz, I., Schœottelndreyer, M., Lehmann, E., Fricke, W., 2013. Collision tests with rigid and deformable bulbous bows driven against double hull side structures. In: Amdahl, Ehlers, Leira (Eds.), Proceedings of the 6th International Conference on Collision and Grounding of Ships and Offshore Structures. Taylor & Francis Group, London. ISBN 978 - 1 - 138 - 00059 - 9, pp. 93 - 100.

[86] Vaughan, H., 1980. The tearing strength of mild steel plate. J. Ship Res. 24 (2), 96 - 100.

[87] Visser, W., 2004. Ship collision and capacity of brace members of fixed steel offshore platforms. Research Report 220, UK Health and Safety Execu.

[88] Wang, G., 1995. Structural Analysis of Ship Collision and Grounding. (PhD thesis) University of Tokyo.

[89] Wang, G., Ohtsubo, H., 1997. Deformation of ship plate subjected to very large load. In: Proceedings of the 16th International Conference on Offshore Mechanics and Arctic Engineering (OMAE), Yokohamavol. 2, pp. 173 - 180.

[90] Wang, G., Arita, K., Liu, D., 2000. Behavior of a double hull in a variety of stranding or collision scenarios. Mar. Struct. 13, 147 - 187.

[91] Wierzbicki, T., 1994. Concertina tearing of metal plates-improved solution and comparison. Joint MIT-Industry Project on Tanker Safety, Report No. 22.

[92] Wierzbicki, T., Abramowicz, W., 1983. On the crushing mechanics of thin-walled structures. J. Appl. Mech., ASME 50, 727 - 734.

[93] Wierzbicki, T., Suh, M., 1988. Indentation of tubes under combined loading. Int. J. Mech. Sci. 30, 229 - 248.

[94] Wierzbicki, T., Thomas, P., 1993. Closed-form solution for wedge cutting force through thin metal sheets. Int. J. Mech. Sci. 35 (3/4), 209 - 229.

[95] Wierzbicki, T., Peer, D.B., Rady, E., 1993. The anatomy of tanker grounding. Mar. Technol. 30 (2), 71 - 78.

[96] Woisin, G., 1979. Design against collision. In: Proceedings of Int. Symp. On Advances in Marine Technology, Trondheim, Norwayvol. 2.

[97] Yahiaoui, M., Bracco, M., Little, P., Trauth, A.T., 1994. Experimental study on scale models for grounding. MIT-Industry Joint Program on Tanker Safety, Report No. 18.

[98] Yamada, Y., 2006. Bulbous Buffer Bows: A Measure to Reduce Oil Spills in Tanker Collision. (PhD thesis)Technical University of Denmark, Denmark.

[99] Yamada, Y., Endo, H., 2005. Collapse mechanism of the buffer bow structure on axial crushing. Int. J. Offshore Polar Eng. 15 (02), 133 - 141.

[100] Yamada, Y., Pedersen, P. T., 2008. A benchmark study of procedures for analysis of axial crushing of bulbous bows. Mar. Struct. 21 (2 - 3), 257 - 293.

[101] Yang, P. D. C., Caldwell, J. B., 1988. Collision energy absorption of ship bow structures. Int. J. Impact Eng. 7 (2), 181 - 196.

[102] Yu, Z., Amdahl, J., 2018. Analysis and design of offshore tubular members against ship impacts. Mar. Struct. 58, 109 - 135.

[103] Zeng, J., Hu, Z., Chen, G., 2016. A steady-state plate tearing model for ship grounding over a cone-shaped rock. Ships Offshore Struct. 11 (3), 245 - 257.

[104] Zhang, S., 2002. Plate tearing and bottom damage in ship grounding. Mar. Struct. 15, 101 - 117.

[105] Zhang, S., 2005. Cargo trading patterns and ship main dimensions. Report 01/05, Lloyd's Register, London, UK.

[106] Zhang, L., Egge, E. D., Bruhns, H., 2004a. Approval procedure concept for alternative arrangements. In: Proc. 3rd International Conference on Collision and Grounding of Ships: Izu, Japan, pp. 87 - 96.

[107] Zhang, S., Ocakli, H., Pedersen, P.T., 2004b. Crushing of ship bows in head-on collision. In: The Transactions of The Royal Institution of Naval Architects. vol. 146. Part A2.

[108] Zhang, M., Liu, J., Hu, Z., Zhao, Y., 2018. On resistance of a rectangular thin plate under lateral indentation by a wedge indenter. Ship Offshore Struct. https://doi.org/ 10.1080/17445302.2018.1441618.

[109] Zheng, Z., Wierzbicki, T., 1996. A theoretical study of a steady-state wedge cutting through metal plates. Int. J. Fract. 78, 45 - 66.

[110] Zhu, L., James, P., Zhang, S., 2002. Statistics and damage assessment of ship grounding. Mar. Struct. 15, 515 - 530.

第 4 章
损伤材料体积法

4.1 引言

  著名的碰撞分析经验方法可能是由 Minorsky(1959 年)提出的,他分析了 26 起整船碰撞事故,并开发了经验公式 $E = 47.2R_t + 32.7$,该公式将吸收能量 (E, MJ)与损伤材料体积 (R_t, m^3)联系起来。虽然这种方法的局限性是公认的,但由于其简单性,这一经验公式已被业界广泛用于船舶碰撞和搁浅分析。

  Zhang(1999 年)、Pedersen 与 Zhang(2000 年)提出了一种简化解析法来估算碰撞事故中的损伤程度和能量吸收。它基于吸收能量和受损材料体积之间的关系,并且考虑了结构布置、材料特性和损伤模式。Zhang 和 Pedersen(2016 年)将最大损伤撞深时的试验结果与解析方法在给定撞深下估算的能量进行了对比。然而,在整个碰撞事件中的任何损伤撞深过程中,验证能量响应和碰撞力表现方式也很重要。Zhang 等人(2018 年)进行了这项工作,以反映碰撞评估的全貌,并验证该方法的可靠性。本章详细介绍了该方法及其在全船碰撞和搁浅事故中的应用。

4.2 损伤材料体积法

4.2.1 预测方法

  船舶碰撞和搁浅引起的结构损伤分析相当复杂,因为碰撞响应是高度非线性的,涉及船舶结构几何结构的连续变化。从船舶碰撞和搁浅事故中观察到的失效模式表明,主要的能量吸收机制是甲板压溃、底板撕裂、肋板肋骨折叠和壳板拉伸。

根据结构布置的特点以及在碰撞和搁浅事件中观察到的失效模式,船舶结构可分为若干金属板组件。对具有不同失效模式(折叠、撕裂或压溃)的不同结构单元的推导公式进行对比,表明平均抗力具有一定的相似性。平均抗力可表示为 $F_m = D_1 \sigma_0 t^a c^{2-a}$,其中 σ_0 是材料的屈服应力,t 是板的厚度,c 是单位横截面长度或撕裂长度,D_1 是一个与实际压溃或撕裂结构相关的系数,指数 α 为常数,取值为 $\alpha = 1.5 \sim 1.7$。

对于承受横向荷载的板(如舷侧列板),结构变化主要由膜张力主导。在这种情况下,抗力 F_p 和横向凹陷 δ 的关系可以写成 $F_p = D_2 \sigma_0 t \delta$,其中 D_2 是与碰撞位置和板尺寸相关的系数。

船舶碰撞和搁浅的实际损伤远比这些基本要素的损伤复杂。事实上,通常情况下可能无法预测撞击过程中的确切损伤模式,因为它可能是一种混合压溃、折叠、撕裂和拉伸的模式。由于基本失效机制具有一定的共同关系,所以可以建立简单的表达式来描述碰撞和搁浅损伤。

4.2.2 理论公式

本书已经确定了三种不同的能量吸收机制:① 塑性拉伸变形,例如舷侧碰撞时壳板的凹陷;② 折叠和压溃破坏模式,如船首压溃,甲板、肋板、肋骨和纵梁折叠和压溃;③ 撕裂损伤模式,如搁浅时底部结构的起皱破坏。

吸收能量和破坏材料体积之间关系的拟定公式如下。

4.2.2.1 塑性应变损伤模式的能量吸收

$$E_1 = 0.77 \varepsilon_f \sigma_0 R_{t1} \tag{4.1}$$

其中,E_1 是吸收能量;σ_0 是材料的屈服应力;ε_f 是材料的断裂应变;R_{t1} 是拉伸模式下受损/断裂结构构件的材料体积。

在船体外板破裂之前,ε_f 将替换为 $(\delta / \delta_f) \varepsilon_f$,其中 δ 是穿透率,δ_f 是断裂时的临界穿透率,可通过试验或 3.4.6 节给出的表达式确定,即 $\delta_f = \varepsilon_f^{0.4} b^{0.4} R_b^{0.6}$。

4.2.2.2 压溃和折叠损伤模式的能量吸收

$$E_2 = 3.50 \left(\frac{t}{b}\right)^{0.67} \sigma_0 R_{t2} \tag{4.2}$$

其中,t 是压溃板的厚度;b 是压溃横截面中板的宽度;R_{t2} 是压溃结构构件的材料体积。

4.2.2.3　撕裂损伤模式的能量吸收

$$E_3 = 3.21 \left(\frac{t_{eq}}{\lambda} \right)^{0.6} \sigma_0 R_{t3} \tag{4.3}$$

其中，t_{eq} 是等效板厚度，包括纵向肋板和加强筋(撕裂方向)；λ 是刚刚达到稳定撕裂状态的临界撕裂长度；R_{t3} 是撕裂材料的体积。在大多数实际情况下，临界撕裂长度可以作为撕裂对象的宽度或损伤宽度。如果未达到稳定状态，λ 等于撕裂长度。

总吸收能量可通过每个受损结构构件吸收能量的总和获得。对于船舶碰撞和搁浅，有

$$E_{collision} = \sum (E_{1i} + E_{2i}) \tag{4.4}$$

$$E_{grounding} = \sum (E_{3i}) \tag{4.5}$$

4.2.2.4　计算中使用的参数说明

材料特性是能量吸收分析的重要参数。这些参数通常从标准单轴拉伸试验中获得，包括屈服强度 σ_y，极限拉伸强度 σ_u，和断裂伸长率 ε_f(此处称为断裂应变)。在本书中，材料的屈服应力是屈服强度和极限拉强度的平均值，即 $\sigma_0 = 0.5(\sigma_y + \sigma_u)$，如第 3 章所述。如果这些数据可用，分析计算中使用的断裂应变应通过标距长度为 $5.65\sqrt{S}$ 的标准单轴拉伸试验获得。另外，当拉伸试验的信息不可用时，必须查阅材料数据库以确定可靠的断裂应变。或者，可以使用 3.2.4 节中给出的表达式，即碳钢的 $\varepsilon_f = 0.385(400/\sigma_u)$。

另一个重要参数是受损材料的体积。在船-船碰撞分析中，通常假设撞击船首是刚性的，因此，所有碰撞能量都被撞船吸收。在这种情况下，可以通过假设被撞船的损伤局限在刚性撞击船首周围来近似确定结构损伤。这意味着损伤的空间等于撞击船首穿透被撞船舷侧的体积。这一假设得到了实际船舶碰撞损伤观察结果的有力支持。图 4.1 显示了在船舶碰撞和搁浅事件中受损的结构构件。

在搁浅分析中，摩擦提供的能量吸收很重要，其影响已被考虑并计入式(4.3)中。在船舶碰撞分析中，刚性船首和受损结构之间的摩擦会导致额外的吸收能量。然而，在简化分析方法中，摩擦效应通常被忽略(Zhang，

1999 年；Pedersen 和 Zhang，2000 年）。

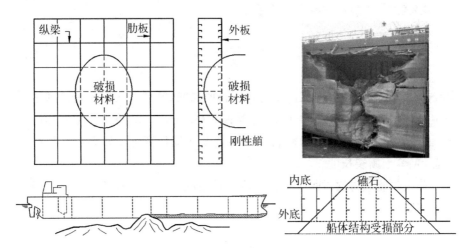

图 4.1　船舶碰撞和搁浅中受损材料的示意图

　　虽然人们认为摩擦对船舶碰撞的影响并不显著，但是还需要进一步的试验来证实这一点。本书对刚性锥体撞穿的双壳体模型进行了有限元模拟，以研究摩擦力提供的能量吸收；双壳模型（S-Ⅱ模型）选自 Arita 和 Aoki(1985 年)报告的试验，见图 4.2。模拟使用三个摩擦因数 μ：0.23、0.35 和 0.45。图 4.2 中的结果表明，在船体板破裂（约 0.07 m 撞深）之前，摩擦的影响可以忽略不计，因为船首和板之间的相对运动很小，而超过该

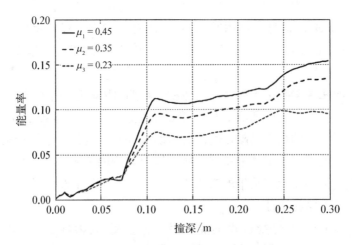

**图 4.2　有限元计算结果表明摩擦吸收的
能量与总吸收能量之间的能量比**

点时,摩擦的影响会随着撞深距离的增加而增加。还应注意到,在相对较大的撞穿力下,摩擦力仅占总释放能量的 10％ 左右,而且这种贡献对假定的摩擦因数不是很敏感。对于其他双壳模型,Zhang(2018 年)等人也给出了类似的结果。考虑到这一点,解析法假设摩擦对碰撞的贡献率约为 10％。对于船舶碰撞,首先通过式(4.1)、式(4.2)计算吸收的能量,然后增加计算能量 $E_{\text{collision}}$ 的 11.5％。采用这种方法是为了使输入参数的不确定性最小化和简单化。

通过式(4.4)或式(4.5)获得能量-撞深曲线,进而确定力-撞深响应。在数值上,每个撞深处 δ_i 的碰撞力可通过以下公式得

$$F_i = \frac{\mathrm{d}E}{\mathrm{d}\delta} = \frac{\Delta E}{\Delta \delta} = \frac{E_{i+1} - E_{i-1}}{\delta_{i+1} - \delta_{i-1}} \tag{4.6}$$

通过使用该方法,碰撞力表示每个穿透分析步骤内的平均值。然而,由屈曲引起的峰值力(可在试验中观察)并未反映在计算中。因此,计算的力-撞深曲线仅反映了碰撞抗力的总体趋势。

4.3 解析计算结果和试验数据

本节将解析计算结果与文献中的各种试验数据进行对比。特别是,本节讨论了船舶舷侧结构碰撞、船首压溃和船舶搁浅情况。

4.3.1 舷侧碰撞

文献中的 18 次碰撞试验细节将用作解析法预测的基准。4.2 节中描述的分析程序始终用于估计所有选定碰撞试验的响应。本节末尾将对结果进行讨论。

4.3.1.1 Arita 和 Aoki 的三次模型试验(1985 年)

Arita 和 Aoki(1985 年)对三种模型的双壳体结构进行了碰撞试验,该结构被半径为 80 mm 的刚性锥形压头穿透。模型的结构布置见图 4.3,尺寸和材料特性见表 4.1。S-Ⅰ 和 S-Ⅲ 型具有相同的肋板间距,但厚度不同,而模型 S-Ⅱ 和 S-Ⅲ 型具有相同的厚度,但肋板间距不同。Arita 和 Aoki(1985 年)给出了低碳钢材料的屈服强度,但没有提供极限抗拉强度和断裂应变的信息。这些未知特性是从造船业的材料数据中获得的。

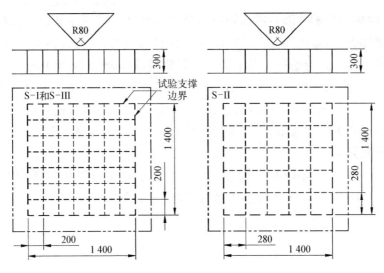

图 4.3 Arita 和 Aoki(1985 年)模型试验说明

表 4.1 Arita 和 Aoki(1985 年)进行的三次模型试验的尺寸和材料特性

ID	模型	肋板间距 /mm	深度 /mm	板和肋板 厚度 /mm	σ_y /MPa	σ_u /MPa	ε_f
1	S-Ⅰ	200	300	3.2	284.5	440.0	0.35
2	S-Ⅱ	280	300	4.5	294.3	447.0	0.34
3	S-Ⅲ	200	300	4.5	294.3	447.0	0.34

计算了吸收能量-撞深和力-撞深曲线,解析结果与试验结果的对比见图 4.4~图 4.6。可以看出,解析计算与试验结果非常吻合。

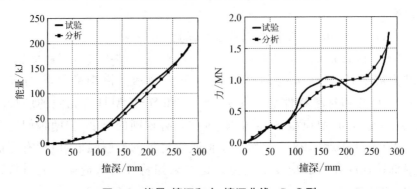

图 4.4 能量-撞深和力-撞深曲线: S-Ⅰ型

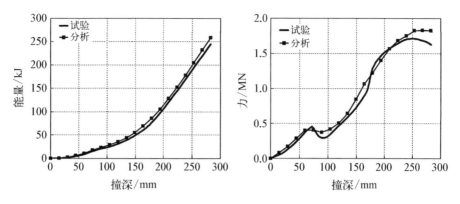

图 4.5　能量-撞深和力-撞深曲线: S - Ⅱ 型

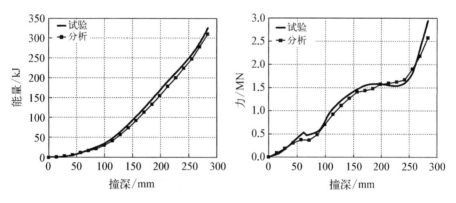

图 4.6　能量-撞深和力-撞深曲线: S - Ⅲ 型

4.3.1.2　Paik 等人(1999 年)进行的四次模型试验

Paik 等人(1999 年)进行了碰撞试验,试验内容为四个半径为 80 mm 的刚性锥形压头撞穿的双壳体模型。模型的结构布置见图 4.7,所有试件的尺寸见表 4.2。表 4.2 中所示的材料特性是通过标准单轴拉伸试验获得的,可在 Paik 等人(1999 年)的试验中找到。

表 4.2　Paik 等人(1999 年)四次模型试验的尺寸和材料特性

ID	模　型	肋板间距 /mm	深度 /mm	板和肋板 厚度 /mm	起始位置	σ_y /MPa	σ_u /MPa	ε_f
4	ST - 3 - BW	282	350	2.80	肋板之间	245.3	337.8	0.46
5	ST - 4 - BW	282	350	3.95	肋板之间	319.8	412.6	0.36

ID	模　型	肋板间距 /mm	深度 /mm	板和肋板 厚度/mm	起始位置	σ_y/MPa	σ_u/MPa	ε_f
6	ST‑3‑OW	235	350	2.80	肋板节点	245.3	337.8	0.46
7	ST‑4‑OW	235	350	3.95	肋板节点	319.8	412.6	0.36

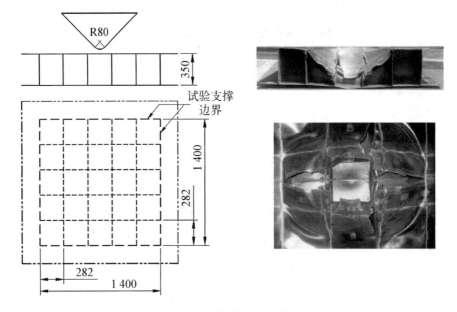

图 4.7　模型的结构布置

从试验中可以看出,在压头与内板接触之前,内板发生了较小的偏转。因此,以试验数据为参考,稍微调整撞深度,以便在解析计算中反映这一点。还观察到,压头没有在模型的电镀层上引起划痕,或者划痕很小,因此,摩擦效应可以忽略不计。最终,摩擦在解析计算中被忽略,因为这提供了更好的一致性。试验模型的典型最终损伤模式见图 4.7。需要注意的是,肋板以规则模式折叠,船体板以拉伸模式破坏。

图 4.8~图 4.11 对比了试验和分析得出的吸收能量‑撞深和力‑撞深曲线。与之前的对比类似,解析计算以合理的精度预测了试验响应。

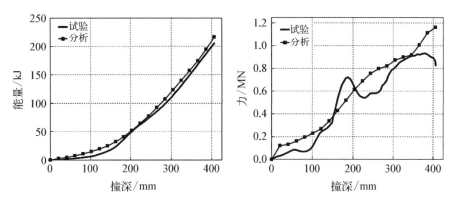

图 4.8　能量-撞深和力-撞深曲线：ST‑3‑BW 型

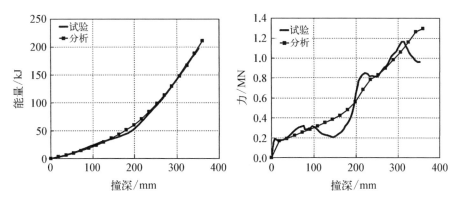

图 4.9　能量-撞深和力-撞深曲线：ST‑3‑OW 型

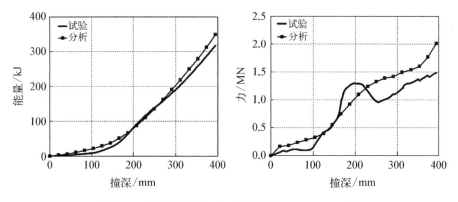

图 4.10　能量-撞深和力-撞深曲线：ST‑4‑BW 型

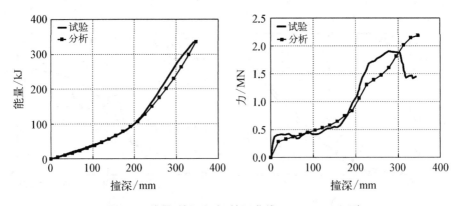

图 4.11　能量–撞深和力–撞深曲线：ST‑4‑OW 型

4.3.1.3　Wang 等人(2000 年)进行的九次模型试验

Wang 等人(2000 年)对 9 个双壳模型进行了碰撞试验。刚性锥形压头的半径从相对锋利的 10 mm 半径到相对圆的 300 mm 半径不等。在所有情况下，肋板之间的跨度均为 200 mm，试件高度为 200 mm，内外板和肋板厚度为 2.3 mm。压头持续穿透，直至到达内船体。碰撞位置位于三个不同的位置：① 肋板之间；② 肋板上；③ 肋板交叉处。图 4.12 显示了试件的几何形状以及碰撞试验后试件 P‑100 和 P‑300 的损伤模式。表 4.3 总结了每个试验的细节和材料特性。

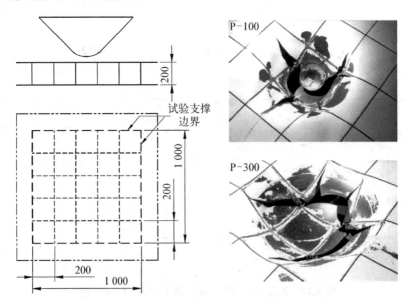

图 4.12　Wang 等人(2000 年)模型试验和试样 P‑100 和 P‑300 变形形状的示意图

表 4.3　Wang 等人(2000 年)试验的细节和材料特性

ID	模型	锥体半径 /mm	接触位置	板材 /mm	σ_y /MPa	σ_u /MPa	ε_f
8	P‑10	10	肋板之间				
9	P‑50	50	肋板之间				
10	P‑100	100	肋板之间				
11	P‑200	200	肋板之间				
12	P‑300	300	肋板之间	2.3	282	438	0.35
13	W‑50	50	在肋板上				
14	W‑200	200	在肋板上				
15	C‑50	50	肋板交点				
16	C‑200	200	肋板交点				

材料为低碳钢,但 Wang 等人(2000 年)未提供材料性能的准确值。Zhang 和 Pedersen(2016 年)报告了这些试验的解析计算,其中屈服强度取 282 MPa, 极限强度取 400 MPa。通过将 P‑100 模型的解析结果与其相应的试验结果 进行校准,确定断裂应变为 0.45,并忽略了摩擦效应。尽管这种 0.45 级的断 裂应变对于日本钢来说并不罕见,Ito 等人(1984 年)进行的单轴拉伸试验也 证明了这一点。0.45 的值可以被认为该材料参数的上限。因此,在分析造 船业的材料性能数据后,发现表 4.3 中给出的性能更合适,并用于计算。

图 4.13~图 4.21 给出了试验和解析法吸收能量-撞深和力-撞深曲线的 对比。总体而言,解析法计算完全符合试验响应。

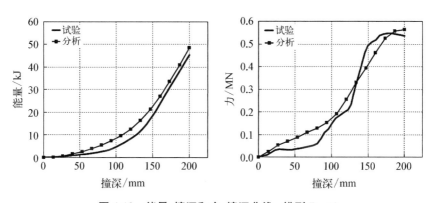

图 4.13　能量-撞深和力-撞深曲线:模型 P‑10

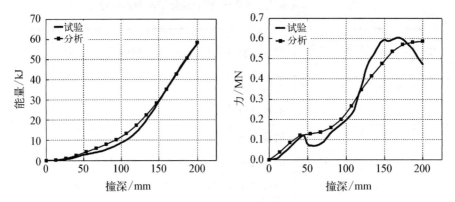

图 4.14 能量-撞深和力-撞深曲线：模型 P‑50

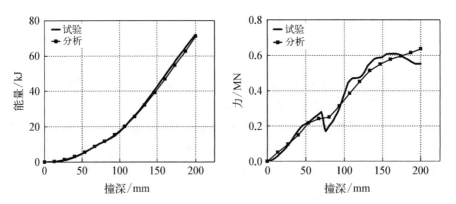

图 4.15 能量-撞深和力-撞深曲线：模型 P‑100

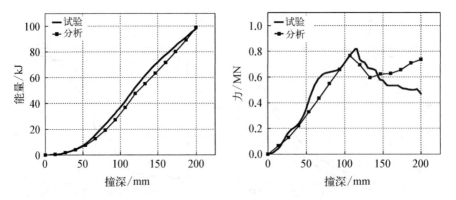

图 4.16 能量-撞深和力-撞深曲线：模型 P‑200

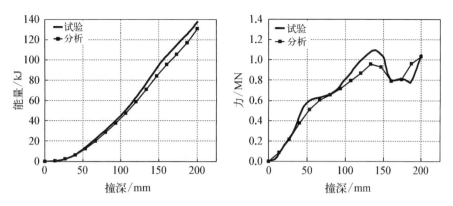

图 4.17　能量-撞深和力-撞深曲线：模型 P‑300

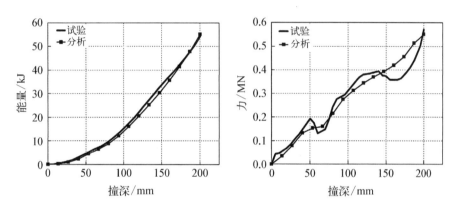

图 4.18　能量-撞深和力-撞深曲线：模型 W‑50

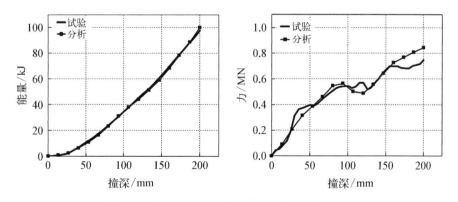

图 4.19　能量-撞深和力-撞深曲线：模型 W‑200

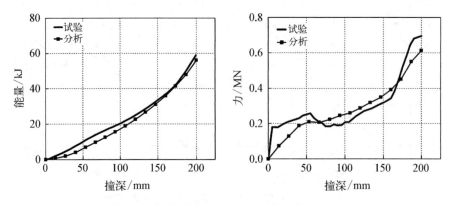

图 4.20 能量-撞深和力-撞深曲线：模型 C‑50

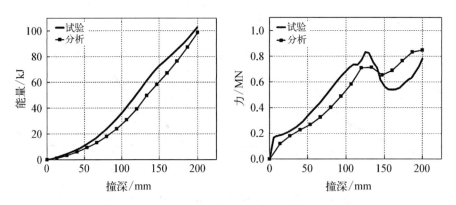

图 4.21 能量-撞深和力-撞深曲线：模型 C‑200

4.3.1.4 Tautz 等人(2013 年)的模型试验

Tautz 等人(2013 年)进行了一项试验室碰撞试验,使用刚性球鼻艏与舷侧双层结构模型碰撞。

顶板和底板的厚度均为 4.0 mm,由 HP140×7 型球扁钢加固,球扁钢间隔 280 mm。肋板厚度为 5.0 mm,间距为 800 mm。从顶板到底板的总高度为 900 mm。在解析计算中,加强筋的横截面积被分布在顶板和底板中。图 4.22(Tautz 等人,2014 年)显示了模型试验和刚性球鼻艏的草图,以及碰撞试验后试样 CE‑1 的变形形状。表 4.4 给出了通过标准拉伸试验获得的材料性能。顶板和底板都被完全穿透(见图 4.22),因此该试验为理论方法验证严重碰撞损伤提供一个好机会。

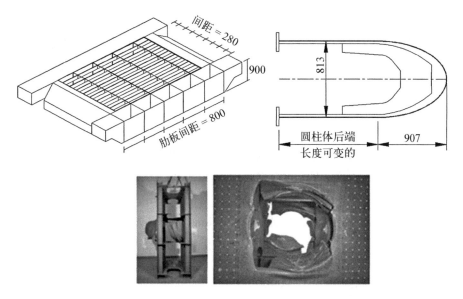

图 4.22 Tautz 等人(2013 年)碰撞试验 CE‐1

表 4.4 顶板和底板的材料特性:Tautz 等人(2013 年)

ID	模型	板厚/mm	σ_y/MPa	σ_u/MPa	ε_f
17	CE‐1	4	340	460	0.32

吸收能量-撞深和力-撞深曲线见图 4.23。虽然解析计算高估了撞深达到 800 mm 前的能量响应,但超出该点的一致性非常好。能量响应的初始高估导致力-位移响应在 800 mm 之前出现偏差。

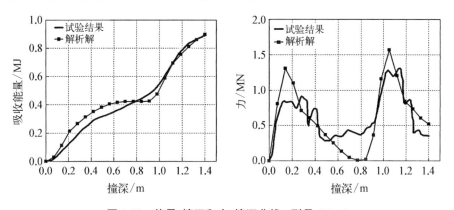

图 4.23 能量-撞深和力-撞深曲线:型号 CE‐1

4.3.1.5　Lehmann 和 Peschmann(2002 年)的大尺度模型试验

Lehmann 和 Peschmann(2002 年)报告了与荷兰国家应用科学研究院 (Netherlands Organization for Applied Scientific Research，TNO)联合进行的大尺度碰撞试验结果(其中一个试验载于图 3.3)。该碰撞试验也可以在 Peschmann(2001 年)文章中找到。

碰撞试验中使用了两艘长度约 80 m 的内河船舶。双壳结构(此处称为试验模型)插入被撞船的船中区域,相当于一艘约 30 000 DWT 中型双壳油船的 1/3(见图 4.24)。试验模型长 7.5 m,两侧宽 0.7 m,总高度 4.2 m。外板和内板的厚度为 5.0 mm,由间距为 225 mm 的 100 mm×5.0 mm 扁钢加固。垂直腹板的厚度为 6.0 mm,间距为 1 125 mm,而水平纵梁的厚度为 5.0 mm,间距为 1 130 mm。撞击船装有刚性球鼻艏,碰撞速度为 2.55 m/s。

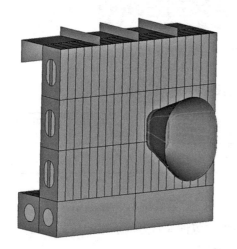

图 4.24　在荷兰进行的大规模碰撞试验

由于船舶在碰撞过程中发生运动,该试验被认为是一个相当复杂的试验。由于在试验过程中实现了较大的穿透,内外板都遭受了严重的损坏,因此本试验为验证理论模型提供了有价值的信息。

材料性能由 Peschmann(2001 年)进行的标准单轴拉伸试验获得:屈服强度 $\sigma_y = 319$ MPa,极限拉伸强度 $\sigma_u = 423$ MPa,断裂伸长率 $\varepsilon_f = 0.3$。 Peschmann(2001 年)报告称,碰撞后模型上的划痕非常小。因此,他在有限元分析中使用了相对较小的摩擦系数 $(\mu = 0.1)$,因为它与试验结果最为吻合。考虑到摩擦对总吸收能量的贡献可以忽略不计,在解析计算中忽略了摩擦效应。

图 4.25 显示了试验和解析法得出的吸收能量-撞深和力-撞深曲线。通过对比可知,对于这种复杂的碰撞试验,解析方法与试验结果吻合良好。

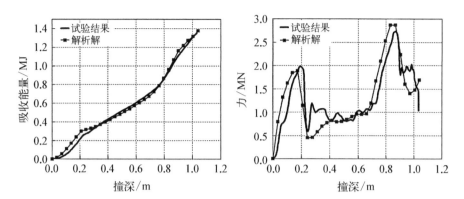

图 4.25　能量-撞深和力-撞深曲线:Lehmann 和 Peschmann 的模型

4.3.1.6　舷侧碰撞试验验证方法的探讨

通过与 Arita 和 Aoki(1985 年)进行的试验进行对比,可以观察到,对于试件 S-Ⅱ 和 S-Ⅲ,通过解析方法可以很好地预测能量-力-位移曲线。对于试样 S-Ⅰ,解析计算与试验结果达到合理的一致性。

与 ST-3-BW 和 ST-4-BW 试样的对比也表明,能量响应的解析预测与试验结果接近。值得注意的是,材料参数是从单轴拉伸试验中获得的,因此,材料的不确定性已经减小。尽管力-位移曲线存在一些偏差,但所有解析计算都能准确预测整个碰撞事件期间吸收的能量。应该得知,计算的碰撞力仅代表每个分析步骤的平均值,并不反映试验中屈曲引起的峰值力。

Wang 等人(2000 年)的试验结果预测带来了更多的挑战,因为压头半径变化很大,冲击发生在不同的位置。对于压头中心位于肋板之间的碰撞,解析计算与整个能量-位移响应符合得很好。对于肋板(W-50 和 W-200)和肋板交叉处(C-50 和 C-200)的影响,解析计算与能量响应吻合得同样好。

对于 Tautz 等人(2013 年)的模型,解析计算符合试验曲线,具有相对较好的精度。虽然它高估了撞穿 800 mm 前的能量吸收,但预测值在超过该点时相当准确。与上述模型不同的是,该试验模型的外底和内底都是由加筋板制成的。在这里,将加强筋分布到等效板上似乎效果良好。

Lehmann 和 Peschmann(2002 年)的大尺度碰撞试验无疑是更复杂的场景。然而,解析方法很好地预测了试验响应。

表 4.5 和图 4.26 显示了每个试验结束时计算和试验吸收能量的总结。可以得出结论,该解析方法的标准偏差为 0.04,所有偏差均在 ±10% 以内。

表 4.5　碰撞试验结束时的吸收能量汇总

ID	撞深/mm		吸收能量/kJ		比率＝计算值/试验值
			计算值	试验值	
1	S-Ⅰ	284	196.4	195.4	1.01
2	S-Ⅱ	283	258.8	244.7	1.06
3	S-Ⅲ	284	309.9	325.4	0.95
4	ST-3-BW	406	216.8	205.6	1.05
5	ST-4-BW	394	349.1	317.4	1.10
6	ST-3-OW	352	200	197.3	1.01
7	ST-4-OW	342	333.0	334.4	1.00
8	P-10	200	48.4	45.4	1.07
9	P-50	200	58.3	57.8	1.01
10	P-100	200	71.2	72.1	0.99
11	P-200	200	99.1	98.2	1.01
12	P-300	200	131	137.8	0.95
13	W-50	200	55.2	54.3	1.02
14	W-200	200	100.0	97.8	1.02
15	C-50	200	56.1	59.0	0.95
16	C-200	200	98.8	103.0	0.96
17	CE-1	1 400	895.4	888.9	1.01
18	Lehmann 和 Peschmann	1 032	1 370	1 353.4	1.01
18 个模型			平均值		1.01
			标准差		0.04

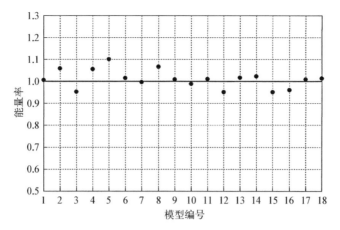

**图 4.26　18 个模型碰撞试验结束时计算结果
与试验结果的碰撞能量比**

对所有结果的分析表明,当需要估计结构损伤程度时,采用该解析方法进行碰撞评估具有良好置信度。

应该提到的是,这种方法的一个实际应用已经确立。《低闪点燃料箱位置碰撞评估指南》(劳氏船级社,2016 年)中建议使用这种解析方法。

4.3.2　船首压溃

本节对船首压溃的试验结果进行了分析和对比。

4.3.2.1　与 Woisin(1979 年)船首压溃试验的对比

Woisin(1979 年)进行了一系列模型碰撞试验,以保护核动力船舶免受碰撞。图 4.27 显示了碰撞位置与碰撞试验后损坏船首的示意图。

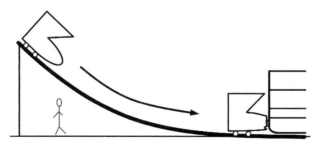

图 4.27　Woisin(1979 年)的船首损伤碰撞试验

碰撞试验表明,船首受损严重,而舷侧结构的受损较小,这主要是因为试验目的在于保护舷侧结构。材料的平均屈服应力为(320+470)/2=395 MPa。

船首结构的平均厚度为 1.375 mm,水平甲板的加筋肋间距为 135 mm。因此,与损坏材料体积相关的吸收能量可表示为(式(4.2)):

$$E = 3.50 \left(\frac{1.375}{135} \right)^{0.67} \times 395 R_t = 64 R_t$$

图 4.28 对比了使用式(4.2)的解析结果和 Woisin 在不同碰撞试验中的试验结果。可以看出,相关性良好。

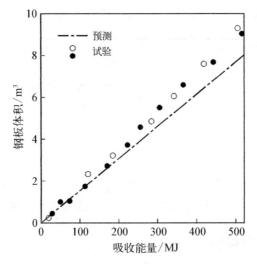

图 4.28　目前的计算和 Woisin 的船首压溃试验结果获得的吸收能量和损害材料体积

4.3.2.2　与 Amdahl(1983 年)船首压溃试验的对比

Amdahl(1983 年)进行了一系列船首压溃模型试验,见图 4.29。本书选取了四个试件进行对比分析。

模型由 2.0 mm 厚的低碳钢板制成,而骨架和加强筋由 3.0 mm 的扁钢制成。材料的平均屈服应力为(200+310)/2=265 MPa。在试验过程中,船首模型逐渐被压溃,直至损伤长度达到 0.2 m。下面给出了这四个模型在 0.2 m 损伤长度下的材料体积和耗散能量。

1) 模型 1——带横向肋骨的箱体

损伤材料体积:

$$R_t = 2 \times (0.75 + 0.624) \times 0.2 \times \left(2 + \frac{65 \times 3}{100} \right) / 1\,000$$

$$= 2.17 \times 10^{-3} \text{ m}^3$$

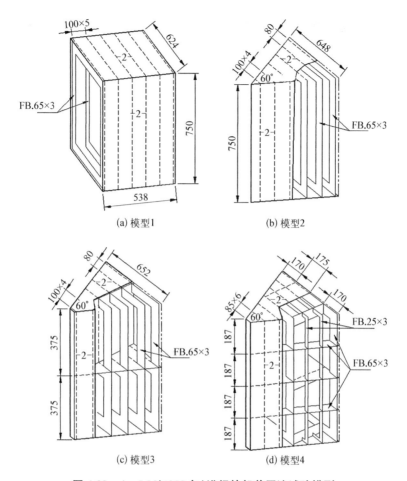

(a) 模型1　　　　　(b) 模型2

(c) 模型3　　　　　(d) 模型4

图 4.29　Amdahl(1983 年)进行的船首压溃试验模型

压溃横截面中板材的平均宽度：

$$b = (750 + 624)/2 = 687 \text{ mm}$$

消耗的能量：

$$E_{模型1} = 3.50 \times \left(\frac{2}{687}\right)^{0.67} \times 265 \times R_t = 18.55 \times R_t = 40.3 \text{ kJ}$$

2) 模型 2——楔形船首

损伤材料体积：

$$R_t = 1.37 \times 10^{-3} \text{ m}^3$$

平均宽度：

$$b = 750/2 + 100 \times \tan 30° = 432.7 \text{ mm}$$

此处,宽度 b 是压溃距离的线性函数,因此,为合理使用损伤长度,损伤长度取一半处的平均值。

消耗的能量:

$$E_{模型2} = 3.50 \times \left(\frac{2}{432.7}\right)^{0.67} \times 265 \times R_t$$

$$= 25.28 \times R_t = 34.63 \text{ kJ}$$

3)模型 3——带附加甲板和纵向舱壁的楔形船首

损伤材料体积:

$$R_t = 1.81 \times 10^{-3} \text{ m}^3$$

平均宽度:

$$b = (375 + 100 \times \tan 30°) = 216.4 \text{ mm}$$

消耗的能量:

$$E_{模型3} = 3.50 \times \left(\frac{2}{216.4}\right)^{0.67} \times 265 \times R_t = 40.22 \times R_t = 72.79 \text{ kJ}$$

4)模型 4——带纵向加强筋的楔形船首

破损材料体积:

$$R_t = 1.07 \times 10^{-3} \text{ m}^3$$

平均宽度:

$$b = 94 \text{ mm}$$

这是因为纵向加筋的间距为 94 mm。

消耗的能量:

$$E_{模型4} = 3.50 \times \left(\frac{2}{94}\right)^{0.67} \times 265 \times R_t = 70.31 \times R_t = 75.23 \text{ kJ}$$

下面对四种模型压溃试验结果进行总结。

表4.6 给出了通过解析方法获得的吸收能量与四种模型的试验结果的对比。

表 4.6　0.2 m 压溃损伤长度下船首模型的吸收能量

模　型	测试结果/kJ	计算值/kJ	误　差	E/R_t /(MJ/m³)
模型 1	40.8 kJ	40.3 kJ	−16.00%	18.55
模型 2	27.0 kJ	34.6 kJ	+28.10%	25.28

模　型	测试结果 /kJ	计算值 /kJ	误　差	E/R_t /(MJ/m³)
模型 3	70.0 kJ	72.8 kJ	+4%	40.22
模型 4	90 kJ	75.2 kJ	−16.40%	70.31

总的来说,本方法与试验结果之间的一致性各不相同。虽然模型 3 的一致性很好,但模型 2 的差异相对较大(+28%)。应该提到的是,如果使用较少的计算步骤,可以实现更好的一致性。从解析计算中,观察到四种船首模型(见表 4.6)材料的能量吸收效率 E/R_t 有很大不同;该能量表示被破坏材料每单位体积的吸收能量。值得注意的是,模型 3 和模型 4 具有相对较高的能量消耗效率。

4.3.3　船舶搁浅

本节将对船舶搁浅的试验结果进行分析和对比。

4.3.3.1　与 Rodd(1997 年)搁浅试验的对比

在美国海军水面作战中心进行了一系列搁浅模型试验(Rodd,1997 年)。该试验装置用于模拟 3 万～4 万 DWT 油船的小尺度底部模型在尖顶礁石上的搁浅。试验模型的比例为 1/5,试验装置见图 4.30。首先总结了其中四个模型试验的试验特点,然后将试验结果与现有的解析方法进行了对比。

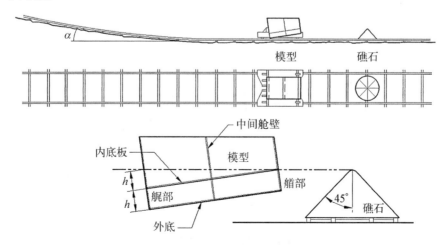

图 4.30　在美国进行的搁浅测试的试验装置

模型 1 是一种常规的双层底设计,带有横向肋板和一根中央纵梁(2.3 mm),位于外板(3.0 mm)和内板(3.0 mm)之间;在间距为 460 mm 的 14 层肋板中,有 7 个位于尾舱壁和中舱壁之间,另外 7 个位于中间舱壁和首舱壁之间。外板和内板由间距为 130 mm 的纵向加筋加强(轮廓分别为 L69.9×3/31.8×3 和 L35×3/35×3)。

模型 2 是一种非常规的双壳结构,因为它在内外板之间没有横向肋板。相反,该模型用 10 个 3.0 mm 的纵向肋板加固,这些纵向肋板以 230 mm 等间距分布,并用两个 25.4×3 mm 的扁钢型材加固。内外板和中间隔板厚度为 3.0 mm。

模型 3 也是一种与模型 2 类似的非常规双壳结构。然而,模型 3 设计有 14 根纵桁,间距为 170 mm,中间舱壁采用 170 mm 宽的双层构造。

模型 4 与模型 3 相似,因为纵桁没有加固,纵桁厚度为 3.4 mm。所有四种模型的细节可在 Rodd(1997 年),Pedersen 和 Zhang(2000 年)的文献中找到。

对于 4 种模型,材料的屈服强度为 283 MPa,极限强度为 345 MPa。为了使用式(4.3)计算受损底部结构吸收的能量,必须确定临界破损长度和受损材料的体积。如 3.11.1 节所述,当破损长度约等于楔形长度的 2 倍时,达到稳定破损状态。由于锥形礁石在水平面上具有圆形截面,因此可以假设楔体的长度为外底板处礁石的半径。这意味着临界破损长度等于外底面锥体礁石的直径。

图 4.31 显示了搁浅试验后模型 3 的受损部分(Rodd,1997 年)。可以看到,双层底的破损材料正好位于礁石的外轮廓附近。还可以注意到,外底和内底的损伤宽度相似。因此,这里假设内底和外底承受的损伤宽度相同,等于外底水平处的锥体直径。

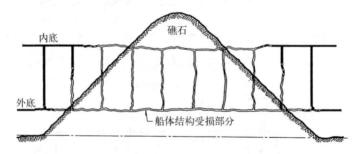

图 4.31　搁浅测试中模型 3(ADH/PD328)损坏部分示意图

下面给出每个模型在 5.46 m 撞深长度下的详细计算程序。

1) 模型 1

外底板厚度为 3.0 mm。考虑到外板上的纵向加强筋,外底的等效厚度计算如下:

$$t = 3.0 + \frac{(69.9 + 31.8) \times 3.0}{130} = 5.35 \text{ mm}$$

礁石的半角为 45°。因此,在受损长度为 5.46 m 处的损伤宽度为 $2(0.37 + 0.37(5.46/7.32)) \approx 1.292$ m,其中 7.32 m 是模型 1 的总长度。因此,平均损伤宽度为 $(0.74 + 1.292)/2 = 1.016$ m。受损长度为 5.46 m 的受损材料体积约为 $R_t = 0.068\ 7$ m³。

模型 1 在 5.46 m 破损长度处耗散的能量计算如下:

$$E_{模型1} = 3.21 \times \left(\frac{5.35}{1\ 016}\right)^{0.6} \times 314 \times 0.068\ 7 = 43.28 R_t$$

$$\approx 2.97 \text{ MJ}$$

2) 模型 2

计算程序与模型 1 相似。外板厚度为 3.0 mm。考虑外壳纵梁的影响,外底板的等效厚度为 $t = 5.74$ mm。

破损长度为 5.46 m 时的损伤宽度为 $2(0.37 + 0.37(5.46/6.7)) \approx 1.342$ m,其中,6.7 m 是模型 2 的总长度。因此,平均损伤宽度为 $(0.74 + 1.342)/2 \approx 1.041$ m。破损长度为 5.46 m 时的破损材料体积约为 $R_t = 0.067\ 5$ m³。因此,模型 2 在 5.46 m 损伤长度处消耗的能量确定为

$$E_{模型2} = 3.21 \times \left(\frac{5.74}{1\ 041}\right)^{0.6} \times 314 \times 0.067\ 5 = 44.50 R_t$$

$$= 3.0 \text{ MJ}$$

3) 模型 3

外板厚度同样为 3.0 mm。考虑到外壳纵梁,外底板的等效厚度计算为 $t = 6.98$ mm。

破损长度为 5.46 m 时的损伤宽度为 $2(0.4 + 0.4(5.46/5.48)) = 1.6$ m,其中 5.48 m 是模型 3 的总长度。因此,平均损伤宽度为 $(0.8 + 1.6)/2 = 1.2$ m。破损长度为 5.46 m 时的损伤材料体积约为 $R_t = 0.097\ 6$ m³。因此,模型 3 在 5.46 m 损伤长度处耗散的能量为

$$E_{模型3} = 3.21 \times \left(\frac{6.98}{1\ 200}\right)^{0.6} \times 314 \times 0.096\ 7 = 45.95 R_t$$

$$= 4.45 \text{ MJ}$$

4）模型 4

外板厚度同样为 3.0 mm。考虑到船体外板上的纵桁，外底板的等效厚度计算为 $t=70$ mm。

破损长度为 5.46 m 处的损伤宽度为 $2(0.4+0.4(5.46/5.48))\approx1.6$ m，其中 5.48 m 是模型 4 的总长度。因此，平均损伤宽度为 $(0.8+1.6)/2=1.2$ m。发现 5.46 m 损伤长度处的破坏材料体积为 $R_t=0.096\ 9$ m³。然后，模型 4 在 5.46 m 损伤长度处吸收的能量计算如下：

$$E_{模型4}=3.21\times\left(\frac{7}{1\ 200}\right)^{0.6}\times314\times0.096\ 9=46.03R_t$$
$$=4.46)\text{MJ}$$

搁浅试验结果总结：

表 4.7 给出了 5.64 m 破损长度下解析方法和试验方法吸收能量之间的对比。虽然搁浅试验的实际损伤非常复杂，但可以看出，通过目前的简化方法，能获得可接受甚至良好的结果，因为它能抓住搁浅事件的主要损坏机制。四种模型的能量吸收效率（E/R_t）相似。

表 4.7 当破损长度为 5.46 m 时，该方法吸收能量与搁浅试验吸收能量的对比（Rodd，1997 年）

模　型	测试结果	计算值	误　差	E/R_t（MJ/m³）
模型 1	3.25 kJ	2.97 kJ	-8.60%	43.28
模型 2	2.65 kJ	3 kJ	13.20%	44.5
模型 3	5.34 kJ	4.45 kJ	-17%	45.95
模型 4	6.03 kJ	4.46 kJ	-26.00%	46.03

4.3.3.2　与 ASIS 搁浅试验的对比

1994—1995 年，在日本 ASIS（1998 年）的赞助下进行了一系列的搁浅试验。Wang 等人（1997 年）介绍了其中一些试验结果。该试验以 1/4 比例模拟了超大型原油运输船（very large crude carrier，VLCC）的搁浅情况。总的试验装置见图 4.32。试验模型固定在一艘船上，随船驶向人造尖顶礁石。

试验模型为双层底结构，高度 750 mm，外底板和内底板的厚度均为 5.0 mm，横向肋板的间距为 1 250 mm，船体板纵骨的间距为 250 mm（扁钢 150 mm×5 mm）。材料的屈服应力为 340 MPa。选择了两个试验与简化方

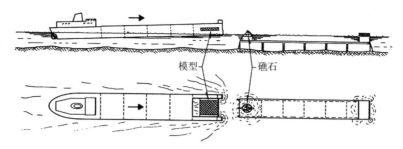

图 4.32 搁浅试验的试验装置示意图

法进行对比。

试验 1 旨在模拟轻微搁浅情况。只有外底板受损,而内底板保持完整。人造礁石顶部的初始位置为内底板下方 180 mm。试验结果表明,外板的损坏主要集中在纵骨间距的 3 倍以内$(3 \times 250 \text{ mm}) = 750 \text{ mm}$。包括纵骨在内的船体外板的等效厚度计算为 $t = 5.0 + (150 \times 5.0)/250 = 8.0 \text{ mm}$。因此,5.0 m 破损长度处的破坏材料体积为 $R_t = 0.035\,6 \text{ m}^3$。与美国的搁浅试验(Rodd,1997 年)类似,假设临界撕裂长度等于损伤宽度(在这种情况下为750 mm)。因此,穿透长度为 5.0 m 时的吸收能量为

$$E = 3.21 \times \left(\frac{8}{750}\right)^{0.6} \times 340 \times 0.035\,6 = 71.58 \times R_t \approx 2.55) \text{MJ}$$

穿透长度为 5.0 m 时的吸收能量试验结果为 2.20 MJ。Wang 等人(1997 年)给出的计算结果为 1.75 MJ。图 4.33 显示了用本方法测定的吸收能量与试验结果的对比,结论是合理的。

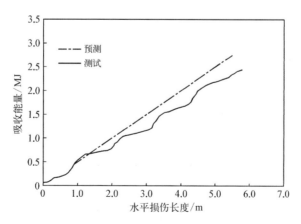

图 4.33 通过本方法测定的吸收能量与试验结果的
对比(Wang 等人,1997 年,试验 1)

试验 2 是为了模拟一次严重的搁浅事故而设计的,因此外板和内板均受损。人造岩石顶部的初始位置为内板上方 540 mm。试验结果表明,外板的损伤模式非常复杂,内板主要遭受撕裂损伤。横向损伤宽度为外板加强筋间距的 4~7 倍和内板加强筋间距的 3~5 倍。

此处,假设外板和内板船体的平均损伤宽度是纵向加强筋间距的 4 倍(4×250 mm=1 000 mm)。因此,由此推算出撞深长度 3.0 m 处的破坏材料体积为 $R_t = 0.057$ m³。

根据试验 1,假设临界撕裂长度等于外板中的损伤宽度(1 000 mm),则吸收的能量为

$$E = 3.21 \times \left(\frac{8}{1\,000}\right)^{0.6} \times 340 \times R_t = 60.23 \times R_t$$

$$\approx 3.43 \text{ MJ}$$

撞深 3.0 m 处的吸收能量测试结果为 3.1 MJ。作为参考,Wang 等人(1997 年)给出的结果为 2.7 MJ。图 4.34 显示了用本方法测定的吸收能量与试验结果的对比;同样,一致性很好。

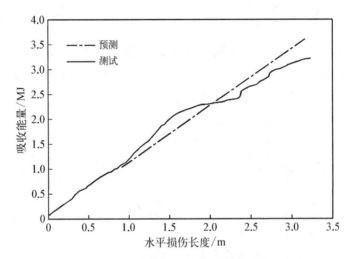

图 4.34　通过本方法获得的吸收能量与试验结果的对比(Wang 等人,1997 年,试验 2)

表 4.8 给出了通过本方法和搁浅试验获得的试验 1 和试验 2 的吸收能量。

表 4.8　解析法和试验法(ASIS 搁浅试验)获得的消耗能量对比

试　　验	测试结果/MJ	当前计算/MJ	误差/%	E/R_t/(MJ/m^3)
5.0 m 撞深下的试验 1	2.20	2.55	15.90	71.58
3.0 m 撞深下的试验 2	3.1	3.43	10.60	60.23

4.4　应用

本节介绍并讨论了破损材料体积法在三个实际船舶碰撞和搁浅案例中的应用,还估算了船舶碰撞中舷侧板初始破裂时油船的吸收能量。

4.4.1　应用在整艘船碰撞事故

Martens(2014 年)报告了 2012 年在德国港口 Travemünde 发生的一次实船碰撞事故:碰撞发生在滚装船(roll on/roll off passenger(RoPax))URD(被撞船)和 NILS HOLGERSSON(撞击船舶)之间。Martens(2014 年)还对碰撞事故进行了详细的有限元分析;有限元分析的结果也可在 Storheim 等人(2015 年)中找到。

当被撞船在操纵过程中失去控制并以 6.5 kn(3.34 m/s)的速度撞击被撞船时,被撞船停泊在码头旁边;冲击方向几乎垂直。由于 NILS HOLGERSSON 号是一艘极地冰区加强船,因此被撞船在水线以上和以下都遭受了相当大的损坏,而撞击船舶受到了较小的板凹痕(见图 4.35)。被撞击船舶的最大凹陷位于上层甲板以下 7.6 m(从甲板边缘测量)处和吃水线以上 4.6 m(从船舷侧测量)处。

图 4.35　RoPax URD 和 NILS HOLGERSSON 的损伤

NILS HOLGERSSON 在撞击时为 20 500 t 排水量的吃水。由于港口深度为 10 m,船舶的附加质量可能是由于浅水影响而增加的。在附加质量为 10% 的假设下,总可用动能估计为 126.5 MJ。

Martens(2014 年)估计,撞击和被撞船的运动以及靠近码头端护舷材系统的缓冲消耗了 12.1 MJ 的耗散能。这使得剩下 114.4 MJ 通过应变能和摩擦消耗。

本分析计算中使用的材料屈服应力与 Martens(2014 年)和 Storheim 等人(2015 年)在有限元模拟中使用的屈服应力相同。另外,极限拉伸应力和断裂应变是根据造船业的材料数据估算的(见表 4.9)。舷侧板上部厚度为 14 mm,下部(被球鼻艏击中的区域)厚度为 19 mm。

表 4.9　整艘船碰撞事故分析计算中使用的材料特性

模　　　型	σ_y /MPa	σ_u /MPa	ε_f
RoPax URD 事故	314	462	0.33

当破损撞伤距离舷侧 4.6 m 时,通过解析法预测的能量 111.4 MJ 与实测值 114.4 MJ 非常接近。图 4.36 显示了解析计算与有限元模拟结果之间的对比(Martens,2014 年),发现结果吻合。

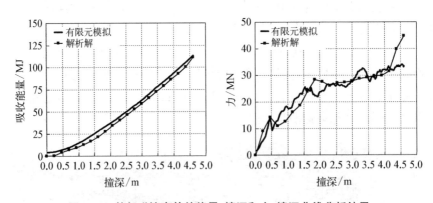

图 4.36　整船碰撞事故的能量-撞深和力-撞深曲线分析结果

4.4.2　整船搁浅事故的应用

1975 年,一艘船龄 1 年的单壳油船在新加坡海岸以 11.5 kn(5.92 m/s)的速度搁浅。从船首到船中,船底撕裂长度约 180 m,1 万多 t 石油泄漏。油船的主尺度见表 4.10,搁浅情况见图 4.37。

表 4.10　触礁油船的主要特征

垂线间长/m	型宽/m	型深/m	吃水/m	排水量/t	搁浅速度/kn
304	52.4	25.7	19.8	237 000	11.5

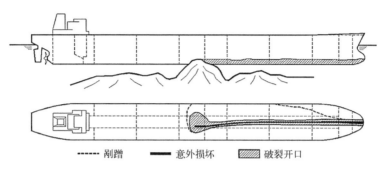

------ 剐蹭　　—— 意外损坏　　▨ 破裂开口

图 4.37　23.7 万 DWT 单壳油船搁浅事故及其造成的损伤

Kuroiwa(1996 年),Wang 等人(1997 年)和 Simonsen(1997a,b)分析了这起搁浅事故。在某些假设下,他们的预测与事故损伤之间存在很好的相关性。本书采用损伤材料体积法来分析该搁浅事件。

单底板厚度为 28.5 mm。在考虑纵向加强筋和其他结构构件后,底部的等效厚度大约为 57.94 mm。材料的屈服应力为 320 MPa。横向损伤宽度为 7.0~8.0 m;此处,假设宽度为 7.75 m,与 Kuroiwa(1996 年)在有限元计算中使用的宽度相同。最终,损伤长度 L_{dam} 处的破坏材料体积确定为

$$R_t = L_{dam} \times 7.75 \times 57.94 / 1\ 000 = 0.449 L_{dam}\ \text{m}^3$$

包括 5.0% 的附加质量效应的油船初始动能为

$$E_0 = \frac{1}{2} M(1 + 0.05) V^2 = 4\ 354.2\ \text{MJ}$$

假设油船的全部初始动能通过破坏底部结构而消耗。临界撕裂长度再次被视为 7.75 m 的损伤宽度,因此,搁浅事故的损伤长度由式(4.3)计算:

$$L_{dam} = \frac{4\ 354.2}{3.21 \times \left(\dfrac{57.94}{7\ 750}\right)^{0.6} \times 320 \times 0.449} = 183.3\ \text{m}$$

事故的实际损伤长度约为 180 m。考虑到这一现象的复杂性,一致性非常令人满意。

4.4.3　LNG 船碰撞管理与风险控制

业界担心,LNG 船在港口装卸期间可能会被进入港口的船舶撞击。由于一些船舶的船首形状相对尖锐,此类碰撞的后果将非常严重,可能会有液化气泄漏到港口和周围地区。为了避免这种情况发生,在到达液化天然气液舱边界之前,确定典型撞击船舶的最大临界碰撞速度非常重要。

本应用案例选择长度为 270 m 的 LNG 船。表 4.11 给出了 LNG 船的主尺度以及撞击集装箱船的主尺度。碰撞场景假设 LNG 船满载,并在等待卸载时被满载集装箱船撞击。还假设 LNG 船在沿其船长的任何位置发生垂直碰撞之前处于静止状态且"自由"漂浮,见图 4.38。这里的测试是确定撞击的集装箱船的临界速度,从而使 LNG 船的内板保持完整。

表 4.11　撞击(集装箱船)和被撞(LNG 船)船舶的主尺度

船舶类型	船长/m	船宽/m	型深/m	排水量/t
LNG 船(被撞船)	270	44	26	105 000
集装箱船(撞击船)	230	32.2	21.1	55 800

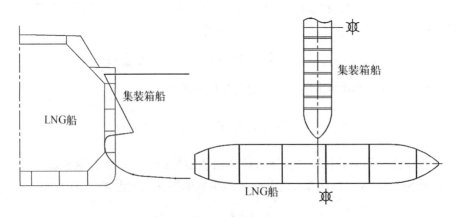

图 4.38　LNG 船(被撞船)和集装箱船(撞击船)碰撞场景

双壳舷侧结构的宽度为 2.5 m，因此，临界撞穿设置为 2.5 m 以避免货舱系统的潜在泄漏。低碳钢的性能为屈服应力 282 MPa，抗拉强度 438 MPa，断裂应变 0.35。

分析的第一步是使用目前的解析法确定能量-撞深曲线，结果见图 4.39（左）。图 4.40 显示了撞击船首上部分和撞击船首中下部（球鼻艏）产生的能量-撞深和力-撞深曲线以供参考。计算结果表明，在临界撞穿度为 2.5 m 时，LNG 船的结构可以吸收 105 MJ 的能量。

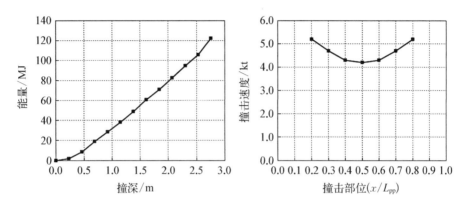

图 4.39　沿 LNG 船长的能量-撞深曲线和临界碰撞速度

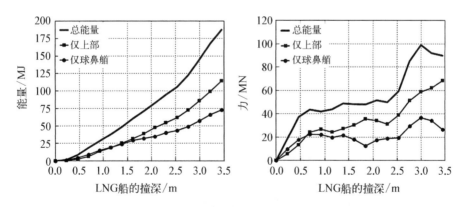

图 4.40　撞击船首上部和撞击船首中下部（球鼻艏）的能量-撞深和力-撞深曲线（总能量和力也包括在内）

下一步是确定产生 105 MJ 碰撞能量的临界碰撞速度。此处，第 2 章中给出的分析方法用于估算碰撞速度，计算结果见图 4.39（右）。在计算中，对于纵荡运动，附加质量系数取 0.05；对于横荡运动，附加质量系数取 0.85；对于艏摇运动,附加质量系数取 0.21。回转半径取船舶长度的 1/4。

分析结果表明,液化天然气船在船中发生碰撞时,集装箱船的临界撞击速度为 4.2 kn。当碰撞位置为船长(艏艉垂线,AP)的 20% 时,临界撞击速度为 5.2 kn(2.7 m/s)。可以得出这样的结论:如果集装箱船在港口及周边地区的管理和控制速度限制在 4.2 kn(2.2 m/s) 以内,则发生碰撞时导致 LNG 船泄漏的风险将非常小。

2017 年 2 月,一艘长度为 303 m 的大型 LNG 船在港口靠泊时被一艘长度为 263 m 的大型油船发生碰撞事故,进一步提升了该应用示例的价值。据 Zhang 等人(2018 年)报道,在此次事故中,撞击船的球鼻艏在 LNG 船舷侧板的吃水线区域撞出一个大洞,并使上层甲板结构凹陷。已经证明,目前的碰撞分析程序能够准确预测这次碰撞事件产生的结果。

对于一般风险评估,LNG 船可能会被不同尺度的船舶撞击。然后可以用与上述相同的方法计算 LNG 船在撞击船首刚好碰到内板时的能量吸收能力。然而,为了便于快速估算,已进行了一系列数值计算,并通过曲线拟合,得出了 LNG 船吸收能量的公式 $E = 7 \times M^{0.25}$ MJ,其中 M(单位:t)是撞击船舶的排水量。对于船中垂直碰撞,临界撞击速度(单位:kn)可根据 $V_{cr} = 115 \times M^{-0.3}$ 估算。

4.4.4　船舶碰撞舷侧板初始破裂时油船的吸收能量

重要的是,要知道一艘船在舷侧外板发生碰撞破裂之前能吸收多少碰撞能量。这个问题没有一个明确的答案,因为它取决于碰撞位置、撞击船的大小和船首形状等。然而,根据工程实际判断,可以给出舷侧板破裂前吸收能量情况。为了说明这一点,选择了 7 艘双壳油船,长度为 170 ~ 320 m。这些船舶于 2002—2012 年间建造,采用高强度钢(屈服应力为 315 ~ 355 MPa)。

假设撞击船舶为集装箱船,被撞击船舶为油船,两者长度相同。舷侧碰撞假设在被撞击油船的两个横向骨架之间垂直(90°)碰撞。假设只有撞击的集装箱船相对锋利的刚性球鼻艏与油船结构接触,也就是说,撞击船的上部不会与油船接触。

在这种碰撞情况下,使用式(4.1)计算舷侧外板初始破裂时油船吸收的能量,见表 4.12。此处,使用 3.4.6 节中给出的方法($\delta_f = \varepsilon_f^{0.4} b^{0.4} R_b^{0.6}$)确定舷侧初始破裂时的临界撞深度。可以看出,大船比小船吸收的能量要多得多。

表 4.12　船舶碰撞中双壳油船舷侧初始破裂时的吸收能量

油船长度 /m	肋骨间距 /m	断裂应变	球鼻艏 半径 /m	初始破裂撞 深度 /m	吸收能量 /MJ
170	2.59	0.35	2.08	1.12	8
219	3.46	0.35	2.18	1.3	13
220	3.44	0.32	2.15	1.25	13
234	3.7	0.35	2.3	1.38	18
263	4.79	0.32	2.53	1.58	22
319	5.45	0.35	3.24	1.98	69
320	5.7	0.35	3.3	2.03	70

4.5　高速船底部损伤分布预测

国际海事组织(1995 年)通过了《国际高速船安全规则》,其中规定:"纵向损坏范围应为 $0.1L$ 或 $3\,m+0.03L$ 或 $11\,m$,以最小者为准,如在船首 $0.5L$ 处损伤,则假定损伤应增加 50%";L 是船长。

经过几年的使用,发现用于定义搁浅损伤长度的规范不充分。1996 年,几个欧洲国家向国际海事组织提交了一份修订,建议纵向损伤程度应为"船的水下全长"。

1997 年,Simonsen(1997a,b)提出了一种分析高速船搁浅事件底部损伤分布的程序。Simonsen 使用常规船舶的现有底部损伤分布(如 IMO 损伤统计)来预测新型高速船的损伤分布。本书介绍了这种预测方法,并给出了应用实例。

4.5.1　预测方法

Simonsen(1997a,b)和 Cerup-Simonsen 等人(2009 年)使用参数描述底部损坏。该参数是损伤长度和船舶长度之间的比率 (L_{dam}/L)。 基于能量守恒法,可以为两艘船建立以下关系:

$$\frac{(L_{dam}/L)_1}{(L_{dam}/L)_2} = \frac{M_1}{M_2}\left(\frac{V_1}{V_2}\right)^2 \frac{L_2}{L_1}\frac{P_2}{P_1}$$

其中，M 是船舶质量；L 是船舶长度；V 是船舶速度；P 是水平搁浅力。为了对比不同种类的船舶，速度可以用傅汝德数（$F_n = V/\sqrt{gL}$）表示，而不是用船舶速度表示。

$$\frac{(L_{dam}/L)_1}{(L_{dam}/L)_2} = \frac{M_1}{M_2}\left(\frac{F_{n1}}{F_{n2}}\right)^2 \frac{P_2}{P_1} \qquad (4.7)$$

式(4.7)表明，如果已知一艘船的损伤分布 $(L_{dam}/L)_1$，则可以确定另一艘船的损伤分布 $(L_{dam}/L)_2$。

该程序的主要挑战是确定水平搁浅力 P_1 和 P_2。这些力取决于许多因素，如礁石形状、底部结构布置以及材料和凹陷深度。使用式(4.3)，船舶在礁石上搁浅的能量平衡可以表示为

$$\frac{1}{2}MV^2 = 3.21\left(\frac{1}{\lambda}\right)^{0.6}\sigma_0 R_t$$

底部损伤中受损材料的体积可通过 $R_t = L_{dam}B_{dam}t_{eq}$ 近似计算，其中 L_{dam} 是损伤长度，B_{dam} 是损伤宽度，t_{eq} 是整个底部的等效厚度，包括横向、纵向腹板和加强筋。注意，t 是外底的等效厚度，仅包括纵向腹板和纵向加强筋。如前所述，临界撕裂长度等于损伤宽度（$\lambda = B_{dam}$）。两艘船之间的相对损伤关系可以表示为

$$\frac{(L_{dam}/L)_1}{(L_{dam}/L)_2} = \frac{M_1}{M_2}\left(\frac{F_{n1}}{F_{n2}}\right)^2\left(\frac{\sigma_2}{\sigma_1}\frac{t_{eq2}}{t_{eq1}}\left(\frac{t_2}{t_1}\right)^{0.6}\left(\frac{B_{dam2}}{B_{dam1}}\right)^{0.4}\right) \qquad (4.8)$$

式(4.8)右侧的所有参数对于两艘给定的船舶都是已知的，但损伤宽度（B_{dam}）除外。损伤宽度与船舶尺寸和碰撞障碍物有关。此处提出，礁石在船底的垂直撞深与船舶吃水成正比，这意味着吃水越大的船舶将遭受更大的垂直撞深，从而导致更大的损坏宽度。两艘船之间的损伤宽度之比可以表示为

$$\frac{B_{dam2}}{B_{dam1}} = \frac{T_2}{T_1}$$

其中，T 是船舶吃水。

通过简单替换，两艘船之间的相对损伤长度的最终表达式为

$$\frac{(L_{dam}/L)_1}{(L_{dam}/L)_2} = \frac{M_1}{M_2}\left(\frac{F_{n1}}{F_{n2}}\right)^2\left(\frac{\sigma_2}{\sigma_1}\frac{t_{eq2}}{t_{eq1}}\left(\frac{t_2}{t_1}\right)^{0.6}\left(\frac{T_2}{T_1}\right)^{0.4}\right) \qquad (4.9)$$

如果式(4.7)和式(4.9)进行对比,可以看出,两艘船的水平搁浅力之比可以用系数 K 表示:

$$K = \left(\frac{\sigma_2}{\sigma_1} \frac{t_{eq2}}{t_{eq1}} \left(\frac{t_2}{t_1} \right)^{0.6} \left(\frac{T_2}{T_1} \right)^{0.4} \right) = \frac{P_2}{P_1}$$

4.5.2　高速船应用实例

本书分析了四种不同的船舶:一艘货船、一艘中型渡船、一艘油船和一艘高速船。船舶的主尺度和底部结构的构件尺度见表 4.13 和表 4.14。

表 4.13　船舶主尺度

项　　目	货船	渡船	油船	高速船
长度 B_P/m	122	128	219	63
梁/m	20.5	17.5	32	23.4
型深/m	12.2	12.4	21.6	10.7
吃水深度/m	9.4	4.5	16	3
质量/t	18 000	6 300	82 000	910
服务航速/(m/s)	8	9.5	6.7	19.5
傅汝德数(F_n)	0.23	0.27	0.15	0.79

表 4.14　船舶底部结构尺寸

项　　目	钢 $\sigma_0 = 260\,MPa$	钢 $\sigma_0 = 260\,MPa$	钢 $\sigma_0 = 260\,MPa$	铝 $\sigma_0 = 250\,MPa$
	双层底	双层底	双层底	单层底
外板厚度/mm	19	12	18.5	8
内板厚度/mm	19.5	12	18.5	NA
双底高度/mm	1 500	1 250	2 150	NA
腹板跨度/mm	750	2 250	2 700	1 200

项　　目	钢 $\sigma_0 = 260\ \text{MPa}$	钢 $\sigma_0 = 260\ \text{MPa}$	钢 $\sigma_0 = 260\ \text{MPa}$	铝 $\sigma_0 = 250\ \text{MPa}$
	双层底	双层底	双层底	单层底
腹板等效厚度/mm	6.5	9	12	8
主梁间距/mm	3 400	3 600	3 400	NA
主梁等效厚度/mm	14.5	10	12.3	NA
纵骨间距/mm	NA	610	850	240
纵梁腹板高度/mm	NA	220	340	250
纵梁腹板厚度/mm	NA	10	12	8
纵梁翼板宽度/mm	NA	70	NA	50
纵梁翼板厚度/mm	NA	15	NA	10

注：NA 表示不适用。

根据表 4.13 和表 4.14，整个底部的等效厚度（t_{eq}），包括计算横向桁板、纵向桁板和加强筋，以及包括纵向桁板和纵向加强筋在内的外底板的等效厚度（t）见表 4.15。

表 4.15　四艘船底部的等效厚度 t 和 t_{eq}

等效厚度	货　船	渡　船	油　船	高速船
t /mm	22.2	19.1	27.2	18.4
t_{eq} /mm	57.9	43.2	64.8	20.4

表示两艘船之间水平搁浅力比值的系数 K 确定为

$$K_1 = \frac{\text{Cargo}}{\text{Ferry}} = 1.0 \times 1.34 \times 1.09 \times 1.34 \approx 1.96$$

$$K_2 = \frac{\text{Cargo}}{\text{HSC}} = 1.04 \times 2.84 \times 1.12 \times 1.58 \approx 5.23$$

$$K_3 = \frac{\text{Ferry}}{\text{HSC}} = 1.04 \times 2.12 \times 1.02 \times 1.18 \approx 2.65$$

$$K_4 = \frac{\text{Tanker}}{\text{HSC}} = 1.04 \times 3.18 \times 1.26 \times 1.95 \approx 8.15$$

两艘船之间的相对损伤率如下所示(式(4.9)):

$$\frac{(L_{\text{dam}}/L)_{\text{Ferry}}}{(L_{\text{dam}}/L)_{\text{Cargo}}} = \frac{6\ 300}{18\ 000} \times \left(\frac{0.27}{0.23}\right)^2 \times 1.96 \approx 0.95$$

$$\frac{(L_{\text{dam}}/L)_{\text{HSC}}}{(L_{\text{dam}}/L)_{\text{Cargo}}} = \frac{9\ 100}{18\ 000} \times \left(\frac{0.79}{0.23}\right)^2 \times 5.23 \approx 3.12$$

$$\frac{(L_{\text{dam}}/L)_{\text{HSC}}}{(L_{\text{dam}}/L)_{\text{Ferry}}} = \frac{910}{6\ 300} \times \left(\frac{0.79}{0.23}\right)^2 \times 2.65 \approx 3.28$$

$$\frac{(L_{\text{dam}}/L)_{\text{HSC}}}{(L_{\text{dam}}/L)_{\text{Tanker}}} = \frac{910}{82\ 000} \times \left(\frac{0.79}{0.15}\right)^2 \times 8.15 \approx 2.51$$

可以看出,货船和渡船的损坏率相似。IMO 的损伤统计数据很好地契合这些船舶。结果还表明,高速船的损伤长度比是常规船舶损伤长度比的 2 倍以上。当已知常规船舶的船底损伤分布时,可以通过这些损伤结果很容易地确定高速船或其他新型船舶的船底损伤分布。

假设高速船和油船之间的损伤长度比大约为 2.5。基于该比率,图 4.41 显示了从 IMO 油船密度分布函数转换而来的高速船纵向范围的预测损伤密度分布函数(IMO,1995b)。在这一转换中,假设在 IMO 损伤分布中,对

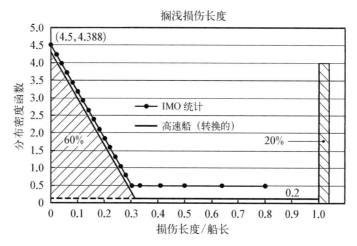

图 4.41　由油船底部损伤密度分布换算而来的高速船底部损伤密度分布(IMO,1995b)

于损伤长度在船舶长度的 0%～80% 之间的情况,冲击损伤由等于 0.5 的恒定密度分布表示。原因是冲击损伤是船舶搁浅损伤的几种类型之一。其他搁浅损伤是由软底搁浅、侧向搁浅等造成的。然而,在 IMO 损伤分布中,假设超过船舶长度 30% 的损伤长度都是由冲击损伤引起的。在此假设下,高速艇冲击损伤的恒定密度分布仅等于 0.5/2.5=0.20。

从图 4.41 还可以看出,高速船的全船长损伤概率为 20%,而 IMO 统计数据中油船的全船长损坏概率为零。这意味着高速船遭受较大损伤长度的概率明显高于常规船舶。

4.5.3　高速滚装渡船应用实例

在本节中,对快速新型渡船的底部损坏进行了调查。与旧的常规船舶对比了解高速搁浅事件对新型渡船造成的损害。新型快速渡船见图 4.42。新型渡船和旧常规船的主尺度和底部结构见表 4.16 和表 4.17。整个底部的等效厚度 t_{eq},包括横向、纵向桁材和加强筋,以及外底板的等效厚度 t,仅包括纵向腹板和纵向加强筋,计算结果见表 4.16 和表 4.17。

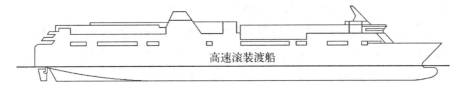

图 4.42　新型高速滚装渡船($V=27$ kn)

表 4.16　新船和常规船的主尺度

项　　目	新型渡船	常规渡船 1	常规渡船 2	油船
长度 L_{pp}/m	173	128	158.5	219
梁/m	26	17.5	24	32
型深/m	15.7	12.4	14	21.6
吃水深度/m	6.5	4.5	6.1	16
质量/t	16 073	6 300	15 000	82 000
服务航速/(m/s)	14	9.5	11	6.7
傅汝德数(F_n)	0.34	0.27	0.28	0.15

表 4.17　新船和常规船的底部结构

项　　目	钢	钢	钢	钢
	双层底	双层底	双层底	双层底
外板厚度 /mm	13	12	14	18.5
内板厚度 /mm	12	12	12	18.5
双底高度 /mm	1 480	1 250	2 000	2 150
肋板跨度 /mm	2 400	2 250	3 000	2 700
肋板等效厚度 /mm	10	9	10	12
主梁间距 /mm	3 900	3 600	3 200	3 400
主梁等效厚度 /mm	12.7	10	15.4	12.3
纵骨间距 /mm	650	610	800	850
纵骨腹板高度 /mm	180	220	260	340
纵骨腹板厚度 /mm	10	10	11	12
纵骨面板宽度 /mm	NA	70	NA	NA
纵骨面板厚度 /mm	NA	15	NA	NA
等效厚度 t /mm	18.2	19.1	22.3	27.2
等效厚度 t_{eq} /mm	41.5	43.2	49	64.8

注：NA 表示不适用；材料 $\sigma_0 = 300$ MPa。

表示两艘船之间水平搁浅力之比的系数 K 为

$$K_1 = \frac{\text{OldFerry}(1)}{\text{NewFerry}} = 0.92$$

$$K_2 = \frac{\text{OldFerry}(2)}{\text{NewFerry}} = 1.30$$

$$K_3 = \frac{\text{OilTanker}}{\text{NewFerry}} = 2.85$$

两艘不同船舶之间的相对损伤率为

$$\frac{(L_{dam}/L)_{New}}{(L_{dam}/L)_{Old1}} = 3.73$$

$$\frac{(L_{\text{dam}}/L)_{\text{New}}}{(L_{\text{dam}}/L)_{\text{Old2}}} = 2.05$$

$$\frac{(L_{\text{dam}}/L)_{\text{New}}}{(L_{\text{dam}}/L)_{\text{Tanker}}} = 2.87$$

可以看出,在高速搁浅事件中,"新型"快速渡船遭受的搁浅损伤比常规船舶更大。新型渡船的无量纲损伤长度是常规船舶无量纲损伤长度的 2 倍以上。因此,新型高速渡船的设计者可能不得不考虑这些结果,以提高意外情况下的安全性。

4.6　搁浅统计损伤分布研究

国际海事组织(IMO,1995b)根据《73/78 防污公约》[①]附件——第 13F(5)条通过了《关于批准油船设计和建造替代方法的临时指南》。这些指南为评估油船设计在碰撞和/或搁浅事故中的溢油性能提供了一个概率程序。

该指南中的一个重要部分是损伤密度分布,该分布源自 30 000 DWT 及以上油船、化学品船 52 次碰撞和 63 次搁浅事故的实际损伤数据(Hysing,1993 年)。这些数据是 1980 年至 1990 年期间由不同船级社收集的,如美国船级社、日本船级社、挪威船级社、英国劳氏船级社和意大利船级社。图 4.43 显示了根据 IMO 指南,预期搁浅损伤的纵向长度、垂直撞穿和横向范围的概率密度分布。可以看出,假设底部搁浅损伤与船舶主尺度呈线性关系。对于舷侧碰撞损伤分布,假设采用相同的方法。

自 IMO《临时指南》发布以来,许多笔者已经使用这些指南来评估油船的环境性能;如参见 Bockenhauer 和 Jost(1995 年),Michel 等人(1996 年)的研究。海军建筑师和轮机工程师协会成立了一个特别的技术委员会,以进一步评估 1995—1997 年期间发生碰撞和搁浅事故的油船的性能(Sirkar 等人,1997 年)。正如 Sirkar 等人(1997 年)和 Rawson 等人(1998 年)所讨论的,IMO 指南的一个主要缺点是,它们没有考虑局部结构设计或耐撞性对损伤程度的影响,并且所有油船都具有相同的无量纲损伤分布。Sirkar 等人(1997 年),Simonsen(1997 年),Cerup-Simonsen 等人(2009 年)和 Rawson 等人(1998 年)针对特定船舶的搁浅事件,进行了理论搁浅分析并确定了损

---

①　73/78 国际防止船舶造成污染公约。

伤密度分布。这些计算基于许多假设。例如,搁浅速度的分布以及礁石形状和礁石高度的分布,因此,通过此类理论计算获得的损伤密度分布的有效性需要进一步验证。验证这些假定的速度分布、触礁形状等的一种方法是选择速度和礁石形状分布,以便旧的常规单壳油船的计算搁浅损伤分布与图 4.43所示的损伤分布相同。然后,办法是使用相同的礁石和速度分布来构建新一代油船的损伤分布。很明显,此类直接计算程序的结果在很大程度上取决于图 4.43 中给出的 IMO 搁浅损害分布的有效性。

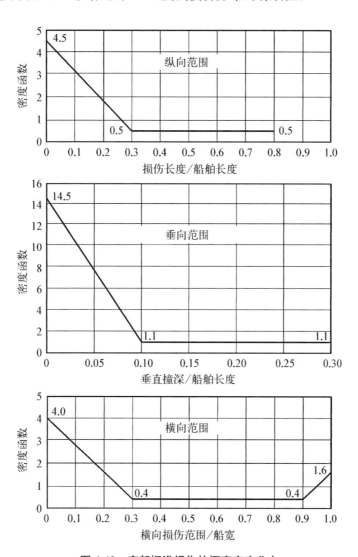

图 4.43　底部搁浅损伤的概率密度分布

以前对搁浅在平面、倾斜的沙滩或岩石造成的底部损伤进行的分析表明,大型船舶遭受的底部损伤要比小型船舶大得多。此外,由于搁浅,大型船舶会承受更大的船体梁截面力(Pedersen,1994 年)。

在本节中,将首先推导出一个程序,用于分析船舶尺度和建造材料在不规则岩石上搁浅的影响,即搁浅对船底造成严重破坏的情况。之后,通过与搁浅统计损伤数据的对比来验证结果。该分析的目的之一是调查是否有理由按照 IMO 指南中的假设,即假设搁浅损伤与船舶尺度呈线性关系。

4.6.1 搁浅过程中相对损伤程度的预测

如前所述,两艘船舶之间的相对损伤长度 (L_{dam}/L) 可通过以下公式确定:

$$\frac{(L_{dam}/L)_1}{(L_{dam}/L)_2} = \frac{M_1}{M_2}\left(\frac{V_1}{V_2}\right)^2 \frac{L_2}{L_1} \frac{P_2}{P_1} \qquad (4.10a)$$

$$\frac{(L_{dam}/L)_1}{(L_{dam}/L)_2} = \frac{M_1}{M_2}\left(\frac{F_{n1}}{F_{n2}}\right)^2 \left(\frac{\sigma_2}{\sigma_1} \frac{t_{eq2}}{t_{eq1}} \left(\frac{t_2}{t_1}\right)^{0.6} \left(\frac{T_2}{T_1}\right)^{0.4}\right) \qquad (4.10b)$$

其中,假设较大的船舶承受较大的垂直撞深和较大的横向损伤程度。很明显,大船基线上方的礁石高度大于小船基线上方的礁石高度,见图4.44。这也意味着,假设垂直撞深的损伤分布和横向损伤程度与局部结构无关。

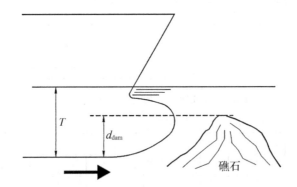

图 4.44 触礁事件中垂直撞深与船舶吃水的关系

根据现有船舶的统计数据和船级社规则,发现等效厚度 t 和 t_{eq} 可近似为

$$\begin{cases} t = k_1 L^{0.7}/\sqrt{f} \\ t_{eq} = k_2 L^{0.7}/\sqrt{f} \end{cases}$$

其中，k_1 和 k_2 为常数；L 为船长，m；f 为材料系数，$f = \sigma_0 / 235$；σ_0 为材料的屈服应力，MPa。船舶的设计吃水与船舶长度成比例，即 $T = k_3 \cdot L$，其中 k_3 为常数。通过简单替换，两个不同油船的水平搁浅力之间的比率如下所示：

$$\frac{P_2}{P_1} = \left(\frac{\sigma_2}{\sigma_1}\right)^{0.2} \left(\frac{L_2}{L_1}\right)^{1.52}$$

可以看出，搁浅力随着船舶长度的增加而增加。根据统计数据和经济优化标准，船长与船舶排水量相关（Schneekluth，1987 年），即

$$L = C \cdot M^{0.3} V_0^{0.3} \tag{4.11}$$

其中，M 是船舶排水量，t；V_0 是设计航速，kn，$C = 3.2$，如果方形系数的近似值为 $C_B = 0.145 / F_n$；L 是船舶长度，m。经过简单推导，得到了两艘船的相对损伤长度之间的关系：

$$\frac{(L_{dam}/L)_1}{(L_{dam}/L)_2} = \left(\frac{\sigma_2}{\sigma_1}\right)^{0.2} \left(\frac{L_1}{L_2}\right)^{0.813} \left(\frac{V_1}{V_2}\right)^{2} \left(\frac{V_{02}}{V_{01}}\right) \tag{4.12}$$

调查实际油船设计，其设计航速 V_0 通常在 $14 \sim 15$ kn，差异不大。因此，假设所有油船的设计航速都差不多。假设所有油船的搁浅速度分布相似也是合理的，即 $V_1 / V_2 = 1$ 和 $V_{01} / V_{02} = 1$。因此，两个不同油船的相对损伤长度之比的近似值为

$$\frac{(L_{dam}/L)_1}{(L_{dam}/L)_2} = \left(\frac{\sigma_2}{\sigma_1}\right)^{0.2} \left(\frac{L_1}{L_2}\right)^{0.813} \tag{4.13}$$

对于一般货船，如果船舶速度主要由傅汝德数 F_n 决定，则该表达式采用以下形式：

$$\frac{(L_{dam}/L)_1}{(L_{dam}/L)_2} = \left(\frac{\sigma_2}{\sigma_1}\right)^{0.2} \left(\frac{F_{n1}}{F_{n2}}\right) \left(\frac{L_1}{L_2}\right)^{1.313} \tag{4.14}$$

通过式（4.13）、式（4.14），可以看出，高速搁浅事件中的相对损伤长度取决于船舶尺度，即较大船舶承受的相对损伤长度较大。这反映了结构设计或船舶尺度对触礁损伤长度分布的影响。还可以看出，材料的流动应力对相对损伤长度的影响很小。

4.6.2　计算实例及与搁浅损伤数据的对比

图 4.45 显示了由于高速搁浅，油船相对损伤长度比率如何随船长的变化

而变化,从 100 m 到 300 m 不等。结果表明,在类似条件下,235 m 油船的相对损伤长度是 100 m 油船的 2 倍。由此可见,油船主尺度对意外搁浅中的相对损伤长度有显著影响。对于速度主要由傅汝德数控制的常规船舶,差异甚至更大。

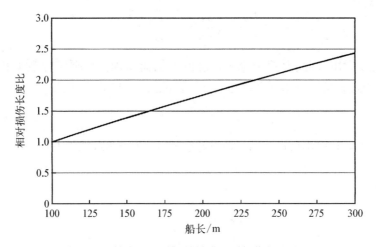

图 4.45　船舶主尺度对船舶触礁相对损伤长度的影响

如前所述,IMO 指南中的损伤密度分布源自 30 000 DWT 及以上船舶的实际损伤数据。这里,假设 IMO 数据中搁浅船舶的排水量平均值为 50 000 t。因此,当设计航速假定为 15 kn 时,IMO 底部损伤分布被认为代表长度约为 185 m 的油船。然后,通过应用式(4.13),300 m 油船(排水量 250 000 t)搁浅损伤纵向范围的换算密度分布见图 4.46,相应的累积概率见图 4.47。

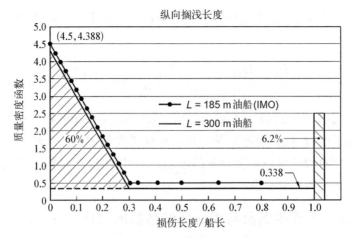

图 4.46　用本方法得到的不同船舶尺度搁浅时
纵向范围的换算密度分布函数

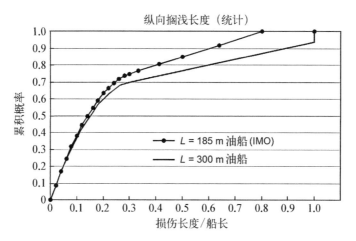

图 4.47 用本方法获得的不同船舶尺度搁浅时
纵向范围的换算累积概率

在这些转换中,假设在 IMO 油船的损伤分布中,对于损伤长度在 0% 到 80% 之间的损伤长度,倾斜损伤由等于 0.5 的恒定密度分布表示。如前所述,这种假设的原因是倾斜损伤只是船舶搁浅损伤的几种类型之一。注意,软性搁浅和侧向搁浅会导致其他搁浅损伤。

从图 4.46、图 4.47 可以看出,与较小油船相比,较大油船遭受较大相对损伤长度的概率更高。对于超过船舶长度 30% 的损坏长度,300 m 油船的概率为 30%,185 m 油船的概率为 25%。

遗憾的是,IMO 油船搁浅损伤数据库不够大,无法对预期搁浅损伤随船舶主尺度的计算变化(式(4.13))进行统计验证,但对于商船,通过本方法获得的结果(式(4.14))与船舶的搁浅事故统计分析有很好的相关性(Bjørneboe 等人,1999 年)。图 4.48 显示了纵向范围的船底损伤密度函数的统计结果,累积概率见图 4.49。

图 4.48、图 4.49 中的结果基于 1945—1965 年间发生的 128 起搁浅事故,主要涉及各种货船。为了研究船舶尺度对损伤分布的影响,根据船舶尺度将 128 起触礁事故分为两组。一组表示 100 m 以下的船舶长度(平均长度为 65 m),另一组表示 100 m 以上的船舶长度(平均长度为 135 m)。小型船舶组包括 65 起搁浅案例,大型船舶组包括 63 起搁浅案例。统计结果支持该理论得出的结论。从统计结果可以清楚地看出,大型船舶组,发生相对较大损伤长度的概率高。损坏长度超过船舶长度 30%,大型船舶组的概率为 25.4%,而小型船舶组仅为 9.2%。

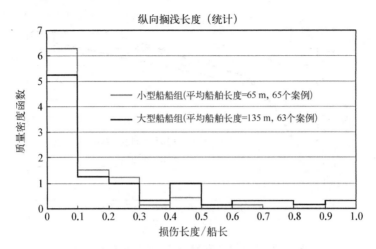

图 4.48　1945—1965 年统计数据得出的不同船舶尺度搁浅时纵向损伤程度的密度函数

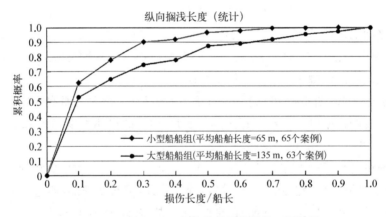

图 4.49　1945—1965 年统计数据获得的不同船舶尺度搁浅时纵向损伤程度的累积概率

通过分析在 1980—2008 年期间发生的搁浅损伤，也得出了类似的结论。在本分析中，对于损伤长度超过船舶长度 30% 的情况，大型船舶组（平均船舶长度 126 m）的概率为 25.0%，而小型船舶组（平均船舶长度 74 m）的概率为 7.8%。

4.7　本章小结

在本章中，为分析船舶碰撞和搁浅，给出了吸收能量和破坏材料体积之间的简单关系式。式(4.1)～式(4.3)表示塑性拉伸、压溃、折叠以及撕裂所吸收的能量。已有研究表明,结构损伤可以用这些能量项的和来表示。这些公式使用简单,形式类似于 Minorsky 的经验表达式。该方法克服了 Minorsky 经典方法的主要缺点,因为它考虑了结构布置、材料特性和损伤模式。

与试验和数值结果的大量对比表明,解析方法可以给出很好的预测。因此,它可以被视为分析船舶碰撞和搁浅的一种快速设计工具/方法。

研究表明,能量吸收效率(代表单位体积被破坏材料的吸收能量)因结构而异。这取决于结构布置、材料特性和失效模式。根据目前的示例确定的能量吸收效率范围为 $20\sim90$ MJ $/$ m^3,而 Minorsky 的结果始终保持不变(47.2 MJ $/$ m^3)。图 4.50 显示了不同损伤撞穿情况下 RoPax URD 碰撞事故的能量吸收效率(4.4.1 节中的示例)。结果表明,舷侧板破裂后,能量吸收率从 98 MJ $/$ m^3 下降到 77 MJ $/$ m^3。

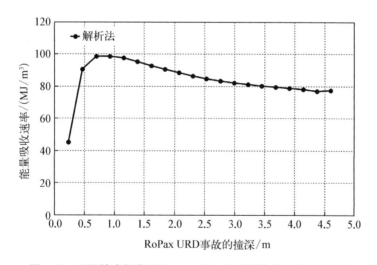

图 4.50　不同撞穿损伤下 RoPax URD 碰撞事故的能量吸收效率

本章演示了如何将所提出的方法用于搁浅损伤分布从常规船舶到新型船舶的转换,如高速船舶。算例表明,与常规船舶相比,高速船舶遭受的搁浅损伤长度更大。

本章研究了船舶主尺度对船舶搁浅损伤分布的影响。结果表明,纵向范围内的损伤密度分布取决于船舶搁浅时的尺寸。与小型船舶相比,大型船舶搁浅的相对损伤长度更大。

参考文献

[1] Amdahl, J., 1983. Energy Absorption in Ship-Platform Impact (PhD thesis). Norwegian Institute of Technology. Report No. UR – 83 – 34.

[2] Arita, K., Aoki, G., 1985. Strength of ship bottom in grounding (1st report) — an investigation into the case of a ship stranded on a rock (in Japanese). J. Soc. Nav. Archit. Jpn. 158, 359 – 367.

[3] ASIS, 1998. Research on the Methodology for the Prediction of Accidental Damage to Tanker Structure in Case of Collision or Grounding and Development of New Hull Design With Improved Crashworthiness (1991 – 1997). The Association for Structural Improvement of the Shipbuilding Industry (ASIS), Japan.

[4] Bjørneboe, N., Simonsen, B.C., Hansen, P.F., 1999. Statistical and Theoretical Analysis of Ship. Grounding Accidents. Department of Naval Architecture and Offshore Engineering, Technical University of Denmark.

[5] Bockenhauer, M., Jost, A., 1995. Guidelines for the assessing of alternative tanker designs. In: Lecture Note: Accidental Loading on Marine Structures — Risk and Response. 22nd WEGEMT Graduate School, Technical University of Denmark.

[6] Cerup-Simonsen, B., T€ornqvist, R., L€utzen, M., 2009. A simplified grounding damage prediction method and its application in modern damage stability requirements. Mar. Struct. 22, 62 – 83.

[7] Hysing, T., 1993. Oil spill from tankers in collisions and grounding — Damage statistics. Technical Report No. 93 – 0518, Det Norske Veritas.

[8] International Maritime Organization (IMO), 1995a. International Code of Safety for HighSpeed Craft (HSC Code). Resolution MSC. 36 (63), London.

[9] International Maritime Organization (IMO), 1995b. Interim guidelines for approval of alternative methods of design and construction of oil tankers under regulation 13F (5) of annex I of MARPOL 73/78. Technical Report, Resolution MEPC. 66 (37), 1 – 40.

[10] Ito, H., Kondo, K., Yoshimura, N., Kawashima, M., 1984. A simplified method to analysis the strength of double hulled structures in collision. 1st report. J. Nav. Archit. Jpn. 156, 283 – 296.

[11] Kuroiwa, T., 1996. Numerical simulation of actual collision and grounding accidents. In: International Conference on Design and Methodologies for Collision and Grounding Protection of Ships, San Francisco, California, USA, August 22 – 23.

[12] Lehmann, E., Peschmann, J., 2002. Energy absorption by the steel structure of ships in the event of collisions. Mar. Struct. 15, 429 – 441.

[13] Lloyd's Register, 2016. Guidance Notes for Collision Assessment for the Location

of Low Flashpoint Fuel Tanks.

[14] Martens, I., 2014. Konstruktive Aspekte beim Entwurf von Bugwculsten zur Verbesserung des Energieaufnahmevermogens bei Schiffskollisionen. (PhD thesis), Schriftenreihe Schiffbau, Bericht 679, Technical University of Hamburg, Germany. ISBN: 978 – 3 – 89220 – 679 – 8 (in German).

[15] Michel, K., Moore, C., Tagg, R., 1996. A simplified methodology for evaluating alternative tanker configurations. J. Mar. Sci. Technol. 1 (4), 209 – 219.

[16] Minorsky, V.U., 1959. An analysis of ship collision with reference to protection of nuclear power ships. J. Ship Res. 3 (2), 1 – 4.

[17] Paik, J.K., Chung, J.Y., Choe, I.H., Thayamballi, A.K., Pedersen, P.T., Wang, G., 1999. On rational design of double hull tanker structures against collision. In: The Society of Naval Architects and Marine Engineers. Annual Meeting, SNAME. vol. 107.

[18] Pedersen, P.T., 1994. Ship grounding and hull-girder strength. Mar. Struct. 7, 1 – 29.

[19] Pedersen, P. T., Zhang, S., 2000. Absorbed energy in ship collisions and grounding — revising Minorsky's empirical method. J. Ship Res. 44 (2), 140 – 154.

[20] Peschmann, J., 2001. Berechnung der Energieabsorption der Stahlstruktur von Schien bei Kollisionen und Grundberuhrungen. (in German). (PhD thesis). Technical University of Hamburg, Germany.

[21] Rawson, C., Crake, K., Brown, A., 1998. Assessing the environmental performance of tankers in accidental grounding and collision. In: SNAME Annual Meeting, San Diego, USA.

[22] Rodd, J.L., 1997. Frame design effects in the rupture of oil tanks during grounding accidents. In: Int. Conf. on Advances in Marine Structures III. DERA, ROSYTH, UK.

[23] Schneekluth, H., 1987. Ship Design for Efficiency and Economy. Butterworth & Co. (Publishers) Ltd.

[24] Simonsen, B.C., 1997a. Ship grounding on rock — I. Theory. Mar. Struct. 10 (7), 519 – 562.

[25] Simonsen, B.C., 1997b. Ship grounding on rock – II. Validation and application. Mar. Struct. 10 (7), 563 – 584.

[26] Sirkar, J., Ameer, P., Brown, A., Goss, P., Michel, K., Nicastro, F., Willis, W., 1997. A framework for assessing the environmental performance of tankers in accidental groundings and collisions. Report of SNAME T&R Ad Hoc Panel on the Environmental Performance of Tankers, also presented at SNAME Annual Meeting 1997.

[27] Storheim, M., Amdahl, J., Martens, I., 2015. On the accuracy of fracture estimation in collision analysis of ship and offshore structures. Mar. Struct. 44, 254 – 287.

[28] Tautz, I., Schcottelndreyer, M., Lehmann, E., Fricke, W., 2013. Collision tests with rigid and deformable bulbous bows driven against double hull side structures. In: Amdahl, Ehlers, Leira, (Eds.), Proceedings of the 6th Conference on Collision and Grounding of Ships and Offshore Structures. Taylor & Francis Group, London. ISBN: 978 – 1 – 138 – 00059 – 9.

[29] Tautz, I., Fricke, W., Schcottelndreyer, M., 2014. Validierung von Kollisionsberechnungen durch Großversuche an Konstruktionsvarianten von Seitenhcullen (in German). Technical Report, Technische Universitcat Hamburg. ISBN: 978 – 3 – 89220 – 676 – 7.

[30] Wang, G., Ohtsubo, H., Liu, D., 1997. A simple method for predicting the grounding strength of ships. J. Ship Res. 41 (3), 241 – 247.

[31] Wang, G., Arita, K., Liu, D., 2000. Behavior of a double hull in a variety of stranding or collision scenarios. Mar. Struct. 13, 147 – 187.

[32] Woisin, G., 1979. Design Against Collision. vol. 31 (2). Schiff & Hafen, Germany, pp. 1059 – 1069.

[33] Zhang, S., 1999. The Mechanics of Ship Collisions (PhD thesis). Technical University of Den mark, Denmark. ISBN: 87 – 89502 – 05 – 1.

[34] Zhang, S., Pedersen, P.T., 2016. A method for ship collision damage and energy absorption analysis and its validation. Ship Offshore Struct. https://doi.org/10.1080/17445302.2016.1254584 (Special Issue).

[35] Zhang, S., Villavicencio, R., Zhu, L., 2018. Effect of friction on the impact response and failure mode of double hull structures in ship collisions. In: 3rd International Conference on Safety and Reliability of Ships and Offshore & Subsea Structures (SAROSS 2018). Wuhan University of Technology, Wuhan, China.

第 5 章
基于非线性有限元仿真的
碰撞损伤评估

5.1 引言

第 2 章与第 3 章讨论了基于简明解析法的船舶碰撞的外部动力学与内部力学。第 4 章介绍了材料损伤体积法,通过式(4.4)能够预测刚性压头撞击典型船舶结构能量-位移响应,结果见表 4.5 与图 4.26。本章讨论非线性有限元仿真方法预测典型船舶结构碰撞响应。值得一提的是,本章提供了有限元仿真评估船舶碰撞所需要的不同输入参数。重要的输入参数是有限元网格的尺寸以及引发材料破裂的失效准则。

Ehlers 等人通过在荷兰开展四个大尺度船舶碰撞试验(见图 3.3)中的三个开展失效准则研究,该研究了证实了网格尺寸与失效准则对计算结果的敏感性。图 5.1 显示采用不同有限元尺寸(25 mm,50 mm 和 100 mm)与 GL、PES、RTCL 三个不同的失效准则进行非线性有限元计算,计算结果的力-位移响应与试验结果有巨大偏离。失效准则会在 5.5 节介绍。值得一提的是,在基准研究中,差异不仅存在结构冲击响应方面也存在变形模式方面(见图 5.2)。注意,试验模型 3 与 4.3.1 节(Lehmann 与 Peschmann,2002 年)的大尺度模型试验验证简明解析方法(式(4.4))的模型试验是相同的。试验模型 1 由板厚 20 mm 对称的加筋板(筋材尺寸:T440×12+200×20)构成,试验模型 2 由 300 mm 高、12.5 mm 厚的夹层板构成(Ehlers 等人,2008 年)。该基准研究的一个结论是网格尺寸的敏感性可能比失效准则自身更重要。

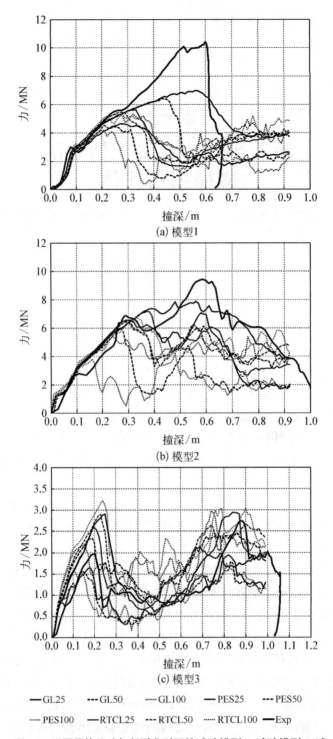

(a) 模型1

(b) 模型2

(c) 模型3

——GL25 --- GL50 ····· GL100 —— PES25 --- PES50
····· PES100 —— RTCL25 --- RTCL50 ····· RTCL100 —— Exp

图 5.1 不同网格尺寸与断裂准则下的试验模型 **1**、试验模型 **2**、试验模型 **3**(力−位移响应符号 **GL25** 中 **GL** 代表失效准则名，**25** 代表网格尺寸，其他仿真结果的符号与此类似)

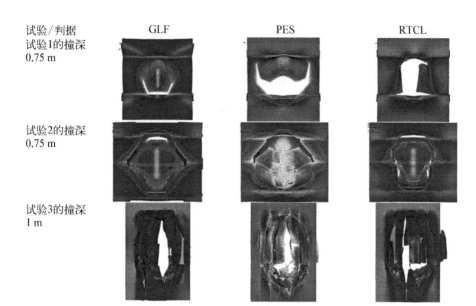

图 5.2　25 mm 网格尺寸模拟试验模型 1、试验模型 2、试验模型 3 的断裂拓展对比(试验视角为压头通过的视角)

通过分析图 5.1 的力-位移曲线,很难量化试验与对应的有限元仿真结果的差异。因此,对于特定撞深下由试验方法计算得到吸收能量记为 E_{exp},由有限元仿真方法计算得到吸收能量记为 E_{sim},用于计算结果的能量比 E_{sim}/E_{exp}(见表 5.1 与图 5.3)。在分别看到不同网格尺寸与失效准则下,试验模型 1 的能量比变化从 0.35 到 0.83,试验模型 2 的能量比变化从 0.44 到 1.06,试验模型 3 的能量比变化从 0.78 到 1.69。

表 5.1　船舶碰撞准则研究的模型试验能量比
E_{sim}/E_{exp}(Ehlers 等人,2008 年)

准则/网格尺寸	25 mm	50 mm	100 mm
模型试验 1 能量比 E_{sim}/E_{exp} -撞深 0.88 m			
GL	0.83	0.67	0.59
PES	0.50	0.39	0.35
RTCL	0.53	0.52	0.58

续　表

准则/网格尺寸	25 mm	50 mm	100 mm
模型试验 2 能量比 $E_{\text{sim}}/E_{\text{exp}}$ -撞深 0.60 m			
GL	1.06	0.84	0.76
PES	0.91	0.60	0.44
RTCL	0.90	0.82	0.85
模型试验 3 能量比 $E_{\text{sim}}/E_{\text{exp}}$ -撞深 0.60 m			
GL	1.21	1.38	1.44
PES	0.82	0.78	0.90
RTCL	1.32	1.44	1.69

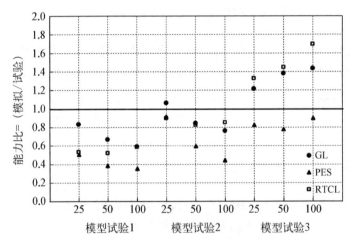

图 5.3　船舶碰撞准则研究的模型试验能量比
$E_{\text{sim}}/E_{\text{exp}}$（Ehlers 等人，2008 年）

　　通过简单分析显示了网格尺寸与失效准则在评估潜在船舶碰撞事件的重要性。

　　Ehlers 等人（2008 年）的准则研究通过大量非线性有限元仿真试验揭示了网格尺寸与失效准则的影响。然而，试验结果与对应的有限元仿真结果偏差依然相对巨大，之前的发现仍然是不变的。例如，Storheim 等人

(2015a)发现,使用不同网格尺寸和破坏准则模拟三个由肋板支撑的加筋板试验,归一化能量(E_{sim}/E_{exp})的平均值在峰值力时从 1.02 到 1.52 变化,在准静态碰撞事件结束时平均值从 0.74 到 1.15 变化。应该指出的是,这些试验是准静态试验室试验,因此没有在荷兰进行的实际船舶碰撞试验复杂。Storheim 等人还发现,通过使用两个网格尺寸($5t$ 和 $10t$,其中 t 是板厚度)和八个破坏准则,试验模型 3 的能量比 E_{sim}/E_{exp} 在峰值受力时从 0.25 到 2.00 变化,在末尾从 0.60 到 1.50 变化,与这两个参数无关。

　　同样地,Ringsberg 等人(2018 年)总结了 MARSTRUCT 基准研究中,15 名研究人员的非线性有限元模拟压头冲击船舶的舷侧结构试验结果,发现碰撞结束后,能量比 E_{sim}/E_{exp} 从 0.39 到 1.19 不等。图 5.4 为 15 个仿真试验与试件示意图。值得注意的是,MARSTRUCT 基准研究中尽管研究人

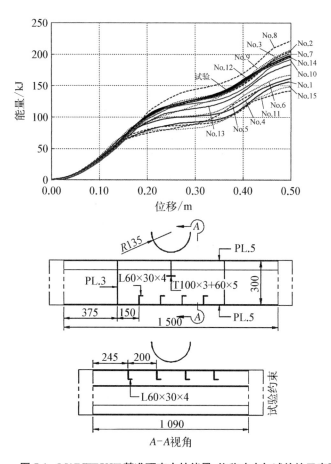

图 5.4　MARSTRUCT 基准研究中的能量-位移响应与试件的示意图

员对试验结果非常熟悉,但是有限元仿真时独立完成的,因此不仅仅是网格尺寸与失效准则,其他输入参数也会也会影响计算。更多的试验细节,不同的网格与失效准则以及其他的输入参数可以参见 Ringsberg 等人(2018 年)的论文。

回顾上面三个准则研究可以看出,非线性有限元模拟船舶碰撞依赖于准确定义材料的非线性,更重要的是有限元网格的尺寸。然而,外部动荷载的精确度与模型的精细度等其他输入参数也会对有限元预测产生影响。在回顾经验丰富的分析人员关于这个问题的观点后,Jones(2013 年)讨论了这些因素和其他因素如何影响承受大动态荷载的结构的有限元预测的可靠性。虽然 Jones 的讨论是针对一般动态设计应用程序,并且评估的动态荷载可能比实际船舶碰撞场景中的预期荷载更大,但这项研究背后的想法和所得出的结论也适用于船舶碰撞分析。

本章总结非线性有限元仿真船舶碰撞重要的输入参数。特别是对材料的定义进行了讨论,包括材料的特征真应力-真应变行为和用于估计有限元临界破坏应变的典型失效准则。还提供了用于碰撞模拟的有限元类型、网格大小、边界条件、接触的定义以及相关的静摩擦的评论。值得一提的是,所提供的关于有限元公式、定义失效的可用方法和接触-冲击算法等的信息遵循显式有限元程序包 LS-DYNA(Hallquist,2006 年)给出的建议。

其想法是,有了这些提供的信息,分析师将有可能建立一个非线性有限元模型来进行工业中所需的碰撞模拟,例如,评估现代绿色船舶中使用的液化天然气(作为燃料)储罐的舱室结构(Lloyds Register,2016 年)。对于这样的分析,所需的输出是直到预定位移的临界吸收能量,而省略了其他更复杂的影响,如冲击过程中的应力和应变的演变以及变形机制的准确表达。

在介绍了船舶碰撞评估所需的输入参数后,给出了一组具有代表性的双壳试件在准静态冲击荷载作用下的仿真结果。作为碰撞模拟的实际应用,文中还给出了两艘集装箱船相撞的计算实例,并与损伤材料体积法(式(4.4))进行对比。

5.2　有限元和网格尺寸

5.2.1　有限元

对于有限元分析,建议使用四节点壳单元来评估船舶和海洋结构物在冲击荷载作用下的响应。通常,整个厚度的积分点数量设置为 5 个,以提高涉及塑性问题的精度。

Hughes-Liu 壳单元公式(具有统一简化积分的四节点壳单元)是 LS-DYNA 中实现的第一个壳单元,主要是因为:① 它具有刚体旋转不会产生应变的性质,因此允许处理许多实际应用中出现的有限应变;② 它具有计算效率;③ 它基于退化块体单元公式。

Belytschko-Lin-Tsay 壳单元作为 Hughes-Liu 壳单元的一种计算效率的替代单元被实现。它通常是选择的壳单元公式,因此是显式计算的默认公式。该单元的效率是通过两个运动学假设的数学简化得到的:① 单元中嵌入了坐标系(共转公式);② 变形速率限制在小应变(速度-应变公式)。

为了构建旋转坐标系,需要计算垂直于单元主对角线的单位向量(见图 5.5)。如果节点共面,则单位向量 e_1 和 e_2 与壳单元的中面相切,e_3 位于厚度方向。随着单元的变形,可以在实际厚度方向和法线 e_3 之间形成一个角度。该角度的大小取决于应变的大小,可接受的值约为 0.01。此外,旋转角坐标 e 的旋转和材料旋转之间的差异应该很小。这种较小的旋转条件不会限制单元刚体旋转的大小。该限制是对平面外变形(单元应变)的限制,因此,变形关系的速率也被限制为在单元求积时计算的小应变。

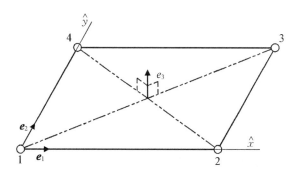

图 5.5　壳单元坐标系的构造

Belytschko-Lin-Tsay 单元的计算效率基本上是通过在单元平面上使用单点求积得到的。然而,这种简化需要控制以单元梯形变形成的特征零能量模式(沙漏模式)(见图 5.6)。沙漏模态通常是振荡的,因为它们的周期通常比结构响应的周期短得多。如果周期与结构响应的周期具有可比性,则整体变形模式的运动分量可能是稳定的,因此,它们是允许的。沙漏通常由黏性阻尼或较小的弹性刚度控制,能够阻止这些异常模式的形成,但对稳定的整体模式影响微乎其微。由于沙漏变形模式与应变计算正交,沙漏阻力所做的功被忽略,导致轻微的能量损失。对于承受大变形(主要涉及压溃模式)的结构,沙漏能量应小于10%。一般来说,在张力模式下,沙漏能量不太重要。

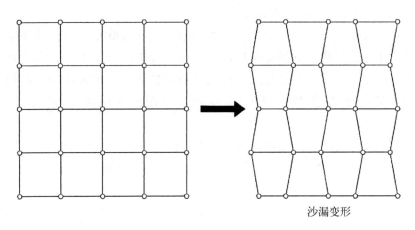

沙漏变形

图5.6 在壳单元中观察到的典型沙漏变形模式

总之,Belytschko-Lin-Tsay 壳单元是目前船舶结构碰撞模拟的一种合适的选择。作为参考,在 MARSTRUCT 基准研究(Ringsberg 等人,2018 年)中,使用 LS-DYNA 的 11 名研究人员中有 8 人选择了该单元公式,只有 1 人选择了 Hughes-Liu 公式,另外 2 人选择了完全集成的单元公式(LS-DYNA 中的壳元素类型 16)。各种有限元公式的详细信息可在 LS-DYNA 的理论手册(Hallquist,2006 年)中找到。

5.2.2 网格大小

网格大小的选择基本上取决于待评估的结构和分析范围。例如,要模拟拉伸测试或小规模板材拉伸试验的响应,需要固体元素或非常精细的网格(可能与板厚度的量级相同),以捕捉所有局部现象,如颈缩、断裂和裂纹扩展;参见 Ehlers 和 Varsta(2009 年)、Ehlers(2010 年)、Liu 等人(2013 年)的研究。另外,对于实际工程应用,例如批准货船的替代布置(Zhang 等人,2004 年),一般来说,网格通常必须更粗糙,因为被撞船的代表性有限元模型应具有至少一个货舱或舱室的长度。

对于船舶碰撞分析,通常的做法是在受撞击船舶影响的区域设计更精细的网格,而周围区域可以建模得更粗糙,甚至具有线性材料特性。这主要是因为被击中船舶的损坏通常局限在被击中船舶的刚性船首周围(见图 4.1)。理想情况下,网格应能够捕捉肋板框架和纵梁的局部折叠以及内外壳的张力和随后的破裂。根据计算经验,有人指出,碰撞区域内有限元的长度不应超过 200 mm(Zhang 等人,2004 年)。这种尺寸听起来很合理,对于大型油船、LNG 船或集装箱船,壳体纵向加强筋之间需要 4~5 个单元模拟,单元尺寸约为板厚(10t)的 10 倍。

Liu 等人(2017a)表明,当单元尺寸为板厚的 2、5 或 10 倍时,球形压头冲击板材达到颈缩之前的力-位移响应基本相同。然而,当尺寸增加到15 倍或 20 倍时,响应会更僵硬,并在撞击的早期阶段偏离(见图 5.7)。这些观察结果应证明为船舶碰撞分析选择相对粗糙的网格是合理的,目的是预测大撞深时吸收的能量。

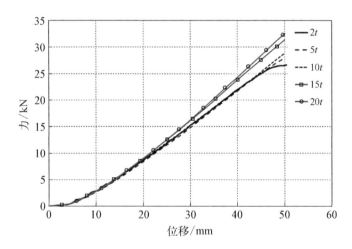

图 5.7　使用不同网格尺寸模拟半径为 25 mm 的刚性压头冲压方形钢板(320 mm×320 mm×1.0 mm)的力-位移的响应

当然,粗网格不能像使用精细网格那样准确地表示变形的形状,尤其是在主要支撑构件的折叠和裂纹扩展方面。然而,可以在一定程度上准确预测能量吸收,如 5.7 节所示。可以使用更简单的线性模态分析对结构的网格尺寸和变形模式进行类比:虽然细网格或粗网格结构的确定固有频率基本相同,但结构的固有变形模式通常因不同的网格尺寸/构型而不同。

网格尺寸决定了用作有限元计算输入的临界破坏应变(见 5.4.2 节和5.5 节),因为估算应变的大多数简化表达式取决于构件的长度和厚度。这种网格依赖性对于因张力而失效的结构(如外壳和内壳)来说至关重要,但对于主要支撑构件的压溃和折叠机制来说,则不太相关,因为对于延性钢结构而言,只有少数与外壳相连的构件可能失效(达到临界失效应变)。关于评估临界破坏应变时的网格相关性的更多详细信息,参见5.4.2节和5.5节。

为了在计算时间和合理结果之间取得平衡,必须采用相对较粗的网格来进行船舶碰撞评估。然而,为了评估局部结构构件在冲击荷载下的行为,需要精细网格。例如,压溃分析需要非常精细的网格来反映肋板框架的折叠构型。Paik(2007年)建议,捕捉压溃行为的网格大小可以通过一个结构折叠的预期半长来估计;预测一个折叠长度的解析式见图3.32。板材成形分析还需要非常细的网格,研究表明,为了满意地确定变形的形状,单元尺寸和压头半径之间的比率最好为1/5(Simonsen和Lauridsen,2000年;Villavicencio等人,2012年)。如果要确定局部颈缩区域或破裂起始位置,则单元的尺寸必须小于板材厚度的两倍(Liu等人,2013年)。

对于大型船舶结构,5.7节中给出的计算示例表明,尺寸为10倍板厚的网格应足以实用地估算船舶结构在冲击荷载下的能量。这也可以从Storheim等人(2015年)报告的试验模型3的有限元结果中看出,当网格尺寸为5倍或10倍板厚时,模拟结束时获得了类似的能量,如5.5节所示(见图5.20)。注意,在评估的8个失效标准(GL、SHEAR和PES)中,只有3个出现了这种情况,而在使用其他5个失效标准时,发现了显著差异。

5.3 边界条件

支座处的面内位移对结构的冲击响应影响很大。例如,与支座处没有轴向约束的梁相比,受质量块横向冲击的全固支梁表现出更大的冲击力和更小的挠度。这是因为几何的变化会沿梁的中心线引入轴向膜力。当然,如果目标是提供准确的预测,则可以对边界的平面内约束进行详细建模。这种方法通常被用来评估小尺寸试件(如梁和板)的动态冲击响应。然而,当结构更大和更复杂时,例如船舶结构,支撑处的约束可能不那么重要,因为撞深和相关的损伤仅限于刚性压头的区域(见图4.1)。

在3.4.5节中,指出式(3.63)、式(3.64)和式(3.65)设法预测了用于推导这些表达式的板的试验挠度,但它们高估了附着在双壳结构肋板上的板的挠度(见图 3.27)。还提到,一个可能的原因是板支撑处的试验轴向约束没有得到充分的设计,这可能是式(3.63)、式(3.64)和式(3.65)预测的挠度比由实际肋板约束的板中发生更大挠度的原因。

在图 4.7 所示的试验中,注意到在压头接触到内壳之前,内壳发生了小的挠度。因此,略微调整贯穿件,以在分析计算中反映这一点。这一现象可能是由于试验约束不足造成的,因为双壳试件应该在外板和内板(顶板和底板)的边界上用强有力的支架进行加固。例如,图 5.8 所示的试验边界条件,这些边界条件用于由 Arita、Aoki(1985 年)和 Wang(2000 年)等人进行的试验。这种试验约束更好地代表了完全夹紧的条件。

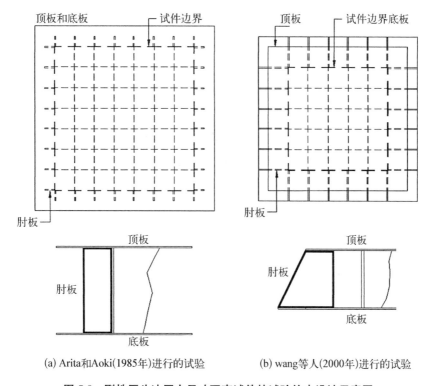

(a) Arita和Aoki(1985年)进行的试验　　　(b) wang等人(2000年)进行的试验

图 5.8　刚性压头冲压小尺寸双壳试件的试验约束设计示意图

4.3.1 节(Lehmann 和 Peschmann,2002 年,进行的大尺度模型试验)中提出的船舶碰撞试验边界条件的表达是一个真正的挑战,因为试验中的夹紧系统没有经过严格评估,因此,Ehlers 等人(2008 年)进行的模拟只是假设了完全刚性夹紧条件。这种理想化约束可被视为导致有限元结果中观察到的一些偏差的原因(见图 5.1 和表 5.1)。应注意,简化方法(式(4.4))也依赖于完全夹紧条件的假设。

在可以忽略应变率影响的情况下，已证明船舶在垂直碰撞情况下预测的能量基本相同（Pill 和 Tabri，2011 年）。在垂直碰撞情况下，撞击船首以恒定速度（位移控制模拟），货舱结构被认为在水密舱壁处被完全夹紧，而动力学模拟考虑了船舶在水平面中的运动并从撞击船首的初始速度开始（Pill 与 Tabri，2011 年）。作为参考，图 5.9 提供了动态仿真模型的示意图（Liu 等人，2007 年）。位移控制模拟和动态模拟预测的力-位移响应的比较见图 5.10（Liu 等人，2007 年）。当然，斜向碰撞不会达成同样的一致性。这样，动态仿真就更合适了。然而，当考虑到设计评估时，限制货舱/舱室末端结构的位移（水密舱壁的位置）是一个合理的方法。

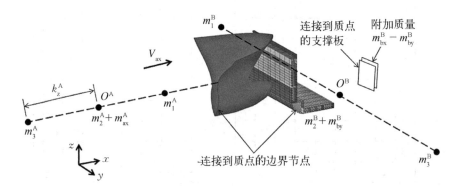

图 5.9　考虑荷载和边界条件下耦合动力有限元模拟

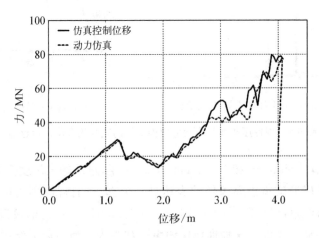

图 5.10　力-位移响应

5.4　材料特性

材料的力学特性一般是通过拉伸试验来描述其在外加拉伸荷载下的变形和断裂特征。钢材料的拉伸性能,以及温度和应变率效应已在 3.2 节中讨论过。在 3.2 节中还引入了真应力和真应变的概念,即应变硬化,这表明它是进行大塑性变形结构的非线性有限元模拟所必需的。

本小节总结了从标准拉伸试验中导出真实应力-真实应变曲线的更多细节,并提供了表示材料应变硬化行为的简化表达式。最重要的是,引入了临界破坏应变的概念,作为评价结构断裂和最终断裂的关键参数。本小节还简要讨论了进行碰撞模拟时的应变率效应。

5.4.1　真应力-真应变曲线

工程应力-应变曲线(见图 5.11)并不能真实反映拉伸试件的变形情况,因为它完全基于拉伸试件的原始长度 L_0 和原始横截面积 S_0。由于缩颈后横截面积迅速减小,工程应力-应变曲线下降,直至断裂发生。颈缩或局部变形通常开始于最大荷载,此时由于试件横截面面积的减小导致的应力增加大于材料承载能力的增加。

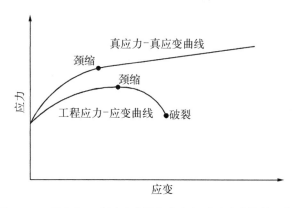

图 5.11　工程应力-工程应变曲线和真应力-真应变曲线的示意图

真实应力是基于试件的实际横截面面积,因此,应力-应变曲线不断增加,直到断裂。如果还可以进行应变的瞬时测量,则得到的曲线称为真应力-真应变(见图 5.11)。该曲线也称为屈服曲线,因为它代表了材料的基本塑性屈服特性。

真应力 σ_t 和真应变 ε_t 可用工程应力 σ 和工程应变 ε 表示(见 3.2.1 节):

$$\sigma_t = \sigma(\varepsilon + 1) \tag{5.1}$$

$$\varepsilon_t = \ln(\varepsilon + 1) = \ln \frac{L}{L_0} \tag{5.2}$$

这些表达式只在颈缩之前有效,因为它们既假定体积恒定,又假定应变沿试件的标距长度均匀分布。超过最大荷载后,应根据荷载 F 和横截面面积 S 的实际测量值确定真应力和真应变:

$$\sigma_t = F/S \tag{5.3}$$

$$\varepsilon_t = \ln \frac{S_0}{S} \tag{5.4}$$

在达到最大荷载之前,真应力-真应变曲线始终位于工程曲线的左侧,见图 5.11(式(5.1)、式(5.2))。然而,颈缩区域的高应变和局部应变大大超过了工程应变(式(5.4))。通常,从最大荷载到裂缝,屈服曲线是线性的(见图 5.11),而在其他情况下,它的斜率不断减小,直到破裂(Dieter,1986 年)。

最大荷载下的真应力与真实拉伸强度相对应。如果认为 σ_{tu} 和 ε_{tu} 表示试件截面积为 S_u 时在最大荷载 F_{max} 时的真应力和真应变,则工程极限抗拉强度 σ_u 可定义为

$$\sigma_u = \frac{F_{max}}{S_0} \tag{5.5}$$

$$\sigma_{tu} = \frac{F_{max}}{S_u} \tag{5.6}$$

通过消除 F_{max},得

$$\sigma_{tu} = \sigma_u \frac{S_0}{S_u} \tag{5.7}$$

通过使用式(5.4),并使用自然对数常数 $e(e^{\varepsilon_{tu}} = S_0/S_u)$ 重写式(5.7),最大荷载下的真应力可以表示为

$$\sigma_{tu} = \sigma_u e^{\varepsilon_{tu}} \tag{5.8}$$

颈缩区的形成导致了三轴应力,使得从颈缩开始到断裂的纵向拉伸应

力难以准确确定。这是因为颈缩区表现为一个轻微的缺口,在拉伸下在横向和厚度方向上产生应力,与简单拉伸的情况相比,导致塑性屈服所需的纵向应力的值增加。这种导致局部变形的拉伸不稳定状态由条件 $dF=0$ 定义。考虑:

$$F = \sigma_t S \tag{5.9}$$

上述条件变为

$$dF = \sigma_t dS + S d\sigma_t = 0 \tag{5.10}$$

从体积关系的恒定性出发:

$$\frac{dL}{L} = -\frac{dS}{S} = d\varepsilon_t \tag{5.11}$$

采用不稳定条件(式(5.10))以以下形式重写:

$$-\frac{dS}{S} = \frac{d\sigma_t}{\sigma_t} \tag{5.12}$$

在拉伸不稳定点(颈缩点)可以获得如下关系式:

$$\frac{d\sigma_t}{d\varepsilon_t} = \sigma_t \tag{5.13}$$

为了获得超过最大荷载的真应力-真应变曲线,需要精确的光学测量系统在拉伸试验期间获得横截面的实际记录;Ehler 和 Varsta(2009 年)对准静态拉伸荷载下的低碳钢试件进行了一项研究,以获得破坏前的真应力-真应变关系。然而,在实践中,这种详细的测量很少用于实际的结构设计评估。由此导出了确定金属真实塑性特征的简化数学表达式。

3.2.1 节给出了流动应力曲线的基本数学表达式(幂函数曲线关系)以及估算其参数的公式。本节简要总结了这些参数的推导过程,并对船舶碰撞分析中常用的表达式进行了回顾。

简单的幂曲线关系是表示真应力-真应变曲线的常用表达式:

$$\sigma_t = K\varepsilon_t^n \tag{5.14}$$

其中,n 是应变硬化指数;K 是强度系数。这些参数从颈缩前的真应力和真应变的对数-对数图中获得(式(5.1)和式(5.2)),通常形成一条直线;该线的线性斜率为 n,K 是 $\varepsilon_t = 1.0$ 处的真应力(见图 5.12)。

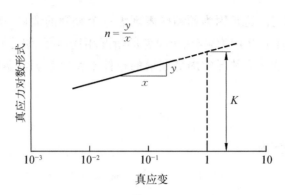

图 5.12　决定强度系数 K、应变硬化指数
n 的真应力与真应变对数图

注意，应变硬化速率 $\mathrm{d}\sigma_t/\mathrm{d}\varepsilon_t$ 与应变硬化指数不同：

$$n = \frac{\mathrm{d}(\log \sigma_t)}{\mathrm{d}(\log \varepsilon_t)} = \frac{\mathrm{d}(\ln \sigma_t)}{\mathrm{d}(\ln \varepsilon_t)} = \frac{\varepsilon_t}{\sigma_t}\frac{\mathrm{d}\sigma_t}{\mathrm{d}\varepsilon_t} \tag{5.15}$$

$$\frac{\mathrm{d}\sigma_t}{\mathrm{d}\varepsilon_t} = n\,\frac{\sigma_t}{\varepsilon_t} \tag{5.16}$$

通过将式(5.13)中给出的颈缩准则替换为式(5.16)，可获得颈缩发生时应变的简单关系：

$$\varepsilon_{tu} = n \tag{5.17}$$

在荷兰进行的船舶碰撞试验的基准研究中(Ehler 等人，2008 年)，所有的模拟都选择了简单的幂定律表达式，其中强度系数和强度硬化指数是通过调换 Peschmann(2001 年)报告的真应力-真应变曲线获得的。下面总结的表达式也被用于面板凹陷试验的有限元模拟和/或执行实际的船舶碰撞分析。

Zhang 等人(2004 年)建议使用式(5.14)来描述流动应力曲线，其中应变硬化指数可以从式(5.2)、式(5.17)中获得。在式(5.2)中，工程应变是与极限拉应力 σ_u 相关的最大均匀应变，因此，获得的真实应变对应于应变硬化指数(见式(5.17))。通过使用最大荷载下的真应力和真应变，用式(5.14)估算强度系数。因此，K 借助式(5.7)(5.8)用自然对数常数 e 表示，如下所示：

$$K = \frac{\sigma_{tu}}{\varepsilon_{tu}^n} = \frac{\sigma_u(S_0/S_u)}{n^n} = \sigma_n\left(\frac{e^n}{n^n}\right) = \sigma_u\left(\frac{e}{n}\right)^n \tag{5.18}$$

式(5.18)仍然需要拉伸试验的数据,因为应变硬化指数是根据工程最大均匀应变 $n = \ln(\varepsilon_u + 1)$ 确定的。然而,在实践中,通常从不包括此类最大应变的判据中获得材料特性。因此,Zhang 等人(2004 年)建议通过以下表达式估算屈服应力高达 $355 \ \mathrm{N/mm^2}$ 的钢的最大均匀应变:

$$\varepsilon_u = \frac{1}{0.24 + 0.013\ 95\sigma_u} \tag{5.19}$$

Villavicencio 和 Guedes Soares(2012 年)提出了一种材料关系,其中真应力-真应变曲线根据颈缩的开始分为两部分:式(5.1)、式(5.2)定义了颈缩前的过程,式(5.14)定义了颈缩后的过程。根据 Zhang 等人(2004 年)的建议,选择式(5.19)来估计最大均匀应变,以得出应变硬化指数(式(5.2)、式(5.17))。通常,该选择提供了超过最大荷载的对数应力和对数应变(式(5.1)、式(5.2))的良好连续性。实际上,曲线第一部分的最后一点定义为最大荷载。然而,曲线第二部分的第一点被选择在比最大荷载下大几个百分点的真应变处。因此,这两条曲线只需在屈服应力曲线的两个部分的最后一点和第一点用一条直线切线连接即可。这种材质关系被称为"组合材质",因为它结合了屈服应力曲线的两个近似值。

Marinatos 和 Samuelides(2015 年)提出了两种方法来确定各种碰撞模拟试验中的真应力-真应变曲线:幂函数型和切线类型。对于这两种方法,直到最大荷载之前的真实曲线由式(5.1)、式(5.2)表征。与组合材料模型类似,幂定律类型使用式(5.14),超出局部化范围;然而,最大荷载下的工程应力 σ_u 和工程应变 ε_u 被用来估算应变硬化指数(式(5.2)、式(5.17))和强度系数(式(5.1)、式(5.14)和式(5.17))。因此,幂定律类型的曲线可以写成:

$$\sigma_t = \frac{\sigma_{tu}}{\varepsilon_{tu}^{\varepsilon_{tu}}} \varepsilon_t^{\varepsilon_{tu}} \tag{5.20}$$

另外,切线类型假设超出颈缩的真实曲线是线性的,并且与点 $(\varepsilon_{tu}, \sigma_{tu})$ 相切,具有以下形式:

$$\sigma_t = c\varepsilon_t + d \tag{5.21}$$

其中,系数 $c = \sigma_{tu}$ 由式(5.13)确定,然后 $d = \sigma_{tu}(1 - \varepsilon_{tu})$ 确定。切线型曲线采用以下形式:

$$\sigma_t = \sigma_{tu}(1 - \varepsilon_{tu} + \varepsilon_t) \tag{5.22}$$

这种线性/切线类型假设与拉伸试验的观察结果一致,因为从试验数据确定的流动应力曲线通常是从最大荷载到断裂的线性曲线获得(Dieter, 1986 年)。

幂定律类型(式(5.20))和切线类型(式(5.22))分别代表了超出局部化的真实曲线的下列关系的下限 $(w=0)$ 和上限 $(w=1)$ (Ling, 1996 年):

$$\sigma_t = \sigma_{\text{tu}}\Big(w(1-\varepsilon_{\text{tu}}+\varepsilon_t) + (1-w)\Big(\frac{\varepsilon_t}{\varepsilon_{\text{tu}}}\Big)^{\varepsilon_{\text{tu}}}\Big) \tag{5.23}$$

其中,变量 w 是在 0 和 1.0 之间变化的权重常数。

应注意的是,所有这些屈服应力曲线的数学表达式都需要来自拉伸试验的输入数据才能定义。Zhang 等人(2004 年)的方法可被视为例外,因为式(5.19)允许在没有拉伸试验数据的情况下表示材料的特征塑性屈服。在实践中,通常情况下,工程应力-应变曲线无法确定应变硬化参数 K 和 n,因此,只有在材料判据(如 ASTM, 2010 年;Lloyds Register, 2018 年)提供的信息,才能使用解析表达式来估计这些参数:屈服抗拉强度、极限抗拉强度、断裂伸长率(工程断裂应变)。

对于钢材,Liu 等人(2017a)建议仅使用屈服抗拉强度和极限抗拉强度以及以下表达式来估算应变硬化指数和强度系数:

$$\sigma_0 = K \times 0.006^n \tag{5.24}$$

$$\sigma_u(n+1) = K(\ln(n+1))^n \tag{5.25}$$

这些表达式背后的假设和理由如下:

(1) 屈服应力曲线原点处的真实应变为 $\varepsilon_t = 0.006$,这是没有/有可忽略屈服台阶的钢的塑性的开始;Sever 等人(2011 年)建议使用该数值。

(2) 极限抗拉强度下的工程应变 ε_u 等于应变硬化指数 n;理论上,这是不正确的,因为通常假设 $\varepsilon_{\text{tu}} = n$ (式(5.17))。然而,实际上,ε_u 和 ε_{tu} 之间的差异并不显著。该假设允许使用应变硬化指数来估计式(5.25)中最大荷载下的真应力 $\sigma_{\text{tu}} = \sigma_u(n+1)$ 和真应变 $\varepsilon_{\text{tu}} = \ln(n+1)$。

(3) 屈服强度和屈服应力曲线的原点简单地由一条线(可忽略的屈服台阶)连接。屈服应变由弹性模量确定,弹性模量也在标准中提供。

然后,为了估计变量 K 和 n,将式(5.25)中 K 的等效值代入式(5.24),然后通过数值方法求解式(5.24)。计算 n 后,可使用式(5.24)或式(5.25)计算 K。最终,当 $\varepsilon_t > 0.006$ 时,真应力-真应变曲线仅由幂定律关系(式(5.14))表征。式(5.24)和式(5.25)适用于低强度和高强度钢(屈服抗拉强度为 $235\sim355\ \mathrm{N/mm^2}$),如(劳氏船级社,2018 年)所定义,因为这些钢的屈服应力曲线可以用简单的幂定律关系来描述(Dieter,1986 年)。

图 5.13 显示了工程应力-应变曲线的示例和表征材料塑性屈服的简化表达式。

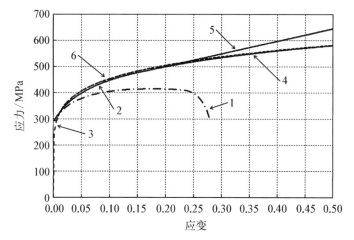

1——基于工程应力-应变曲线;2——对数真应力和真应变直到最大荷载之前;3——使用 Zhang 等人(2004 年)的方法的简单幂律关系;4——Marinatos 和 Samuelides(2015 年)定义的超出最大荷载的幂函数型;5——Marinatos 和 Samuelides(2015 年)定义的超出最大荷载的切线类型;6——使用 Liu 等人(2017 年)方法的真应力-真应变曲线

图 5.13　真应力-真应变曲线不同近似值之间的比较

5.4.2　临界破坏应变

上一节中给出的用于估计最大荷载以外的真应力-真应变的公式(式(5.3)、式(5.4))并未表明拉伸件是否发生了初始断裂,因为这些表达式仅基于横截面积的实际测量值。拉伸试样的初始断裂和最终断裂见图5.14。这种现象在拉伸试验中很难捕捉到,因为初始破坏始于横截面区中心轴处,在微小尺度上发生,然后垂直扩展到试件表面,直到发生断裂。因此,尽管此类测量非常困难,但式(5.3)、式(5.4)仅适用于通过测量断裂处的横截面积来估计真实断裂应力和真实断裂应变;尤其是用平板(扁钢)加工的试件。

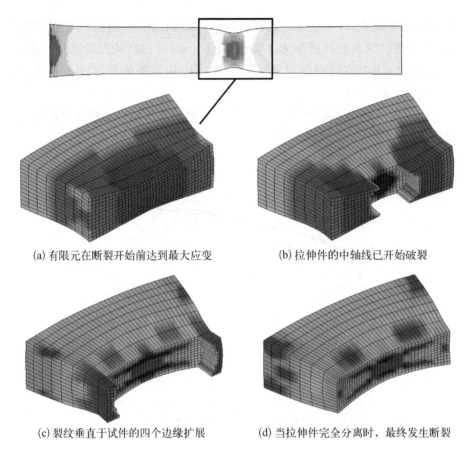

(a) 有限元在断裂开始前达到最大应变   (b) 拉伸件的中轴线已开始破裂

(c) 裂纹垂直于试件的四个边缘扩展   (d) 当拉伸件完全分离时，最终发生断裂

图 5.14 使用实体单元表示拉伸件的开始断裂和最终断裂
(为了便于说明，对单元的轴向变形进行了缩放)

    对于非线性有限元分析，所需的输入是断裂时的真实应变，通常称为临界破坏应变。这意味着只有少数单元首先失效，见图 5.14 的步骤(b)，而断裂发生在步骤(d)。当满足以下失效判据时，认为发生断裂：

$$\varepsilon_{eq} \geqslant \varepsilon_f \tag{5.26}$$

其中，ε_{eq} 是变形有限元的最大等效应变；ε_f 是用作计算输入的临界破坏应变。

    通常，临界破坏应变基于有效塑性应变（或等效塑性应变）。然而，它也可以基于塑性减薄、平面主应变或最小时间步长（Hallquist，2006 年）。5.5 节总结了估算船舶碰撞模拟常用临界失效应变的表达式。

    在非线性有限元模拟中，达到最大等效应变的单元将在下一个增量时间步从结构中移除,从而降低结构的冲击荷载强度。图 5.15 显示了在拉伸试验模拟和板材成形试验模拟中删除第一个失效元件的情况。通常,多个单元在模拟的特定时间步数达到临界破坏应变。因此,为了详细观察断裂的开始和裂纹的实际扩展,需要增加时间步数。这并不总是实用的,因为它会导致计算时间的增加。

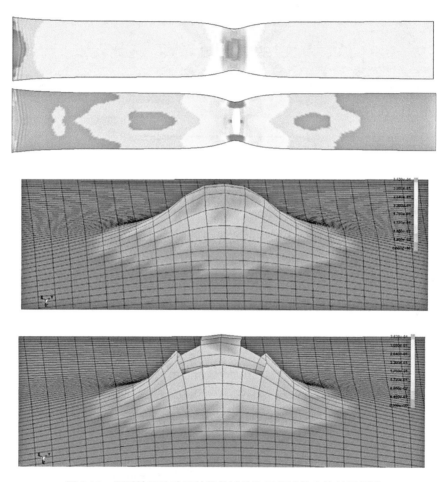

图 5.15　用刚性压头冲压的拉伸试件和平板试件中的材料断裂

基于各向同性 von Mises 塑性方程,等效(或有效)塑性应变 ε_{eq} 是等效塑性应变率 ε_{eq}^r 随时间的积分:

$$\varepsilon_{eq} = \int_0^t \varepsilon_{eq}^r \mathrm{d}t \qquad (5.27)$$

等效塑性应变率根据塑性应变率定义：

$$\varepsilon_{eq}^{r} = \sqrt{\frac{2}{3}\varepsilon_{ij}^{r}\varepsilon_{ij}^{r}} \tag{5.28}$$

材料的体积不受塑性屈服的影响。这相当于泊松比为 0.5。对于单轴应力，塑性应变率的形式为

$$\varepsilon_{11}^{r} = \varepsilon_{p}^{r}, \quad \varepsilon_{22}^{r} = -\frac{1}{2}\varepsilon_{p}^{r}, \quad \varepsilon_{33}^{r} = -\frac{1}{2}\varepsilon_{p}^{r} \tag{5.29}$$

ε_{ii}^{r} 项之和为 0，所有剪切应变率均为 0。然后，单轴拉伸的等效塑性应变率可以表示为

$$\begin{aligned}\varepsilon_{eq}^{r} &= \sqrt{\frac{2}{3}((\varepsilon_{11}^{r})^{2} + (\varepsilon_{22}^{r})^{2} + (\varepsilon_{33}^{r})^{2})} \\ &= \sqrt{\frac{2}{3}\left((\varepsilon_{p}^{r})^{2} + \left(-\frac{1}{2}\varepsilon_{p}^{r}\right)^{2} + \left(-\frac{1}{2}\varepsilon_{p}^{r}\right)\right)}\end{aligned} \tag{5.30}$$

同样的概念用于评估模拟中的临界失效应变（Hallquist，2006 年）。

临界破坏应变受单元尺寸的高度影响，因此，失效准则通常被定义为依赖于单元大小。5.5 节给出了船舶碰撞模拟常用的失效判据。图 5.16 显示了厚度为 2.0 mm 的拉伸试件的失效应变与网格大小的关系；注意，临界失

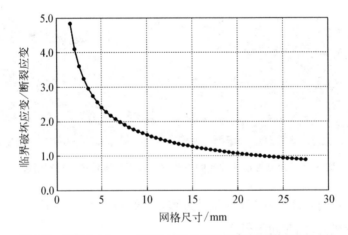

图 5.16　厚度为 2.0 mm 的拉伸试件的临界失效应变随网格尺寸的变化（图中的纵坐标可通过 $4.1(t/l)^{0.58}$ 获得，其中 t 是板厚，l 是有限元的长度）

效应变是通过拉伸试验获得的标称断裂应变来归一化的。该曲线基于 Paik（2007 年）推导的表达式，以估计临界破坏应变。当网格尺寸大于 10 mm（5t）时，在斜率相对较小的地方，曲线的趋势几乎是线性的。然而，当网格尺寸小于 10 mm，失效应变呈指数增长。应注意的是，选择的真应力-真应变曲线也影响临界失效应变。

5.4.3　应变率

由于应变率效应在船舶碰撞模拟中常被忽略，因此本节仅对这种高度非线性的现象进行简要讨论。

塑性应变率通常由 Cowper-Symonds 方程的材料常数 D 和 q 决定（见 3.2.3 节）。用来描述低碳钢应变速率特性的推荐材料常数是 $D=40.4$ s^{-1} 和 $q=5$（Jones，1989 年），另外，对于高强度钢，料常数是 $D=3\,200$ s^{-1} 和 $q=5$（Paik，2007 年）。虽然这些值已被用于各种海洋结构的动力分析，但对于低碳钢，实际的 D 和 q 值可能相差很大。例如，Hsu 和 Jones（2004 年）给出的值在屈服应变时为 $D=114.27$ s^{-1} 和 $q=5.56$，在极限应变时为 $D=841$ s^{-1} 和 $q=4.27$。此外，Jones 和 Jones（2002 年）发现，低碳钢的屈服和极限拉应力下的材料常数不仅随着应变的增加而变化，而且随板的厚度而变化，见表 5.2（Jones，2013 年）。大量的 D 值和 q 值表明，可能需要在为特定结构设计选择的实际材料上进行试验。Jones（2013 年）在讨论动态荷载下结构设计预测的可信度时也强调了这一点。

表 5.2　Jones（2013 年）报告的低碳钢 Cowper-Symonds 系数

t /mm	D_y /(s^{-1})	q_y	D_u /(s^{-1})	q_u
1.6	0.76	7.2	190 000	0.10
3.0	24.0	6.1	116 000	0.30
6.0	44.3	5.0	230 000	0.23

注：t 是板的厚度，下标 y 和 u 表示屈服强度和极限抗拉强度的值。

在非线性有限元模拟中，有两种方法可用于考虑应变率效应。第一种也是最常见的做法是输入 Cowper-Symonds 方程的 D 和 q 变量，以缩放已定义的真应力-真应变曲线。第二种方法是输入一组真应力-真应变曲线，这些曲线通常由在不同应变率下进行的准静态和动态拉伸试验确定。这些曲线的示例见图 5.17。在 3.2.3 节中，实际船舶碰撞的应变率估计范围为 $0.5 \sim 5.0 \text{ s}^{-1}$，根据 Cowper-Symonds 理论模型，这相当于低碳钢的动态流动应力增加 55%。图 5.17 显示，对于应变速率 1.0 s^{-1}，动应力和静应力之间的比率约为 1.40，对于变速率 10 s^{-1}，其大概为 1.60，这也与理论观察结果一致。

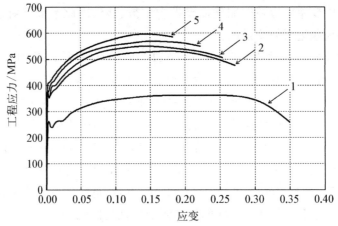

(a) 不同应变速率下的准静态工程应力-应变曲线

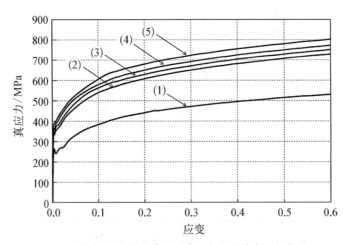

(b) 真应力-准静态和动态工程曲线的真应变曲线

1——准静态拉伸试验；2——应变速率 1.0 s^{-1}；3——应变速率 10 s^{-1}；
4——应变速率 100 s^{-1}；5——应变速率 500 s^{-1}

图 5.17　应变曲线

　　图 5.18 显示了未加筋方板(尺寸 1 000 mm×1 000 mm×4.0 mm)受直径为 150 mm 的刚性压头冲击的准静态和动态试验响应的比较(Liu 等人,2018b)。结果表明,在位移约 60 mm 时,动态力大于准静态力。这种差异在冲击的初始阶段(挠度<15 mm)更为明显,这一事实与 Cowper-Symonds 理论模型的基础一致(式(3.16))。在该模型中,常量对于最大值仅为几个百分比的应变是有效的,这意味着在这些应变中,应变率效应更为重要。该结果也与表 5.2 中的数据一致,流动应力下的屈服应力比例大于极限拉伸应力下的比例(对于 100 s^{-1} 的应变率,该比例约为 2 倍)。

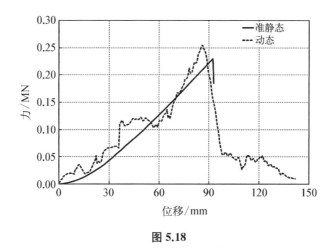

图 5.18

　　在冲击的最后阶段(破坏前几毫米),动态材料效应减小,由于压头已经减速,动力效应仍然表现为破坏应变的减小。在图 5.18 中,破坏时动态位移和准静态位移之间的比率约为 0.93。这种效应也可以在图 5.17 中看到,其中断裂应变随着应变率的降低而减小。在图 5.17 中,应变率为 1.0 s^{-1} 时,动态和准静态断裂应变之间的比率约为 0.87,但较小应变率下的拉伸试验应产生较大的断裂应变,这与在冲击响应中观察到的结果一致,因为在失效前的几个瞬间,应变率应小于 1.0 s^{-1}。

　　图 5.19 显示了使用上述两种方法评估应变率效应的有限元模拟结果。Liu 等人(2018b)使用 ABAQUS 的解算器进行了这些模拟。对于第一种方法(图 5.19(a)),使用了通常推荐用于低碳钢的材料常数($D = 40.4$ s^{-1} 和 $q = 5$)。对于第二种方法(图 5.19(b)),使用图 5.17 中绘制的一组真实动态应力-真实应变曲线。据观察,Cowper-Symonds 模型合理地描述了试验响应,直到位移约 45 mm,但超过该点时,力在很

大程度上被高估。另外实际应变率的输入有助于更好地预测失效前瞬时力的大小。

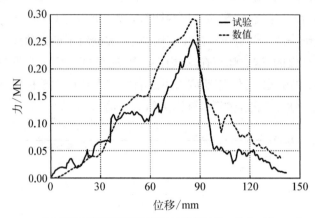

(a) 有限元模拟使用应变率材料参数$D = 40.4 \text{ s}^{-1}$和$q = 5$

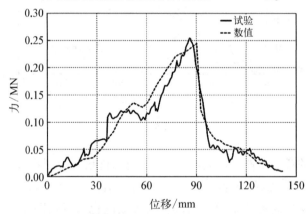

(b) 模拟使用图5.17所示的实际应力-应变曲线集

图 5.19　力-位移响应

由于 Cowper-Symonds 材料常数仅对小应变有效（Jones, 1989 年，2013 年）（见表5.2），较大应变下的流动应力比例被高估。因此，在分析使用 Cowper-Symonds 模型的数值预测时要注意，因为如果在整个碰撞模拟过程中系数 D 和 q 保持不变，结果可能会被误解。两种冲击模拟都使用准静态拉伸试验模拟来预测临界破坏应变。因此，Cowper-Symonds 模拟能够更好地预测破坏时的挠度这一事实不应被认为是可靠的，因为为了保持一致性，应在数值分析中使用动态破坏应变。如 3.2.3 节所述，动态工程断裂应变可通过准静态断裂应变和 Cowper-Symonds 方程的逆式粗略估计。动态破坏应变的加入可以改善基于实际应变率材料曲线的模型对破坏的预测。

还应提及的是,在缺乏应变率和动态断裂特性的完整数据的情况下,应努力证明有限元结果对材料本构方程变化的敏感性(Jones,2013 年)。

5.5　船舶碰撞评估的失效判据

在荷兰进行的船舶碰撞试验的有限元模拟使用 GL、PES 和 RTCL 失效判据进行基准研究(Ehlers 等人,2008 年)。图 5.1 给出了这些模拟的结果,以强调网格尺寸和相关失效判据对于船舶碰撞评估的重要性。Ehlers 等人(2008 年)总结了这些判据的背景;Scharrer 等人(2002 年)和 Zhang 等人(2004 年)提出了 GL 判据,Peschmann(2001 年)提出了 PES 判据,Törnqvist(2003 年)提出了 RTCL 判据。在评估船舶结构在冲击荷载下的响应时,这三个判据继续用作参考,见 Villavicencio 等人(2014 年)、Marinatos 和 Samuelides(2015 年)、Storheim 等人(2015a)和 Liu 等人(2017a)。

Storheim 等人(2015a)不仅选择了 GL、PES 和 RTCL 判据来评估典型船舶结构的冲击响应,还评估了文献中报告的其他判据(见表 5.3)。见表 5.3,将失效判据命名并分为简单的独立应变状态和高级依赖应变状态,其中应变状态定义为次要和主要主应变率的比率($\varepsilon_2^{rate}/\varepsilon_1^{rate}$)。 类似地,应力状态可定义为次要主应力和主要主应力之间的比率(σ_2/σ_1),或应力三轴度 T,即平均应力(通过主应力 σ_i)和有效 von Mises 应力(等效应力)的比率,即 $T=(\sigma_1+\sigma_2+\sigma_3)/(3\sigma_{eq})$。 这三个参数也可用于表征多轴荷载状态。简单的准则假定一个常数的临界等效应变,通常定义为网格相关。

Storheim 等人(2015a)使用两种网格尺寸($5t$ 和 $10t$)以及表 5.3 中列出的大多数失效判据,重复了试验模型 3(见图 5.20)的碰撞模拟。可以看出,对于两种网格尺寸,GL、PES 和 SHEAR 判据是预测冲击结束时吸收能量的最佳选择,而使用其他判据的结果与试验能量相差很大,尤其是对于 $10t$ 网格。得出的结论是,在冲击结束时,当发生多个大断裂时,在断裂阈值定义中忽略应力状态的判据,即简单判据,能够比那些解释应力状态的判据更好地代表冲击过程。这一结论不仅基于测试模型 3 的结果,还基于各种碰撞试验总共 47 个不同模拟的响应。

表 5.3　文献中报告的不同的失效判据

应变状态	判据	参考
简单的独立应变状态	DNV RP - C204	Det Norske Veritas（2010 年）
	PES	Peschmann(2001 年)
	GL	Scharrer(2002 年)/Zhang(2004 年)等人
	SHEAR	Marinatos 与 Samuelides(2015 年)
	Damage	ABAQUS(2012 年)
高级依赖应变状态	扩散不稳定性的 Swift 判据	Swift(1952 年)/Altmeyer(2013 年)
	局部颈缩的 Hills 判据	Hill(1952 年)
	Bressan-Williams 剪切不稳定性	Bressan and Williams(1983 年)
	BWH：Bressan-Williams-Hill 不稳定性判据	Alsos 等人(2008 年)
	BWH：考虑颈缩后损伤的 Bressan-Williams-Hill 失稳准则	Storheim 等人(2015b)
	RTCL：Rice-Tracey Cockroft-Latham 损伤准则	Törnqvist(2003 年)

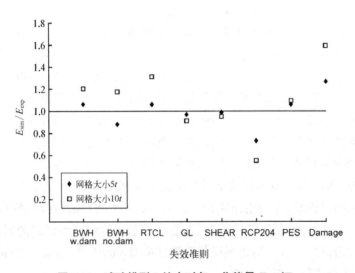

图 5.20　试验模型 3 结束时归一化能量 E_{sim}/E_{exp}

在实际的工业应用中,例如用于评估船舶结构布置的碰撞评估(劳氏船级社,2016 年),关注的是规定最大穿透力下的临界能量。因此,一个简单的判据作为快速且合理可靠的设计工具的代表。此处提供了钢结构 GL 和 PES 判据的公式,以便于参考。此外,最近针对刘等人(2017 年)对报告的失效判据进行了回顾,因为 5.7 节中的计算示例中也使用了该判据。

5.5.1　德劳船级社判据

GL 判据基于失效时的变薄塑性应变(沿厚度方向上的应变),对于单轴拉伸,可根据式(5.29)进行评估。以下表达式用于估算断裂时的临界变薄:

$$\varepsilon_f = 0.056 + 0.54 \times \frac{t}{l} \qquad (5.31)$$

其中,t 是板厚度;l 是单元的单独长度。值 0.056 表示均匀应变,值 0.54 表示壳单元的颈缩应变。通常建议壳单元的 l/t 比不小于 5。德劳船级社判据的表述见 Zhang 等人(2004 年),其中提出了在严重碰撞损坏后需要符合破舱稳性要求的货船替代布置的批准程序。式(5.31)是通过测量原型受损结构组件的厚度得出的,例如壳板和加强筋,并确定均匀应变、颈缩和颈缩长度。这项工作由 Scharrer 等人(2002 年)完成。

5.5.2　PES 判据

PES 判据基于失效时的等效塑性应变,可通过以下表达式进行估计:

$$\varepsilon_f = \varepsilon_g + \alpha \cdot \frac{t}{l} \qquad (5.32)$$

其中,t 是板厚;l 是每个单元的长度;ε_g 是均匀应变;α 是取决于颈缩应变和颈长的系数。Peschmann(2001 年)从用于试验模型 3 的板的成形极限图中通过试验获得了这些变量。对于厚度为 5.0 mm 的板,$\varepsilon_g = 0.10$ 和 $\alpha = 0.80$。对于厚度为 12.5~20 mm 的板,$\varepsilon_g = 0.08$ 和 $\alpha = 0.65$。

5.5.3　LIU 判据

LIU 判据(Liu 等人,2017 年)假设失效时的恒定有效(等效)塑性应变由:

$$\varepsilon_f = 0.5 - 0.01 \cdot \frac{t}{l} \tag{5.33}$$

其中，t 是板厚度；l 是有限元的长度。该表达式表明，颈缩应变为 0.50，破坏应变随网格尺寸线性减小。比率 l/t 应在 5 到 20 之间。该表达式源自由半球形压头冲压直至颈缩开始的有限元模拟结果，粗网格方形板尺寸为 $(l/t = 5 - 20)$。首先通过使用相同的板确定临界颈缩点，但使用更细的网格建模（比率 $l/t = 2$）。因此，式(5.33)可用于估算粗网格船舶结构的破坏应变，模拟船-船碰撞场景，其中球鼻艏穿透肋板框架之间的舷侧结构。该判据适用于低碳钢和高强度钢材料（屈服应力介于 235 至 355 MPa 之间）。

5.6 接触定义和摩擦

通常，两个碰撞物体之间的接触界面要求界面的一侧表示为从属侧，另一侧表示为主侧；位于这些曲面中的节点分别称为从属节点和主节点。在实践中，自动接触类型通常是船舶碰撞分析的首选，其中从属曲面和主曲面由软件方便地在内部生成。在这种情况下，可以通过简单地指示哪个部件充当刚性撞体，对撞击和被撞结构之间的接触力进行后处理。

自动接触始终认为壳单元的厚度投影到主曲面和从属曲面，并且它们基于中间曲面法向投影向量（它们没有方向）。因此，在建模阶段，最重要的方面是考虑单元的厚度，这意味着表面必须偏移至少一半的厚度（见图 5.21）。这种建模技术可能会导致不必要的初始接触撞深，在分析开始时可能会导致数值问题。

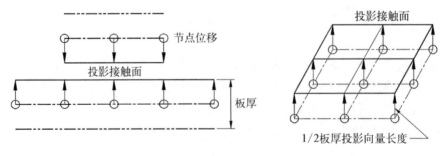

图 5.21 定义用于碰撞模拟的自动接触中的投影接触面

在船舶碰撞分析中，压头（撞击结构）通常被建模为刚体。这不仅是因为计算的有效成本，也是因为它是船舶碰撞计算的一个相当好的近似值（见

图 4.1)，这是一种首选的建模方法。通过将刚性材料模型与刚体关联来定义刚体，其中需要定义真实特性(杨氏模量和泊松比)，因为它们用于确定接触交互中的滑动界面参数。任何不切实际的值都可能导致数值问题。见图 5.21，应为用壳单元建模的刚体(撞锤)指定实际厚度，以避免接触损失或过度穿透。

从实用角度来看，建议将压头进行网格划分，以确保单元表面与冲压结构进行初始接触，从而提供更真实的接触区域模拟(见图 5.22(a))。此外，还发现当撞锤的单节点拐角第一次接触被撞结构的节点时(见图 5.22(b))，后处理的力和吸收的能量值在响应开始时会出现不切实际的峰值。

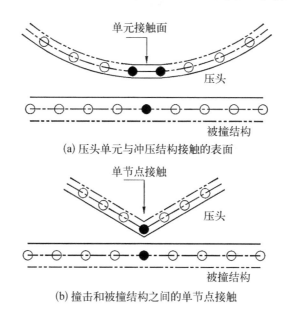

(a) 压头单元与冲压结构接触的表面

(b) 撞击和被撞结构之间的单节点接触

图 5.22　单元表面与冲压结构

为了启动受冲击结构和撞锤之间的接触，有两种可能性：① 在刚性撞锤位移方向上指定初始冲击速度；② 为撞锤指定规定的位移-时间曲线(等速)。初始撞击速度的使用要求撞击物体使用较大的人造密度来表示其实际质量，从而表示物体的初始动能。这种方法允许撞锤在模拟过程中取消加速，并且根据冲击速度，可以考虑应变率效应。在整个模拟过程中，使用规定的恒定速度不需要增加撞锤的密度，只要忽略应变率效应，这是有效的。在指定高恒定速度以减少计算时间时，应注意，因为它可能会在力-位移响应的早期阶段引发不切实际的波动。

选择自动触点需要对结构进行正确的建模/偏移，因为软件将大多数剩余输入参数设置为默认值。唯一的例外是相互作用的结构之间的摩擦。摩擦力基于 Coulomb 公式 ($F_f = \mu_s \cdot F_n$)，这意味着施加在表面之间的摩擦力 F_f 等于每个表面施加在其他表面上的法向力 F_n 乘以摩擦因数 μ_s。摩擦因数是接触材料的特性。

在工程手册中找到的钢-钢接触面静态摩擦因数的典型值与实际用于船舶碰撞分析或更简单的金属成形试验模拟的值有很大不同（见表 5.4）。可以看出，在大多数情况下，静摩擦力的值假定为 0.23 或 0.30。

表 5.4 用于进行船舶碰撞模拟的静态摩擦因数

参 考	摩擦因数
Lehmann 与 Peschmann(2002 年)	0.10
Ehlers 等人(2008 年)	0.30
Karlsson 等人(2009 年)	0.23
Marinatos 与 Samuelides(2015 年)	0.30
Storheim 等人(2015 年)	0.20/0.23/0.30
Liu 等人(2017 年)	0.30
Zhang 等人(2019 年)	0.23

Paik(2007 年)已经指出，在评估船舶垂直碰撞时，摩擦力的影响相对较小。当然，对于倾斜式侧面碰撞或船舶搁浅事件，如果撞击结构和压头之间存在相对速度，摩擦力影响将非常明显。Liu 等人(2018 年)在回顾计算程序中"船舶碰撞分析中的知识匮乏问题"时，强调了调查摩擦耗散能量的需求。

通过改变摩擦因数进行该参数研究，可以观察摩擦因数对双壳结构冲击响应的影响；例如，参见 Zhang 等人(2018 年)的研究。图 4.2 显示了试件 S-Ⅱ的结果，其中摩擦的影响是通过绘制摩擦吸收的能量与双壳样品的结构变形吸收的能量之间的比率来评估的。试件 S-Ⅱ的几何形状和冲击过程的其他特征见 4.3.1 节(Arita 和 Aoki，1985 年进行的三次模型试验)。值得一提的是，正如 Zhang 等人(2018 年)所报告的，其他两个试件 S-Ⅰ和 S-Ⅲ的结果与试件 S-Ⅱ的结果趋势相似。

从图 4.2 可以观察到以下情况：① 摩擦因数越大，吸收能量越大。

② 摩擦吸收的能量随穿撞深度的增加而增加。这可能是由于接触面面积和相对位移的增加所致。③ 在外壳板破裂之前(穿透约 70 mm),摩擦贡献非常小,小于 3.0%。④ 总的来说,摩擦吸收的能量不是很显著。即使对于最大摩擦因数 $\mu_s = 0.45$,平均吸收能量也只有 10% 左右。

值得一提的是,所选摩擦因数也会影响裂纹萌生和扩展方向。这主要是因为摩擦会影响冲击结构和压头之间的接触面积,从而影响变形和应变。此外,如果摩擦系数设置为零,摩擦能量也几乎等于零,由于未检测到的穿透通常引起的较小数值问题,只有非常小的负/正接触能。

5.7　计算示例

在前面的章节中介绍了对承受冲击荷载的典型船舶结构进行非线性有限元模拟所需的最相关参数。本节介绍了使用这些输入参数的计算示例。将碰撞模拟结果与试验记录的结果和简化方法预测的结果进行比较(式(4.4))。选择 4.3.1 节中所述的各种双壳试件进行模拟。此外,还以两艘相同的集装箱船为例进行了碰撞仿真。将这些结果与简化方法的预测结果进行了对比。

5.7.1　双壳模型

表 5.5 列出了所选的双壳试件,说明了几何特征和材料特性。有关试件的其他详细信息,参见 4.3.1 节。用相同的输入参数对所有有限元模型进行分析:① 使用简单的幂函数关系推导真应力-真应变曲线(式(5.14));② 用式(5.24)和式(5.25)估计应变硬化参数 K 和 n;③ 使用 5.5 节中给出的 GL、PES 和 LIU 判据评估临界破坏应变。网格尺寸、应变硬化参数和摩擦因数见表 5.6。试件 S-Ⅱ 的有限元模型见图 5.23,以供参考。

表 5.5　所选双壳试样的尺寸和构件尺寸

压 头	L/mm	s/mm	h/mm	t/mm	R/mm	σ_y/MPa	σ_u/MPa
S-Ⅰ	1 400	200	300	3.2	80	284.5	440
S-Ⅱ	1 400	280	300	4.5	80	294.3	447
S-Ⅲ	1 400	200	300	4.5	80	294.3	447

压　头	L/mm	s/mm	h/mm	t/mm	R/mm	σ_y/MPa	σ_u/MPa
ST－3－BW	1 410	282	350	2.8	80	245.3	337.8
ST－3－OW	1 410	235	350	2.8	80	245.3	337.8
P－50	1 000	200	200	2.3	50	282	438
P－100	1 000	200	200	2.3	100	282	438
P－200	1 000	200	200	2.3	200	282	438
P－300	1 000	200	200	2.3	300	282	438

注：L 为方形板的长度，s 为肋板的间距，h 为双壳之间的宽度（内壳与外壳之间的距离），t 为板的厚度，R 为圆锥形压头的末端半径，σ_y 为屈服强度，σ_u 为材料的最大抗拉强度。

表 5.6　双壳体模型有限元计算的输入

压　头	单元尺寸 （目标：5t/10t）	强度系数 /MPa	应变硬化 指数	摩擦因数
S－Ⅰ	6.25t/12.5t	650	0.17	0.23
S－Ⅱ	4.44t/8.88t	670	0.17	0.23
S－Ⅲ	4.44t/8.88t	670	0.17	0.23
ST－3－BW	4.57t/9.14t	518	0.15	0.30
ST－3－OW	4.66t/9.32t	518	0.15	0.30
P－50	4.35t/8.70t	623	0.16	0.30
P－100	4.35t/8.70t	623	0.16	0.30
P－200	4.35t/8.70t	623	0.16	0.30
P－300	4.35t/8.70t	623	0.16	0.30

对于试件 S－Ⅰ、S－Ⅱ和 S－Ⅲ，力和能量-位移响应见图 5.24～图 5.26。Zhang 等人（2019 年）进行了这些碰撞模拟。例如，图 5.27 显示了试件 S－Ⅰ数值模拟的变形形状。这个形状与试验观察到的形状相似。作为参考，可将变形模式视为与图 4.12 所示试件 P－100 的变形模式相似，因为试件的结构布置和压头的几何形状相似。

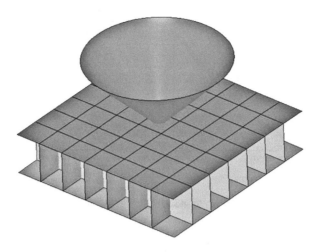

图 5.23　试样 S‐Ⅱ的有限元模型

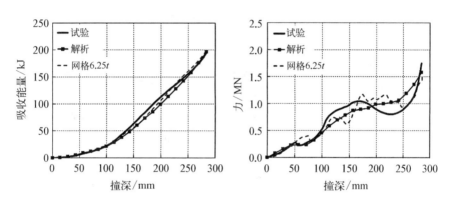

图 5.24　能量‐穿透和力‐穿透曲线：试样 S‐Ⅰ

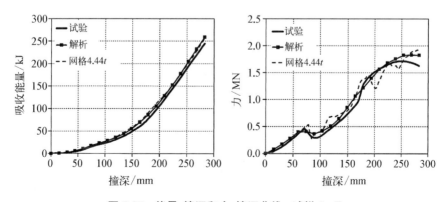

图 5.25　能量‐撞深和力‐撞深曲线：试样 S‐Ⅱ

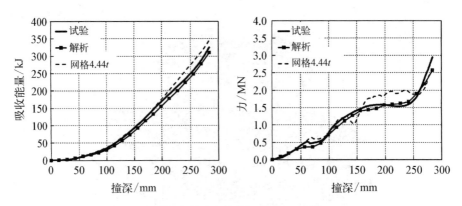

图 5.26　能量–撞深和力–撞深曲线：试样 S–Ⅲ

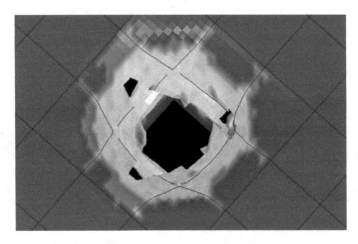

图 5.27　试样 S–Ⅰ 在约 200 mm 挠度处的变形形状

　　从与试验的对比可以看出，有限元结果并没有特别提高能量和冲击力响应预测精度。事实上，对于试件 S–Ⅱ 和 S–Ⅲ，通过解析方法可以更好地预测能量和力–位移曲线。对于试件 S–Ⅰ，解析方法和有限元模拟的结果与试验结果几乎一致。然而，试件 S–Ⅰ 的数值预测高估了外板初始断裂的力。对于 S–Ⅱ 和 S–Ⅲ 的有限元模型，这一点的预测是合理的。超过该初始峰值力后，裂纹继续在外板中扩展，并且由于与锥形压头的较大接触面积和被压溃肋板框架提供的抗力，力不断增加。

　　图 5.28 对比了试件 P–300（压头半径＝300 mm）和 P–100（压头半径＝100 mm）在 LIU、PES 和 GL 判据的能量–位移曲线。Liu 等人（2017a）报告了这些结果。结果表明，当压头直径较大且较光滑时（如球鼻艏碰

撞),LIU 判据准则给出了更合理的预测,但响应仍然低于试验结果。对于更锋利的压头(P-100),LIU 判据预测能量良好,直到位移约为 0.13 m,但超过这一点,LIU 响应被低估,并与 GL 判据在冲击结束时的预测相同。虽然 PES 判据改进了对更锋利压头的预测,但这两种情况下的能量在很大程度上被低估了。这是因为 PES 判据估计的有效塑性应变远小于 LIU 判据的估计。另外,GL 判据无法与 LIU 判据和 PES 判据直接比较,因为 GL 判据评估断裂时刻(塑性变薄)的临界厚度应变。应该强调的是,对于这两种情况,简化方法的预测远远优于非线性有限元模拟给出的预测(参见图 4.15 和图 4.17 的对比)。

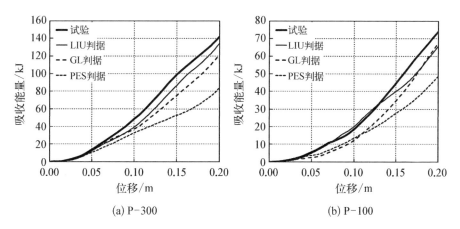

(a) P-300　　　　　　　　(b) P-100

图 5.28　使用 LIU、GL 和 PES 判据的试件 P-300(压头半径＝300 mm)和试件 P-100 (压头半径＝100)的能量-位移曲线网格尺寸为 8.7t

　　图 5.29 给出了 5 倍和 10 倍网格在冲击结束时模拟能量和试验能量 (E_{sim}/E_{exp}) 之间的比率(见表 5.6)。模拟仅使用 GL 和 LIU 判据,并将简化方法预测的能量包括在内,以供参考。Villavicencio 等人(2018 年)介绍了模拟结果。图 5.29 显示了有限元模拟和所有选定试验之间的一致性。此处应回顾,撞击结束时(或直至规定穿透)吸收的能量是评估船舶结构耐撞性的重要参数,因为实际应用通常不需要实际失效模式和材料的初始破裂和随后的裂纹扩展。

　　假设 10％的偏差是可接受的,图 5.29 显示,当使用 5t 网格尺寸和 GL 和 LIU 判据时,前 5 个试件的能量预测令人满意。另外,当 10t 网格尺寸时,最后 4 个试件的能量可以更好地预测。注意,当网格尺寸为 5 倍时,GL 和 LIU 判据预测的能量相似。

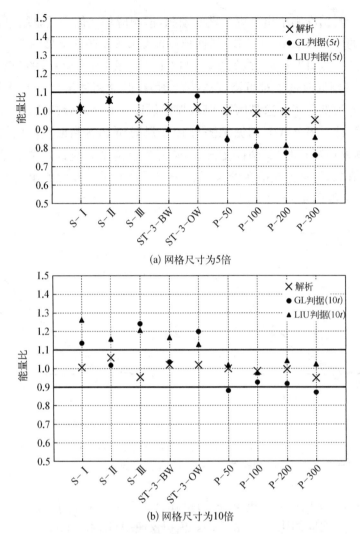

(a) 网格尺寸为5倍

(b) 网格尺寸为10倍

图 5.29　所有双壳试件的能量比 E_{sim}/E_{exp}（Villavicencio
等人（2018 年）介绍模拟结果）

　　这里应该强调的是，简化方法的预测与所有试验结果吻合良好。考虑
到损伤材料体积法与 4.3.1 节所述的其他试验吻合良好，选择损伤材料体积
法作为 5.7.2 节船舶碰撞计算的参考。

5.7.2　集装箱船模型

　　《低闪点燃油箱位置碰撞评估指南》（劳氏船级社，2016 年）建议使用简化
解析法（式（4.4））来估算在拉伸和压溃模式下破坏船舶结构构件所吸收的能

量,作为试验结果与其他替代方法(如非线性有限元模拟)之间的离散度,仍然相对较大。在这里,选择 4 200 TEU 集装箱船的结构,对简化解析法和使用 5.5 节中提出的三个准则(PES、GL 和 LIU)的碰撞模拟进行了比较。该实例说明了有限元模拟的实际应用。本书介绍了集装箱船的有限元模型和仿真结果。

4 200 TEU 集装箱船的主尺度见表 5.7,舷侧结构的尺寸见图 5.30。舷侧结构的长度为 28.6 m,相当于两个连续水密舱壁(一个货舱)之间的距离。肋板框架的间距为 3.2 m,横向甲板的支撑间距为 1.5 m。图 5.31 显示了肋板框架和纵梁的布置以及撞击点。

表 5.7　Liu(2015 年)报告中的集装箱船主尺度

总长/m	垂线间长/m	型宽/m	型深/m	设计吃水/m
261.20	248.00	32.25	19.20	11.00

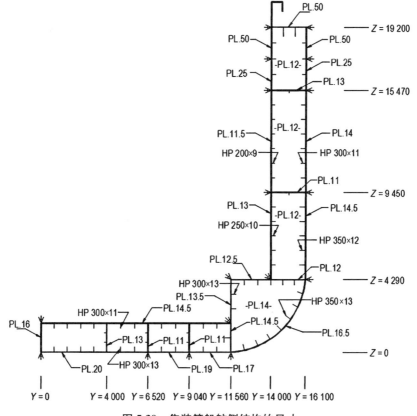

图 5.30　集装箱船舷侧结构的尺寸

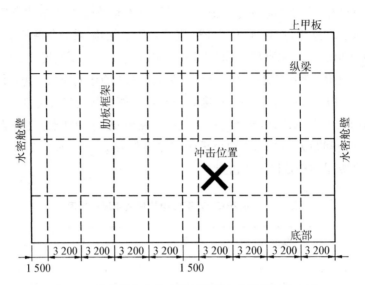

图 5.31　集装箱船货舱中肋板框架和纵梁的结构布置

　　碰撞场景可以描述为：撞击船舶(集装箱船的刚性球头)以前进速度航行,并与静止的船舶(集装箱船船舱的舷侧结构)垂直相撞(见图 5.32)。撞击船和被撞船吃水相同,被撞船受到恒定的速度撞击。

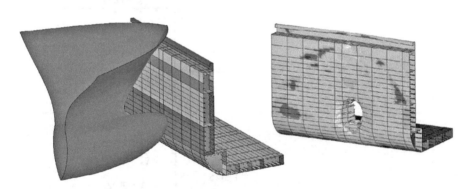

图 5.32　碰撞场景和被撞击结构最终破坏的有限元模型

　　网格尺寸选择为 215 mm(纵向加强筋之间的 4 个单元)。该网格尺寸是壳板厚度(14 mm)的 15 倍。撞击结构的材料为 HT36 钢,其力学性能汇总见表 5.8。材料的非线性特性在真应变大于 0.006 的情况下采用简单的幂定律关系,其中参数 $K = 924$ MPa 和 $n = 0.187$ 用式(5.25)、式(5.26)估计,忽略了材料的应变率敏感性。

表 5.8　集装箱船材料的力学性能

特　　　性①	单位	板与加强筋
屈服应力	MPa	355
极限抗拉强度	MPa	460～630②

注：① 密度为 7 850 kg/m³，杨氏模量为 206 GPa，泊松比为 0.3；
　　② 在材料定义中平均值为 560 MPa。

能量和力-撞深曲线见图 5.33。简化方法（式（4.4））使用式（3.18a）估计的破裂应变为 0.275。能量响应表明，LIU 判据在撞深达到 2.5 m 前与解析法吻合良好，超过这一点，能量估算偏高。另外，GL 判据低估了撞深 4.0 m 之前的能量，而在撞击事件的最后阶段，使用 GL 判据的结果与简化预测一致。PES 判据低估了整个响应。在力-撞深响应中也可以清楚地观察到 LIU 和 GL 判据预测的变化，其中 LIU 判据在早期阶段瞬时力吻合良好，而在后期，力被高估。应注意，对于 LIU 和 GL 判据，末端力的大小相似。由于能量曲线是瞬时力积分的结果，应认为 GL 和 LIU 响应在碰撞事件的初始阶段会发生偏差，因此力的相似性并未反映在最后的能量响应中。

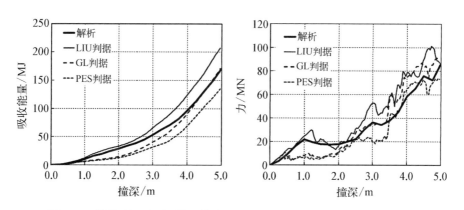

图 5.33　能量-撞深和力-撞深曲线（Liu(2015 年)报告了有限元模拟结果）

5.8　本章小结

由前文分析可知，船-船碰撞非线性有限元模拟的结果高度依赖于单元的大小和相关的临界失效应变,在评估数值非线性结果时要注意,因为不同的方法结果可能会有很大的不同。

本章总结并讨论了进行有限元模拟所需的输入参数。除了所需的网格尺寸外,还回顾了可用于船舶碰撞评估的临界失效应变,并将其用于 5.7 节中给出的计算示例。结论是,现有的更复杂的失效判据预测效果并不比简单判据更好(见图 5.1)。

本章还回顾了可用于表征应变硬化的真应力-真应变曲线。由于获得强度系数和应变硬化指数需要来自拉伸试验的信息,因此,当只有屈服应力和极限拉伸应力可用时,建议使用替代表达式来确定这些参数,见式(5.24)和式(5.25)。

本章中讨论的其他参数,如边界条件和接触定义,尽管在建立有限元模型时必须有正确的定义,通常被视为进行碰撞模拟的判据或默认参数。

目前,有限元分析之所以如此流行,主要是因为它们允许研究非常复杂的结构,以及可视化结构的变形模式,以确定可以更好地优化/设计的区域。对于线性响应分析,有限元分析是一种稳健而实用的工具。然而,应用非线性有限元软件进行大规模损伤分析需要有经验的分析员才能获得可靠的结果。因此,目前有大量研究致力于改进非线性计算程序和减少结果的不确定性。

本章此处未提供输入文件的示例,因为它们很容易在所选/可用的有限元代码的手册/教程中找到。相反,计算示例可用于复制碰撞模拟。

值得一提的是,虽然此处回顾的计算示例和定义适用于船-船撞案例,但它们也可用于评估某些搁浅场景。

参考文献

[1] ABAQUS, 2012. ABAQUS/Standard 6.12 Users Manual. Providence, RI, USA.

[2] Alsos, H.S., Hopperstad, O.S., Törnqvist, R., Amdahl, J., 2008. Analytical and numerical analysis of sheet metal instability using a stress based criterion. Int. J. Solids Struct. 45 (78), 2042 - 2055.

[3] Altmeyer, G., 2013. Theoretical and numerical comparison of limit point bifurcation and maximum force criteria. Application to the prediction of diffuse necking.

[4] American Society for Testing and Materials (ASTM), 2010. Standard Methods of Tension Testing of Metallic Materials, E 8.

[5] Arita, K., Aoki, G., 1985. Strength of ship bottom in grounding (1st report) — an investigation into the case of a ship stranded on a rock. (in Japanese), J. Soc. Nav. Archit. Jpn.158, 359 - 367.

[6] Bressan, J.D., Williams, J.A., 1983. The use of a shear instability criterion to predict local necking in sheet metal deformation. Int. J. Mech. Sci. 25 (3), 155 - 168.

[7] Det Norske Veritas, 2010. DNV-RP-C204: Design Against Accidental Loads.

[8] Dieter, G.E., 1986. Mechanical behavior under tensile and compressive loads. In: Mechanical Metallurgy, third ed. McGraw-Hill, New York, 275 - 295.

[9] Ehlers, S., 2010. Strain and stress relation until fracture for finite element simulations of a thin circular plate. Thin-Walled Struct. 48 (1), 1 - 8.

[10] Ehlers, S., Varsta, P., 2009. Strain and stress relation for non-linear finite element simulations. Thin-Walled Struct. 47 (11), 1203 - 1217.

[11] Ehlers, S., Broekhuijsen, J., Alsos, H.S., Biehl, F., Tabri, K., 2008. Simulating the collision response of ship structures: a failure criteria benchmark study. Int. Shipbuild. Prog. 55, 127 - 144.

[12] Hallquist, J.O., 2006. LS-DYNA Theory Manual. Livermore Software Technology Corporation.

[13] Hill, R., 1952. On discontinuous plastic states, with special reference to localized necking in thinsheets. J. Mech. Phys. Solids 1 (1), 19 - 30.

[14] Hsu, S.S., Jones, N., 2004. Quasi-static and dynamic axial crushing of thin walled circular stainless steel, mild steel and aluminium alloy tubes. Int. J. Crashworthiness 9 (2), 195 - 217.

[15] Jones, N., 1989. Structural Impact. Cambridge University Press.

[16] Jones, N., 2013. The credibility of predictions for structural designs subjected to large dynamic loadings causing inelastic behaviour. Int. J. Impact Eng. 53, 106 - 114.

[17] Jones, N., Jones, C., 2002. Inelastic failure of fully clamped beams and circular plates under impact loading. Proc. Inst. Mech. Eng. C J. Mech. Eng. Sci. 216 (2), 133 - 149.

[18] Karlsson, U., Ringsberg, J.W., Johnson, E., Hosseini, M., Ulfvarson, U., 2009. Experimental and numerical investigation of bulb impact with a ship side-shell structure. Mar. Technol.46 (1), 16 - 26.

[19] Lehmann, E., Peschmann, J., 2002. Energy absorption by the steel structure of ships in the event of collisions. Mar. Struct. 15, 429 - 441.

[20] Ling, Z., 1996. Uniaxial true stress-strain after necking. AMP. J. Technol. 5, 37 - 48.

[21] Liu, B., 2015. Energy Absorption of Ship Structural Components Under Impact Loading (PhD thesis). Instituto Superior Tecnico, University of Lisbon.

[22] Liu, B., Villavicencio, R., Guedes Soares, C., 2013. Experimental and numerical

plastic response and failure of laterally impacted rectangular plates. J. Offshore Mech. Arct. Eng. 135 (4) 041602.

[23] Liu, B., Villavicencio, R., Zhang, S., Guedes Soares, C., 2017a. A simple criterion to evaluate the rupture of materials in ship collision simulations. Mar. Struct. 54, 92 – 111.

[24] Liu, B., Villavicencio, R., Zhang, S., Guedes Soares, C., 2017b. Assessment of external dynamics and internal mechanics in ship collisions. Ocean Eng. 141, 326 – 336.

[25] Liu, B., Pedersen, P.T., Zhu, L., Zhang, S., 2018a. Review of experiments and calculation procedures for ship collision and grounding damage. Mar. Struct. 59, 105 – 121.

[26] Liu, K., Liu, B., Villavicencio, R., Wang, Z., Guedes Soares, C., 2018b. Assessment of material strain rate effects on square steel plates under lateral dynamic impact loads. Ships Offshore Struct. 13 (2), 217 – 225.

[27] Lloyds Register (LR), 2016. Guidance Notes for Collision Assessment for the Location of LowFlashpoint Fuel Tanks. Lloyds Register, London.

[28] Lloyds Register (LR), 2018. Rules for the Manufacture Testing and Certification of Materials. Lloyds Register, London.

[29] Marinatos, J.N., Samuelides, M.S., 2015. Towards a unified methodology for the simulation of rupture in collision and grounding of ships. Mar. Struct. 42, 1 – 32.

[30] Paik, J.K., 2007. Practical techniques for finite element modeling to simulate structural crashworthiness in ship collision and grounding (Part I: Theory). Ship Offshore Struct. 2 (1), 69 – 80.

[31] Peschmann, J., 2001. Berechnung der Energieabsorption der Stahlstruktur von Schien bei Kollisionen und Grundberuhrungen. (in German). (PhD thesis). Technical University of Hamburg, Germany.

[32] Pill, I., Tabri, K., 2011. Finite element simulations of ship collisions: a coupled approach to external dynamics and inner mechanics. Ships Offshore Struct. 6 (1), 59 – 66.

[33] Ringsberg, J., et al., 2018. MARSTRUCT benchmark study on non-linear FE simulation of an experiment of an indenter impact with a ship side-shell structure. Mar. Struct. 59, 142 – 157.

[34] Scharrer, M., Zhang, L., Egge, E.D., 2002. Final report n0614, Collision calculations in naval design systems. (in German), Report Nr. ESS 2002.183, Version 1/2002 – 11 – 22, Germanischer Lloyd, Hamburg.

[35] Sever, N.K., Choi, C., Yang, X., Altan, T., 2011. Determining the flow stress curve with yield and ultimate tensile strengths. Part II. Stamp. J. (July/August), 14 – 15.

[36] Simonsen, B.C., Lauridsen, L.P., 2000. Energy absorption and ductile failure in metal sheets under lateral indentation by a sphere. Int. J. Impact Eng. 24,

1017 - 1039.

[37] Storheim, M., Amdahl, J., Martens, I., 2015a. On the accuracy of fracture estimation in collision analysis of ship and offshore structures. Mar. Struct. 44, 254 - 287.

[38] Storheim, M., Alsos, H., Hopperstad, O. S., Amdahl, J., 2015b. A damage-based failure model for coarsely meshed shell structures. Int. J. Impact Eng. 83, 59 - 75.

[39] Swift, H., 1952. Plastic instability under plane stress. J. Mech. Phys. Solids 1 (1), 1 - 18.

[40] Törnqvist, R., 2003. Design of Crashworthy Ship Structures (PhD thesis). Technical University of Denmark, Denmark.

[41] Villavicencio, R., Guedes Soares, C., 2012. Numerical plastic response and failure of a prenotched transversely impacted beam. Ships Offshore Struct. 7 (4), 417 - 429.

[42] Villavicencio, R., Sutherland, L. S., Guedes Soares, C., 2012. Numerical simulation of transversely impacted, clamped circular aluminium plates. Ships Offshore Struct. 7 (1), 31 - 45.

[43] Villavicencio, R., Liu, B., Guedes Soares, C., 2014. Experimental and numerical analysis of a tanker side panel laterally punched by a knife edge indenter. Mar. Struct. 37, 173 - 202.

[44] Villavicencio, R., Liu, B., Liu, K., 2018. Accuracy of failure criteria commonly used for ship collision simulations. In: Proceedings of the 37th International Conference on Ocean, Offshore and Artic Engineering (OMAE 2018), Madrid, Spain. Paper OMAE2018 - 77377.

[45] Wang, G., Arita, K., Liu, D., 2000. Behavior of a double hull in a variety of stranding or collision scenarios. Mar. Struct. 13, 147 - 187.

[46] Zhang, L., Egge, E. D., Bruhns, H., 2004. Approval procedure concept for alternative arrangements. In: Proceedings of the 3rd International Conference on Collision and Grounding of Ships, Izu, Japan, 87 - 96.

[47] Zhang, S., Villavicencio, R., Zhu, L., 2018. Effect of friction on the impact response and failure mode of double hull structures in ship collisions. In: Proceedings of the 3rd International Conference on Safety and Reliability of Ships Off - shore SAROSS. Wuhan University of Technology, Wuhan, PR China.

[48] Zhang, S., Villavicencio, R., Zhu, L., Pedersen, P. T., 2019. Ship collision damage assessment and validation with experiments and numerical simulations. Mar. Struct. 63, 239 - 256.